浙江大学"双一流"建设专项经费 · 经典文化传承与引领

浙江省哲学社会科学重点研究基地运行经费

中央高校基本科研业务费 · 重点研究平台建设计划

浙江大学教育基金会钟子逸基金

浙江省哲学社会科学重点研究基地

浙江大学宋学研究中心　　主办

宋學研究

第四辑

龚延明　主编　　陶　然　执行主编

浙江大学宋学研究中心　编

ZHEJIANG UNIVERSITY PRESS

浙江大学出版社

·杭州·

图书在版编目(CIP)数据

宋学研究.第四辑 / 龚延明主编;浙江大学宋学研究中心编. —杭州:浙江大学出版社，2023.12
　　ISBN 978-7-308-24464-0

Ⅰ.①宋… Ⅱ.①龚…②浙… Ⅲ.①中国历史—宋代—文集 Ⅳ.①K244.07—53

中国国家版本馆 CIP 数据核字(2023)第 238472 号

宋学研究(第四辑)

龚延明 主编　陶　然 执行主编

责任编辑	蔡　帆	
责任校对	潘丕秀	
封面设计	项梦怡	
出版发行	浙江大学出版社	
	(杭州市天目山路 148 号　邮政编码 310007)	
	(网址:http://www.zjupress.com)	
排　　版	浙江大千时代文化传媒有限公司	
印　　刷	杭州高腾印务有限公司	
开　　本	787mm×1092mm　1/16	
印　　张	17.5	
字　　数	370 千	
版 印 次	2023 年 12 月第 1 版　2023 年 12 月第 1 次印刷	
书　　号	ISBN 978-7-308-24464-0	
定　　价	98.00 元	

编辑委员会

目　录

宋学大讲堂

转型时代：宋代政治文化面面观

（讲稿）

北京大学　邓小南

非常感谢龚老师，大家上午好！很高兴有这样的一个机会，来到我们浙江省委宣传部和浙江古籍出版社、浙江大学宋学研究中心共同举办的宋学大讲堂。很高兴大家对宋代的历史感兴趣。

今天我要讲的题目是"转型时代：宋代政治文化面面观"。所谓的转型，其实我是从相对比较宽泛的意义上来理解的，转型并不一定意味着颠覆性的变化。其实，它是在一种过渡状态里边的一些明显的变化，包括人的生活方式，也包括当时的社会价值体系等，这样的一系列变化。其实，对于宋朝有很多不一样观察角度的认识，也可以说是趋向两极化的。或许我们可以说，在中国古代的历代王朝中，对于宋代的认识应该说是特别趋向两极化的。不同的观察者，通过对宋代的考察得出了非常不同的评价。我们今天要讲的内容，主要分成四个方面。

一、延续与变迁

这四个方面要回答的一个问题就是——我们究竟应该怎样看宋朝？

首先，我们从第一个问题开始，就是延续和变迁。我们先从学术大师关于宋代的一些论述说起。他们都曾指出宋代在整个中国古代进程中的"节点"意义。比方说严复先生，他在 20 世纪初期给他学生的一封信里就说到他对于宋代历史的认识：

> 古人好读前四史，亦以其文字耳。若研究人心、政俗之变，则赵宋一代历史最宜究心。中国所以成为今日现象者，为善为恶姑不具论，而为宋人之所造就，什八九可断言也。（《致熊纯如的信》）

实际上，他是觉得，如果我们要研究人心和政俗的变化，应该特别注意赵宋一代的历史。也就是说，严复先生是从人心、政俗之变入手，来观察宋代历史的。

陈寅恪先生的这一段话,大家都非常熟悉:

> 华夏民族之文化,历数千载之演进,造极于赵宋之世。后渐衰微,终必复振。

(邓广铭《宋史职官志考正》序)

据《吴宓日记》记载,陈寅恪先生曾盛赞程朱理学,认为:"宋儒若程若朱,皆深通佛教者。既喜其义理之高明详尽,足以救中国之缺失,而又忧其用夷变夏也。乃求得两全之法,避其名而居其实,取其珠而还其椟。采佛理之精粹,以之注解四书五经,名为阐明古学,实则吸收异教,声言尊孔辟佛,实则佛之义理,已浸渍濡染,与儒教之宗传,合而为一。此先儒爱国济世之苦心,至可尊敬而曲谅之者也。故佛教实有功于中国甚大。自得佛教之禅助,而中国之学问,立时增长元气,别开生面。宋、元之学问、文艺均大盛,而以朱子集其大成。朱子之在中国,犹西洋中世之 Thomas Aquinas,其功至不可没。"

陈寅恪还说:"夫隋唐两朝为吾国中古极盛之世,其文物制度流传广播,北逾大漠,南暨交趾,东至日本,西极中亚,而迄鲜通论其渊源流变之专书,则吾国史学之缺憾也。""唐之文治武功,交通西域,佛教流布,实为世界文明史上,大可研究者。""故天水一朝之文化,竟为我民族遗留之瑰宝。孰谓空文于治道学术无裨益耶?""今人以宋、元为衰世,学术文章,卑劣不足道者,则实大误也。"

陈先生是在讲华夏民族的文化。实际上,我们会看到,他是从中国历史上的学术盛衰之变来观察宋代在这样的一个长时段的变化过程中的节点性地位。

钱穆先生讲中国古今社会之变,也认为其中一个很关键的时期,就是宋代:

> 论中国古今社会之变,最要在宋代。宋以前,大体可称为古代中国;宋以后,乃为后代中国……就宋代而言之,政治经济、社会人生,较之前代莫不有变。(《理学与艺术》)

这些国学大师都是从演进的角度,对宋代的历史进行观察。他们也指出了宋代在整个中国古代进程里所处的这样一种节点性的意义。

日本前辈学者注重对框架性研究概念的提炼:例如内藤湖南先生的"唐宋变革说"(Naito Hypothesis),谷川道雄的"豪族共同体论",沟口雄三的"基体展开论",滨下武志的"朝贡体系论",森正夫的"地域社会论",等等,都是框架性的研究概念。这些概念,鲜明、综括,把握力和影响力都非常强;不仅提供了局域性的研讨重心,而且对学术的后来者具有突出的引导之功。

20世纪初期,日本学者内藤湖南提出了所谓的"唐宋变革论"。在这之后,包括很多的国内学者,以及海外学者,都有很多回应。我们也看到一些讨论,一直维系到今天。

那么说到延续和变迁,其实我们知道历史上,无论是说转型还是说一个时代的共序,都离不了两个方面的要点:一个就是后代的制度,包括这个时代、这个社会,它对于前代的一些因素的含纳和继承;另外一个就是在这样的一种含纳继承的基础之上,有哪一些变化?

钱锺书先生在 20 世纪 50 年代的时候,曾经出过一部中国的文学史。写到宋代的文学史,他说在中国的文化史上,有几个时代是相提并论的。比方说到文学,就会说"唐宋",说到绘画,会说"宋元",说学术思想,就说"汉宋"。不管从哪一个脉络,都会数到宋代。也就是说宋代确实是起着一种承上启下的作用。那么,如果从变迁和转型的角度来看,我们会看到不仅有"唐宋变革"这样的说法,近年来也有许多学者提出来"宋元变革"或者"宋元转型",还有"宋明转型",等等。如果我们从"唐宋变革"的角度来讲,宋代就是一个转变期的收束。如果我们从"宋元明转型"或者"宋元明变迁"这样的一个角度来讲,宋代就是一个新发展的开端。

张广达先生在讲"唐宋时代观"的时候,指出这样的一种长时段的观察:

> 打破了中国传统的王朝史体系……讲学而有宗旨,为研究中国历史提供了一条新的思路,有助于人们分梳纷如乱丝的史实,把握其中要领。

这就打破了中国传统上的王朝体系,为我们研究中国历史提供了一条新的思路。这样的一个思路,有助于我们分梳纷繁的史实,并把握其中的要领。

葛兆光老师在他多年以前的《道教与中国文化》里说:

> 唐宋文化的嬗变,在中国文化史上也许是最值得研究的题目之一。唐文化与宋文化,分别代表了两种截然不同的文化精神。前者可以说是古典文化的巅峰,后者则是近代文化的滥觞。

唐文化和宋文化分别代表了两种截然不同的文化精神。陈来老师在他的《宋明理学》里也说到这样的意思:

> 从整个中国文化的发展和学术潮流的演变来看,中唐的中国文化出现了三件大事,即新禅宗的盛行、新文学运动(即古文运动)的开展与新儒家的兴起。宗教的、文学的、思想的新运动的出现,共同推动了中国文化的新发展。三者的发展持续到北宋,并形成了主导宋以后文化的主要形态,也是这一时期知识阶层的精神表现。

陈来老师是从中唐以来进行梳理,说中唐以来社会上,包括文化界出现了很多的变化,在宗教、文学、思想方面都有一些新的运动出现。这样一些新的趋势,共同推动了中国文化的发展。这样的一种发展,从中唐到北宋形成了主导宋以后文化的一种主要形态。

说到这个转型的问题,其实我们会看到学者对于转型关键点的把握,实际上并不完全一样。比方我们刚才说到有的学者认为唐宋之际是重要的转型关键点，但是，像已经去世的普林斯顿大学的著名宋史学家刘子健教授，在多年以前就认为是在南宋初期发生了重要的转型：

> 现代历史学家倾向于按照中国史料传统，以朝代划分中国历史。然而，将宋朝——北宋和南宋——视为一个历史时期却可能是一个陷阱。
>
> 一句话，北宋的特征是外向的，而南宋却在本质上趋向于内敛。
>
> 南宋初期发生了重要的转型。这一转型不仅使南宋呈现出与北宋迥然不同的面貌，而且塑造了此后若干世纪中中国的形象。（《中国转向内在：两宋之际的文化转向》）

也就是说，他觉得北宋的特征是外向的，而南宋在本质上趋向于内敛。他觉得南宋实际上呈现出来了跟北宋非常不一样的一种历史面貌。当然，无论认为这个转型点在什么地方，都还是感觉到宋代其实在整个的中国历史上还是处在一个转型的关键期。那么这样的一些学界的不同认识，带给我们一个非常开阔的研究空间。

黄仁宇先生写的《赫逊河畔谈中国历史》，梳理了中国历史上朝代的不同特点。他说："中国历史中主要的朝代，每个不同，而尤以赵宋为显著。"也就是说，宋代和它的前后王朝比较起来，有非常明显的特色。

陶晋生先生也是中国古代史研究的大家，他在《宋辽金元史新论》里曾说：

> 这一时代里中国人并重理想与现实，兼备雅与俗的口味。
>
> 就政治和军事方面而言，尊王攘夷是理想，士人政治和对辽金妥协则是现实；就思想而言，理学家对儒家哲理的阐释是理想，改革家则企图将理想付诸实现，偏被理学家反对；就文学艺术而言，词的典雅和文人画的意境是理想，而通俗的曲和小说的发达则是适应现实的需要。

在这个时代，中国人并重理想和现实，兼备雅和俗的口味。陶先生分别就政治和军事方面，就思想方面，就文学、艺术方面等逐一地列举了当时的理想和现实之间的关联，以及两者之间的矛盾。

这样的一些研究和认识，其实都给我们开拓了一个很广阔的研究空间。

二、生于忧患，长于忧患

我们讲的第一个问题是从延续和变迁的角度，回顾学术界对于宋代的历史有哪一些观照。下面我们讲第二个问题，就是生于忧患，长于忧患。

对于宋朝所处的历史时代，当时的人实际上就有非常清晰的认识，当时的天下大势是分为南北的。广义来说，宋代史，应是一个时代的历史，而非单一政权的历史；观察中原王朝历史，离不开对周边形势的认识。这样我们才能够对历史上中国的整体时空范畴和整体内涵，有一个全面的观察。古代中国长时期里，对于民族、国家、天下，包括朝贡体制、华夷观念等这样一些认识，在宋代这样的一个历史时期，发生了重要的变化。这样的一些变化，实际上是跟当时所处的历史时代环境相关的。

我们如果把视野放得更加开阔一些，把宋代这一时期的历史，包括这样的一个立国的环境，放到欧亚大陆的一个板块中去观察，我们会有一些更新的看法。如果把 10—13 世纪的南北对峙放在亚欧大陆的视域中观察，我们会看到：被中原王朝视为边缘的地区，在亚欧大陆上其实处于中间的地带；契丹、女真、蒙古这些北方民族恰恰是当时连接南北大陆带、东西交通通道的核心力量。这给宋朝带来了巨大的压力与刺激。

也就是说，中原王朝传统上视为边缘的地区，就是一些北方民族所活跃的这个地区是处于欧亚大陆板块的中段。那么契丹、女真、蒙古这些北方民族，他们恰恰是当时连接整个南北大陆带、东西交通通道的核心力量。这样一些力量的崛起，在当时给宋朝带来了巨大压力。当然，也带来了促进宋朝自身发展的一些重要刺激。我们其实都知道，北宋的建立是晚于契丹王朝的。北宋王朝建立以后，它和周边政权彼此之间也存在着一种关联。

日本学者佐竹靖彦在他的《宋元时代史基本问题总论》里，有一段话：

> 如果从中国史的立场来定位宋元时代史的话，首先即可定义，这是从五代分裂时代经过宋朝的中国本土农耕地带的统一，以达到包括游牧狩猎地带在内的，由元朝完成的大统一的时期。从北方民族的立场来看，这是一个渐次深入中国内地，而且统一了中国的过程。

宋代是中国古代各主要王朝中，疆域最为狭小的历史时期。它所统一的，事实上是晚唐、五代十国时期的领土范围。就疆域的广度而言，宋朝所完成的，与前代相较，并不是真正意义上的统一；然而其统治所达到的纵深层面，却是前朝所难以比拟的。北宋国土面积大约 250.4987 万平方公里，而南宋大约是其五分之三。也就是说，宋代完成的统一，实际上并不是严格意义上对于整个中国疆域的统一，而主要是统一了中国本土的农耕地带。而包括游牧、狩猎地带在内的一个大统一，其实是后来由元朝完成的。一个真正意义上的全中国范围内大统一，实际上是一步一步完成的。

就疆域的广度而言，和汉唐时期相比，宋朝应该说所完成的并不是真正意义上的统一。但是，宋代统治所达到的纵深，应该说是前朝所难以比拟的。汉唐时期王朝的颠覆,都是一些内部因素的发展导致的。而宋朝和宋朝之后,地方上的割据,半独立或独立,这样一种现象就再也没有在中国历史上严重地出现。这和宋代对地方的纵深统治是有关系的。

有学者早就指出,宋代实际上是中国历史上又一个南北朝时期。当时的北宋王朝和契丹王朝彼此之间联络时也有南北朝这样的一种称谓。10 世纪到 13 世纪,是中国历史上北方民族活跃的又一个重要的阶段。在这一历史时期中,北方王朝勃兴发展。相对于宋朝,辽、夏、金都不再是周边附属性的民族政权,而已经成长为在政治、军事、经济诸方面都能够与两宋长期抗衡的少数民族王朝。中原王朝的核心地位和领头作用,不是体现在统一大业的领导权上,而是表现在政治制度、社会经济和思想文化的深远影响上。在这个时期,长城内外实现了游牧—农耕社会的频繁互动与交流,北方王朝逐渐向中原内聚。南北长期对峙,塑造了并行发展的格局;最终呈现出政治中心北移、经济文化重心南移的态势,为中国多民族社会的融合与发展奠定了基础,并一直影响到我们今天社会的发展。

宋代是社会经济、制度建设、科技文化领先于世界的时期;同时也是周边被挤压、内政因循求稳的时期,是面临着严峻挑战的时期,战略格局与政策应对上有诸多问题。

在宋代这样的整体环境之下,士人的忧患意识是非常强烈的。若运用"中国基本古籍库"来检索"忧患"一词,得出的检索结果是唐代有 239 条,宋代却多至 2873 条。北宋范仲淹的《岳阳楼记》,是我们大家都非常熟悉的名篇:

> 不以物喜,不以己悲;居庙堂之高则忧其民;处江湖之远则忧其君。是进亦忧,退亦忧。然则何时而乐耶? 其必曰"先天下之忧而忧,后天下之乐而乐"乎!

《岳阳楼记》里除了他说到的"先天下之忧而忧,后天下之乐而乐",还会看到他一直在讲"忧其民""忧其君""进亦忧,退亦忧"。这样的一种忧患意识,实际上是渗透在范仲淹的整个人生经历当中的。

王安石在他变法之前就曾经非常明确地提出对当时朝廷的建议,认为臣民都应该以社稷为忧:

> 内则不能无以社稷为忧,外则不能无惧于夷狄,天下之财力日以困穷,而风俗日以衰坏。(王安石《上仁宗皇帝言事书》)

司马光在给皇帝的一些进奏里,对皇帝有这样的一些警示、提醒,都是跟他的忧患意识分不开的:

> 上下一千七百余年,天下一统者,五百余年而已。其间时时小有祸乱,不可悉数。(司马光《进五规状·保业》)

自古以来，治世至寡，乱世至多，得之甚难，失之甚易也。……可不戒哉！可不慎哉！（司马光《稽古录·历年图》）

所以，我们会看到宋代的士人是有非常强烈的忧患意识的。

宋代可以说是"生于忧患，长于忧患"。建国之后，它是中国历史上主要王朝中疆域最为狭小的；1127年以后，金朝占领了华北，南宋更是偏处东南。两宋三百余年始终承受着来自北方的巨大压力。面临劲敌，宋朝军事力量并非强悍，但也有其内在的"坚韧"一面。当时可以说创新与因循并存，挑战严峻，成就突出。到了南宋，女真民族建立的金朝势力已经扩展到了淮河以北，对南宋朝廷的压力当然就更大。这种忧患应该是两宋王朝与生俱来的。但是，两宋在这样的"忧患"之中顽强执着的"生"与持续久远的"长"，其坚韧性与创造力对中国历史影响深远。

也是在这样的一个历史时期里，不管是北宋还是南宋，经济上还是有非常长足的进展的。到南宋的时候，海上丝绸之路在这一时期基本成型，有很多外向的经济文化交流。正是在这样的整体格局之下，出现了"海上丝绸之路"，当时大宗的贸易物品已经不是丝绸，而是瓷器。近年出土的"南海一号"古船装载了丰富的物资。从相关的考古发掘、文献资料，都能够看到当年经济文化上的繁荣局面。南宋时期，实现了突破重围的"外向发展"，"南海一号"是宋代经济繁荣的缩影。

三、政策导向与政治氛围

下面，我们讲第三个问题，就是两宋时期的政治导向和整体政治氛围。

首先，应该说"稳定至上"是宋代政治的核心目标。就国内政治局面的相对安定而言，宋廷立足于防微杜渐的措置确实有成功之处。

宋代的文化环境相对来说比较宽松，对于民间文化、经济事业、社会生活等方面，宋廷自建国之初即因仍自然趋势而未予过多干预。较为宽松的政治环境，为士大夫群体力量的形成、参政议政及学术创造力的发挥提供了适宜的外在条件。所以，士人群体是比较活跃的，"开口揽时事，论议争煌煌"。而在这一时期里，大师精英是层出不穷的，整个社会充满了活力。在宋代的很多史集里，都能看到当时士人追求的理想治国理政方针的两轴，一轴是所谓的"立纪纲"，另一轴是"召和气"。"立纪纲"在宋人的心目中指的就是订立制度；"召和气"则是指能够感召天地，使万事万物充盈着雍睦和谐的自然之气。两端并行并举，相辅相成。

国家方行仁政，自宜感召和气。（《续资治通鉴长编》卷三）

道德仁义,所以为治;而法制纲纪,亦所以维持之也。……是以善为天下虑者,不敢忽于微,而常杜其渐也。可不戒哉!(欧阳修《新五代史》)

(我朝)仁意常浑然于纪纲整肃之中,而纪纲常粲然于仁意流行之地。……无仁意则纪纲固无所本而立,无纪纲则仁意无所辅而行。(吕中《皇朝大事记讲义·治体论》)

从欧阳修的话里可以看到,他把纲纪跟法制联系在一起。所以,纪纲主要指的就是法制规范。"召和气"是指人能够感召天地,当时的人认为天地之间是运行着阴阳二气的,阴阳二气如果在一种比较和谐的状态下自然地运行,就可以感召和谐之气。在宋代,人们通常把"召和气"和朝廷的仁政联系在一起。所以,以"立纪纲""召和气"为两轴,在当时的朝政处理方面有一些特别的基调。

很多研究者都指出,宋代的朝政称得上是中国历代王朝中最为开明的。我们知道,中国历代王朝都是专制集权的帝制王朝,所以在这样的王朝里,说不上有什么三权分立、自由民主,若从严格意义上来讲,宋代也都说不上。但是所谓的专制王朝,也并不是天下乌鸦就都一般黑,实际上它们在处理问题时候的方针政策、执行手段还是有所不同的。而这样的一种不同,正是我们在研究历史的时候需要去追踪和分析的。

我们来看三段史料:

太祖皇帝尝问赵普曰:"天下何物最大?"普熟思未答间,再问如前,普对曰:"道理最大。"上屡称善。(沈括《续笔谈》)

艺祖有约,藏于太庙,誓不诛大臣、言官,违者不祥。故七祖相袭,未尝辄易。(曹勋引徽宗语)

尝观自三代而后,本朝有超越古今者五事:如百年无内乱;四圣百年;受命之日市不易肆;百年未尝诛杀大臣;至诚以待夷狄。此皆大抵以忠厚廉耻为之纲纪,故能如此。盖睿主开基,规模自别。(伊川先生[程颐]语)

第一段材料是说,宋太祖赵匡胤跟赵普有一段对话。宋太祖问赵普:"你说天下什么东西最大呀?"我们知道宋太祖本身其实是没有很高的受教育程度的,而有的时候,没有受过教育的人问出来的问题比受过教育的人问的,反而更难回答。赵普长期做太祖的左膀右臂,是一个智囊人物,但他想来想去不知道怎么讲。皇帝一直在追问,于是赵普就说道理最大。也就是说天下实际上道理应该是笼罩一切、统领一切的。据说宋太祖对此回答非常称道。那么这一段话,我们现在能够看到的最早记载其实是出自沈括的《续笔谈》。沈括的这个记载,距离宋朝开国已经有相当一段时间了。所以这两个人之间的对话究竟是不是有这样的一番回应,其实很难说。但是当时的宋人都认为是有的，而且都认为确实道理最大，是应该崇奉的一项原则。我们在宋人的一些奏议里，也有看到援引这段对话。

第二段材料，其实是北宋末年到南宋初期曹勋从北方跑回南宋，他讲的一段话。他转述宋徽宗的嘱咐，他说艺祖（宋太祖）有一个约定，这个约定当年是藏在太庙里的，约定说不杀大臣，不杀言官。这样的一个约定，到底当时是不是有？甚至于把它刻在碑上藏在太庙里？我觉得其实我们现在很难坐实，但是作为一项不成文的规矩，应该说在宋代确实还是有的。不能说宋代没有杀过大臣，但是诛杀这些大臣，基本上不是因为他们的进言。如"开宝四年，河决澶州，东汇于郓濮，坏民田庐。上怒官吏不即以闻，通判姚恕坐弃市，知州杜审肇免官"。因为进言而被治罪，特别是被诛杀的，这样的事例在宋代其实是非常个别的。所以我们会看到在历史上，宋代和后来的明、清还是有非常大的区别。

第三段材料是出自程颐的一段话。他总结所谓本朝超越古今的一些事情，也是从宋朝内政相对来说比较稳定，对待士人相对来说比较忠厚，这样一种治国规模来讲的。

正因为这样，陈寅恪先生在他的《论再生缘》里说："六朝及天水一代，思想最为自由，故文章亦臻于上乘。"六朝是以现在的南京作为首都的前后相继的六个王朝，天水一代指的就是宋朝。陈先生对宋朝这样一种宽松的政治文化环境，有很高的评价。

前面说的都是一些治国理政的方针、原则。实际上，唐宋时期的中枢制度是有很明显变化的。现代学者有一些代表性的著述，这一类的研究成果其实已经比较丰富了。

由唐至宋，最高统治机构的组织方式还是有很明显的变化的。唐代的三省制，是各有分工的。三省的首长，其实就是当时的宰相，宰相都会集中在政事堂议事。当时的政事堂就是国家的最高决策机构。而到了宋代，皇帝当然还是高高在上的，但是这个时期三省制已经变成了二府制或者说两府制。两府就是指的负责行政事务和民政事务的中书门下，以及负责军政事务的枢密院。在两府周边，还有负责财政事务的三司，负责监察事务的御史台，后来还有谏院。这些机构都向皇帝负责，而且向皇帝汇报，直接听取皇帝的指示。在皇帝下面有一个御前会议，所谓御前就是当着皇帝的面，皇帝也会出席，直接听取政事的汇报，而且直接指挥政务。所以御前会议，其实就是当时最高的决策机关。从这样的结构里，我们大致可以看到，这个时期皇帝更加走向国家政务处理的前台了。或者换一句话说，君主决策的权力更加强化了。

而在中唐以后，宰相一职政务官化，从"坐而论道"转而成为裁决掌管庶政的行政首脑。国家政治运行的形态发生了重大转变。在这样的情况下，我们大体上可以做一个比较。任何时期国家的各个部门都是会有分工，会有合作，但是分工、合作，包括机构之间的制衡方式会有不同。唐代是决策和执行环节的分工，也就是说三省各自把守在一个环节上，整个流程的完成，要这三省相互之间的制约和合作，所以它是一种程序上的制衡。而宋代是一种以"事任"为中心的分工方式。也就是说，中书门下、枢密院、三司、御史台各担着一个方面的"事任"。这样，哪一个部门都不可能控制整个国家的权力，形成了一种分工和制衡的方式。

在这样的一个结构里，我们再来看在政治舞台上活跃着的都是一些什么样的人物呢？其实，从唐代到宋代，一个重大的变化就是当时的新兴士人，或者说寒俊，出身于比较清寒的家庭。他们又是当时社会上的才俊，这些人的崛起，在当时的政治舞台上发挥了非常重要的作用。像龚延明老师、祖慧老师所著的《宋登科记考》，就有非常详尽的说明。

历代科举取士，宋代的取士数是最多的。我们现在习惯把科举跟高考相提并论，其实完全是两种性质不同的考试。科举是用来选拔官员的。这个录取人数的多少，其实不是简单的数字问题，或是规模问题，更重要的是科举录取的这些人，他们的素质应该说是比较高的。他们对当时的文官系统会起到一种冲击和补充新鲜血液的作用。而如果录取的人数太少，实际上就会被淹没在旧的体制之中。所以录取的规模，其实和这一人群在当时的政治舞台上所能够起到的作用是相关联的。这一个时期，科举制度也带来了一些社会阶层之间的流动，平民通过竞争，有一些就可以脱颖而出，得以参政。这样就改善了整个文官队伍的整体素质和结构。而有一些世代为官的家庭，他们的子弟就得不到世代相承的保障。也就是说，这些世家子弟还是要靠他们个人的努力才能够出人头地，不能完全依靠他们的家世背景。

我们在《宋史》里也看到，比方说当时的一些宰相，主要是仁宗时期的（不限于这个时期），都是出身于相对来说比较清寒的家庭。有一组对比的数字，唐代在 280 多年的时间里，一共用了 369 名宰相。而这些宰相出自 98 个家族，平均一个家族里可能会有若干名宰相出现。而宋代的 320 年时间里有 134 名宰相，这 134 名宰相出自 126 个家族，而这些宰相里 98% 以上都是进士出身的。所以，从这个数字的对比来看，宋代依靠家室的背景再攀到一个比较高的位置，其实是比较困难的。宋代的科举制度所影响的不光是文官制度本身，实际上对社会的关注点，也有很大的影响。王安石在一首诗作里回忆他当年去看科举考试发榜的情形，"却忆金明池上路，红裙争看绿衣郎"。这些"红裙"，就是一些女孩子，都到路上来看谁中榜，谁又中了进士。说明这一时期，科举考试受到了整个社会的高度关注。

平民通过科举成为进士，进入国家的统治阶层，发展出对国家的认同感和对天下的责任感。这是宋代出现"士以天下为己任"意识的主要原因。换句话说,他们已自认为是政治主体,不仅是文化主体或道德主体。

通过科举考试选拔出来的一些人物,就是当时社会上的一些精英,对这个时代有高度的认同感。另外,他们对天下也有一种责任感,所以他们会"感激论天下事,奋不顾身"。像范仲淹以天下为己任的这种形象,就是典型的代表,也不仅仅是范仲淹个人,而是那一时期有一群优秀士人。他们都有一种高尚的情操,以天下为己任:

> 先天下之忧而忧,后天下之乐而乐。(范仲淹)
>
> 开口揽时事,论议争煌煌。(欧阳修)
>
> 以通经学古为高,以救时行道为贤,以犯颜纳谏为忠。(苏轼)
>
> 天下者,中国之天下,祖宗之天下,群臣、万姓、三军之天下,非陛下之天下。

(方庭实)

值得注意的是,我们都不太熟悉的这一位方庭实,他是南宋初期的一个监察御史。实际上他的级别并不高,是当时的一个从七品官员。在宋高宗和女真政权谈判的过程中,方庭实就提出自己的意见,说"天下是中国的天下,祖宗的天下、群臣万姓三军的天下,不是陛下你的天下"(《皇宋中兴两朝圣政》卷二四录绍兴八年监察御史方庭实语)。意思就是说天下是天下人的,天下不是皇帝一个人说了就能算的。正是这样一种对于社会、国家、天下的责任感。这一时代的这些优秀士人们是兼善文章、经术和政事的,而且他们一直都有一种强烈的家国情怀。

在这样的一个时代里,我们也会看到当时社会上的臣民,他们对朝廷也有很多进言。在进言的过程中,通过章疏、奏议,表达了他们对国家朝政的一些理解,也阐释了他们的意见:

> 所谓宰辅宣召、侍从论思、经筵留身、翰苑夜对、二史直前、群臣召归、百官转对轮对、监司帅守见辞、三馆封章、小臣特引、臣民扣匦、太学生伏阙、外臣附驿、京局发马递铺,盖无一日而不可对,无一人而不可言。(魏了翁《应诏封事》)

魏了翁的这一段话,是他在南宋后期面对宋理宗讲的。他当时讲"国朝以来",也就是说的宋朝以来各种各样的信息通进途径,意思是希望皇帝能够真正做到兼听则明。他列举的这些途径,在宋代历史上都是出现过的。但是也不像魏了翁说的,"无一日不可对,无一人不可言"。这当然说得就比较极端了,但是不管怎么样,我们看到宋代一些士人进言的积极性是比较高的。

如我们看到的《宋朝诸臣奏议》,是南宋时期赵汝愚编的北宋时期的名臣奏议。明代中期,几位臣僚编纂了从商周到宋代、元代的臣僚奏议汇编《历代名臣奏议》。该书一共收集了八千多篇奏议，其中宋人的奏议就占了七千篇左右。所以宋人的进言、意见，对朝政提出批评、建议的积极性，应该说是特别突出的。这个跟当时朝政的环境也有关系。

> 行王之道，非可一二而言，愿得一面天颜，馨陈所学。（程颐《上仁宗皇帝书》）

上面的这一条，是二程先生里的程颐（1033—1107）在《上仁宗皇帝书》里所说的一段话。程颐在 1050 年给皇帝上了这个奏书，这时候他只是一个十七岁的年轻人，而他在这个奏书里堂堂正正地跟皇帝说："皇帝应该是行王道的，而王道的内容，我一两句话说不清楚。我希望有一个觐见你的机会，让我把我所学的有关王道的认识，能够清清楚楚地讲授。"那个时候的青年人，对于国家，对于国家的政务，有一种强烈的责任感和家国意识。

在宋代，这种进言、直言、极言，其实就是后人所说的宋代的立国元气。有两个例子都是发生在北宋中期宋仁宗朝的。当然，宋代历史上也有一些政治非常态的时期，但相当一段时期内国家的政务运转还是比较顺畅的。相对来说，仁宗朝还是一个比较正常的政治运转阶段。

> 张尧佐除宣徽使。……一日将御朝，温成送至殿门，抚背曰："官家今日不要忘了宣徽使。"上曰："得得。"既降旨，包拯乞对，大陈其不可，反复数百言。音吐愤激，唾溅帝面。帝卒为罢之。温成遣小黄门次第探伺，知拯犯颜切直，迎拜谢过。帝举袖拭面曰："中丞向前说话，直唾我面。汝只管要宣徽使、宣徽使，汝岂不知包拯是御史中丞乎！"（朱弁《曲洧旧闻》）

《曲洧旧闻》是宋代的一部笔记，记载了这样一件事情。仁宗有一个宠爱的妃子张贵妃，"温成"就是她去世了以后被追谥为"温成皇后"。当年张贵妃受宠，仁宗有一次就决定把张贵妃的叔叔张尧佐提升为宣徽使，这个事情决定了以后就要上朝去宣布。张贵妃就把皇帝送到宫廷门口，抚摸着皇帝的后背，跟皇帝说："官家，你今天千万别忘了这件事儿。"我们知道，朝廷上管皇帝叫陛下，后廷都是称皇帝为官家。宋仁宗就说："行行行。"到了朝廷上，皇帝颁布了这个任命后，当时的御史中丞包拯就要求跟皇帝面对，在跟皇帝当面谈话的时候，包拯"大陈其不可"，就是说这件事情不能这样做。滔滔不绝地讲了反复数百言，结果包拯讲得非常激动，音吐愤激，唾沫吐了皇帝一脸。皇帝就想算了，这件事儿就这样吧，就不要把张尧佐提升为宣徽使了。下朝以后，张贵妃就赶紧去迎着皇帝。皇帝就举着袖子擦着自己的脸说："中丞跟我说话的时候，那个唾沫都喷了我一脸。你只管要宣徽使，你不知道包拯他是御史中丞吗？"所以，实际上当皇帝的旨意确定了之后，其实外朝的官员，特别是台谏官员，还是会有非常强烈的反对态度。

> 太傅（陆游高祖陆轸）性质直，虽在上前，不少改越音。为馆职时，尝因奏事，极

言治乱,举笏指御榻,曰:"天下奸雄睥睨此座者多矣,陛下须好作,乃可长保。"明日,仁祖以其语告大臣,曰陆某淳直如此。(陆游《家世旧闻》上)

这一条材料,是陆游回忆他的高祖的事情。在仁宗时,他的高祖在做馆职。有一次他也是面对皇帝奏事的时候,就跟皇帝讲到历代的治乱与教训,陆轸是绍兴人,所以他越地的口音其实是很重的。他就拿着他的笏板指着皇帝的御榻,跟皇帝说:"哎,天底下盯着你这个位置的人多着呢。你必须得好好干,你这个皇帝才能当得下去。"这样的话,我们今天去看,都会觉得是很敏感的。但是当时仁宗却不以为意,而且第二天还跟大臣说:"这个陆某真的是非常朴直淳厚。"这些情形,不仅在北宋的时候有,在南宋的时候也是有的。

北宋和南宋都有一种制度,就是让在京城里任职的百官能有一个机会轮流去面见皇帝,即轮对(侍从官员称转对)。《宋会要辑稿·礼》:"旁开求言之路,日引轮对之班。"这样的安排是希望能够旁开求言之路,使上下信息得以沟通,同时也是皇帝了解下情和考察官员的机会,能够知道更多的信息,包括社情民意。这样的制度,一直长期延续下来。当然在一些政治不正常的时候,也会有间断。官员也非常重视转对机会,如苏轼、苏辙兄弟曾同日转对,还赋诗纪念。

南宋淳熙十一年(1184),陆九渊当轮对,在轮对前,多次与朱熹等人商议面奏的方法和内容,轮对时,精心准备了五份奏札,详细阐述个人看法:

> (陛下)临御二十余年,未有(唐)太宗数年之效。版图未归,仇耻未复,生聚教训之实可为寒心。(《象山先生全集》卷一八《删定官轮对札子》)

他说:"你做皇帝二十多年了,你还不如人家唐太宗做皇帝几年有成效。国家版图没有能够恢复,仇耻也没有能够洗雪,也没有能够聚集力量、训练民众,想起来连我都感到寒心。"这话说得非常尖锐。而在宋人现在留下来的奏议,包括他们文集里留下来的这些材料里,会看到像这样犀利的批评,在当时并不罕见。

当然也会有一些朝中的重臣不希望这些事情发生。有基层的,或朝廷里中下层的一些官员,直言进谏冒犯皇帝,甚至冒犯朝廷的重臣。对这些敢言之士,一些当朝大臣也会设法应对。

李心传《建炎以来朝野杂记》甲集卷九《百官转对》记载:

> 士大夫不为大臣所喜者,往往俟其轮对班将至,预徙他官。至有立朝逾年而不得见上者。盖轮其官而不轮其人,此立法之弊。

"士大夫不为大臣所喜者",这些大臣会算计着。因为当时百官的轮对转对,是按照一个机构一个机构轮转的,下面会转到哪一个机构的哪些人,在当时都是会排出来的。这些大臣就会想到某一个人特别爱提意见,说不定就会冒犯自己。于是当这个人快要轮到的时候,就会预先把他调一个职位,或者派他出使,等他出使回来,他这个机构就轮过去了。结果就有一些人在朝廷里待了超过一年了,还没有能够面对皇帝直接进言的机会。所以,通过李心传的话,我们知道当时有一些大臣在其中做一些手脚,起一些阻碍作用。按照正常情况来说,朝臣在朝廷里工作一两年,就应该能有见到皇帝直接进言的机会。

陆九渊在淳熙十三年(1186)轮对前数日,忽被改命为将作监丞,因而失去了轮对的机会。对于此事,陆九渊自言:"某去冬距对班数日,忽有匠丞之除。王给事遂见缴。既而闻之,有谓吾将发其为首相爪牙者,故皇惧及此。"(《象山全集》卷一〇《与李成之书》)这种做法,不仅使得本应上殿奏事的臣僚失去了面奏的机会,也对皇帝的信息获取构成了阻碍。

宋代的政治氛围相对来说是比较宽松的,但是这并不意味着两宋历史上就没有专制的威权或派系的整肃。实际上,宋代还是有文字狱、党同伐异的。此类事件的产生,有其政治上的原因,也有思想上的根源。

像我们所知道的"乌台诗案",就是整饬苏轼和他的朋友的一次文字狱。"乌台诗案"起因于苏轼所作的一首诗。熙宁五年(1072)十二月苏轼受公差,往湖州相度堤岸利害,因与湖州知州孙觉相见,作《赠莘老七绝》:"嗟余与子久离群,耳冷心灰百不闻。若对青山谈世事,当须举白便浮君。(是时约孙觉并坐客,如有言及时事者罚一大盏。虽不指时事是非,意言事多不便,更不可说,说亦不尽也。)"后有人告发其作诗诽谤朝政,因而他被捕下狱。

元祐党指反对王安石新法的"旧党"。王安石在位时并未整饬反对派别,他去世20多年后,蔡京在宋徽宗支持下大肆整肃异己。这种党同伐异的做法,在南宋的时候仍然出现过,像我们知道的庆元党禁。有关庆元党禁,历史上有很多记载,近年也有一些学者对这个事件进行过更为清晰的梳理和追踪。实际上,这些事件的产生,首先是有政治上的原因的,当然也有思想上的根源,即对于道德的理想主义诉求。

熙丰变法以来,从"更化"到"绍述",再到"建中靖国",二三十年间政治风云变幻反复。我们有时会发现,看似水火不容的两极,往往具有比人们意料中更多的共通之处。无论是王安石还是司马光、二程等人,都不仅只是从理论学术上探讨经学,而都注重其经世致用的一面;他们都批评"人执私见,家为异说","一人一义,十人十义",追求学术统一、认识统一的理想境界;他们都希望"一道德以同俗",在实际诠解"道德"之际,都脱不出"君子""小人"的判分模式,都具有依事划线的主观倾向。对"道德"的理想主义诉求,本来是人文精神进步的反映;但要求道德与学术观念"同于己""定于一",则是当时士大夫共同认识局限的表现；也正是因此而导致了北宋后期士大夫集团内部深刻的分裂。而当朝廷致力于"人无异论""议论专一"时，就无可避免地会导致思想上和现实中的专制倾向。

尽管在宋代有这些政治上的波折，当时的士大夫还是怀抱着非常超然旷达的一种意念。他们对家国情怀的深厚关切，从来没有从内心移除过：

> 三月七日，沙湖道中遇雨。雨具先去，同行皆狼狈，余独不觉。已而遂晴，故作此词。
>
> 莫听穿林打叶声，何妨吟啸且徐行。竹杖芒鞋轻胜马，谁怕？一蓑烟雨任平生。　　料峭春风吹酒醒，微冷，山头斜照却相迎。回首向来萧瑟处，归去，也无风雨也无晴。（苏轼《定风波·莫听穿林打叶声》）
>
> 何处望神州？满眼风光北固楼。千古兴亡多少事，悠悠。不尽长江滚滚流。
>
> 年少万兜鍪，坐断东南战未休。天下英雄谁敌手？曹刘。生子当如孙仲谋。

（辛弃疾《南乡子·登京口北固亭有怀》）

这两首词表达了作者虽处逆境屡遭挫折，而不畏惧、不颓丧的倔强性格和旷达胸怀。人生态度超然旷达，忧国忧民情怀深沉，这种精神境界，实际上也是当时士大夫精神的突出代表。

四、平民化、世俗化、人文化

前面我们讲的第三个问题，谈到了当时政治上的一些治国理念，包括制度的变化，以及当时活跃在政治舞台上的一些特定人群。下面，我们来讲第四个问题——平民化、世俗化、人文化。

有很多学者研究中国的家族制度、地方社会制度。他们会说中国近代以来的家族制度，大体上是在宋以后特定的历史条件下形成和发展起来的。从中唐到宋代，方方面面都经历着重要的社会变迁过程。对这个过程，不同的学者会有不同的概括和总结，但是大体上说，是出现了一个平民化、世俗化、人文化的趋势。

当然这里指的是一个进程，不是一个完成时，而是一个进行时。所谓平民化，相对贵族制、门阀制的政治生态，具有身份背景淡化的时代特征，是指普通民众具有较前代更多的生存发展机遇，受到社会更多关注；世俗化，主要是指俗世生活影响增重，佛教经历本土化过程，民间信仰兴起，宗教教义愈益贴近世俗需求；人文化，则是指更加关心尊重"人"自身的价值，关注人的精神生活状态和教养成长。与此同时，儒家的理念与文化生活取向逐渐成为士人日常的践行方式。从社会意义看,所谓平民化,是指普通民众都具有生存发展的权利,受到社会重视。就历史上的传统时代(帝制时期)而言,通常是指相对贵族制、门阀制政治生态,身份背景淡化的时代特色。在统治群体构成、国家政策趋向、文化传承者的身份、阐发内容及传布对象等方面,都有鲜明的体现。世俗化(secularization),是与宗教化、神秘化、超越性相对应的概念,表示人们关注现实生活的取向(世俗化在西方社会学中,是指文艺复兴以来西方文化从宗教统治中逐渐摆脱出来的过程)。

对于这一进程的认识,既关系到唐代历史与宋代历史的基本定位,也关系到对整个中国历史走势的把握。

若我们将唐代长安城、北宋开封城和南宋临安城的布局进行比较,就能感觉到一种都市典范的变化。唐代的长安是尊卑分明、秩序井然的设置方式,呈网格状,坊市布局。而北宋的开封和南宋的临安,都是官府和民居杂陈的布置格局,布局非规则,且街市都是南北通达的。

在这样的街市里边活跃的是什么样的人群呢?在这个历史时期,城市居民第一次受到国家的重视。历史上首次作为法定户籍分类出现坊郭户(城市居民),即城镇居民和工商家庭。

面向市井的世俗文化在这个阶段大放异彩。两宋时期,活跃在民间的普通民庶成为文学艺术、文化知识的讲述者、传布者、欣赏者、接受者。随着城市经济的发展与市民阶层的兴起,民俗文化也大放异彩。都市十字街头,有说书的、杂耍的、饮茶的,通衢街头、瓦子勾栏成为市民娱乐的重要去处,也是宋代市民文化勃兴的标志。与之相应,从传世画作中可以看出,人物画作中的形象主体也发生了变化:唐代以达官显贵、宫廷仕女形象为主;宋代不仅有显贵人物,也有市井居民、乡村人物。

这一时期,文学重心的下移和文学的全面繁荣是同时并存的。文学重心的下移,首先是文学的体裁,到了宋代不仅有诗文,还有词、曲、小说。我们知道,词本身就是从青楼曲馆里走出来的,曲和小说也都和市井有密切关系。这些文学作品的创作主体也不仅限于士族的文人了,而已经扩大到了市井文人。比如在当时的十字街头有一些人在说书。说什么呢?有说三分的,就是讲三国的故事,而说三分越说越细致,越说越丰富,所以实际上这些市井的说书人都参与了明代以后成书的长篇小说《三国演义》的创作过程。我们现在读《水浒传》,实际上南宋的时候就有人讲《大宋宣和遗事》,就是讲北宋末年的一些水浒故事,也是讲得越来越详细,越来越丰富生动,后来就凝聚成为《水浒传》。所以,市井文人在这个创作过程里边起到了一种不容忽视的作用。另外,文学的接受者也扩大到市民以及更广泛的社会大众。袁行霈先生讲到宋词的时候，就特别说：

> 经过宋代三百多年上自朝廷下至市井的歌唱，中国文学有了更细腻的感觉和表现，中国文化也呈现出更加丰富多彩的面貌。（袁行霈《中华文明史》）

有了宋词，中国文学就有了更加细腻的感觉和表现，中国的文化也就呈现出更加丰富多彩的面貌。宋词被当作宋代文学的代表性作品门类，相较之下，宋诗好像没那么大的影响力。但实际上，宋诗也有这个时代的特色，我们来看两首大家耳熟能详的描写庐山的诗：

> 日照香炉生紫烟，遥看瀑布挂前川。飞流直下三千尺，疑是银河落九天。（李白）

> 横看成岭侧成峰，远近高低各不同。不识庐山真面目，只缘身在此山中。（苏轼）

这两首诗都是一流的文人所作，而且吟咏的对象都是庐山，但是我们一眼看过去就会知道这两首诗的意向和内在追求是相当不同的。正如钱锺书先生所说，唐诗重在风神情韵，而宋诗重在筋骨思理。所以宋诗在文学史上走出了特有的一条道路。

这一时期，学术和文化方面的创造力生机勃发。杜维明先生在《文化价值与社会变迁》访谈录里说："只有在开放的心态下才能讨论学术。宋儒就是这样。他们到处寻找对话，寻求思想的交锋。"正因为如此，姜广辉老师在《宋明时期经学的主要成绩》里就特别指出来：

> 在中国古代思想史中，有两个时段出现的学术文化巨人最为密集：一是公元前五世纪至公元前三世纪的三百年间，这是指先秦从孔子、老子到韩非子的时期；一是公元十一世纪至十二世纪的二百年间，这是指两宋之际从王安石、周敦颐、二程、张载、邵雍到南宋朱熹、陆九渊等人的时期。这两个时段，在文化思想上皆有生机勃发的创造性，而过此以往便进入了一个守成期。

不光是在新儒学、理学方面有这样的创造力，李约瑟在他的《中国科学技术史》书里也说道：

> 每当人们在中国的文献中查考任何一种具体的科技史料时，往往会发现它的主焦点就在宋代。不管在应用科学方面或在纯粹科学方面都是如此。

当时的应用科学，或者说是纯粹科学、技术方面是这样，那文学方面的成就呢？宋词的成就，散文的成就，话本的成就，当时的一些戏曲先驱的成就。史学方面，像《资治通鉴》这样的编年体通史的出现，像纪事本末体的出现、金石学的出现，等等，都证明了这一时期是学术文化创造力生机勃发的时期。

当时的人就有这样的说法——儒者逢时。文化的发展，也带来了文人群体的发展，带来了知识传播的发展和普及。这一时期雕版印刷已经成熟，而且开始印刷很多书籍，使很多书籍得到了普及。另外，这个时期开始有了活字印刷术。

> 余犹及见老儒先生自言，其少时欲求《史记》《汉书》而不可得，幸而得之，皆手自书，日夜诵读，惟恐不及。近岁市人转相摹刻诸子百家之书，日传万纸，学者之于书多且易致如此。（苏轼《李氏山房藏书记》）

苏轼回忆说，过去有一些老先生曾经说他们年轻的时候，因为当时印刷术没有那么普及，所以想找一本《史记》《汉书》都非常难，如果能够借到一本就赶紧去抄，抄完了以后，是白天读、晚上读。后来慢慢地，"市人转相摹刻诸子百家之书"，也就是说市面上出现了一些书坊刻印的这些著作，才使这些著作传播得非常广泛。所以，学者也就有了很好的接触文献、知识的条件。

南宋时候刊刻的《东都事略》的牌记上有两行字，第一行是"眉山程舍人宅刊行"，关键在于后边的八个字，是说"已申上司不许覆板"，这是什么意思呢？其实就是一种版权保护，申明这部书是我们程舍人宅刻的，其他地方的书坊都不能照着我的这个版面重新去刊刻这部书。所以，我们会看到这个时候的版权保护意识已经成熟了。这也证明当时的刻书业已经有了长足的发展。

与刻书业的发展、知识的普及相对应，是当时教育的发展。首先，我们从皇帝的教育开始说起。当时皇帝的课堂被称为经筵，在经筵上，首先是读经读史。宋代从仁宗的时候也开始读本朝的一些历史事件。编纂的图书，当时称之为圣政、宝训。现藏台北故宫博物院的《景德四图》很可能就是当年给宋仁宗提供的图文并茂的教科书。我们知道，宋仁宗还是孩子时就当了皇帝，所以读经读史对他来说是比较枯燥的。当时的太后和官员想了很多的办法，后来就是把祖宗朝的一些事件提炼之后，编成了若干圣政，形成了这样图文并茂的帝王课本。

宋代设置的官学在朝廷里有太学，在地方上有州县学校。太学开始有了根据学生不同的学业水平，进行考核升级的制度，即太学三舍法。太学三舍法按学生学业水平实行分舍教学，按学生平时操行及日常考试成绩决定升舍的教学管理方法，是教育领域的升级制度。

除了官方的学校以外，当时地方上还出现了很多的书院，像我们熟悉的白鹿洞书院、岳麓书院等。这些书院某种意义上成为理学家传播他们理念和学术思想的基地。

官学和书院在整体的士人的学术思想交流里，起到了非常重要的作用。李弘祺在《宋代官学教育与科举》中提出："宋代教育在中国史上占有重要的位置，不仅因为宋代的官学和书院造成其后九百多年中国学校制度的基础；也因为由科举塑造的中国士绅社会直到 20 世纪才解体。"

与此同时，民间的教育也相对地普及了。

> 又有负担之夫，微乎微者也，日求升合之粟以活妻儿，尚日那一二钱，令厥子入学，谓之"学课"。（《长编》卷一五〇，庆历四年六月戊午条）

这条材料说的"负担之夫"就是当时在社会上帮人家挑担子、送货的一些打短工的人，他们也会每一天留出来一文钱、两文钱，让他的孩子长大了以后能去上学，念一点书。

那么，当时是什么人担当着这样一种文化普及的职责呢？

> 今年不免聚二三十小秀才，以教书为行户。（《陈亮集·答朱熹又乙巳春书之一》）

我们从《陈亮集》里的这一段话知道，当时的一些落第举子（宋代科举考试进士的录取率不及百分之一），或者是曾经以读书为业的一些人，如果他们不能如愿进入仕途，有一些人会改行，做医生、做商人，或者就在家里自学了。也有一些人会去做乡先生，所谓的"以教书为行户"。

> 儿童冬学闹比邻，据案愚儒却自珍。授罢村书闭门睡，终年不著面看人。（陆游《秋日郊居》）

陆游的这首诗里说道，他在乡村里的住宅挨着一座农村的小学，农村的小学当时被称为冬学，就是农家到了农历十月以后，地里没有什么农活儿了，就让他的孩子去上学。这样的冬学，他们会读《杂字》《百家姓》等所谓的村书。宋代以来这样的一些民间教育已经渗透到了平民阶层，奠定了中国文化近千年来广大而深厚的社会基础。

这些孩子们读的《百家姓》，就是一些启蒙教育的读物。像我们常说的"三百千"——《三字经》《百家姓》《千字文》，实际在历史上出现的顺序是，《千字文》最早，《百家姓》其次，最后才是《三字经》。从《百家姓》"赵钱孙李"的这个排序，我们知道它是在宋代出现的，而第二位是钱姓。为什么会把钱姓放在第二位呢？实际上跟《百家姓》出现的年代和地区是有关系的。我们知道，杭州和江浙的一些地方在五代十国时期是在吴越国的统治之下，而吴越国的国主就是钱氏。从把钱氏放在第二位，我们会清晰地感觉到，《百家姓》是出现在北宋的前期，也就是五代十国刚刚被统一之后不久的江浙地区的。原来的吴越国民众还怀念着故国、故主，因此将钱姓排在第二。

当时不同层级的教育和整个社会文化素质的提升有关，社会上充溢着一种所谓的和谐之美。

我们今天看到的一些宋代的文房砚台、瓷器、金银器，包括日用瓷器，都映衬出宋代特有的器物风格,透露出深沉隽永的气息,淡雅简洁,也透露出一种别有韵致的社会气息。

最后我们来作一个比较,把唐代画卷、雕塑里的人物形象和宋代画卷、雕塑里的人物形象作一个比较。

唐代的人物形象,不管是《步辇图》《文苑图》,还是其他的一些画卷里的人物形象,相对来说,都是很雍容、闲适的,包括一些陶俑雕塑的人物形象,看上去似乎是心满意足,别无所求的。那么我们如果看宋代的绘画、雕塑的人物形象,会有非常不同的感觉。

我们可以看到,宋代的画作、雕塑里呈现出了大量的劳作中的人物形象。并不是说唐代就没有劳作的人物形象,或者说唐代人的生活就没有艰辛的一面,而是唐代的一些艺术家、工匠觉得那种图景是不值得呈现的。而到了宋代,一些艺人和工匠开始转而更加关注普通民众的生活状态。宋代的画作中出现纺车、饮茶、货郎、推磨,甚至包括家中下厨的场景。这些活动场景,都被认为是值得呈现的。这种对普通人生活状态的关注,可以说这一时期确实是有平民化、世俗化、人文化的特征,出现了对普通人的关怀超越于具体个人之上的时代精神和社会倾向。

最后,我们来做一个小结。应该说,宋代确实处在中华古文明的一个灿烂鼎盛的时期。张邦炜老师在《瞻前顾后看宋代》中说:

> 第一,宋代横比当时世界各国,均在其上,处于领先地位;第二,宋代纵比前代,亦超越之,是中国古代历史上继汉朝、唐朝之后的又一座新高峰。以上两点可以称为对两宋历史地位的两个基本估计。一言以蔽之,宋朝是当时世界上经济最繁荣、文化最先进的国家,在中国历史上是一次经济腾飞,一次文化高涨,足以同汉、唐前后辉映,相互争妍丽。

我们对宋代要实事求是地进行研究,一方面要充分地估价它作为中华古文明鼎盛期的灿烂,另一方面也要看到受制于时代,它的文明也还是存在着内在的不足和缺陷。客观地看待一个时代,才是我们应该尊崇的辩证唯物论的观点。王曾瑜在《宋代文明的历史地位》中说:“我们要实事求是地、充分地估价作为中华古文明鼎盛期的灿烂的宋代文明,但也应努力探索宋代文明的缺陷,探寻中华文明此后落伍的因素,这才是辩证唯物论。”近年来,张邦炜老师在这方面也有一些持续的讨论。唯其如此,研究历史,就不单纯是为古人算账,而是为今人和后人开路。

宋代处于中国历史上重要的转型期,它面临着来自内部与周边的诸多新问题、新挑战,并不是古代史上国势强劲的时期;但它在物质文明、精神文明方面的突出成就,在制度方面的独到建树,它对于人类文明发展的贡献与牵动,使其无愧为历史上文明昌盛的辉煌阶段。这也让我们想到习近平同志所说的：

古往今来，中华民族之所以在世界有地位、有影响，不是靠穷兵黩武，不是靠对外扩张，而是靠中华文化的强大感召力和吸引力。（习近平《在文艺工作座谈会上的讲话》，2014 年 10 月 15 日）

谢谢大家，祝愿宋学大讲堂圆满成功！

宋代理学概说

（讲稿）

清华大学　　陈来

　　陈寅恪先生为邓广铭先生《宋史职官志考正》所作序中说,华夏民族之文化,历数千年之演进,造极于赵宋之世。邓广铭先生在为《北宋文化史述论》所作序中提出,宋代的文化,截至明清之际为止,已经达到了登峰造极的高度,不但超越了前代,也为其后的元明所不能及。他们所说的宋代文化主要是指宋学,更主要指宋代的儒学。而宋代的儒学,其主流即新儒学,如陈寅恪为冯友兰《中国哲学史》所写审查报告中所说:"中国自秦以后,迄于今日,其思想之演变历程,至繁至久,要之只为一大事因缘,即新儒学之产生,及其传衍而已。"观其所说,所谓新儒学主要是指既吸收佛教学说又不忘本来传统的、以朱熹为代表的两宋理学。

　　一般"宋学"的学是指儒学,而儒学在宋代时期是以理学为主,其中又包含各个派别。为什么宋学主要讲理学? 还有一个原因,因为理学是宋代乃至元明清时代主导的学术思想和文化形态。11 世纪以后,北宋兴起理学,后来变成了宋元明一直到清代这七百多年间中国思想学术的主导形态,所以我们学术界常常用"宋明理学"这个概念;宋代理学应该说是整个"宋明理学"中最重要的部分和形态。

　　"宋代理学"代表这个时期主流的文化思想发展,它是"宋代儒学"的一部分,这两个概念是不一样的,宋代儒学的概念比宋代理学的概念外延要大,因为在宋代理学家以外还有很多不同的儒学家。宋代理学是内在于宋代儒学中发展的,跟整个宋代儒学的整体发展趋势是分不开的,因此讨论理学在北宋的发展不能抛开北宋整个儒学的发展氛围。

一、宋代理学的兴起背景

　　理学发端于 11 世纪,从北宋的中期开始,但是其发展的很多苗头在中唐时就已经出现。如果说宋代理学是一场儒学复兴运动,那么可以追溯到中唐以韩愈为代表的早期儒学复兴运动。韩愈的儒学复兴运动有一个明确的背景，这个背景就是排佛，他的思想就是强烈批判佛教对中国文化社会秩序带来的破坏，韩愈在《谏迎佛骨表》里讲到佛教进入中国后带来的后果，就是人们不知君臣之义、父子之情，佛教的教义和它的僧侣实践违背了中国传统社会的纲常伦理，因此任由其发展就会破坏这个社会的伦理秩序，使社会无法维持。所以韩愈非常有先见之明地把《大学》提出来，高举《大学》旗帜，用修身、齐家、治国、平天下的理想来打击和压制标举出世主义的佛教，通过这种回应佛教的挑战的方式扩大儒学影响，开始了儒学复兴的运动。韩愈也非常重视《孟子》，因为在韩愈看来孟子是一个敢于跟异端作斗争的思想家，看到异端思想就不能容忍它、任其发展，就要站出来跟它争论、辩论，要批判它。所以《孟子》《大学》成为韩愈批判佛教的重要精神武器。这种精神在宋代被理学所继承，《大学》可以说是理学最重要的一部经典，不仅宋代二程、朱熹特别重视它，一直到明代理学还是从《大学》里边转出来，所以我们说韩愈确实是有功劳的。可是韩愈也有些缺点，就是他着重从社会秩序和伦理来看这个问题，不太能进入比较深入的心性义理和精神世界来讨论问题，所以他讲《大学》时只讲修身、齐家、治国、平天下，不讲格物、致知、正心、诚意，可我们知道理学是专讲格物、致知、正心、诚意的。从这里就可以看出韩愈和宋代理学还有很大的差别，宋代理学通过格物致知的概念，更深地进入修身的哲学，进入人的心性体验和精神实践。韩愈可以说在那个时代只能提出最重要的一些比较外在的问题，而不能把所有的内在问题都揭示出来，所以在理学史上韩愈受到一定的批评也是很自然的。但理学对韩愈的批评可能有一些理学的偏见，没有完全正视韩愈在儒学复兴运动里面开创性、先驱性的地位，所以现在我们还是要承认、肯定理学先驱韩愈所作出的努力。

按照《宋元学案》的讲法，理学的源头从宋初三先生胡瑗、孙复、石介讲起，但如果我们把这个范围看得更大一点的话，其实北宋前期的儒学发展，很多方面都跟理学有重要关系，比方说，范仲淹和欧阳修。

范仲淹字希文，两岁丧父，母亲改嫁朱氏，遂更姓朱，青年时代刻苦奋励，学习日以继夜，"冬月惫甚，以水沃面，食不给，至以糜粥继之"。欧阳修字永叔，四岁而孤，母郑氏守节，亲自教诲，"家贫，至以荻画地学书"。宋初三先生中，胡瑗字翼之，"家贫无以自给，往泰山，与孙明复、石守道同学，攻苦食淡，终夜不寝，一坐十年不归"。孙复曾两次谒范仲淹，范仲淹两次赠钱，又知孙复因母老无养废学，令补学子职，月得三千钱，后来学成。石介字守道，青年时"困穷苦学，世无比者"，宋初诸儒大多困穷苦学，从这里实可见社会变迁之一斑，出身清寒的平民知识分子与六朝隋唐士族知识分子在生活的经历和背景方面有巨大差异，这使得他们的政治态度、伦理主张、文化态度以及一般思想倾向与士族知识分子具有很大的不同。

理学的出现与形成有几个大的时代背景：

第一，社会变迁。从范仲淹的例子可以看出来北宋的整个儒学为何在这个时代产生出理学来，同时也可看出这个时代的儒学发展跟隋唐、魏晋的不一样。这个时代的社会变迁跟以前不同了，从唐代末期到北宋，中小地主和自耕农为主的经济形态出现，从儒学的角度来看，中小地主和自耕农的子弟通过科举进入国家政权队伍，成为士大夫的主体，成为儒学学者的主体，这成为这个时代的特色。因此这种社会出身的知识人，在伦理观念、文化态度和思想倾向方面，跟中唐以前及魏晋时代，尤其是士族出身的知识分子的想法就大异其趣，更容易接受儒家的价值。比如范仲淹，不仅有很多讲学的成就，更代表了北宋前期儒家士大夫群体的精神人格，他提倡"先天下之忧而忧，后天下之乐而乐""每感论天下事，时至泣下"，关心国家大事，以国家大事、民生为己任的那种儒家情怀，可以说感染了当时的知识人和士大夫，"一时士大夫矫厉尚风节，自仲淹倡之"，这显然是与魏晋、隋唐五代大不相同的时代风气。这极大影响了士大夫风气的变化，也可以说代表了当时北宋儒家人格的发展方向。近代中国知识分子特别喜欢的"宁鸣而死，不默而生"这句话也出自范仲淹的《灵乌赋》，他看到朝政上的过失，不管是不是在他的职责范围之内，都要理直气壮地提出批评，无论如何他都要坚持正义。这是一种难能可贵的精神、品格和气节，更是一种难能可贵的勇气。后来南宋理学大家朱熹评述北宋理学创始人程颐的品节风骨时也说"以天下自任，议论褒贬，无所顾忌"，这也是与之一致的。如果没有范仲淹这样人物的出现，没有这种道德精神的出现和带动，宋代理学的出现应该说是没有前提的，也就是没有可能的。而且前理学阶段的代表，像北宋三先生，其中的两位重要人物一个是胡瑗，一个是孙复，都是在范仲淹的亲自推荐下才在朝中做官，才能实现讲学事业。

理学的发展先驱，我们举出韩愈作为中唐儒学复兴的代表，举出范仲淹等作为北宋前期儒学的代表。这是我们做的一个铺垫，从这里我们可以看出，时代风气在慢慢变化，一个新的运动正在慢慢地酝酿，这就是儒学的复兴运动。

第二，文化挑战。儒学复兴运动之所以能够兴起，一方面跟整个时代的社会变迁是相关的，另一方面跟魏晋以来遭遇的文化挑战有关系，这个文化挑战主要是以佛教为主的外来文化的进入及其本土化发展，对中国本土的、固有的思想产生的刺激和挑战。比如范仲淹所说的忧乐，还是"居庙堂之高，则忧其民，处江湖之远，则忧其君"，是社会的和政治的，还不是人生的、精神的，仅有这些还不足以应对佛教的全部挑战。

《佛祖统纪》卷四五记载：

　　荆公王安石问文定张方平曰："孔子去世百年而生孟子，后绝无人，或有之而非醇儒。"方平曰："岂为无人，亦有过孟子者。"安石曰："何人？"方平曰："马祖、汾阳、雪峰、岩头、丹霞、云门。"安石意未解。方平曰："儒门淡薄，收拾不住，皆归释氏。"安石欣然叹服，后以语张商英，抚几赏之曰："至哉，此论也！"

张方平与王安石为同朝大臣，不赞成变法，其列举的禅宗马祖道一、汾阳无业、雪峰义存、岩头全奯、丹霞天然、云门文偃诸位禅师，多是创宗祖师。

　　经学在汉代开始发展，而且得到国家和政府的支持，但文献研究为主。到魏晋时代，魏晋时代一流的知识分子都被玄学、道家，甚至道教所吸引；隋唐一流的知识分子，一流的精神和心灵都被佛教所吸引，所以这时候儒学的发展相对来讲就不兴旺。这个时代，儒学没办法吸引很多第一流的人才，这些人才都流失到道教、佛教中去了。这就是"儒门淡薄，收拾不住"。魏晋玄学和隋唐的佛教、道教，在本体论、心性论方面非常发达，形成了对儒学的根本挑战。这是儒学复兴时代理学出现的重要缘由，儒学不仅要成为这个时代士大夫风骨的价值引领，还必须直面佛道的挑战，发展起自身的宇宙论、心性论、境界论、修养工夫论的理论体系，提供给士人以理论的智慧和精神的终极依托，成为有吸引力的士大夫精神的思想支撑和理论升华，从根本上取代佛道在精神界的统治地位。

　　如果我们看北宋大儒张载的故事，可以发现他年轻的时候也和范仲淹有联系，他"年二十一以书谒范仲淹"，做了个军事规划投书去见范仲淹。史书讲范仲淹"一见知其远器"，说一见就知道这个人是有长远大发展的人才。范仲淹对张载说："吾儒自有名教可乐，何事于兵？"于是引导他去学习《中庸》。张载又尽读释老之书，史书说他"累年尽究其说"，看了很多年之后他觉得对佛教、道教有点了解了，了解之后"知无所得"，知道这里边没什么东西，然后"返而求之六经"。张载这个例子跟我们后面讲的很多理学家的例子是一样的，先有一个"出"，然后再来"入"，这样学问才能够最后坚定地确立起来。他通过对佛教、道教的学习，帮助他回来重新了解了儒家的思想。据《世说新语》，西晋时的名士乐广反对放达，主张"名教中自有乐地"，反对以肆情放荡、放浪形骸为乐。范仲淹亦然，"吾儒自有名教可乐"的提法，所谓名教即社会价值和规范体系，而"可乐""乐地"不应是感性的放纵，而是可安身立命的意义世界和可以受用的精神境界。他提示了儒学的伦理与实践自身包含了富有吸引力的精神世界，可有自身充盈精神快乐的精神乐土，可以安顿心灵的精神归宿，应该大力发掘，这可以说与二程的"求孔颜乐处"相呼应，体现了儒家取代玄佛道精神世界、收拾士大夫心灵的努力方向。

　　第三，价值重建。从唐到五代，中国文化的价值遭到了很大破坏，宋初士大夫对五代的风气特别是士风的败坏非常痛恨。在这个意义上，理学的出现，承担了重建价值体系的职能。通过对理论挑战和现实问题的创造性回应，古典儒学通过理学而得以复兴。可以说，宋代理学对汉代以后整个中国文化的发展有一个新的反省，并通过这种反省致力于儒学的复兴。从儒家角度来看，汉代以来，作为中国本土主流思想的儒学发展出现了某种中断，宋代理学是先秦儒家道德学说的复兴，同时也是中国本土主流价值的复兴。其先行者是欧阳修，陈寅恪在《赠蒋秉南（即复旦大学教授蒋天枢）序》中认为：

> 欧阳永叔少学韩昌黎之文，晚撰《五代史记》，作义儿、冯道诸传，贬斥势利，尊崇气节，遂一匡五代之浇漓，返之淳正。故天水一朝之文化，竟为我民族遗留之瑰宝。

欧阳修通过对五代士风的批判来振励天下士风："礼义，治人之大法；廉耻，立人之大节。盖不廉则无所不取，不耻则无所不为。"故不仅是气节，理学特别强调道德价值和心性修养，为宋代士大夫和社会建立了完整的价值观和道德规范体系，为社会奠立了较高的道德标准。在价值观上，除了大力宣讲"仁义礼智"外，"孝悌忠信礼义廉耻"的连用也是在宋代理学中开始的。理学从理论上和实践上强化了儒家伦理与道德价值对个人道德和社会风气的引导，并通过自己的个人修养为儒学的复兴提供道德实践的基础。南宋末的文天祥就是受到宋代儒学理学滋养的义节代表，其临死留言：孔曰成仁，孟曰取义，唯其义尽，所以仁至。读圣贤书，所学何事？而今而后，庶几无愧。

第四、理论自觉。范、欧对北宋士风的振励和价值的重建是理学得以兴起的基础，但士风本身还不能自然产生"理学"这种理论化、哲学化的思想形态。如东汉士人也重名节，就未产生出这种理论化思想形态。程颐说："东汉士人尚名节，只为不明理，若使明理，却是大贤也。"在崇尚风骨名节的基础上，要有理论创造的自觉，才能产生有理论吸引力的理学体系。

> 太祖皇帝尝问赵普曰："天下何物最大？"普熟思未答间，再问如前，普对曰："道理最大。"上屡称善。（沈括《续笔谈》）

邓小南教授认为，这是说道理应该是笼罩天下一切的，统领天下一切的。据说宋太祖对此回答非常称道。

马克思说过，哲学是时代的精华。这一思想来自黑格尔的影响。从这个角度说，北宋理学的出现，不是脱离社会的观念抽象，而是这个时代呼声的理论升华。不仅赵普所说的"道理最大"反映了时代对道理的尊尚，韩维在嘉祐时所说"欲渐诱经生，使习义理之学"，神宗在熙宁时说"士皆趋义理之学，极为美事"，都显示出这个时代政治、文化对道、义理的需要。在这个意义上，理学正是基于因应此种需要的理论自觉而产生的精神升华和哲学表达。

此外,北宋州县学校及书院兴起,讲学活动普及,也是理学得以形成和发展的一个历史文化条件,而这又是与胡瑗在湖州的教学实践的示范作用分不开的。欧阳修曾说:"自景祐、明道以来,学者有师惟先生(胡瑗)暨泰山孙明复、石守道三人,而先生之徒最盛……其教学之法最备,行之数年,东南之士莫不以仁义礼乐为学。庆历四年天子开天章阁,与大臣讲天下事,始慨然诏州县皆立学,于是建太学于京师,而有司请下湖州取先生之法以为太学法。"胡瑗所实践的儒学教育,经过制度化和普遍化,在推进儒学思想的影响方面起了重要作用,也为新儒家的兴起准备了教育人才的基础。

二、宋代理学的精神追求:士大夫的新人生理想

儒家学说中本来以孔子为圣人,为理想人格的范型。但自韩愈以来,成圣成贤逐步成了儒家士人的理想。周敦颐提出"圣希天,贤希圣,士希贤",认为一个"士"应当把成圣成贤作为一生希望达到的理想。具体地说,要"志伊尹之所志,学颜子之所学"。伊尹代表了儒家致君泽民的榜样,颜渊则代表了儒家自我修养的典范。志伊尹之所志是要以伊尹为取法的楷模,致力于国家的治理和民众的幸福。学颜子之所学是指像颜子一样去追求圣人的精神境界。前者是外王,后者是内圣。这个说法在精神上与当时胡瑗所说的"明体达用"是一致的,同时,在"明体"方面更强调人的精神修养的重要性。后来张载的"四为"发展了志伊尹之志的宏大抱愿,二程则进一步阐发了学颜子之所学的一面。此外,理学家既追求理想的人生境界,也同时追求这种境界的外化即人格气象,追求圣贤气象成为宋代理学的特色,也代表了理学比较高的一种人生追求。

第一,"孔颜乐处"的人生理想。北宋的周敦颐是理学的创建者二程兄弟的老师,他在思想上深深地引导了二程的思想发展方向,最重要的就是他提出的所谓"寻孔颜乐处,所乐何事"。《论语》里面讲颜子在贫困中能保持他的精神的快乐,而孔子也是"乐以忘忧",孔子和颜子乐在什么地方?"孔颜乐处"所代表的,是超越这个时代流行的功利主义的发展的一种人格理想、人生理想。二程兄弟十四五岁的时候就受学于周敦颐,周敦颐就让他们寻"孔颜乐处",对他们影响很大,他们于是"遂厌科举之业""慨然有求道之志"。这表明周敦颐指出了一条求圣人之道的学问方向,隐含了"道学"的主题。周敦颐那种超越富贵利达而又与隐逸不同的人格风范,极高明而道中庸,开了一代新风气。由于求得这种精神境界既不需要出世修行,也不需要遁迹山林,是在伦理关系中奉行社会义务的同时实现的,因而是对佛道思想的批判改造。他的寻孔颜乐处的思想使古代

儒家以博施济众和克己复礼为内容的仁学增添了人格美和超越凡俗的精神境界的内容,对后来理学的人生追求产生了深远影响。

据程颢讲,他后来又去跟周敦颐学过,说"自再见周茂叔后",自再次见他跟他学习,"吟风弄月以归","有'吾与点也'之意"。"吾与点也"是《论语》里边的故事,孔子非常赞成曾点那种人生理想,曾点说不喜欢当官,就喜欢一种自由的没有功利的生活,春天带几个童子到郊野,沐浴着春风,朗诵着诗,向往这样的生活。孔子当时就肯定他这种精神,所以从"孔颜乐处"到"吾与点也",这个过程中程颢是受到了这种思想的引导。宋代理学开始推崇"吾与点也"的人生理想,与"乐处"也有关系。

程颐是和他哥哥一起跟周敦颐学习的,他十八岁的时候入太学,当时胡瑗是太学的老师,就出了个题目,"颜子所好何学论",颜子就是我们刚讲的孔门的颜回,他好学好的是什么学? 这个问题就跟周敦颐在四年前问他的"颜子所乐何处"是近似的,他答的这个答卷给太学的主管一看,大惊,觉得这个卷子答得太好了,说你不要当学生,你来参加我们太学的教学吧。我举这个例子是要说明,重视"颜子所好何学、所乐何事"的这个问题已经成为这个时代的一种呼声,一种要求。

第二,"横渠四句"的社会理想。北宋的张载跟周敦颐,有一个作为理学发端的共同性,共同性就是他们要建立气化的宇宙论来抗衡佛教、道教,跟佛教、道教虚无的、虚空的宇宙观、世界观相抗衡。而更重要的就是在精神境界、人生理想方面他也同样在这个时代提出了新的方向来引领。张载讲了四句话,冯友兰先生曾经把它叫作"横渠四句","为天地立心,为生民立命,为往圣继绝学,为万世开太平",这"四为"开显了儒家的广阔胸怀和社会理想,即:为世界确立文化价值、为人民确保生活幸福、传承文明创造的成果、开辟永久和平的社会愿景。我们说这四句不简单,如果用我们今天的眼光来看,它表达了儒学复兴的一个崇高的精神理想,你说这个儒学复兴的运动用什么样的一个理念和精神来表达呢? 就是这四句话——"横渠四句",更高一点说,它彰显了中国儒学广阔宏大的理想世界。所以从这些方面我们说周敦颐、张载他们在理学开创期的确是发挥了价值引领作用。

第三,"民胞物与"的道德理想。照二程说,张载的《西铭》是北宋道学最重要的文献,代表了道学最高的精神追求,代表了宋代理学引领的时代思潮和基本精神。张载的思想如果我们从它对理学的影响来看,除了气的哲学、实在主义的世界观以外,他对理学的精神追求还有大的贡献,就是一方面提出了横渠四句,另一方面在《西铭》里边提出"民胞物与"的思想,"民,吾同胞;物,吾与也"。人民大众都是我的同胞,万事万物都是我的朋友,体现了理学家博大的胸怀。那么这样一种精神是什么精神呢? 对周敦颐来讲,就是"志伊尹之所志""致君泽民"的那种理想,张载将之发展成"民胞物与",这与横渠四句也是一致的。

《西铭》是要解决如何从个人的角度来看宇宙,如何运用这种对宇宙的观点来看待个人与社会生活。从《西铭》的立场上看,人是由气构成的,构成人的气也是构成宇宙万物的气。因而,从个人的角度来看,天地就是我的父母,民众即是我的同胞,万物都是我的朋友,从这样一个观点出发,人就可以对自己的道德义务有一种更高的了解,而对一切个人的利害穷达有一种超越的态度。换言之,在这样一种对宇宙的了解中,宇宙的一切都无不与自己有直接的联系,一切道德活动都是个体应当实现的直接义务。这就是在日常伦理生活中找到它的更高意义,这也就是"视天下无一物非我"的具体内容,这个境界也就是"天人合一"的境界。

在这种境界中,个体的道德自觉大大提高,他的行为也就获得了更高的价值。而个人的生与死、贫与富、贱与贵,在广大的宇宙流行过程面前变得微不足道。生命是属于宇宙的,活着就应对天地奉行孝道,死亡使人永远安宁,贫贱使人发愤,富贵得以养生,人应当把有限的生命投入"为天地立心,为生民立命,为往圣继绝学,为万世开太平"的大业中。这也是"吾儒自有名教可乐",它提供了满足人的可以投身其中的伟大事业、怀抱无限成就感的伟大抱负。

第四,"仁者与万物一体"的精神境界。这是程颢提出来的:

> 仁者,以天地万物为一体,莫非己也。认得为己,何所不至?若不有诸己,自不
> 与己相干。如手足不仁,气已不贯,皆不属己。

如果从精神境界上来讲,他提出了一个新的仁学的境界,"仁"是仁义礼智的"仁",我们知道孔子提出了仁学,《论语》里边讲了一百多个"仁",但是到了程颢这里,他对这个"仁"字做了发展,就是吸收了周敦颐对他的影响。先秦儒家的仁学强调博施济众的人道主义和克己复礼的道德修养,在程颢看来,这样的仁学还不是"仁"的最高境界。他认为,博施济众只是仁的"用"(表现),还不是仁的"体"(根本)。仁在根本上是一种最高的精神境界,这种境界就是"与万物为一体"。程颢的这个思想与周敦颐提出寻孔颜乐处一样,都是要突出儒家思想中对最高精神境界的追求。

"仁"的这种境界的基本特征是要把自己和宇宙万物看成息息相关的一个整体,把宇宙每一部分看作与自己有直接的联系,甚至就是自己的一部分。就是说,有了这种境界的人,他所了解的"我"或"己"不再是个体的小我,万物都是"我"的一部分。程颢说,这可以用古典中医理论以手足痿痹为"不仁"的说法来理解,在肢体麻痹的情况下,人就不会感到肢体是自己的一部分,这就是"不仁"。所以一个真正有"仁"境界的人,必然是真

切地感受到"与物同体""莫非己也"。这个境界理解的人与人的关系比民胞物与更为直接,而且把这个境界的内涵赋予了儒学最根本的概念"仁",这就更明确地发展了儒学的仁学。应该说我们刚才讲的"孔颜乐处""横渠四句"和这个"仁学境界"都是有重要意义的,有了这些,整个宋代理学的精神方向才能确立起来。

三、北宋理学的理论建构

什么是理学? 宋代理学是一套以"理"为中心的学术思想和话语实践,是宋元明清时期主导的学术思想和文化形态,是儒学在这个时代面对社会转型和文化挑战以及儒学更新而发展出来的新的代表形态,又称新儒学;宋明理学在同时期广泛传布东亚,成为近世东亚文明的共同体现。理学又称道学,"道学"就是传承圣人之道的学问,道统是圣人传承的谱系,理学创始人提出儒学的道统自孟子以后便中断了,他们的使命就是接续起这个道统,光大道学。

宋代理学虽然可以分为理论及实践的几个不同派别,而这些不同派别的学者都被称为宋代理学,是由于他们具有一些共同的性质和特点,共同承担并体现了这一时代的民族精神。这些特点包括:

(1)以不同方式为发源于先秦的儒家思想提供了宇宙论、本体论的论证。

(2)以儒家的圣人为理想人格,以实现圣人的精神境界为人生的终极目的。

(3)以儒家的仁义礼智信为根本道德原理,以不同方式论证儒家的道德原理具有内在的基础,以存天理、去人欲为道德实践的基本原则。

(4)为了实现人的精神的全面发展而提出并实践各种"为学功夫",即具体的修养方法,这些方法的条目主要来自儒家经典特别是《四书》及早期道学对这些经典的讨论,而特别集中于心性的功夫。

宋代理学所讨论的问题随不同时期、不同流派而有所不同。理学与唐代以前儒学的一个重要不同之点是,《四书》即《论语》《孟子》《大学》《中庸》是理学尊信的主要经典,是理学价值系统与功夫系统的主要根据,理学的讨论常与这些经典有关。大体上,理学讨论的主要问题有理气、心性、格物、致知、主敬、主静、涵养、知行、已发未发、道心人心、天理人欲、天命之性气质之性等。其中还可以衍生出其他许多问题。这些问题中,格物、致知出自《大学》,知行出于《论语》,心性见于《孟子》,道心人心出于《尚书》,天理人欲出于《礼记》,已发未发出于《中庸》,这些经典的问题经过新的不同诠释获得了新的意义。理学道德实践中的各种修养功夫如存心养气、戒慎恐惧、必有事焉、勿忘勿助等也都联系着不同的经典来源。

宋代理学的代表人物主要有周敦颐、张载、程颢、程颐、朱熹、陆九渊等。基本上，新儒家的努力一方面是强化社会所需要的价值系统，并将其抽象为"天理"，同时将其规定为人性的内涵，体现为强烈的价值理性的形态。另一方面，努力在排斥佛道二教出世主义的同时，充分吸收二教发展精神生活的丰富经验，探求精神修养、发展、完善的多方面课题与境界，建立起富有吸引力的"精神性人文主义"。佛道的影响主要在境界论、心性论、功夫论。北宋中期，不少思想家都看到了道德性命问题的重要，但有些还是从道家思想去理解，而只有从儒家本身的经典去发掘理论的建构，才能适合儒学复兴的大势。经过宋代理学的努力，儒学得到了全面的复兴和重建，并在宋以后重新占据了中国文化的主导地位。

理学的建立，以往学者比较喜欢讲"北宋五子"，这是朱熹讲过的。理学的建立跟"北宋五子"有密切的关系。"北宋五子"包括我们前面讲过的周敦颐、张载，还有二程、邵雍。"北宋五子"里的核心是二程。为什么呢？因为"北宋五子"是以二程为联结中心的。周敦颐是二程的老师，张载是二程的表叔，也是讲学的朋友，而邵雍和二程一起居住在洛阳，是一起讲学讨论的知交，可见二程确实是理学或者道学的建立者。二程中的老大是程颢，号明道，人称明道先生。程颢也是"泛滥于诸家，出入于佛老几十年，返求之六经而后得之"。前面讲过，出入佛老，而后返求自得，这变成了宋代理学家常规的心路历程，这很值得研究。

关于理学，程颢在思想上有什么发展呢？他活着的时候讲过这样一句话，说"吾学虽有授受，但天理二字是自家体贴出来"。我们知道在中国文化史上，"天理"二字早就出现了。至少我们在先秦的典籍里边已经看到了，如《庄子》也提过"天理"这个概念，最明显的当然是在《礼记》里，《礼记·乐记》里边讲："不能反躬，天理灭矣。"这是宋代理学最直接的一个来源。为什么程颢要说"天理二字是自家体贴出来"？我们说这也不是乱吹的，他确确实实是"实有所见"。我只举一个例子就可以了，他有一个命题，说"天者，理也"。后来也有人把这个命题改成"天即理也"，也是一样的。程颐接着说"理便是天道。且如说皇天震怒，终不是有人在上震怒"，二程认为，如果要推究起来，这个世界终归不是有个人格神在天上震怒，"只是理如此"。那么"天者，理也"是什么意思呢？实际上，就是他对以六经为代表的古典儒学进行新的诠释。我们知道，在古典儒学里边，特别在《尚书》里边，保留了作为神格的天的概念，所以就有"皇天震怒"这样的语句出现。到了宋代，理学创始人要摒弃这样神格的天的概念，要把它变为一个理性化、理性主义的思想体系。他认为，我们如今在《诗经》《尚书》中看到的那个有人格的"天"并不是真正的有人格的"天"，那个"天"其实是"理"，是宇宙的普遍法则，这是"天者，理也"真正的思想。所以这样"天"的概念的确是以前所没有的，《庄子》《礼记》里面也不曾有的，而是理学家在一个新的理性体系中所提出来的。他们把上古儒学中一些迷信的东西扬弃了，重新给它一个理性主义的解释，于是"理"就被发展、诠释为一个具有上古时代六经中"天"所具有的最高地位的本原性概念，理学体系便从此具有了其真正意义。

二程中的另一位是程颐，号伊川，人称伊川先生。如程颢一样，程颐也提出了理学思想中非常重要的一个命题，就是"性即理也"。"性"就是指人的本性，这句话跟程颢所提的命题"天即理"在理学中具有同样重要的地位，都是非常核心的命题。以前学者讲人性，有讲人性善、人性恶、人性无善无恶、人性三品等等，到北宋时如王安石也是受到人无善无恶的影响。程颢是用"理"来规定、界定天的概念，天是最高的本体。程颐则用"理"来规定、来解释人的本性，认为理是人之所以为人的本质。追求儒家心性义理的建构，是新儒家的重要目标，唐代韩愈的学生李翱已开始从《中庸》寻求儒家的心性义理，性即理说是程颐在这方面的特别贡献。

在理学中，"理"的意义可分析为五种：宇宙的普遍法则，这个意义的理可称为天理；作为人性的理，可称为性理；作为伦理与道德规范的理，可称为伦理；作为事物本质与规律的理，可称为物理，以及作为理性的理，如理学讨论的理气相胜问题所表现的，可称为理性。当然，在理学的范畴结构中，理的这五种意义具有统一性，而统一又表现为差别，这就是理一分殊。

程颐的性格与程颢有所不同，气象也不同，程颢是"温然和平"，而程颐则是"严毅庄重"，他对待皇帝、太后都非常严肃，要求给小皇帝讲课时太后应在帘后同听，垂帘听讲而不是垂帘听政。在他以前，给皇帝讲书的官员是站着的，皇帝是坐着的，而他说这不行，一定要让讲官坐着讲，以此培养皇帝尊儒重道之心，此外程颐还提出了很多大胆的建议，不怕因此得罪皇帝、太后，但最后终因得罪人太多而被外派，由此便不难看出程颐的一些特点。他非常严谨，生活上也是如此，一生谨守礼训。晚年有学生问他："先生谨于礼四五十年，应甚劳苦？"意为先生视听言动、待人接物什么都是按礼来做，是不是太辛苦了？程颐答："吾日履安地，何劳何苦？"意为我按着礼行事使我每日就像踏在安全的平地上，有什么辛苦的，如果你不按着礼行事，那便使你每天都处于危险的地方，那才是辛苦。他年轻时跟许多学者有过讨论，譬如对司马光的念"中"法就进行过批评。司马光当时身在高位，却仍关心儒学的发展，同样也注重自我人格的修养，即希望寻找到一种带给内心安宁稳定的安身立命之方法。这也是当时北宋理学家很关心的一个问题。如张载给程颢写信："定性未能不动？"意为我想把这个心定下来却总定不下来。而司马光也是如此,最后他找到一个办法,即念中法。《中庸》不是讲"喜怒哀乐未发谓之中"吗,司马光说我可以用念"中"字来在喜怒哀乐未发之际保持内心的稳定。而程颐却就此批评他,这样的办法是外在的办法,并不是真正可以使人的内心得以安定的办法。程颐主张的是"主敬"的办法,这成为程颐学说的特点。这个方法就是在修养上保持敬畏的心情,同时谨守于礼,以这样一种生活的状态来达到内心的安定。

四、南宋理学的理论发展

南宋理学主要代表是朱熹、陆九渊。古人对宋代理学的发展有一个讲法,就是濂、洛、关、闽,濂指周敦颐,洛指二程,关指张载,闽指朱熹。但这个讲法是有局限的,只适合宋代主流道学的发展历程,如果讲整个宋代的理学发展就不能概括了。我们讲整个宋代的发展,若讲到其最核心的人物,最简单的讲法就是程、张、朱、陆,前面讲了二程,后面就讲讲朱和陆。其中朱熹是北宋以来理学发展的集大成者。

如果说北宋二程的时代重点在解决"什么是理"的问题,南宋朱熹、陆九渊的时代重点在解决"如何求理"的问题。朱熹五六岁的时候,父亲教他什么是"天",他当时就问:"天之外是何物?"天之上是何物? 还有一个记载说,朱熹小时候和朋友们玩,经常一个人写写画画,经常在沙地上画《周易》中八卦的符号。朱熹晚年的哲学体系非常庞大,其中有一部分,就是吸收了《周易》哲学中的宇宙论而发展成的一套哲学宇宙观。同许多宋代知识分子一样,朱熹也是出入佛老,泛滥百家,然后返求诸六经。有个故事说,他18岁去应科举考试的时候,老师检查看东西是否带齐全了,发现他的行装里面只有两本书,一本《孟子》,一本是《大慧语录》——这是南宋前期大慧宗杲禅师的语录。在理学思想上,可以说,朱熹服膺二程的学说、阐扬二程的学说,发展了二程的思想,把二程的思想发展为一个综合性的理论。前人说他"致广大,尽精微,综罗百代",他既吸收了二程的思想,还吸收了周敦颐、邵雍、张载的思想,扬弃了佛道的哲学,通过对《四书》不断地、终身地、死而后已地注释,建立了自己的理学体系。在他的体系中,《大学》的思想占据着重要地位。前面提到,韩愈已经很重视修身、齐家、治国、平天下了,可是"格物致知""正心诚意",他没有提,他完全没有理会"格物致知"的问题。朱熹的贡献就是提出了关于"格物致知"的一套系统的理论解释。虽然这套解释是以二程的思想为依据的,但也给予了综合和创造性的发展。《大学》的"八条目"里面最基础的就是"格物",格物才能致知,致知才能正心诚意。可是,什么是格物呢?汉人的解释很不清楚,把"格"解释为"来"。朱熹就通过解释发展二程思想,朱熹说格犹穷也，物犹理也，把"格物致知"解释为"即物穷理"。"格物"就是要落实到事物上去，不要离开事物。为什么这样说？这是针对佛教的。因为佛教就是离开了事事物物，特别是离开了伦物。伦就是伦常，离开了伦物去寻求精神内心的发展。所以朱熹特别提出"即物"，就是不能离开事事物物，尤其是日常的人伦日用，包括草木、瓦石。我们要内在于一个此世的伦理秩序里面，在我们的社会关系、家庭关系里面，在我们所处的自然界里面找到价值，这就是"格物"的最重要的含义。朱熹以理规定格物的物，又发挥了"穷理"的概念。"穷理"概念来自《易传》，朱熹把它引到这里来，用"即物穷理"来解释"格物致知"。穷理就是要研究了解事物的道理。"即物穷理"含有一种知识性的发展，同时"格物致知"又不仅仅是一个知识性的发展，它包含了认识到什么是正确的、什么是错误的；什么是善的，什么是恶的，从而在自己的实践中体现出来。因此"格物致知"包括了知识论和道德论两个方面。

其实，朱熹讲"格物致知"，最早是讲给皇帝听的。他34岁的时候，孝宗即位之后召见他。他就给孝宗讲"格物致知"，说帝王之学，必须先"格物致知"。第二年，他又去见皇帝时说，大学之道，即"格物致知"。皇上没有做到"即物穷理"，没有做到"即事观理"，所以就没有收到治国平天下的效果。可见理学提出"格物致知"这些理论，不是用来约束老百姓的，它首先是针对的帝王之学。朱熹要给皇上讲治国平天下的道理，而孝宗皇帝是不喜欢别人批评的，所以他对朱熹的两次奏对都不很高兴。又过了十几年，朱熹在白鹿洞书院讲学，因为全国大旱，皇帝就召集学者多提批评意见。朱熹又写信上谏了，讲"天理人欲""正心诚意"，说皇上不能"格物穷理"，所以只去亲近一些小人，没有国法纲纪，不能治国平天下。皇上听了很生气。到了朱熹晚年的时候，他又入都奏事，走到浙江时，就有人对他说，你喜欢讲"正心诚意"，但这是皇上最不爱听的，这次你就不要提了。朱熹很严肃地说，我平生所学，就是这四个字，我怎么能够欺君呢？他见到皇帝的时候，还是批评了皇帝，说皇帝内心里面"天理有所未存""人欲有所未尽"。讲这个故事是为了说明，宋儒讲"格物致知""正心诚意"，讲"存天理、灭人欲"，首先是对君主、士大夫的阶层来讲的。我们知道，古代对皇帝、士大夫阶层没有一个十分健全的监察监督机制，所以需要用道德的警戒、修养来规诫、劝导他们，这套哲学首先是针对君主以及担当公务的官僚士大夫的一种学问。从这个角度，我们可以了解，宋代理学是因应这个时代的社会变迁的。在一个新的中央集权时代里，要通过各级官僚才能行政，而这些官僚的行政，有一套什么样的规范呢？朱熹就用《大学》《中庸》的思想来为这些官员、士大夫确立规范。不仅仅是规范，他同时也指出一条怎么培养、怎样发展士人自己的宗旨，包括一个人从科举考试开始，最后进入到国家官僚队伍里面的历程。这个为学的宗旨，就包含学习知识和发展德性两个方面。我们也可以把朱熹的思想概括为两个方面,一方面强调"主敬涵养",另一方面讲"格物穷理"。这适应了那个时代整个士大夫阶层的思想文化发展要求。

宋代的理学在朱熹的时代明显分化,即分化为狭义的"理学"和"心学"两派,前者以朱熹为代表,后者以陆九渊为代表。朱熹 46 岁的时候,就曾和陆九渊在江西的鹅湖寺举行了一场学术辩论。争论的主要观点是:朱熹强调"格物致知"的一个很重要的途径,就是要广泛地读书,通过读书来考察事物的道理。朱熹要求在物上求理,陆九渊主张在心上求理。陆九渊不赞成朱熹格物的做法,认为这是支离,他主张"心即理也"。反对广泛地读书,了解事物的道理,而是要返求内心,发明本心,不重视多读书。朱熹的主张显然是一个重视知识学习的理性方法,他认为陆九渊的方法只能做一个乡里的善士,不能满足担任多种公共职能的士大夫的多方面需要。

以前学术界还有一种认识,把南宋学术思想分为三派:朱子理学、陆氏心学、永嘉事功之学。与朱熹理学的思想要旨集中在"理"字上相比,永嘉之学的精神特别强调"事"对求理的重要性。若从哲学和理论上概括两宋学术各派的主张,程朱主张"性即理",二陆主张"心即理",而永嘉学术可以"事即理"来表出。陈傅良、叶适虽未明确提出此义,但内在地包含了此义。如陈傅良门人所言:"陈先生,其教人读书,但令事事理会……器便有道,不是两样,须是识礼乐法度皆是道理。"此说正为"事即理"思想的表达。故永嘉之学的中心命题有二,一是"事皆是理",二是"事上理会"。永嘉之学重视经世实学,他们所说的"事"集中于古代的经制治法,即治国理政的制度研究,是在事功和制度上理会。

五、宋代理学理欲之辩的意义。

朱熹思想里的一些命题,我们要简单解释一下。在完成《中庸章句》的注解后,朱熹晚年专门讲"道心""人心"。"人心",就是个体感性的欲望,"道心"就是指人的道德意识、道德理性。朱熹的观点就是,要用"道心"来约束"人心",要用道德的理性、意识来主导、引导、调控个体的欲望。这个观点,不论在哪个时代,都是有普遍意义的。关于"天理—人欲"的理解,现在有很多的误解。刚才我们讲"人心"就是人的欲望,但"人欲"不是人心,而是特指人心中违背公共道德的私欲,是有特指的含义的。而人心中的自然欲望,是不需要全部去除的。"天理"就是普遍的道德法则。朱熹总是认为欲望应该受到道德的制约,我们要用公共道德原则来克服违背公共道德的私欲。当然每个时代的公共道德原则是不同的，他所说的一些具体的准则是适用于当时的社会状况的。但是我们从哲学层面来看，理性和欲望的关系怎么处理，朱熹的道学思想，还是提供了有意义的处理方式。

近代德国哲学家康德在《实践理性批判》中一开始就提出，什么原则能够作为社会普遍道德法则而成为指导我们一切行为的动机？康德肯定地说，用感性的欲望作为这种原则是不行的，因为基于感性欲望的原则只能引导到快乐主义。如果人用以指导行为的原则是基于对快乐或痛苦的感受性，那么，尽管这个原则可以成为他自己的人生准则，但绝不可能成为社会的普遍性道德法则。康德举例说，如一个人为了满足自己的私欲 而否认曾向别人借过钱，适合于他的"借钱不还"却不可能成为一条普遍法则，因为它如果成了普遍法则，就不会再有人借钱给别人。因此康德认为，一切从欲望官能的愉快与否来决定道德法则的动机永远不能成为普遍的道德法则。决定人的意志动机的只能是理性法则，而不能是感性法则。康德强调，真正的道德行为必须是服从理性的命令，而不能有任何感性冲动掺杂其间，不能有利己之心，整个康德伦理学的基调就是用理性克抑感性。

很明显，从孔子的"克己"，孟子的"取义"，到宋代理学的天理人欲之辨，与康德的基本立场是一致的。宋代儒者所说的"存天理、去人欲"，在直接的意义上，"天理"指社会的普遍道德法则，而"人欲"并不是泛指一切感性欲望，是指与道德法则相冲突的感性欲望，用康德的话来说，天理即理性法则，人欲即感性法则。理学所要去除的"人欲"并非像现代文学家过敏地理解的那样指人的一切生理欲望，因此把理学叫作禁欲主义是完全不恰当的。站在理学的立场上，夫妇之间的性关系不仅是人伦的正当表现，甚至具有天地合德的本体含义；而为满足自己的私欲引诱已婚的异性并破坏他人的家庭便是人欲，这个界限是不言而喻的。把克除私欲歪曲为禁遏一切欲望，不是望文生义便是虚荣逞强。道德的本质是对感性冲动加以限制，但其限制的具体程度与范围随社会变迁而变化，而伦理学中理性与感性的张力是永恒的，这也正是人之高于鸟兽而为万物之灵的地方。清代的戴震抨击程朱理学，说"酷吏以法杀人，后儒以理杀人"，他反映的其实是清代社会"在上者"的权贵阶层借用"理"的名义对"在下者"的贫苦阶层的压迫。就宋代理学本身而言，在思想上是"以理释人"，用理来规定人的本性。正当的概念会被假借来达到其他的目的，历史上屡见不鲜，这正如罗兰夫人的名言"自由，多少罪恶假汝之名以行"！我们要辨清这一点，才能认识宋学的意义。

结语:宋代理学的历史定位

1992年,也就是三十年前,我出版了《宋明理学》一书,我提出,若从大历史的眼光看,可以用"亚近代的文艺复兴"评价宋代理学的历史定位。

在书中我指出:理学虽然是发展、流行于宋代乃至以后的学术思想体系,但它的一些文化倾向在唐代中期已经有所表现。唐代文化与宋代文化的关联是一个十分引人注目的文化现象。从社会史的观点来看,唐代的贵族庄园制与宋代的平民地主制有根本区别,从政治史的观点看,唐代的藩镇割据与宋朝的中央集权也有很大距离,而中唐后的文化变化却与北宋文化有着一种亲缘的联系。

从整个中国文化的发展和学术潮流的演变来看,中唐的中国文化出现了三件大事,即新禅宗的盛行、新文学运动(即古文运动)的开展,与新儒家的兴起。宗教的、文学的、思想的新运动的出现,共同推动了中国文化的新发展。三者的发展持续到北宋,并形成了主导宋以后文化的主要形态,也是这一时期士大夫阶层的精神表现。

从文化上来看,中唐与北宋文化的这种联系反映了唐宋之交的历史演变的深刻性。与魏晋以来的贵族社会相比,中唐以后总的趋势是向平民社会发展。中唐以后的"文化转向"正是和这种"社会变迁"相表里。的确,禅宗、古文运动和新儒家所代表的宗教的改革、古文的复兴、古典思想的重构,表示这确实是一个与新的时代相符合的文化运动,它在许多方面与西欧近代的宗教改革与文艺复兴有类似的特点。它虽然不是以工业文明和近代科学为基础的近代化体现,但可以认为是摆脱了类似西方中世纪精神的一个进步,有人把它称为"东亚的文艺复兴",也有学者称之为"亚近代":"10世纪到11世纪后半叶北宋鼎盛时期是近代型高速经济增长与合理精神充溢的'东洋文艺复兴',甚至是超越它的'亚近代'。"(堺屋太一:《知识价值革命》,生活·读书·新知三联书店1987年版,第151页)亚近代是指其历史性质,文艺复兴是指其文化品格,用亚近代的文艺复兴才能综合地理解理学的历史文化特性。胡适在其晚年也提出了以宋代理学为中国的文艺复兴的观点。

在中国历史上,中唐开始而在北宋稳定确立的文化转向正是这个"亚近代"社会过程的一部分。这个亚近代的文化形态若比照西方的历史发展,可以认为是中世纪精神与近代工业文明的一个中间形态,其基本精神是突出世俗性、合理性、平民性。合理性是指理性化。对整个宋代理学的评价应当在这样一个背景下来重新进行。在这个意义下面,宋代理学不应被视为封建社会后期没落的意识形态或封建社会走下坡路的观念体现，而是摆脱了中世纪精神的、亚近代的文艺复兴和文化表现，它正是配合、适应了社会变迁的亚近代化而产生的整个文化转向的一部分，并应在"亚近代化"范畴下得到积极的肯定与理解。有了这样一个定位，我们对理学可能会有一种平实的、恰当的了解。

职官与选举

宋代皇帝决策命令文书的种类与运作

浙江大学　　龚延明

宋代皇帝行政运行的文书，按法式，有七种须经中书或三省行令的不同文书，即册、制、诰、敕牒、诏、御札、敕榜。其不同的命令体式，视不同的命令对象或内容而定。最常用的是制、诰、诏，由翰林学士·知制诰和知制诰（元丰改制后为中书舍人）草拟，这都是日常处分军国大事，除授中央、地方文武官员官、职、差遣等命令文书。与七种命令文体并列，又有皇帝的御笔手诏，这是皇帝独裁命令文书。皇帝是通过命令文书，作为"旨意"，去指挥行事的。但宋代是高度中央集权的王朝，宋代皇帝命令形成的程序已规范化，严密程度较高。皇帝的旨意也须经中书门下、元丰改制后经过三省审读，才能奉为"圣旨"施行。这体现了皇权与相权的相辅相成，从总体上看，中央决策已走出了皇帝独裁的阴影。但皇帝内批、御笔手诏，或越过三省出令，曾在北宋徽宗朝盛行。北宋末，为钦宗所废。南宋时，御笔内批未绝，但日益受到宰执制约。皇帝出令，总体上不出三省同奉圣旨的"册、制、诰、敕牒、诏、御札、敕榜"七种文书之范围。

一、经中书的皇帝七种命令文书

皇帝之命令称"册书""制""诏""敕"等。先秦君主之言，大者称命，小者称令。秦始皇改命为制，改令为诏，成为皇帝专用的下达指令的名号。秦汉奉行此制，《独断》谓："制书，帝者制度之命也。……凡制书，有印、使、符，下远近，皆玺封，尚书令印重封。唯赦令、赎令，召三公诣朝堂受制书，司徒印封，露布下州郡。"降制，仪制隆重。"诏书者，诏诰也。有三品（三种）：其文曰'告某官，官如故事'，是为诏书。群臣有所奏请，尚书令奏之……若'下某官云云'，亦曰诏书。群臣有所奏请，无尚书令'奏制'之字，则答曰已奏，如书'本官下所当至'，亦曰诏。"①制、诏为汉后世所沿用，然至唐、宋时，在制、诏之外衍了出多种名号。据《唐六典》所载：

> 凡上之所以逮下，其制有六，曰：制、敕、册、令、教、符。

其中"制、敕、册"为天子行下文书，令为太子、太后用，教为亲王、公主用，符为尚书省下于州、州下于县、县下于乡用。②

皇帝通过听政裁决或阅奏批示，处分军国事，作出决策、决定，该办的办，该集议的集议，不该办的留中。该办的，还需按不同分工，批给不同部门或个人承办，或相度处理。③ 该办的军国事，皇帝当然不可能躬行。事涉中央、地方、百司臣僚，必须落实相关机构与人员去执行，这就需要通过法定程序，形成具有法定效力的命令，通过命令文书颁下，送至有关机构和人员去执行。《神宗正史·职官志》载中书省奉旨所行文书有七种——册、制、诰、敕牒、诏、御札、敕榜：

> 中书省掌承诏旨及中外取旨之事：立后妃，封亲王、皇子、公主，拜三师、三公、侍中、中书、尚书令，则用册；颁赦降德音，命左右仆射、仪同三司、节度使则用制；迁改官职命词则用诰，非命词则用敕牒；赐中大夫、观察使以上则用诏；布告大号令则用御札；赐酺、戒百官、谕军民则用敕榜；皆承制画旨，授门下省令宣之、侍郎奉之、舍人行之。④

起居舍人洪迈奏书，则将三省行令关系讲得分明：

> "天下万务，出命于中书，审于门下，行于尚书……今三省所行，事无巨细，必先经中书画黄，宰执书押既圆，当制舍人书行，然后过门下，而给事中书读。如给舍有所建明，则封黄具奏，以听上旨（按：中书省文书凡大事向皇帝面奏得旨后，抄录于黄纸上，称画黄，然后将画黄交门下省审读、奏覆，省读毕，尚书省施行）。惟枢密院既得旨，即画黄过门下，而中书不预。则封缴之职略有所偏……欲望诏枢密院，诏枢密院，自今以往，凡已被旨文书，并关中书门下，依三省式画黄书读，以示钦重出命之意。"诏从之。然枢密院机速事，则不由中书，直关门下省，谓之密白。⑤

这体现了皇权与相权的相辅相成，从总体上看，中央决策已走出了皇帝独裁的阴影。

---

① （汉）蔡邕：《独断》卷上，上海：上海古籍出版社，1990年，第4页。
② （唐）李林甫等撰，陈仲夫点校：《唐六典》卷一《尚书都省》，北京：中华书局，1992年，第10—11页。
③ 白钢主编：《中国政治制度通史》，朱瑞熙著第六卷《宋代》第三章《中央决策体制》第三节之一《圣旨的形成与颁布》，北京：人民出版社，1995年，第159—160页。
④ （宋）王应麟：《玉海》卷一二一《官制·中书省》，南京：江苏古籍出版社、上海：上海书店出版社，1992年，第2243页。
⑤ 汪圣铎点校：《宋史全文》卷二四下，乾道二年十二月丁酉，北京：中华书局，2016年，第2039—2040页。

宋代命令之体,前后有变化。以神宗元丰新制述之,命令之体为七:曰册书,曰制书,曰诰命,曰诏书,曰敕书,曰御札,曰敕榜。① 其不同的命令体式,视不同的命令对象或内容而定。最常用的是制、诰、诏,这都是日常处分军国大事,除授中央地方文武官员官、职、差遣等命令文书。与七种命令文体并列,又有皇帝御笔手诏,这是皇帝独断命令文书。

(一)册　书

册书,是皇帝行下文书中的最高一等。依唐制:册用竹简,所书文字用漆写。凡诸王及职事官正三品以上,或文、武散官二品以上,及都督、都护、上州刺史之在京师者,册授。册授又分临轩册授与朝堂册授二种。如诸王及职事官二品以上,文、武散官一品者,临轩册授;其职事官正三品,散官二品以上,及都督、都护、上州刺史,朝堂授册。②

册,与古时"策"通。先秦所谓"简"者,是一片竹简;"策"是多片竹简缀连而成,《仪礼·聘礼》:"百名(按:一百字)以上书于策。"疏曰:"简谓据一片而言,策是编连之称。是以《左传》云'南史氏执简以往',是简者未编之称。此《经》(按:指本经《仪礼》)云'百名以上书之于策'是其众简相连之名。"③所谓竹册者,即是一片一片竹简上书写的文字相连成册。如《战国策》原始大篆竹册,皆由一片片竹简相连成书。《演繁露》称:"古无纸,专用简牍,简则以竹为之,牍则以木为之。"④

文书制度虽立,但在执行过程中,则因故、因时而变。如中唐宰相之除授,因用"同中书门下三品"等差遣名目,不用册授,而用制授。张祎《麻制草拟与宋代宰相任免》一文提出:

> 就实际握有相权的官员群体而言,从初唐至晚唐,其任免方式,经历了一个由册授向制授演变的过程。⑤

---

① (元)脱脱等:《宋史》卷六一《职官志》一《中书省》,北京:中华书局,1985年,第3783页。(清)徐松辑,刘琳、刁忠民、舒大刚、尹波等校点:《宋会要辑稿·职官》三《中书省》引《神宗正史·职官志》,上海:上海古籍出版社,2014年,第3023—3024页。

② (唐)杜佑撰,王文锦、王永兴、刘俊文、徐庭云、谢方点校:《通典》卷十五《选举》三《历代制》下《考绩·大唐》,北京:中华书局,1985年,第359页。

③ (汉)郑玄注、(唐)贾公彦等疏:《仪礼注疏》卷二四《聘礼》,《十三经注疏》本,北京:中华书局,1980年,第1072页上栏。

④ (宋)程大昌撰,许逸民校证:《演繁露校证》卷五《注疏》,北京:中华书局,2018年,第371页。

⑤ 张祎:《麻制草拟与宋代宰相任免》,收入邓小南、曹家齐、平田茂树主编《文书·政令·信息沟通》(下册),北京:北京大学出版社,2012年,第519页。

宋沿唐制有"册书"(立后、太子制书写于玉册之类)。册命,有两道手续,先降麻制,再书于简册上,临轩册命。宋代,从制度层面上,《开宝通礼》载:"三师、三公、亲王、大臣,临轩册命仪:凡降制命宰相、亲王、使相、枢密使、西京留守、节度使及公主制书,皆有备礼册命之文。"①

《宋史·职官志》所引元丰官制格,中书省所宣奉的命令之体有七,其中首项命令文书则为册命:

> 曰册书,立后妃,封亲王、皇子、大长公主,拜三师、三公、三省长官,则用之。②

此与《宋会要》所载《神宗正史·职官志》中书省职掌同:

> 立后妃,封亲王、皇子、公主,拜三师、三公、侍中、中书、尚书令,则用册。③

册命,这是王言最高一等,如仁宗立曹皇后,如皇太子之制,特用玉册,玉用珉玉,册书共五十简。宝(印)用金,方一寸五分,其文曰"皇后之宝"。④ 凡封册,由文思院特制:

> 神宗治平四年十二月十二日,看详编修中书条例曾布等言:"应中书省所管封册,乞自中书直下文思院制造。捧册职掌人,下御史台差诸司职掌人充。引、捧表案,于沿堂五院人主管。……"诏并如所定施行。⑤

《朝野类要》载:

> 奉上尊号册宝,亦有"奉上册宝使",用太常仪仗鼓吹也。凡玉册则金宝(按:用金印)。所谓册者,条玉为之,红线相联,可以卷舒;字皆金填之,或谓玉以阶石代之。所谓宝者,印章也。并文思院供造。⑥

翰林学士及知制诰草制,在元丰改制前有润笔费。《宋翰事实类苑·索润笔》:"王元之在翰林,尝草夏州李继迁制,继迁送润笔物数倍于常,然用启头书送,拒而不纳,盖惜事体也。近时舍人院草制,有送润笔物稍后时者,必遣院子诣门催索。而当送者,往往不送。相承既久,今年索者,送者皆恬然不以为怪。"⑦

元丰六年(1083)三月罢两制润笔费:

> 学士院言:"本院久例:亲王、使相、公主、妃并节度使等除授并加恩,并送润笔

---

① 《宋会要辑稿·礼》五九之一《册命亲王大臣》,第 2081 页上栏。
② 《宋史》卷一六一《职官志》一《中书省》,第 3783 页。
③ 《宋会要辑稿·职官》三之三《中书省》引《神宗正史·职官志》,第 3023 页下栏、3024 页上栏。
④ 《宋史》卷一一一《礼志》六四《册立皇后仪》,第 2653 页。
⑤ 《宋会要辑稿·职官》三之六《中书省》,第 3025 页下栏、3026 页上栏。
⑥ (宋)赵升撰,王瑞来点校《朝野类要》卷一《典礼·册宝》,北京:中华书局,2007 年,第 25—26 页。
⑦ (宋)江少虞:《宋朝事实类苑》卷二九《索润笔》,上海:上海古籍出版社,1981 年,第 366 页。

钱物。自官制既行,已增请俸,其润笔乞寝罢。"……从之。①

制册命告身,宣于正殿,行册礼,京朝官、地方牧守及藩官皆修贡礼拜贺。然太祖朝之后,立皇后多不行册礼,太烦琐。如真宗册德妃刘氏为皇后,不降制于外庭,止命翰林学士草词,直付中书门下。②

两宋虽不常行册命礼,但并未废除,也不是"虚悬",少有施行而已。如仁宗册立曹皇后,元祐时立孟皇后,大观四年(1110)临轩册命郑皇后,绍兴十三年(1143)临轩册命吴皇后等,不乏册命之授。

册立皇太子仪注更受重视。太宗至道元年(995)御朝元殿册立皇太子,孝宗乾道元年(1165)御大庆殿临轩册立皇子邓王愭为皇太子。

公主受封,依制,"降制有册命之文,多不行礼,惟以纶告进内"。但仁宗嘉祐二年(1057)封福康公主为兖国公主,"始备礼册命"。③

册书之格式,以皇后册书为例,其册命告身书写在金花龙凤罗纸上,然后粘贴立皇后在玉册上,并专配有涂金褾袋。命词公式为:

其一,先降制书(麻制)——《立某皇后制》:

> 门下:云云。
>
> 可立为皇后,仍令所司择日备礼册命。④

其二,再降册文——《册某皇后文》:

> 维某年某月某日朔某日　皇帝若曰:云云。今遣摄太尉具官某、摄司徒具官某持册命尔为皇后,云云。岂不韪欤!⑤

所谓"云云",就是一篇册文内容。兹举《册孟皇后文　元祐七年》为例:

> 维元祐七年岁次壬申,五月癸未朔,十六日戊戌　皇帝若曰:天地判合,以纲人伦。君后取则,以御家邦。自昔三代内德之茂,二南风化之本,治道所系,《诗》《书》述焉。
>
> 朕纂绍丕服,上蒙太皇太后圣训,八年于兹,而长秋(按:皇后别称)未建,中馈(按:妇人居内司酒食)阙职。历询旧门,审定福耦,慈衷惟允,斯即其人。咨尔侍卫

① (宋)李焘撰,上海师范大学古籍整理研究所、华东师范大学古籍整理研究所点校:《续资治通鉴长编》卷三三四,神宗元丰六年二月庚辰,北京:中华书局,2004年,第8040页。

② 《宋史》卷一一一《礼志》六四《册立皇后仪》,第2653页。

③ 《宋史》卷一一一《礼志》六四《公主受封仪》,第2667页。

④ 司义祖整理:《宋大诏令集》卷一八《皇后》上《尊立》上,北京:中华书局,1962年,第89页。

⑤ 《宋大诏令集》卷一九《皇后》上《册文》,第93—94页。

亲军马军都虞候、眉州防御使、赠太尉孟元孙女，衣冠望族，邹鲁华胄，流光储祉，钟粹硕媛。有徽柔之质，不待姆师之诲；有安正之美，宜配坤极之尊。

稽谋大同，仪物惟称。今遣太尉苏颂、摄司徒王岩叟，持节册命尔为皇后。膺兹嘉礼，往践宫朝，协宣阴教，母临万方。（下略）①

册命，需皇帝亲临颁宣，其仪制十分隆重。所以，事先都有"令所司择日备礼册命"之令，兴师动众。如《政和五礼新仪》所定《册皇太子仪》，其仪式有"陈告""陈设""临轩册命""朝见皇后"，礼节十分烦琐。仅临轩册命之日，天未亮，开大庆殿门，文武百官服朝服，按序入次，乐队就位，东宫官引皇太子在大庆殿门外等候。皇帝辇驾至垂拱殿上，辇官鸣鞭，行门禁卫迎驾，从垂拱殿迎驾至大庆殿，奏《乾安之乐》，礼直官、太常博士引礼仪使前导，皇帝出自西门，内侍承旨合扇，皇帝从辇上下来，即御座。符宝郎奉八宝陈列于御座左右，左右侍立。三公以下文武百官在殿前左右立班，诸军将校分立殿门内左右及殿门外。礼直官、太常博士、礼仪使等引皇太子入大庆殿门，作《明安之乐》。太子三师、三少从入，立于皇太子位东南，西向。皇帝入御座后，典仪唱："再拜！"皇太子再拜，搢笏，舞蹈，又再拜。（中略）礼仪使引左相诣御座前承旨，退，降阶，诣宣制位，称："有制。"典仪唱："再拜！"赞者（胪传）承传，皇太子以下应在位官皆再拜。左相宣制："册某王为皇太子。"皇太子以下又再拜。礼直官等引右相诣读册位，中书侍郎复引册案（搬来放册命的小桌子），立于右相之右。右相搢笏，捧册，跪下，读（宣读册文），迄，兴（起来），置于案（把册命再放到案上）。典仪唱："再拜！"皇太子又再拜。右相捧册命，跪，授皇太子。（中略）次引左相诣奉宝位，门下侍郎引宝案（放"皇太子之宝"的小桌子）立于左相之右。左相奉"皇太子之宝"，跪，授皇太子。皇太子跪受宝，迄，以授左庶子。（中略）皇太子退下，出殿门。皇帝降座，还东阁。②

以上，仅简略地陈述了册立皇太子嘉礼的一个流程，为了册立皇太子，要做多少筹备工作，动员多少人力，皇帝亲临，皇太子一拜再拜，一跪再跪，还要跳舞！左相、右相以下也是一拜再拜，一跪再跪。乐队伴奏，殿上礼官、从官、内侍穿梭地来回赞导、排办。一个册命礼尚且如此，若所有册授都行册命礼，皇帝受得了吗？这显然是行不通的。

所以，在宋代，除册立皇太子或皇后，有举行过册命礼之外，册命亲王、宰臣、使相、枢密使、西京留守、节度使的册命之制，皆未能实行。《宋史·礼志》谓：

① 《宋大诏令集》卷一九《皇后》上《册文·册孟皇后文》，第93页。
② （宋）郑居中等撰，汪潇晨、周佳点校：《政和五礼新仪》（下册）卷一九一《嘉礼·册皇太子仪上》，杭州：浙江大学出版社，2017年，第1163—1167页。

　　册命亲王、大臣之制,具《开宝通礼》。虽制书有备礼册命之文,多上表辞免,而未尝行。①

《宋会要》有相同的记载:

　　《开宝通礼》载:"三师、三公、亲王、大臣临轩册命仪:凡降制命宰相、亲王、使相、枢密使、西京留守、节度使及公主制书,皆有备册礼之文,多上表辞免,而未尝行。②

如治平四年(1067,神宗即位未改元)三月十九日:

　　皇弟东平郡王颢言:"蒙恩授两镇节度使、进封昌王,仍令所司择日备礼册命。窃以临轩册命之礼,国朝以来,虽元功钜德之臣,未尝敢有当之者。伏望收寝册命。"从之。③

神宗皇帝之弟赵颢进封昌王,令所司择日行册封礼,颢不敢受临轩册命礼,神宗许之。至于三公、三少、宰相更不敢当了。尽管绍兴三十二年(1162)张浚、吴益除少傅,吴璘除少师,乾道八年(1172)虞允文除少保,等等,皆诏"令所司择日备礼册命",统是虚文,未尝施行。④ 故南宋朱熹说:

　　至本朝宰相不敢当册拜之礼,遂具辞免。三辞,然后许。只命书麻词于诰以赐之,便当册文。⑤

也就是说,除授亲王、大臣、三公、三少、使相等册命,是最高一等皇帝命令文书,按制伴有册命仪注,然册命仪注多不施行,直用翰林学士草制,朝堂宣制除授而已。

　　以上所述册书,皆属大除拜。除此之外,皇帝上尊号、上谥,太后上尊号等,皆用册书,如《应运统天圣明神武皇帝册文·太平兴国三年》《神宗谥册·元丰八年九月己亥》。⑥

(二)制　书

　　制书,仅次于册书的命令文书,其规格亦很高,凡是"告廷出命",则不经中书门下(元丰改制后不经三省),用白麻制书。亦称"制授"。

---

① 《宋史》卷一一一《礼志》十四《嘉礼》,第 2668 页。
② 《宋会要辑稿·礼》五九之五《册命亲王大臣》,第 2081 页上栏。
③ 《宋会要辑稿·礼》五九之五《册命亲王大臣》,第 2083 页上栏。
④ 《宋会要辑稿·礼》五九之六、七《册命亲王大臣》,第 2083—2084 页。
⑤ (宋)黎德靖编,王星贤点校:《朱子语类》卷一二八《本朝》二《法制》,北京:中华书局,1986 年,第 3068 页。
⑥ 《宋大诏令集》卷五《应运统天圣明神武皇帝册文　太平兴国三年》、卷九《神宗谥册　元丰八年九月己亥》,第 41、21 页。

书于白麻之纶命，始于唐玄宗时。《新唐书·百官志》载：

> 开元二十六年，又改翰林供奉为学士，别置学士院，专掌内命。凡拜免将相、号令征伐，皆用白麻。①

用白麻宣制，乃告廷出命，不经宰相，不用印。唐李肇《翰林志》对此记载较具体："近朝大事直出中禁，不由两省，不用六宝，并从权也……凡赦书、德音、立后、建储、大诛讨，免三公、宰相，命将，并用白麻纸，不用印。"②

也就是说，唐代命令文书有黄麻、白麻两种纶命，作为高下之别。《唐会要》记唐翰林院故事："中书以黄、白二麻为纶命重轻之辨。近者，所由犹得用黄麻，其白麻皆在此院。"③唐代翰林院学士掌内制，则撰白麻制书。此制传至宋代，已有所变化。翰林学士草拟除拜节度使以上高官、贵官的白麻制书没变，但翰林学士所掌内制，不仅掌撰麻制除命，尚掌处分军国大事、颁赦书德音制书，以及批答诏敕（如《尚书左丞韩忠彦免弟嘉彦尚主（公主）不许不允诏》《门下侍郎孙固乞致仕不允仍给宽假诏》）④。

宋代制书由翰林学士·知制诰草拟，称内制，与中书舍人（元丰改官制前为舍人院知制诰）掌外制，有分工⑤。如苏轼先后担任内外制。《宋史·苏轼传》元祐元年（二月）："轼以七品服入侍延和，即赐银绯，迁中书舍人。"《宋史·哲宗纪》："（九月）丁卯（十二日），试中书舍人苏轼为翰林学士·知制诰。"⑥

翰林学士有关除授职事：

> 掌制、诰、诏、令撰述之事。凡立后妃，封亲王，拜宰相、枢密使、三公、三少，除开府仪同三司（使相）、节度使，加封、加检校官、并用制。⑦

唐代拜将相用白麻，其时不包括枢密使。枢密使除授用麻制，始于五代后汉，其事权已敌宰相：

> 汉乾祐中，除枢密使始降麻，如将相之制。本朝循之。（枢密使）石元懿（熙载）

① （宋）欧阳修、宋祁撰：《新唐书》卷四六《百官志一》，北京：中华书局，1975年，第1183—1184页。
② （唐）李肇：《翰林志》，《景印文渊阁四库全书》第595册，台北：台湾商务印书馆，1983年，第297页下栏。
③ （宋）王溥：《唐会要》卷五七《翰林院》，上海：上海古籍出版社，1991年，第1146页。
④ （宋）苏辙著，曾枣庄、马德富点校：《栾城集》卷三三《北门书诏·诏敕四十一首》，上海：上海古籍出版社，1987年，第706—707页。
⑤ （清）周城《宋东京考》卷八《官治·翰林院》引《玉堂漫笔》："宋制，以翰林学士带知制诰，谓之内制；以他职带知制诰，谓之外制。"北京：中华书局，1988年，第135页。
⑥ 《宋史》卷三三八《苏轼传》，第10810页；《宋史·哲宗纪》，第323页。
⑦ 《宋史》卷一六二《职官志》二《翰林学士院》，第3811页。

罢为仆射,亦降麻。高文庄(若讷)、田宣简(况)、吕宝臣(公弼)罢,止舍人院出告。①

节度使罢,称"纳节",不降麻制:

> 唐节度使除仆射、尚书侍郎,谓之"纳节",皆不降麻,止舍人院出制。(真宗)天禧中,丁晋公(谓)自保信军节度使除吏部尚书、参知政事,先公(按:宋绶)在西阁(按:舍人院)当制。(仁宗)至和中,韩魏公(琦)自武康军节度使除工部尚书、三司使,降麻,非故事也。②

在宋代麻制除命,亦称"制授"(与"敕授""奏授"层级有别),《宋史·孝宗纪》:

> 绍兴二年五月,选帝育于禁中。三年二月,除和州防御使,赐名瑗。壬寅,改贵州。五年五月……己亥,制授保庆军节度使、封建国公。"③

元丰新制所定中书省命令之体有七。《皇朝编年纲目备要》载元丰新官制:

> 凡命令之体有七:曰册书……曰制书,处分军国大事,颁赦宥德音;命尚书左、右仆射(左、右相,正一品),开府仪同三司(使相,从一品)、节度使(从二品),凡告庭除授则用之。④

制书主要用于以下三种命令文书:

其一,用于处分军国大事,颁赦宥德音等。如:

> 《仁宗即位赦天下制 乾兴元年二月二十日》:"……适属承祧之始,宜覃在宥之恩,可大赦天下。"

> 《改至道元年在京降流罪以下德音 正月戊申朔》:"发号改元,与民更始,宜改淳化六年为至道元年,云云。"⑤

> 《皇帝贺大辽皇帝正旦书》⑥

以上军国大事的命令文书,还需经三省,中书舍人书"行"、给事中书"读"、宰相画"敕"吗?当然不需要。这就是白麻制书,直接由殿廷将皇帝命令颁宣天下。

其二,用于皇帝批答、敕书、口宣等,毋须经三省(或中书门下)直接通过内廷告命文书。如苏轼在元祐元年九月至元祐四年四月(1086—1089)任翰林学士期间所草文书

① (宋)宋敏求撰,诚刚点校:《春明退朝录》卷中,北京:中华书局,1980年,第22页。

② 《春明退朝录》卷中,第22页、

③ 《宋史》卷三三《孝宗纪一》,第616页。

④ (宋)陈均撰,许沛藻、金圆等点校:《皇朝编年纲目备要》卷二一《神宗皇帝·元丰四年四月壬子朔》,北京:中华书局,2006年,第504页。

⑤ 《宋大诏令集》卷一、卷二,第2页、第6页。

⑥ 孔凡礼点校:《苏轼文集·目录·内制国书》,北京:中华书局,1986年,第52页。

中，就包括"内制诏敕""内制口宣""内制批答""内制青词"：

> 《议亲祠北郊诏》
>
> 《太后赐门下诏》
>
> 《太后赐故夏国主嗣子乾顺诏二首》
>
> 《赐知枢密院安焘辞恩不允诏》
>
> 《赐进封南平王李乾德制诰敕书》
>
> 《赐外任臣僚历日敕书》
>
> 《班荆馆赐大辽贺兴龙节人使酒果口宣》
>
> 《赐皇叔祖汉东郡王宗瑗生日礼物口宣》
>
> 《赐同知枢密院事安焘乞外郡不许批答二首》
>
> 《赐太师文彦博乞致仕不许批答二首》①

其三，是用于大臣、宗室任命的专用白麻制书，如拜相（除尚书左、右仆射）、拜使相（开府仪同三司）、授节度使等告庭出命除授。宋代"制书主要用于除授，其适用对象为宰相及享有文臣从一品官阶恩数的大臣与宗室"（按：节度使为从二品，皇帝近属宗室多授节度使）。②

宋熊克《宋中兴纪事本末》：

> 初，本朝尤重告老之制。宣和以前，士大夫未有既死而方乞致仕者。南渡之后，故实散亡，朝奉、武翼郎以上，率为此举。甚者，宰辅大臣考终于内，其家发哀、举服，已降旨声钟给赙，而方且为之告廷出命（致仕）制词中，不免有"亲医药，介寿康"之语。如故相秦桧、万俟卨、知枢密院沈与求是也。③

制书用麻纸，故也称白麻制书。白麻是密命，撰制秘而不闻，规制胜于中书所掌诰敕，其宣制仪式亦重。④

白麻制书，是制书中仅次于册命的高规格命令文书。制书由翰林学士·知制诰起草："凡立后妃，封亲王，拜宰相、枢密使、三公、三少，除开府仪同三司、节度使，加封，加

---

① 《苏轼文集·目录》，第 34—52 页。

② 杨芹：《宋代制诰文书研究》第一章《宋代制诰文书概念之辨析》第一节《宋代之制书》，上海：上海古籍出版社，2014 年，第 18 页。

③ （宋）熊克撰，辛更儒校补：《宋中兴纪事本末校补·续编》（据北京图书馆出版社景印本《宋中兴纪事本末》）卷四《绍兴二十九年十二月》，未刊书稿，第 336 页。文渊阁《四库全书》本为《中兴小纪》。

④ 沈小仙、龚延明：《唐宋白麻规制及相关术语考述》，《历史研究》2007 年第 6 期。

检校官,并用制。"①为了严格保密,皇帝或亲自面谕翰林学士,《铁围山丛谈》载:

> 国朝之制,立后、建储、命相,于是天子亲御内东门小殿,召见翰林学士面谕旨意,乃锁院草制,付外施行……太上(按:指徽宗)自即位以来,尤深考慎,虽九重至密,亦不得预知,独自语学士以姓名而命之也。及晚岁,虽倦万机,然命相每犹自择日,在宣和殿亲札其姓名于小幅纸,缄封于玉柱斧子,俾小珰持之导驾于前,自内中出至小殿子,见学士始启封焉。以姓名垂玉柱斧子,正与唐人金瓯覆之何异!②

故宋翰林学士有"内制"之称。③

制书之格式:

> 门下:云云。具官某云云。于戏云云。可特授某官。主者施行。④

下面,以翰林学士·知制诰苏轼起草的范纯仁拜右相制(元祐三年四月辛巳五日)为例:

> 门下:朕惟朝廷之盛衰,常以辅相为轻重。若根本强固,则精神折冲。故芳吕臣奉己而不在民,则晋文无复忧色。汲长孺直谏而守死节,则淮南为之寝谋。朕思得其人,付之以政,使天下闻风而心服,则人主无为而日尊。咨尔在庭,咸听朕命。中大夫、同知枢密院事、上柱国、高平郡开国侯、食邑九百户、食实封二百户、赐紫金鱼袋范纯仁,器远任重,才周识明,进如孟子之敬王,退若萧生之忧国。朕览观仁祖之遗迹,永怀庆历之元臣。强谏不忘。嘉臧孙之有后,戎功是似,命召虎以来宣。虽兵柄之与闻,疑远猷之未究。坐论西省,进贰文昌。增秩益封,兼隆异数。於戏!时难得而易失,民难安而易危。予欲守在西夷,以汝为偃兵之姚宋。予欲安于百姓,以汝为息民之萧曹。勉思故人,以称朕意。可特授太中大夫、守尚书右仆射、兼中书侍郎、进封高平郡开国公、加食邑七百户、食实封三百户、勋如故。主者施行。⑤

---

① 《宋史》卷一一五《职官志》二《翰林学士院》,第3811页。按:立后妃、拜三公、封亲王等大除拜,其命令之体用册书。但册书含制书与制文两部分,制书则由翰林学士草拟,然后授册文。所以从翰林学士职掌之视角,册书与制书均由翰林学士掌草。此无害于文书体之册书与制书的区分。

② (宋)蔡絛撰,冯惠民、沈锡麟点校:《铁围山丛谈》卷上,北京:中华书局,1983年,第17—18页。

③ (清)周城撰《宋东京考》卷八《官治·翰林院》引《玉堂漫笔》:"宋制,以翰林学士带知制诰,谓之内制;以他职带知制诰,谓之外制。"第135页。

④ (宋)王应麟:《玉海》卷二〇二《辞学指南》,上海:上海书店,1987年,第3682页。

⑤ 《宋大诏令集》卷五七《宰相》七《同知枢密院范纯仁拜右相制　元祐三年四月辛巳》,第289页。并据日本近藤一成教授录文补齐"主者施行"等省略之词,见何忠礼《介绍一件现存日本的宋代告身》,《绍兴师专学报》(社会科学版)1988年第1期。

五日。

（盖印四颗）

侍　　　　　　　　　　　　中　阙

尚 书 左 仆 射 兼 门 下 侍 郎臣 大防

给　　　　　事　　　　中臣 临等言：

制书如右　请奉

制付外施行　谨言。

元祐三年四月五日

制可

四月六日辰时权都事苏　安静　受

左 司 郎 中黄 廉　　　付吏部

尚　　　　书　　　令　阙

尚　　书　左　仆　射　大防　未谢（龚按：未赴阙辞谢，即未上任）

尚　　书　右　仆　射　纯仁　未谢（龚按：未赴阙辞谢，即未上任）

尚　　书　　左　丞　挚

尚　　书　　右　丞　存

吏　部　尚　书　颂　式假

吏　部　侍　郎　觉

告：太中大夫、守尚书右仆射兼中书侍郎、上柱国高平郡开国侯、食邑一千六百户、食实封五百户范纯仁，奉被制书如右。符到奉行。

主　事丁　玠

郎　　中次云　　令　史魏　宗室

书令史　　缺

元祐三年四月六日下

从上引真迹范纯仁拜右相告身可看出，其制书分两部分，一为制词，一为告词。制词写在白麻纸上也称"白麻"。白麻制书不单是书仪形式，而是皇帝行使军国重事权力的体现，具有严格的保密性。白麻制书的撰写，宰相不得参与。由皇帝单独宣召翰林学士面谕，给笔札书写所得旨。然后由内侍引翰林学士归学士院，锁院，禁止出入，当晚草制。当晚深夜,撰就麻制,再由内侍送入内,皇帝深夜审批麻制后,御笔书"依奏书写",交于待诏书抄。天迟明,即降出宣麻。① 对此,《宋史·职官志》有专门记载:"凡拜宰相及事重者,晚漏上,天子御内东门小殿,宣召(翰林学士)面谕,给笔札书所得旨。禀奏归院,内侍锁院门,禁止出入。夜漏尽,具词进入。迟明,白麻出。"②宣麻时,文武百官赴殿庭听宣。然后付门下省省、读、画押。吕纯仁拜相制签押顺序为:门下省长官侍中(阙)、左相吕大防画"制可"并签押、给事中顾临书"读"。③ 而后,由门下省付尚书省,尚书省吏都事苏安静接收并署明接收时间为"四月六日辰时"。都事立即将范纯仁拜相制词呈尚书都司,都司郎官黄廉则将制书交付吏部。吏部接收后,分别由尚书省长贰、尚书省左右丞、吏部尚书、侍郎签字后施行,所谓"主者施行",即据制书书写拜范纯仁右相官告,"告:太中大夫、守尚书右仆射兼中书侍郎、上柱国高平郡开国侯、食邑一千六百户、食实封五百户范纯仁,奉被制书如右。符到奉行"。

所言"符到奉行",是指吏部将制书与告词符下官告院。"符"是六部下行文书。官告院接到吏部部符后,随即按格式制作范纯仁拜右相告身。《范纯仁告身》全长635厘米,宽25.4厘米,由17张"色背销金花绫纸"连接而成。④ 这符合右相官告的规格:"凡文武官绫纸五种,分十二等。色背销金花绫纸二等:一等一十八张……三公、三少、侍中、中书令用之。一等一十七张……左右仆射、使相、王用之。"⑤

苏辙自元祐四年六月至五年五月(1089—1090)为翰林学士·知制诰,⑥在近一年任职内制期间,他所撰"北门(按:翰林学士院别称)书诏"共五十四道,其中"麻制(白麻制书)十三首"、诏敕(除授诰命)四十一道。现将十三道"麻制"词头逐录如下:

除苗授保康军节度使、知潞州制

除刘昌祚武康军节度使、殿前副都指挥使制

明堂吕大防加恩制(按:左相——尚书左仆射兼门下侍郎吕大防,以明堂恩加食邑一千户、食实封四百户)

皇伯祖宗晖加恩制(按:亲王——嗣濮王赵宗晖以郊礼恩加食邑一万二千户、

---

① 沈小仙、龚延明:《唐宋白麻规制及相关术语考释》,《历史研究》2007年第6期。

② 《宋史》卷一六二《职官志》二《翰林学士院》,第3812页。

③ 给事中于官告签押只署名"临"不署姓,查哲宗朝给事中有顾临。参(宋)李埴撰,燕永成校正:《皇宋十朝纲要校正》卷十一《哲宗朝·给事中》,北京:中华书局,2013年,第329页。

④ 此据何忠礼《介绍一件现存日本的宋代告身》,《绍兴师专学报》(社会科学版)1988年第1期。

⑤ 《宋史》卷一六三《职官志》三《吏部·官告院》,第3842页。

⑥ (宋)孙汝听编:《苏颖滨年表》,收入苏辙撰,曾枣庄、马德富校点《栾城集》(下册),第1789页。

食实封三千七百户）

　　皇叔祖宗祐加恩制（按：节度使、巩国公赵宗祐加恩）

　　皇叔祖宗楚加恩制（按：节度使、郧国公赵宗楚加恩）

　　皇弟佶（徽宗御名）加恩制（按：皇弟郡王赵佶加恩）

　　皇弟似加恩制（按：皇弟节度使赵似加恩）

　　皇弟偲加恩制（按：皇弟节度使赵偲加恩）

　　冯京恩制（按：神宗朝曾任参知政事、枢密使冯京，调外任保宁军节度使、婺州

刺史，加食邑五百户、食实封二百户）

　　刘昌祚加恩制（按：殿前副都指挥使、武康军节度使刘昌祚加恩）

　　除文彦博太师、河东节度使、致仕制

　　除冯京彰德军节度使制①

　　上引翰林学士苏辙所草十三道麻制，其所除授的皆为宰相、前宰执、亲王、节度使
（宗室、文武臣）等从二品节度使以上大臣、贵官。

（三）诰　命

　　告命（与诰命通）是仅次于制授的皇帝除授文武官员的文书。"应文武官迁改职秩、
内外命妇除授及封叙、赠典，应合命词，则用之。"②换言之，告命是宰相、使相、三公、三
少、节度使等一、二品以下文武百官及内外命妇除授、封叙所用任命文书，有专门官告院
制官告授之。《神宗正史·职官志》关于中书省所掌外制职责的记载十分清楚：

　　　　中书省掌承天子之诏旨，及中外取旨之事。凡职事官，尚书省自员外郎，门下、
　　　中书省自正言，御史台自监察御史，秘书省自正字，寺监督自宗正、太常丞、博士、国
　　　子监自正、录，侍从官自待制，带职官自直秘阁，寄禄官自中散大夫，宗室自防御史，
　　　外任官自提举官，藩镇节镇知州，内命妇自掌计，东宫自庶子以上，除授皆主之。③

　　"应合命词"，凡告命，都是有除授命词、有官告，这是其特点。因由中书舍人（知制
诰）掌草命词，也称外制："中书舍人谓之外制，亦掌王言凡诰词之类。"④宋代除授官员

---

① （宋）苏辙撰，曾枣庄、马德富点校：《栾城集·目录》、《栾城集》卷三三《北门书诏五十四首·麻制十三
　　首》，第 49 页，第 693—706 页。

② 《宋史》卷一六一《职官志》一《中书省》，第 3783 页。

③ 《宋会要辑稿·职官》三之一《中书省》引《神宗正史·职官志》，第 3023 页下栏。

④ 《朝野类要》卷二《称谓·两制》，第 44 页。

分制授、敕授、奏授三个等级。① 制书则属制授，为最高一等之大除拜，由翰林学士草制白麻，其宣制不经三省（按：则制书，属第二等，已如上述）。敕授为第二等，为品官最普遍之除授。其流程为中书省除授文字上奏皇帝，得旨后，抄录于黄纸上，称画黄，经宰相书押，当制中书舍人"书行"，毕，过门下省，给事中"书读"，然后由尚书省出命审读之命为敕命，乃敕授，敕授一律给告身。②

《宋史·职官志》所载中书舍人职事：

> 掌行命令为制词……与学士对掌内、外制。凡有除拜，中书吏赴院纳词头。其大除拜，亦有宰相召舍人面授词头者。③

中书舍人与翰林学士同掌官员除授，其明显区别在于：中书舍人（知制诰）是授中书门下或中书省所授除命词头，草命词后，书"行"，经中书进入"画敕"，故亦称"敕授"；而翰林学士则不经政府，直由内廷出命的大除拜，故称"制"，亦称"制授"。敕授始于隋唐。《春明退朝录》谓：

> 或问今之敕起何时？按蔡邕《独断》曰："天子之书有四，一曰策书，二曰制书，三曰诏书，四曰戒敕。"然自隋、唐以来，除改百官，必有告敕，而从"敕"字。予家有景龙年《敕》，其制盖须由中书、门下省。故刘祎之云："不经凤阁（按：中书省）、鸾台（按：门下省），何谓之'敕'？"唐时，政事堂在门下省，而除拟百官，必中书令宣，侍郎奉，舍人行，进入画"敕"字。此所以为敕也。然后政事堂出牒，布于外，所以云"牒奉敕"云云也。④

如元丰五年六月诏，凡宗室除授太子率副率至防御使，"即中书磨勘，进状请画敕授"⑤。

---

① 《宋史》卷一六三《职官志》三《吏部·官告院》："元丰五年，官制所重定《制授敕授奏授告身式》，从之。绍圣元年，吏部言：'《元丰法》，凡入品者，给告身；无品者，给黄牒。'"

② （元）佚名撰，汪圣铎点校《宋史全文》卷二四下，乾道二年十二月丁酉："起居舍人洪迈奏：'……今三省所行，事无巨细，必先经中书画黄（按：中书省文书凡大事向皇帝面奏得旨后，抄录于黄纸上，称画黄，然后将画黄交门下省审读、奏覆，省读毕，尚书省施行），宰执书押既圆，当制舍人书行，然后过门下，而给事中书读。如给舍有所建明，则封黄具奏，以听上旨。惟枢密院既得旨即画黄过门下，而中书不预。则封缴之职微有所偏……欲望诏枢密院，自今以往，凡已被旨文书，并关中书、门下，依三省式画黄书读，以示钦重出命之意。'诏从之。然枢密院机速事，则不由中书直关门下省，谓之密白。"北京：中华书局，2016 年，第 2039—2040 页。

③ 《宋史》卷一六一《职官志》一《中书省·舍人》，第 3785 页。

④ （宋）宋敏求：《春明退朝录》卷下，第 47 页。

⑤ 《续资治通鉴长编》卷三二七，元丰五年六月辛亥朔，第 7865 页。

故带"知制诰"之翰林学士，称内制，与中书舍人掌草告命称外制相对。① 很有意思，苏辙先于元祐元年（1086）十一月丙子（二十二日）召试中书舍人，合格，戊寅（二十四日）降制除中书舍人，至四年六月止。② 苏辙先后任中书舍人、翰林学士，历掌内外制。他把在任两制期间撰写的制诰，分成三类：一北门书诏麻制十三首，二北门书诏诏敕四十一首，三西掖（按：中书舍人别称）告词三百四十首。这给今日学者了解宋代翰林学士与中书舍人掌制分工一个很直观的感知。苏辙在两年半时间内，所草诰命，达三百四十道之多，他统称为"西掖告词"。③

现列举苏辙三百四十道告命中的一些命词（不含告词），以供直观了解告命的范围。《栾城集·西掖告词》：

《陈安期屯田郎中》："敕：具官某，尔以能选，积劳于工正，升之文昌，以劝勤吏。况司空之属，农部为上。尔其益敬厥事，以称朕意。可。"

《许中正致仕覃恩改朝议大夫》（文略）

《黄履磨勘改朝请郎》（文略）

《叔考等三十二人并除右班殿直》："敕：具官某男等……今宗室内之子，始名而官……可。"④

《仲鸾（按：宗室）等六人磨勘防御使》（文略）

《苗贵妃三代·曾祖》："敕：……贵妃苗氏曾祖祚，潜德不耀，入而后彰。至于曾孙，宠托宫掖。兹因大享，祗率旧章。命为上公，封以成国。九原有知，尚克嘉此！ 可。"

《杨王第三女封安定郡主》（文略）⑤

同样，苏轼任中书舍人时所撰外制，《苏轼文集》归其类为"制敕"，与"告词"名异实同。如：

《西头供奉官张禧得三级（按：斩敌首三级）转三官》："敕：具官张禧，疆场之政，

---

① （清）周城撰《宋东京考》卷八《官治·翰林院》引《玉堂漫笔》："宋制，以翰林学士带知制诰，谓之内制；以他职带知制诰，谓之外制。"第 135 页。

② （宋）孙汝听编：《苏颍滨年表》，收入《栾城集》之附录二，第 1787、1790 页；《栾城集》卷二八《西掖告词六十一首》、卷二九《西掖告词六十一首》、卷三〇《西掖告词五九首》、卷三一《西掖告词五十一首》、卷三二《西掖告词四十九首》、卷三三《北门书诏五十四首·麻制十三首、诏敕四十一首、祈祝九十首》，第 559—759 页。

③ 龚延明著：《中国历代职官别名大辞典》（增订本），北京：中华书局，2019 年，第 455 页。

④ 《栾城集》卷二七、二八《西掖告词》，第 559、560、571、583 页。

⑤ 《栾城集》卷二九、三二《西掖告词》，第 605、673、692 页。

以首虏计功，所从来尚矣。尔既应格，则赏随之。可。"①

大量两宋文集中所收诰命制词，即得以流传下来的外制，皆如上引二苏所草诰命制词，无官吏签押等流程。又比如南宋端平间，中书舍人洪咨夔所撰外制《归顺人李义承节郎张瑀李德魏珏保义郎制》：

敕：具官某，讨叛以谊，怀服以仁，歼渠贷胁，归斯受之。尔能革心，奚爱勇爵？祗戴宽恩，勉图报效。可。

《著作郎权司封郎官吴泳除军器少监兼直舍人院制》：

敕：具官某，朕亲揽万机，总饬百度，与士大夫洒濯激昂，以追"元祐"。思得轼、辙掌我书命，兴起人心于播告之下。

尔操行纯茂，文思汗澜，本之《诗》《书》，畅之《庄》《骚》，太史体，宜演诰。

朕有戎监（按：军器监别称），职优务省，往服少事，雍容讨论，推厉更始之意；著之训辞，浑厚森严，与越棘大弓同其古，斯无愧江汉之灵矣。论驳以扶国是，朕又于此观尔之风力。可。②

即是说，宋人文集中所收外制，皆非诰命之全部。宋代官员官完整的告命格式，存世不多。现存的完整诰命，由两部分组成：第一部分是除授制词（命词），由中书舍人起草的称外制。制词之下，是中书省、门下省长官及宰执、给事中、中书舍人和书吏的签押。第二部分是告词，及其下之与告词相关官吏的签押。最后将命词与告词交官告院裱制成官告。

命词与告词格式如下：

敕：右某：（外制制词正文）

可特授某官，赐如故。

奉敕如右。

牒到奉行。

年　月　日

（官吏签押，从略）

告：右某官

① 《苏轼文集》卷三十八《制敕》，第 1068 页。

② （宋）洪咨夔著，侯体健点校：《洪咨夔集》上册卷一七《归顺人李义承节郎张瑀李德魏珏保义郎制》《著作郎权司封郎中吴泳除军器少监兼直舍人院制》，杭州：浙江古籍出版社，2018 年，第 412、406 页。

奉敕如右。

符到奉行。

（官吏签押，从略）

今以南宋司马伋真迹官告为例，敕授司马伋官淮西江东总领所总领告命制词、告词录文：

敕：右朝散郎、尚书户部员外郎、赐绯鱼袋司马伋：中户三家之赋，仅活一兵；步卒五人之粮，可赡一骑。此前史养兵之论，亦后人计费之言。悉仰给于度支，宁不伤于国力？然则统之民部，临以王官，庶乎其宜也。以尔性有通方，才无滞用，以大贤之后，为当世之称。前者，占兰省之名郎，赞天官之武选，条理甚精，奸欺不生，式畴尔能，可司军赋。爰以国计之重，遂正版曹之名，委属盖优，钦对毋怠。可特授依前右朝散郎、尚书户部员外郎、总领淮西江东军马钱粮、专一报发御前军马文字兼提领措置屯田。赐如故。

　　　　　奉

敕　如右。牒到奉行。

　　　　乾道二年八月二十八日

侍　　　　　　　　中　　　　　阙

中　　　书　　　令　　　　阙

参　知　政　事　　　杞

签书枢密院事兼权参知政事　　　蒂

权　　给　　事　　中　　　岩肖

中　　书　　舍　　人　　　曦

八月三十日午时　都事时　宗傅　受

左司员外郎史　　正志　　　付吏部

尚　　　书　　　令　　　　阙

尚　书　左　仆　射　　　阙

尚　书　右　仆　射　　　阙

参　知　政　事　　　杞

吏　　部　　尚　　书　　　阙

礼部侍郎兼权吏部尚书　　　执羔

吏　　部　　侍　　郎　　　阙

权工部侍郎兼权吏部侍郎　　　元用

　　告：①右朝散郎、尚书户部员外郎、总领淮西江东军马钱粮、专一报发御前军马
文字兼提领措置屯田、赐绯鱼袋司马伋　奉

　　敕如右。符到奉行。

		主　事杨	安泽
权员外郎	（李）彦颖	令　史田	允升
主管院	（缺笔难辨）	书令史陈	士美②

　　如上所引，宋代官员官告身的格式，由两部分组成：第一部分是除授制词，由中书舍
人起草，称外制。司马伋制词属外制制词，从官告签名"中书舍人曤"书行。此"曤"为王
严曤，据何异《宋中兴学士院题名》，乾道二年五月为中书舍人，九月，除给事中。制词之
下，是相关主管机构长官和书吏的签押。③

　　"告"就是诰命，"告"之下文字为官告词。告词不等于告身，需经主管官告院按规格
写成绫锦上裱制，制成卷轴，才是法定告身。李焘《续资治通鉴长编》卷三二五，元丰五
年四月甲戌："详定官制所言：'……今拟阶官、职事官、选人，凡入品者，皆给告身；其无
品者，则给中书黄牒，吏部奏授则给门下黄牒。'"

　　敕授诰命，沿唐制用黄纸。④　故亦称黄敕。如：南宋绍兴三年，"（刘）光世得杨惟忠
所失空头黄敕，即以便宜复郴州编管人王德武略大夫、阁门宣赞舍人、充前军统制。"⑤
黄敕是以皇帝名义除授官员官职、由吏部付官告院制作告身，告身用绫纸，做成卷轴，颁
给官员本人保存。黄敕与官告是有区别的。五代就有官员因贫困交不起官告制作费，
而不领官告，只受敕牒去赴任的事："旧制，吏部给告身，先责其人输朱胶绫轴钱。丧乱
以来，贫者但受敕牒，多不取告身。"胡注："受敕牒以照验供职，苟得一时之禄利。告身，

①　《续资治通鉴长编》卷三二五，元丰五年四月甲戌："详定官制所言：'今拟阶官、职事官、选人，凡入品
　　者，给告身；其无品者，则给中书黄牒，吏部奏授则给门下黄牒。'"中华书局点校本 2004 年第二版，第
　　7827 页。
②　据北京匡时国际拍卖公司编《匡时情报》2015 年春季刊第 52 页《司马伋告身》。
③　龚延明：《宋代真迹官告文书的解读：以首次面世的司马伋、吕祖谦真迹官告为中心》，《中华文史论丛》
　　2015 年第 1 期。
④　（宋）李昉等：《太平御览》卷二二一《职官部》二十九《给事中·李藩》："李藩为给事中，制敕有不可，遂
　　于黄敕后批之。吏曰：宜别连白纸。藩曰：'别以白纸，是文状，岂曰批敕耶？'"
⑤　（宋）李心传：《建炎以来系年要录》卷二七、绍兴三年闰八月壬寅，北京：中华书局，1988 年，第 551 页。

无其钱,则不及取矣。"①

中书舍人所掌告命文书,在宋代通常称"外制",与翰林学士所掌制书称"内制"相对。历中书舍人、翰林学士的欧阳修文集的分类,最为规范。

欧阳修在仁宗朝先后当过知制诰、翰林学士·知制诰,在《居士外集》中,他把两制文书,归类为《外制集》(任知制诰时)、《内制集》(任翰林学士时),在《居士集》中收《诏册》文书。②

洪咨夔,南宋端平间历中书舍人、翰林学士·知制诰,他在《平斋文集》中,亦把任中书舍人时所草告命制词归为"外制",任翰林学士所草制词为"内制"。③

又,宋代告命之告敕,与敕书之敕,是不同文书但其所画"敕"字,必皇帝亲书。

北宋前期,中书舍人草制有润笔费,元丰六年二月罢:

> (元丰六年二月庚子)中书省亦言:"文臣待制、武臣横行副使及遥郡刺史已上除改,自来亦送舍人润笔,乞依学士例,罢之。"并从之。④

(四)诏 书

诏书"赐待制、大卿监、中大夫、观察使以上"⑤,诏书不是除授官员的文书,是皇帝对待制、大卿监、中大夫、观察使以上高级官员赏赐、褒恤、戒励及朝廷举行大事等行用之文书。⑥《宋朝事实类苑》:"赐五品以上曰诏。"⑦

其格式如下:

> 敕门下,或云敕某等:云云。故兹诏示(奖谕、戒谕、抚谕随题改之),想宜知悉。

其例如《敕赐昭德军节度使检校太傅知并州庞籍抚谕戒励诏》:

> 敕庞籍:省所上表,麟州申管勾府州军马司郭恩,领兵过屈野河,陷没得罪事。具悉。卿以方主文武之才,更将相之任,入筹帷幄,早资决胜之谋,出抚边隅,方重

---

① (宋)司马光:《资治通鉴》卷二七五《后唐纪》四《明宗·天成元年十月甲辰》,北京:中华书局,1956年,第8995页。

② 李逸安点校:《欧阳修全集》,北京:中华书局,2001年,第1册《居士集》卷一九《诏册六首》,第315—319页;第3册《居士外集》卷七九、卷八〇、卷八一《外制集》卷一《制敕五十首》、卷二《制五十首》、卷三《制六十五首》,第1187—1127页;《居士外集》卷八二至卷八九《内制集》卷一至卷八,第1191—1310页。

③ 《洪咨夔集》上册卷一四、一五、一六《内制》,卷一七至卷二三《外制》。

④ 《续资治通鉴长编》卷三三四,神宗元丰六年二月庚子,第8040页。

⑤ 《宋史》卷一六一《中书省》,第3783页。

⑥ 杨芹:《宋代制诰文书研究》附论《宋代制诰文书与诏书》,第250页。

⑦ (宋)江少虞编:《宋朝事实类苑》卷二九《制词异名》,上海:上海古籍出版社,1981年,第363页。

临戎之寄……而裨校贪功……败没衔辱，致轻损于国威。嘉封奏之上陈，能列言而引咎……已失难追于既往，后图犹倚于老成。勉思节制之方，用副眷怀之厚。故兹诏示，想宜知悉。①

又如《重定神宗徽号诏》：

> 崇宁三年三月二十八日，敕门下：朕惟神宗皇帝以道莅天下，而以政事治之……其功德之盛，岂言之一二所能该遍哉！奉上徽号，循用旧章……宜令三省枢密院官、御史中丞、杂学士、太中大夫以上，与太常寺同共集议典礼，详具以闻。故兹昭示，想宜知悉。②

此种格式，未必尊一，全依王应麟所概之格式，多有变化。

如《哲宗加谥十六字诏·崇宁三年三月十六日》，其开头就无"敕门下"之词，而直以"朕惟哲宗皇帝聪明睿智"云云，以"故兹昭示，想宜知悉"结束。③

诏书或用散文，或用四六，皆可。

（五）敕　书

敕书是与诏书相近的皇帝命令文书，用于赏赐、褒恤、戒励官员及处分朝廷事务等，所不同于诏书之处，敕书使用对象的品位与事务权重皆低于诏书一等："曰敕书，赐少卿监、中散大夫、防御使以下，则用之。"④"少卿监"，即为九寺、五监副贰，比"大卿监"（九寺五监之长官）当然要低一等；寄禄官中散大夫为从五品，而用诏书之中大夫为正五品；武臣防御使在观察使之下。《宋朝事实类苑》："六品以下曰敕书。"⑤

敕书格式如下：

> 敕门下，或云敕某等：云云。故兹诏示（奖谕、戒谕、抚谕随题改之），想宜知悉。

其例如《赐襄阳府、邓、随、郢、州镇抚使桑仲奖谕敕书》：

> 敕桑仲：朕惟强敌乱常，中原失驭。凡王灵之靡及，皆寇虐以显行。汝尽节朝廷，有功江汉。见奸人之专杀，用国法以成擒。坐使群方，肃然知畏。札章来上，良

① 《宋大诏令集》卷一八八《政事·抚慰》中《敕赐昭德军节度使检校太傅知并州庞籍抚谕戒勖诏》，第688页。
② 《宋大诏令集》卷一四二《典礼·祖宗加谥》四《重定神宗徽号诏》，第512页。
③ 《宋大诏令集》卷一四二《典礼·祖宗加谥》四《哲宗加谥十六字诏》，第513页。
④ 《宋史》卷一六一《职官志》一《中书省》，第3783页。
⑤ 《宋朝事实类苑》卷二九《制词异名》，第363页。

用叹喜。故兹奖谕，想宜知悉。①

敕书除奖谕、诫谕、抚谕之类外，尚有恤刑及劝农、颁贡举条制等处分军国事敕书，如知制诰欧阳修撰写过《颁贡举条制敕》《劝农敕》，楼钥家藏《仁宗赐吴绍儒恤刑书》等。②

又，敕书画敕与诰命画敕虽有别，但其所画"敕"字，同样必须皇帝亲书。

南宋楼钥家藏《仁宗赐吴绍儒恤刑书》与张钧所藏《仁宗赐张中庸恤刑书》二通，楼钥曾作题跋：

> 闻之故事，每更一朝，则"敕"字别为一体，此二书虽作字不同（按：字数略有不同），而每行皆九字，玺文大小如一，末有"敕"字，绝甚相似，则是同时无疑。日子不同，盖以颁降远近为先后，至令先下川广，次及诸道，或恐非一岁之书也。③

又明解缙《文毅集·跋宋真宗赐杨丕手敕》，亦提及此"手敕"，出自"真宗御笔无疑"：

> 按《吉水志》：杨丕字大中……为员外屯田郎、改知康州。据《史》书云：大中祥符五年十二月，立德妃，妃聪明，排群议立之。令康州进贺。今此敕所云即其事也，当是公知康州日无疑。……此"敕"字画甚佳，盖真宗极盛之时也。但不知与书三瑞之时，孰前孰后耳。公之裔孙某出以相示，为疏所闻。宋制：署某日及押敕，皆至尊亲笔。真宗与刘后坐阁中批答章奏，每至中夜，其勤盖如此。敕虽未知其何人书（按：未知草拟此敕书者是何人，即不知知制诰是谁），但押敕盖真宗御笔无疑矣。④

（六）御　札

皇帝颁降封禅、郊祀、宗祀及大号令，用御札文书，公告天下。"曰御札，布告登封、郊祀、宗祀及大号令，则用之。"⑤

御札始于唐，时用朱书，故亦称"朱书御札"。唐昭宗龙纪元年（889）十一月一日，将于圜丘行大礼，先宿斋于武成殿，有神策军中尉杨复恭等内侍服朝服侍上助祭。太常博士李绰等奏论，内侍服朝服助祭"上渎祖宗，臣期不奉敕"。状入，昭宗降朱书御札："卿

---

① （宋）徐梦莘：《三朝北盟会编》卷一四五《绍兴元年三月二十五日》，上海：上海古籍出版社，2008 年，第 1057 页上栏。

② 《欧阳修全集》，第 3 册，第 1127—1128 页。

③ （宋）楼钥撰，顾大朋点校：《楼钥集》卷六七《题跋·恭题仁宗赐张中庸恤刑敕书》，杭州：浙江古籍出版社，2010 年，第 4 册，第 1185 页。

④ （明）解缙：《文毅集》卷一六《跋宋真宗赐杨丕手敕》，文渊阁《四库全书》第 1236 册，第 828 页上栏。

⑤ 《宋史》卷一六一《职官志》一《中书省》，第 3783 页。

等所论至当。"于是四内侍改服法服。① 宋代青词朱书,御札未见用朱书。程大昌《演繁露》认为:"道科仪奏事于天帝者,皆青藤朱字,名为'青词'。恐初立此体(按:朱书御札)时,是仿道仪也。"②

其格式:

> 敕内外文武官等,云云。朕以某年某月某日有事于南郊(封禅、宗祀、大号令随题改之)。云云。故兹札示,想宜知悉。

其例如《庆历四年有事南郊御札》:

> 敕内外文武百僚等:朕荷祖宗之谋,托黎元之上,日慎夕惕,罔或怠遑……朕以今年十一月二十五日有事于南郊,咨迩攸司,各扬乃职。凡于供亿,毋俾烦劳,应诸道州府等,不得以进奉为名,别行科率……其文武百官、僧道父老等,不得因郊祀上表,请加尊号。永言有众,宜喻先庚,共推至虔,以副朕意。故兹札示,想宜知悉。③

亦有处分学校教学的御札,如徽宗大观元年(1107)二月二十五日,降《大司成薛昂乞置国子正录以典教御札》:"先王置学,乐育人才。而国子为之先……宜依所奏。"④

(七)敕 榜

敕榜之名,始见于南朝宋文帝元嘉四年(427),《南史·郭世通传》:"元嘉四年,大使巡行天下,散骑常侍袁愉表其淳行,文帝嘉之,敕榜表门闾,蠲其租调。"⑤

宋代皇帝面向军民晓谕公事、戒励百官及节庆赐酺(特许聚饮欢庆)所用文书,"曰敕榜,赐酺及戒励百官、晓谕军民,则用之"。敕榜相当于当代的通告,所示对象广,所谓"揭榜朝堂,遍牒中外,明示臣庶"⑥。

其例如哲宗绍圣四年《戒饬在位敕榜》:

> 朕以眇躬获承先构,永惟休烈盛美。欲以昭示万世,而顷遭群奸,同逞宿憾,兴讹造讪,力肆抵排。政事人材,毁废殆尽,夙夜悼惧,靡敢遑宁。思与卿士、大夫共承厥志。庶几德业传之无穷。念今在廷之臣,鲜知事君之义……每怀及兹,良用慨

---

① 《旧唐书》卷二○上《昭宗纪》,第738—739页。

② (宋)程大昌撰,许逸民校证:《演繁露校证》卷九《朱书御札》,北京:中华书局,2018年,第619页;收入《全宋笔记》,上海师范大学古籍所编,郑州:大象出版社,2008年,第四编第9册,第48页。

③ 《宋大诏令集》卷一一八《典礼·南郊》一《庆历四年有事南郊御札》,第403页。

④ 《宋大诏令集》卷一五七《政事·学校·大司成薛昂乞置国子正录以典教御札》,第591页。

⑤ (唐)李延寿:《南史》卷七三《郭世通传》,北京:中华书局,1975年,第1800页。

⑥ (宋)赵汝愚编,北京大学中古史研究中心校点整理:《宋朝诸臣奏议》卷二二《君道门·诏令》上陈次升《上哲宗论敕榜当取信天下》,上海:上海古籍出版社,1999年,第229页。

叹。朕察言观事，灼见邪心，欲正典刑，当申儆戒。继自今日，尔其自新，式惩厥愆，毕趋于正。示以好恶，非曰苟然。其或怙终，必罚无赦。咨尔在位，尚克钦承。①

《戒饬在位敕榜》，这是皇帝对在位百官不能奉"事君之义"臣僚的警告，以敕榜文书张榜朝堂，并抄录遍牒诸路州军，告示天下。

又如，减轻地方折支负担的"敕榜"，宋太祖降《赐通州煎盐亭户敕榜》：

> 敕：通州系管煎盐亭户等：朕临御区宇，惠养蒸黎，每推悯恻之恩……自来官中每正盐一石给钱五百文，并示将绢布茶斛斗折支，深虑亏损人户，今议特行轸恤。宜令本州，自今后应支盐本钱，一依旧定。每石正盐价例，并给见钱与人户。不得更有折支。故兹榜示，各令知悉。②

此敕榜，局限于在通州州衙及有关盐亭张榜公布。说明敕榜有地区及对象之区别。

朝廷招安，也用"敕榜"，如庆历七年（1047）十一月军卒王则反；十二月甲寅，"遣内侍以敕榜招安贝贼"③。

敕榜由翰林学士草拟，盖"书诏印"。

凡翰林学士及知制诰等所草文书，都盖印（后亦改称宝）。与皇帝御宝有别：

> 禁中所用别有三印：曰天下合同印，中书奏覆状用之；曰御前印，枢密院宣命及诸司奏状用之；曰书诏印，翰林诏敕、别录敕榜用之，铸以金。雍熙三年，改三印为宝④

所有上述宋代皇帝七种命令文书，"凡命令之出，中书宣奉，门下审读，然后付尚书省颁行。而密院被受旨者，亦录付门下，此神宗官制也"⑤。即不论大小事，都得先由中书省奏禀皇帝，得旨后，中书省长官宣旨，中书侍郎奉旨，由中书舍人书行。然后授门下省审读可否，如有不可，则缴驳；如可，门下省付尚书省执行。

朱瑞熙先生《宋代"敕命"的书行和书读》一文，肯定"宋朝知制诰和中书舍人的书行是撰写敕命或制敕包括诰词的初稿，有时称'书名行下''签署书行下'"。这是正确的，但该文接着说："书读是给事中复看或复审，现在不能断定是否由给事中在本人复审的知制诰和中书舍人撰写的敕命上或制敕初稿上签一个'读'字。"⑥其实，制书、诰命最后

---

① 《宋大诏令集》卷一九五《政事·诫饬》六《戒饬在位敕榜　绍圣四年》，第717—718页。

② 《宋大诏令集》卷一八三《政事·财利》上《赐通州煎盐亭户敕榜》，第663页。

③ 《宋史》卷十一《仁宗纪三》，第224页。

④ 《玉海》卷八十四《车服·雍熙书诏宝》，第1555页。

⑤ 《宋史》卷一六一《职官志》一《门下省·给事中》，第3779页。

⑥ 朱瑞熙：《宋代"敕命"的书行和书读》，《中华文史论丛》2008年第1期。

一道关，必经给事中复审书读，才能付尚书省施行，这是可以断定的。"书读"，可以签一个"读"字，也可以签多个字，如《范纯仁拜右相制　元祐三年四月辛巳五日》：

给　　　　　事　　　　　中臣　　（顾）临等言：

制书如右　　请奉

制付外施行　　谨言。

元祐三年四月五日①

给事中顾临等在审读范纯仁拜相制书命词后，签了"制书如右，请奉制付外施行。谨言"13 个字，表示敬重。

若倒过来，中书舍人书读行下，就是"堕坏官制"：

元符三年，翰林学士曾肇言："门下之职，所以驳正中书违失。近日，给事封驳中书录黄，乃令舍人书读行下，堕坏官制，有损治体。愿正纪纲，为天下后世法！"②

从命令文书之运作流程，完全体现了皇权具有最高权力，但受宰相、中书省、门下省制约。不是一切命令，都可由皇帝说了算，宰相，给事中、中书舍人都拥有否决权。

在七种命令文书之外，还有内降、手诏、御笔等皇帝独裁文书，此不在七种命令文书之内，下文讨论。

二、皇帝独裁命令文书——内降、内批、御笔手诏

依宋代常制，凡皇帝的旨意、命令，北宋前期须经二府（中书门下与枢密院）、元丰改制后须经三省，才得施行。其命令文书有上述七种体式。然而，皇帝或垂帘听政的皇太后，要扩大权力或亲自掌握用命之权，就要突破相权与三省的制约，命令由内宫直接降出。于是就有写在黄纸上的内降与御笔手诏命令文书的出现。此种命令文书大多（不是全部）毋须经过二府或三省。所以，《朝野类要》就称手诏为"非常典"，"不用四六句"。③

此类非正式的命令文书，隋唐已出现，所谓口敕、口诏、斜封墨敕、朱书御札等，为海内外学者视为皇帝私降文书，与通过朝廷颁降的王言丝纶有别，并被界定为"私的王言""公的王言"。是在七种文书体之外，孳生出的一种"私的王言"。方诚峰《御笔、御笔手

---

① 《宋大诏令集》卷五七《宰相》七《同知枢密院范纯仁拜右相制　元祐三年四月辛巳》，第 289 页；何忠礼《介绍一件现存日本的宋代告身》，《绍兴师专学报》（社会科学版）1988 年第 1 期。

② 《宋史》卷一六一《职官志》一《门下省·给事中》，第 3779 页。

③ （宋）赵升《朝野类要》卷四《文书》："手诏，或非常典。"第 83 页。

诏与北宋徽宗朝的统治方式》一文认为："无论如何，学者们都认为，御笔或御笔手诏是皇帝'私意'对朝廷'公令'的侵害。"①

笔者觉得以皇帝"私意"与"公意"来区分皇帝出命，是有概括力的，但总觉得有点别扭。一个基本事实是，唐、宋王朝，都是皇帝专制下的国家统治体制，都是化家为国的专制统治。宋代加强了中央集权，也是在皇帝专制下的中央集权管理体制。在皇帝眼中，"天下之事无大小皆决于上"②，从这个意义上说，不存在"公"与"私"的区别。但为了治理好国家，当然不能一切都由皇帝说了算，乾隆皇帝在《日知荟说》中引古人语云："天下治乱关宰相。"③皇帝统治天下，需要宰执辅政，与百官共同依敕令格式管理军国大、小事。此亦宋人所谓"与士大夫治天下"④。因此皇帝的命令，既须通过朝廷出命与施行；与此同时，内降、手诏、御批作为皇帝独裁的命令，势必伴随而行，并演变为与"牒奉敕""三省同奉圣旨"并行的"奉御笔"的一种超越中书省舍人书行、门下省给事中书读的强势命令文书。此外，皇帝独裁出命，未必全是出自皇帝个人私意或宗室私事，还有事关军国重事，或有需排除异议的独断决策等。至于权奸盗用"御笔"假传旨意，则是另一回事。有鉴于此，笔者将内降、手诏等命令文书归为"皇帝独裁文书"。

（一）内降、内批

太祖、太宗朝，或有皇帝内批指挥，出于特殊需要，所谓"或示笃意"⑤，但必"出于宸衷"。数量极少，其性质不严重。内降成为一种命令文书，始自宋真宗去世、年幼的仁宗继位，由刘皇太后垂帘听政时。刘太后别处一殿，在禁中阅批奏章，随时处分，用手书指挥行事，刘太后当制十一年，于是内降滋生。内降之弊病，在于不经二府大臣或外朝公议。于是嗜利之徒，假托皇亲、因缘女谒，于宫中上表或口头求情，内降除授之命因而逸出，犹如唐中宗时之"斜封"，堕坏纲纪。如天圣七年（1029），庞籍上奏："近岁传宣内降浸多于旧，臣恐法度自是堕也……""初，群牧判官阙，以内降求之者凡十数人，执政患之。"⑥仁宗亲政后，右司谏韩琦上言乞禁绝"干求内降"："只自章献明肃皇后垂帘之日，

---

① 方诚峰：《御笔、御笔手诏与北宋徽宗朝的统治方式》，收入邓小南主编《过程·空间：宋代政治史再探研》，北京：北京大学出版社，2017年，第50—51页。

② 《史记》卷六《秦始皇本纪》，第325页。

③ （清）爱新觉罗·弘历：《御制日知荟说》卷四《论古今得失》，《景印文渊阁四库全书》第717册，第729页。

④ 《续资治通鉴长编》卷二二一，神宗熙宁四年三月戊子，第5370页。

⑤ （宋）赵升《朝野类要》卷四《文书》："手诏，或非常典，或示笃意，及不用四六句者也。"第83页。

⑥ 《续资治通鉴长编》卷一〇七，天圣七年三月癸未，第2505页。

有奔竞之辈,货赂公行,假托皇亲,因缘女谒,或于内中上表,或只口为奏求。是致侥幸日滋,赏罚倒置,法律不能惩有罪,爵禄无以劝立功。唐之斜封,今之内降,台纲浸坏,为害至深……臣欲乞特降诏:……更不于内中批旨。"①在韩琦、包拯、吴奎、范镇等谏官与朝臣舆论压力下,宋仁宗于康定元年(1040)十月下诏,内降须中书、枢密院执奏:"诏自今内降指挥与臣僚迁官及差遣者,并令中书、枢密院具条执奏以闻。"对内降特权予以限制。②

与内降类近的为内批。外廷进入文书滋多,皇帝日理万机,疲于应付,遂有内尚书省之建,其中"尚字直笔"代皇帝处理一些琐碎文书,此即内批日益增多之由。

邓小南《掩映之间:宋代尚书内省管窥》揭示了"内批"的部分真相:

> 尚书内省宦官"主文字",其实是掌握管不同的程式,采取着不同的文件字处理方式,她们所负责的,并非仅止"伺候进呈",很多情况下,不光负责登记、分配进入内中的章疏,而且会为皇帝代录文书、代笔批复。较为简单的,是登载抄录。真宗时,有百姓以状投匦,皇帝即"令宫人录所诉事会有司施行"。
>
> 代笔批复,则相对复杂。代皇帝"批答画闻",是其中的主要的一类。③

显然,所谓"内批",不能与皇帝亲笔御书内降等同,而大量的是内尚书省处分事付外廷文书。

李心传《建炎以来朝野杂记》载:"本朝御笔、御制,皆非必人主亲御翰墨也。祖宗时,禁中处分事付外者,谓之内批;崇、观后,谓之御笔。其后,或以内夫人代之。"④

(二)手　诏

然仁宗并未止绝内降,内降反渐向诏命文书发展,"内降"或称"手诏"公行。如嘉祐四年(1059)六月,后宫得幸者十人谓之"十阁",求迁秩。仁宗诏中书出敕诰,中书以其无名,"覆奏"拒之。求者不已,仁宗无奈,"皆以手诏授矣"。⑤

内降、手诏作为绕过宰相、中书省、门下省、枢密院的皇帝独断命令文书,至神宗朝,或称作"内批"(即手诏),有明显上升趋势。"内批指挥是神宗在位时期中央政务运行的

---

① (宋)赵汝愚编,北京大学中古史研究中心校点整理:《宋朝诸臣奏议》卷二二《君道门·诏令》下韩琦《上仁宗论干求内降乞降诏止绝·宝元二年五月上》,上海:上海古籍出版社,1999年,第222页。

② 《续资治通鉴长编》卷一二九,仁宗康定元年十月戊子,第3051页

③ 邓小南:《掩映之间:宋代尚书内省管窥》,收入氏著《朗润学史丛稿》,北京:中华书局,2010年,第237页。

④ 《建炎以来朝野杂记》乙集卷一一《故事·亲笔与御笔内批不同》,第671页。

⑤ 《续资治通鉴长编》卷一八九,嘉祐四年六月丁卯,第4567页。

一大特点。"①熙宁四年(1071),司马光上言"陛下好于禁中出手诏指挥外事",②"陛下内出手诏,以决外廷之事,使天下威福在己"③。宋神宗爱用手诏,是与他决心冲破保守势力,进行全面改革,以图富国强兵有关。但神宗内批还未达到独断专行之境,仍要经二府覆奏。"(熙宁元年)十二月,立内降覆奏法。诏从中批降,须覆奏。十年九月,又诏:'应传宣中批及面得旨,事无法者,中书、密院覆奏,若非理祈恩,有罪规免者,奏劾之。'"④神宗之手诏涉及政务处理的面较广,"神宗作兴,凡事多出圣裁,虽边徼细故,亦烦亲洒"⑤。宋神宗用手诏多,是他"参与政务主动性增强的一种表现,其结果是神宗个人意志在朝廷政务最终决策结果形成过程中的比重增加,发挥了比以往更大的影响力"⑥。这有助于神宗熙丰变法的推行。神宗时期皇帝独断命令手诏的使用,近习与奸臣干预甚少。然有时也带来皇帝内批与二府札子两者指令相抵触的严重后果。熙宁九年(1076)四月,蔡延庆"奏乞朝廷遣近上内臣共经制蛮事,朝廷命(内侍)押班王中正专制蛮事。中书、密院扎子皆云'奉圣旨,讲和'。而中正自云'受御前扎子,掩袭叛蛮'……中正既至,军事进止,皆由己出,蔡不复得预闻。事既施行……(中正)遂奏:'蔡延庆区处失宜,致生边患。又延庆既与之和誓,而臣引兵入箕宗关,蛮渝约出兵拒战。'……(蔡)坐夺一官、勒停。"⑦知成都府蔡延庆奉中书、枢密院之命,与叛蛮"讲和"。而神宗所遣内侍押班、体量成都府路边事王中正却奉手诏"掩袭叛蛮",致造成政出多门,难以统一指挥。手诏压倒二府扎子,地方军事全由内侍操控,最终以成都知府蔡延庆夺官了事。

(三)御笔、御笔手诏

至徽宗朝,内批、手诏演变成御笔、御笔手诏。南宋史家李心传谓:"祖宗时,禁中处分事付外者,谓之内批;崇、观后,谓之御笔。"⑧如:

① 周佳:《北宋中央政务运行研究》第七章《文书行政》下《内批和御笔手诏》第一节《神宗朝的内批》,北京:中华书局,2015 年,第 407 页。

② 《宋朝诸臣奏议》卷八《君道门·政体》司马光《上神宗论体要》,第 71 页。

③ 《续资治通鉴长编》卷二二〇,神宗熙宁四年二月辛酉,第 5339 页。

④ 《皇朝编年纲目备要》卷一八《神宗皇帝》,第 413 页。

⑤ (宋)楼钥撰,顾大朋点校:《攻媿集》卷二一《奏议·雷雪应诏条具封事·绍熙二年二月六日》,杭州:浙江古籍出版社,2010 年,第 419 页。

⑥ 周佳:《北宋中央政务运行研究》第七章《文书行政》下《内批和御笔手诏》第一节《神宗朝的内批》三《"内批"的批付对象和执行方式》,第 420 页。

⑦ (宋)司马光撰,邓广铭、张希清点校:《涑水记闻》卷一三,北京:中华书局,1989 年,第 254 页。

⑧ 《建炎以来朝野杂记》乙集卷一一《故事·亲笔与御笔内批不同》,第 671 页。

（政和四年八月癸卯朔）诏："应奉御笔者只作'御笔行下'，余并称'圣旨'。"①

徽宗朝御笔或御笔手诏大为盛行，与神宗朝之前的内批一般"不越过宰辅机构直接颁行"大为不同，突出了君权的膨胀。张祎《制诏敕札与北宋的政令运行》对此分析道：

> 神宗好以御批指挥政务，大约受到臣僚非议后，下诏改正：（熙宁元年九月）甲申，诏："自今内批指挥并作奉圣旨施行。""内批指挥"即神宗从禁中批出的命令。此时下令改作"奉圣旨"颁行，从名义上来看，并没有实质的区别。其实，在宋代文书制度中，"奉圣旨"是二府机构所行札子的固定用语。这道诏令的用意即在于宣称，今后皇帝御批不再越过宰辅机构直接颁行，而只降付宰臣，以札子的形式颁出施行。②

徽宗朝之前，御批虽有，但基本上，未直接作为朝廷命令运行的文书施行。神宗、哲宗朝之三省，多用"同奉圣旨"。但至崇宁间，开始一变，居然改为"三省、枢密院同奉御笔"："御笔付三省、枢密院，更制陕西、河东军政六事。三省、枢密院同奉御笔始此。"③

张祎进而指出：

> 徽宗时，常以御笔行事，也就是越过宰辅机构直接以御批形式指挥政事。④

徽宗朝之御笔手诏，已公然破坏皇帝旨意必经三省造命、覆奏、审读方为制诏之法定程序，成为凌驾于制诏之上的命令文书，谁不执行就以"违御笔论"。吕中《类编皇朝大事记讲义》评论：

> 崇宁四年，行御笔手诏："放上书见编管人，还乡。"御笔手诏始此。八月，更制军政。三司（按：指三省）、枢密院同奉御笔始此。⑤

为此，徽宗政和五年（1115）专门下了一道御笔手诏："自今三省、密院、省台寺监与百执事官，非尔所职勿行，非尔所责勿言，毋利以口胥动，敢不遵承，以违御笔论。"⑥

或谓奸相蔡京与内侍假手御笔弄权，至朝纲大坏。对此，宋人评论道："自崇、观奸

---

① 汪圣铎点校：《宋史全文》卷一四《宋徽宗》，第 954 页。

② 张祎：《制诏敕札与北宋的政令运行》（北京大学博士论文）第三章《敕牒、札子与宋宰相机构的文件书行政》第三节《敕牒、札子与诏令的配合运用》一《御批札子》，第 143 页；并参汪圣铎点校：《宋史全文》卷一一《神宗·熙宁元年九月甲申》，第 643 页。

③ 《皇朝编年纲目备要》卷二七，崇宁四年八月，第 688 页。

④ 张祎：《制诏敕札与北宋的政令运行》（北京大学博士论文）第三章《敕牒、札子与宋宰相机构的文件书行政》第三节《敕牒、札子与诏令的配合运用》一《御批札子》，第 145 页。

⑤ （宋）吕中撰著，张其凡、白晓霞整理：《类编皇朝大事记讲义》卷二十二《徽宗皇帝》一二《小人创御笔之令》，上海：上海人民出版社，2014 年，第 372 页

⑥ 汪圣铎点校：《宋史全文》卷一四，政和二年六月丙戌条，第 950 页。

臣创御笔之令，凡私意所欲为者，皆谓御笔行之，而奸臣之所自为者，又明告天下，违者以违御笔论。"①

　　上引关于奸相蔡京等与徽宗御笔之间关系的言论，具有代表性。但实际情况，御笔手诏虽为蔡京所首倡，但并非御笔手诏皆权相蔡京私意所为。大量御笔手诏降出，蔡京一无所知。曾任南宋副相的楼钥说："徽皇之初，京既收召，一旦得君欲，逢主意……遂创御笔之制，违者以违制论。事出于京，而书出于徽皇……纪纲益以紊乱。然京自为之，未至于甚。比其再相，以至三入，宠任既不及旧，御笔一从中出，京亦不知所为。"②

　　据此，方诚峰认为："御笔、手诏的起源固然与蔡京有关，但最终脱离了他的控制。"因此，"对徽宗朝的御笔、御笔手诏政治意义的探讨，应该更注意皇帝的政治角色"。③

　　实际上，徽宗朝大量御笔手诏，是在徽宗授意之下，由进士出身的文化宦官梁师成组成的隐形皇帝秘书团队，模仿其字体所草拟，只不过取代了之前内尚书省的"内夫人"抄写或书写而已。御笔其实就是之前的内批，仍旧遵循着之前的固有的流程，在行下方式上亦没有本质上的改变。但御笔，强调"御"，与内批有所不同。"内批本来由皇帝批，或由内夫人代笔，而御笔则特别强调内批出自皇帝亲书。"④然而，徽宗非勤政皇帝，是一个荒于嬉的道君，御笔不可能全出自皇帝亲笔。大量的御笔手诏，须由下属代笔。但徽宗又要强调御笔命令出自"朕"的手书，作为书画家的徽宗书法自成一家——"瘦金体"，即成为徽宗御笔的表征。因此，令下属模仿他的笔迹草拟。他挑选了"习文法稍知书""审名进士（大观三年进士一甲第十一名）"的宦官梁师成，负责代笔亲书"御笔"：

　　　　徽宗凡有御笔号令，皆命（梁师成）主焉。于是入处殿中，多择善吏，习仿奎画杂诏旨以出，外廷莫能辨。⑤

　　徽宗朝御笔，为突出徽宗皇帝命令的形象，其书皆用瘦金体，即徽宗本人的书法体。意在"它比内批更为强调命令出自皇帝命令，突出其不可抗拒性"⑥。

　　御笔手诏始作俑者为蔡京，肆意妄为者却是梁师成。梁师成因此得以"阴窃用人之

①　汪圣铎点校：《宋史全文》卷一四，政和二年六月丙戌条引《讲义》，第950页。
②　《攻媿集》卷二十一《奏议·雷雪应诏条具封事·绍熙二年二月六日》，第419页。
③　方诚峰：《御笔、御笔手诏与北宋徽宗朝的统治方式》，第68页。
④　方诚峰：《御笔、御笔手诏与北宋徽宗朝的统治方式》，第68页。
⑤　龚延明、祖慧：《宋代登科总录》卷八《北宋徽宗朝·大观三年己丑》(1109)，桂林：广西师范大学出版社，2014年，第4册，第1857页；(宋)王称：《东都事略》卷一二一《宦者传·梁师成传》，台北：文海出版社，1979年，第1874页。
⑥　方诚峰：《御笔、御笔手诏与北宋徽宗朝的统治方式》，第69页。

柄,权势熏灼。一时耆进之徒争趋之。宰相王黼事之如父,执政侍从出其门者不可胜纪"①。内侍梁师成因掌代写御笔手诏之大权,所行御笔,"台谏不得言,给、舍不得缴,监司不问",连宰相也"事之(梁师成)如父",朝纲怎样能不败坏? 最后吃苦果者乃徽宗自己,祸所及者北宋朝廷之垮塌。仁宗皇帝比较清醒,对内降持反对态度,有人曾对劝他朝纲独揽,他就说:

> 措置天下事,正不欲从中出!②

北宋灭亡前夕,徽宗眼看大厦将倾,国将不国,遂将皇位交给钦宗。钦宗意识到御笔手诏危害之深,遂颁诏"非三省、枢密院所得旨,有司勿行"③。御笔手诏横行一时,终于退出了皇帝命令文书的独断地位。制、诰、诏命,复成为皇帝命令文书的主流。

宁宗、理宗朝后,"御笔"成为较常用皇帝批出文书之称。其实,此同奉御笔,已非内批之御笔,而与"三省同奉圣旨"之"圣旨"义同,其所下命令,须经三省施行。且举如下数例:

> (理宗宝庆元年六月)丁未,三省同奉御笔:"朕恭禀太后圣谕,谓丞相忠贯日月,勋塞宇宙,实惟我国家无疆之休。"④

> (理宗淳祐间)刘克庄《辞免升侍讲》:"照对臣今月十九日,伏奉尚书省札子:'三省同奉御笔,刘某升兼侍讲者。'"⑤

在理宗朝,所谓"奉御笔"与"奉圣旨",其义同。刘克庄在《辞免兼直学士院》奏状中,称:"臣今月二十四日,恭奉尚书省札子,备奉圣旨:刘某兼太常少卿兼直学士院者。"继而在《辞免兼崇政殿说书　淳祐六年八月癸丑》奏状中却说:"臣今月二十四日,恭奉尚书省札子,备奉御笔:刘某兼崇政殿说书者。"⑥

御笔可以缴进,朝官并且可据圣意"拟定御笔进入",更说明此时御笔须经三省方能出命,已绝非徽宗朝瘦金体御笔出命之独断可比了:

> 卫泾《缴进御笔劄子》:"臣等蚤上奏事间,恭奉玉音:'皇太子参决事,朕有此意甚久,昨日赵彦逾经筵求去,奏及此。此事断自朕意,不欲因人言批出。卿等可商

① 《东都事略》卷一二一《宦者传·梁师成传》,第 1874 页;

② 《类编皇朝大事记讲义》卷二二《徽宗皇帝》一二《小人创御笔之令》,第 372 页。

③ 《宋史》卷二三《钦宗纪》,第 422 页。

④ 汪圣铎点校:《宋史全文》卷三一《宋理宗一》宝庆元年六月丁未,第 2621 页。

⑤ (宋)佚名编:《新编翰苑新书·别集》卷七《奏状·刘克庄辞免升侍讲》,《北京图书馆珍本丛刊》第 74 册,北京:书目文献出版社,1999 年,第 1137 页下栏。

⑥ 《新编翰苑新书·别集》卷七《奏状·刘克庄辞免兼直学士院》《奏状·刘克庄辞免兼崇政殿说书》,第 1137 页上栏;《宋史》卷四三《理宗纪三》,第 836 页。

量,教稳当,欲待批出。'……臣等又奏:'适来所闻玉音,圣意已定。容臣等退而商议,以圣意拟定御笔进入。今谨用别幅拟进,更乞睿览,如合圣意,即乞御笔批降施行。'"①

---

① (宋)卫泾《后乐集》卷一二《奏议·缴进御笔札子》,收入曾枣庄、刘琳主编《全宋文》卷六六二九,第201册,第284页。

唐代科举经文之争与诗赋取士的确立

重庆师范大学　费习宽*

诗赋和经术是唐代科举考试最重要的内容。明经专试经学(帖经、问义、经策);进士科采用策(经策、时务策)、杂文(诗赋)、帖经相结合的形式,表现出文儒并重的鲜明倾向。但是,在实际过程中,试诗赋和试经义常常呈现出相互冲突和排斥的局面。唐代经文之争,历经萌发、碰撞、高潮、缓和的过程,伴随科举变革之始终。唐高宗永隆二年(681),进士科加杂文二首,诗赋渐为杂文试之主体。但同时,诗赋试也受到愈来愈多的质疑和批评。以经术造士抑或以诗赋取士,成为唐文臣最关切的话题之一。目前学界对诗赋与经义之争问题已有不少成果,但多集中于宋代。① 本文着重从进士科杂文试诗赋化、诗赋停复与诗赋取士制的确立等方面论述唐代经文之争的变化和影响。

一、进士科杂文诗赋化与时人之批评

唐初,科举止试策。永隆二年八月,诏进士科加"杂文两首,识文律者,然后并令试策"②。杂文即箴、铭、论、表、诗、赋之类。永隆科举诏,是唐代科举制度首次变革的标志。但就具体考试而言,杂文成为进士科考试之内容,要远早于此。如显庆四年(659)

---

* 费习宽,男,重庆师范大学讲师,主要从事中国古代学校科举文献研究。

① 如刘海峰、李兵:《中国科举史》,上海:东方出版中心,2021 年,第 215—221 页;孙福轩:《科举试赋:由才性之辨到朋党之争——以唐宋两代为中心的考察》,《浙江大学学报(人文社会科学版)》2008 年第 3 期;杨春俏、吉新宏:《北宋中晚期科举考试中的诗赋、经义之争》,《辽宁大学学报》2007 年第 1 期;钱建状:《南宋进士分科考试制度的形成契机——兼论宋代科举史上的"经义与诗赋之争"》,《厦门大学学报》2008 年第 5 期;黎日圣:《宋代科举诗赋与经义之争研究》,湘潭大学 2011 年硕士论文;毛鹏程:《北宋进士科省试诗赋与策论、经义之争研究》,华东师范大学 2019 年硕士论文,等等。

② (宋)宋敏求:《唐大诏令集》卷一〇六《条流明经进士诏》,北京:中华书局,2008 年,第 549 页。

进士试杂文《关内父老迎驾表》《贡士箴》，此距永隆科举诏的颁行还有 22 年。关于诗赋进入杂文试的时间，清人徐松认为，开元间或试诗，或试赋，未成定制，"杂文之专用诗赋，当在天宝之季"①。赵翼《陔余丛考》则称："永隆二年，以刘思立言进士惟诵旧策，皆无实材，乃诏进士试杂文二篇，通文律者然后试策。此进士试诗、赋之始。"②赵氏以杂文等同于诗赋不够准确，但指出诗赋与杂文之关系，是可信的。事实上，永隆诏颁行后，诗赋很快成为进士科的考试内容。如垂拱元年（685）省试《九河铭》《高松赋》。③ 这是永隆科举诏施行后的第三年。垂拱二年（686），梁玙试"杂文《朝野多欢娱诗》《君臣同德赋》及第"④。此为唐进士科杂文试专用诗赋之始。⑤ 徐松之言亦不够准确，据笔者统计，玄宗一朝，进士科试诗 20 次，试赋 13 次，专用"一诗一赋"有 9 次，即先天二年（713）、开元五年（717）、十三年（725）、十八年（730）、十九年（731）、二十二年（734）、二十七年（739）、天宝六载（747）、天宝十载（751）。⑥ 这说明玄宗统治时期诗赋在杂文试中的比重迅速提升并居于主导地位。随着统治者对文学的重视，武则天时期，重视文学辞章的风气业已形成，举子皆欲以文学仕进，到了开元、天宝间，诗赋在杂文试中已居于主导地位，进士科的文学化空前加强。有关这一时期进士科与尚文风气的联系，中唐人沈既济曾说："太后颇涉文史，好雕虫之艺，永隆中始以文章选士。及永淳之后，太后君临天下二十余年，当时公卿百辟无不以文章达，因循遐久，浸以成风。以至于开元、天宝之中，上承高祖、太宗之遗烈……五尺童子，耻不言文墨焉。是以进士为士林华选。"⑦甚哉斯言。

　　所谓物极必反，法立弊生。随着进士科地位的抬升和考试内容的变化，诗赋与经术之间的矛盾开始浮现出来。一些崇尚儒道的官员开始对诗赋试士和进士科文学化提出批评。武周天授三年（692），薛登上《论选举疏》，言取士之弊曰："若以文擅清奇，便充甲第，藻思微简，便即告归。以此收人，恐乖事实。"高宗晚年，进士科加杂文，系针对此前"文理华赡者，竟无甲科"而发的；十年后，情况却翻转过来，文擅清奇者，升列甲科。这是科举"杠杆"调度之结果。然而此时的取士标准却走向另一极端，"藻思"稍弱者，便处

① （清）徐松撰，孟二冬补正：《登科记考补正》卷二，北京：北京燕山出版社，2003 年，第 84—85 页。
② （清）赵翼：《陔余丛考》卷二十八《进士》，北京：中华书局，2019 年，第 748 页。
③ 《登科记考补正》卷三，第 99 页。
④ 周绍良：《唐代墓志汇编》开元 363，上海：上海古籍出版社，1992 年，第 1407 页。
⑤ 陈铁民：《梁玙墓志与唐进士科试杂文》，《北京大学学报》2006 年第 6 期。
⑥ 《登科记考补正》卷二，第 68—73 页。
⑦ （唐）杜佑：《通典》卷一五《选举三》，北京：中华书局，1988 年，第 357—358 页。

下第。为断虚浮藻饰之词，薛登建议罢科举，实行"察其行而度其材，则人品于兹见矣"①的察举制。科举打破地方豪强对人才的控制和压抑，为门阶不高的寒士提供进阶之路，在历史上是一个巨大的进步。薛登的主张显然有违时代潮流，未得到上层的认可。

对于选举尚文之倾向，还有来自君主方面的批评。开元六年(718)，玄宗颁行《禁策判不切事宜诏》，要求考试"断浮艳，礼乐诗书，是宏文德"②；开元二十五年(737)，批评"进士以声韵为学，多昧古今"，非取贤之道，诏进士改帖大经合格才能试诗赋。③ 这一改革，是在诗赋试已较为经常且较多地讲究声律的情况下制定的，但收效甚微。《封氏闻见记》载：天宝年间进士多于经不精，"以帖经为大厄"④。为改变有才之士因帖经不中格被落的命运，主司特许他们试诗一首来弥补，合格则参加次场考试。⑤ 玄宗崇重儒术，曾幸太学，延师论难，置集贤院，任用儒学之士。⑥ 但总体来看，唐代儒家经学是较为式微的，经学大师的地位也不够崇高。即使在"隆师资之礼，儒者之荣"的玄宗时期，一批像刘知几、元行冲这样的儒者仍不受重用，"官不过俗吏，宠不逮常才"⑦。儒道"非趋时之具"，取士注重文学，难怪儒家卫道之士要一再疾呼提倡儒术了。

安史之乱爆发，政坛风云多变。就科举考试而言，诗赋、经术之争空前激烈。上元元年(760)，刘峣上《取士先德行而后才艺疏》，再次将矛头对准进士科："考文章于甲乙，故天下回应，驱驰于才艺，不务于德行。"进士科以文词决取高下，势必使人重才轻德，"故有朝登甲科而夕陷刑辟"者。刘峣要求把汉儒的《诗》教旗帜重新树立起来，选士以德行为先，才艺为末。由于诗赋之试已深入人心，肃宗未允其议。⑧ 代宗宝应二年(763)，礼部侍郎杨绾上疏论贡举试之弊："进士加杂文，明经填帖，从此积弊，浸转成俗。幼能就学，皆诵当代之诗；长而博文，不阅诸家之集。递相党与，用致嘘声，六经则未尝开卷，《三史》则皆同挂壁。"为了改变进士偏重文学、明经偏重背功之现状，杨绾建议罢明经、进士，设孝廉科。孝廉科的考试范围，从《左传》《公羊传》《穀梁传》《礼记》《周礼》《仪礼》《尚书》《毛诗》《周易》中任通一经，试经义、策，"每经问义十条，问毕对策三道。

---

① (后晋)刘昫等：《旧唐书》卷一百一《薛登传》，北京：中华书局，1975 年，第 3139 页。
② (清)董诰等编：《全唐文》卷二七，北京：中华书局，1983 年，第 313 页。
③ 《全唐文》卷三一《条制考试明经进士诏》，第 344—345 页。
④ (唐)封演著，王贞珉校注：《封氏闻见记校注》，北京：中华书局，2008 年，第 16 页。
⑤ 费习宽：《唐代赎帖诗及相关史实考论》，《中国考试》2019 年第 2 期。
⑥ 《旧唐书》卷一八九上《儒学传序》，第 4942 页。
⑦ 《旧唐书》卷一〇二，第 3167—3168 页。
⑧ 《通典》卷一七《选举三·杂议论中》，第 406 页。

其策皆问古今理体及当时要务,取堪行用者"。从杨绾所定试法可知,他倡导用经术取士。其反对进士科,主要是反对它的诗赋化;选士的标准在于通经致用,因此,专主背诵的明经科亦在废除之列。围绕杨绾之议,代宗命给事中李栖、李广,尚书左丞贾至,京兆尹兼御史大夫严武等有名望的朝臣参与讨论。明经出身的贾至针对当时"儒道不举"的状况,认为以声病为是非、只求浮艳正是进士取士之失,此将导致忠信凌颓,末学驰骋。他们将科试弊端与政治上的动乱联系起来,"臣弑其君,子弑其父,非一朝一夕之故"①,认为诗赋取士是安史之乱爆发的重要原因。

由于经术派多以儒家正统自居,进士科等考试又暴露出它的一些弊病,因而主文者难以展开正面的反击。此次科举诗赋存废的动议,是中国科举制度历史上经术、文学之争的一次重大事件。当时参加这场争议者观点多与杨绾相同,"杨绾所奏,实为正论"。尽管杨绾制定了详细的考试办法,但元载等宰臣以"举人旧业已成,难于速改"为由来维护进士科,诗赋仍为科举考试的重要内容和方法。朝廷最终采取折衷策略,设常举孝廉科,与进士、明经并行,兼用经术、文学取士。

二、停试诗赋与科考重经术

大历时期,洋州刺史赵匡言科举试诗赋无益于用,提出变革进士科试制之方案:

> 进士习业,亦请令习《礼记》《尚书》《论语》《孝经》并一史。其杂文请试两首,共五百字以上、六百字以下,试笺、表、议、论、铭、颂、箴、檄等有资于用者,不试诗赋。其理通,其词雅,为上;理通词平,为次;余为否。其所试策,于所习经史内征问,经问圣人旨趣,史问成败得失,并时务策,共十节。贵观理识,不用征求隐僻、诘以名数,为无益之能。言词不至鄙陋,即为第。②

此方案取消了诗赋试,保留了其他杂文试项和策问,具体来说:(一)仍试杂文两首,字数在五百到六百之间,试笺、表、议、论、铭、颂、箴、檄等"有资于用"的实用文体。诗赋被视为无用之学,罢之;(二)所试策文,侧重于从经史内考问圣人旨趣、成败得失及时务上是否合宜;(三)遣词上,"词雅""词平""言词不至鄙陋"是基本要求,文采高下不再作为取士的唯一标准。此外,赵匡还对其他科目进行了改革,增设一经举、两经举、三经举、四经举、五经举、春秋举等经学科目,建议考试"诸子之学",设史学科等。赵匡的改

---

① 《旧唐书》卷一一九《杨绾传》,第3430—3433页。
② 《通典》卷一七《选举五·杂议论中》,第422页。

革方案与杨绾一脉相承,体现了以经学为本、经史与时务相结合的选士宗旨。作为儒者和地方官员,他注重的是实际政事。举子进修德业和授官,都要与实际的政务相结合。这是他较杨绾、贾至等进步之处。

其时,主张选士"以敦朴为先最,以雕文为后科"①的官员还有不少。如沈既济指陈文词取士之弊:"故忠贤隽彦韫才毓行者,咸出于是,而桀奸无良者或有焉。故是非相陵,毁称相胜,或扇结钩党,私为盟歃,以取科第,而声名动天下;或钩摭隐匿,嘲为篇咏,以列于道路,迭相谈訾,无所不至焉。"②他在《选举杂议》中说:"凡贡举人,本求才德,不选文词。"③刘知幾之子刘秩著《选举论》,也倡经术而反雕虫,若舍学问而尚文章,非"尚贤之术"。在谈到取士问题时,他说"近之作者,先文后理,词冶不雅",殊失古之诗赋"达下情""讽君上"之用。④

至德宗朝,杨绾、赵匡等人罢试诗赋而专用经术取士的建议,开始付诸实践。建中二年(781)十月,中书舍人赵赞权知贡举,对贡举试制进行改革。《册府元龟》卷六四〇《贡举部·条制二》载:

> 先时,进士试诗、赋各一篇,时务策五道;明经策三道。赞奏以箴、论、表、赞代诗赋,仍各试策三道。应口问大义明经人,明经之目,义以为先,比来相承,惟务习帖,至于义理,少有能通。经术浸衰,莫不由此。今若顿取大义,恐全少其人;欲且因循,又无以劝学。请约举司旧例,稍示考义之难。承前问义,不形文字,落第之后,喧兢者多。臣今请以所问录于纸上,各令直书其义,不假文言,既与策有殊,又事堪征证,凭此取舍,庶归至公。如有义、策全通者,五经举人请准广德元年七月敕,超与处分;明经请减两选。

赵赞之议有三:其一,进士科方面,杂文试停用诗赋,以箴、论、表、赞等实用文体代之,仍试策五道。其二,明经科方面,仍试策三道;帖经,专考记诵,"至于义理,少有能通。经术浸衰,莫不由此",罢之;改口试问大义为墨义,"各令直书其意",不必讲求文采。其三,增加明经系科目的待遇,对于经义、策全通的五经举人,超加优奖;明经科登科人,减两选。赵赞作为科举主考官,其目的是"使经术渐兴,人知教本"。德宗同意了他的主张,诏:"明经义、策全通者,令所司具名闻奏,续商量处分,余依。"⑤

---

① 《全唐文》卷四三三卢贾《请仿古举士奏》,第 4418 页。
② 《通典》卷一五《选举三》,第 358 页。
③ 《通典》卷一八《选举六》,第 446 页。
④ 《通典》卷一七《选举五·杂议论中》,第 417 页。
⑤ (宋)王钦若等:《册府元龟》卷六四〇《贡举部·条制二》,北京:中华书局,1960 年,第 7678 页。

　　关于诗赋的停复情况，《登科记考补正》曰："次年进士试《学官箴》，是罢诗赋自三年始，第不知复于何年用诗赋。考《文苑英华》载贞元四年试《曲江亭望慈恩寺杏园花发》诗，大约贞元之初，即复旧制。"①据徐松所考，建中二年(781)进士试《白云起封中赋》，贞元四年(788)试《曲江亭望慈恩寺杏园花发诗》，可知建中三年(782)、四年(783)、兴元元年(784)、贞元元年(785)、二年(786)、三年(787)停试诗赋。在诗赋停考期间，进士所试杂文为箴、铭、论三种。建中三年进士科试《学官箴》，别头试《欹器铭》；建中四年试《易简知险阻论》《五运相承是非论》；兴元元年试《朱干铭》。② 虽然这些作品未见传世，但从以上命题来看，确实有"使经术渐兴"的意识和导向。"学官"是主管学务的官员和官学教师，唐代官学主要教授经学，《学官箴》应与此相关；《欹器铭》和孔子有关："孔子观于鲁桓公之庙，有欹器焉。孔子问于守庙者曰：'此为何器？'守庙者曰：'此盖为宥坐之器。'孔子曰：'吾闻宥坐之器者，虚则欹，中则正，满则覆。'"③《易简知险阻论》与《周易》有关。《唐语林》卷二载："熊执易通《易》。建中四年，试《易简知险阻论》，执易端坐剖析，声动场中，一举而捷。"④《五运相承是非论》出自《史记》，《记纂渊海》云："五运相承，出于迁《史》。"⑤在唐人看来，《史记》《汉书》《后汉书》等史书垂裕劝诫，是"六经"的延伸和辅助，"亚于六经"⑥。《朱干铭》出自《礼记》："朱干玉戚，冕而舞《大武》。"⑦由此可见，这一时期的科举考试，不仅要在内容上要援经论议、切合经义，题目亦以经史为题。

　　自贞元初复行诗赋试后，虽不断有人发表议论，但较少正面交锋。德宗至敬宗时期，持经义论者仍不乏其人。如贞元十九年(803)元稹曰："至于工文自试者，又不过雕虫镂句之才，搜摘绝离之学。"⑧沈亚之云："进士……以绮言声律之赋诗而择之，及乎为仕也，则责之不通天下之大经，无王公之重器。今取之至微，而望之甚大，其犹击陋缶而望曲齐于韶濩也。"⑨元稹明经登第，其批评进士所试多雕虫镂句、崇尚浮文；沈亚之从

---

① 《登科记考补正》卷一一，第485页。

② 《登科记考补正》卷一一，第485—490页。

③ (清)王先谦：《荀子集解》卷二〇《宥坐》，北京：中华书局，1988年，第520页。

④ (宋)王谠撰，周勋初校证：《唐语林校证》卷二《文学》，北京：中华书局，1987年，第188页。

⑤ 《登科记考补正》卷一一，第489页。

⑥ 《唐会要》卷七六《三传三史附》，第1398页。

⑦ 《礼记正义》卷三一《明堂位第十四》，阮元校刻：《十三经注疏》，北京：中华书局，2009年，第3226页。

⑧ (唐)元稹撰，冀勤点校：《元稹集》卷二八《策·才识兼茂明于体用策一道》，北京：中华书局，1982年，第336页。

⑨ 《全唐文》卷七三四《对贤良方正直言极谏》，第7578页。

行政职能这一角度来评论试赋与实政的距离,可见当时舆论对诗赋的看法。

抑文词而取经义,直接表现在一些省试主考官的取人倾向上。如贞元十五年(799)至十七年(781)高郢"志在经义,专考程序"①。《旧唐书》载:"贞元末,进士尚驰竞,不尚文,就中六籍尤摈落。礼部侍郎高郢以经义为进退。"②这里的"文"并非指讲究辞藻声韵的诗赋,而是以经学为根柢的策文。贞元十八年(802)至二十一年(805)权德舆同样用经术取士,从现存这一时期所考策题来看,所考内容多关乎经典义旨、历史兴替、政治谋略等问题。元和三年(808)卫次公选士,多"抑浮华,进贞实"③;元和七年(812),许孟容"颇抑浮华,选择才艺"④;元和八年(813)韦贯之"大抵抑浮华,先行实"⑤。这些主考官的努力在一段时期内对矫正辞华之风起到一定的作用。

针对当时一些非难进士及宣扬用经学取代诗赋的言论,诗赋论者多强调文词之重要与文人的可贵,以及进士之得人,但他们并不排斥经学作为学术思想的主体地位。如于邵称:"文者人之华,行者人之实。不华无以见本,匪实无以要终。"⑥白居易称:"天地间有粹灵气焉,万类皆得之,而人居多,就人中文人得之又居多。"⑦柳宗元在《送崔子符罢举诗序》中也表达了类似观点:"今世尚进士,故凡天下家推其良,公卿大夫之名子弟、国之秀民举归之。且而更其科,以为得异人乎? 无也。"⑧从文章标题和文意内容来看,这里"更其科"即取消诗赋。柳宗元也承认儒家经典的作用,并视五经为"取道之源"。

总的来说,德宗至敬宗时期,经术在科举考试中占有一定优势。诗赋自贞元初复行后,维持了很长一段时间,但经术科举考试中仍然占据重要地位。

三、诗赋停复与诗赋取士制度之形成

文宗、武宗时期,诗赋、经义孰优孰劣的争论与党争、道德之争夹杂一体,呈现出复杂的局面。大和七年(833),文宗颁布《册皇太子德音》,再次废停诗赋:"进士学宜先试

---

① 《旧唐书》卷一四七《高郢传》,第 3976 页。
② 《旧唐书》卷一六六《白居易传》,第 4356 页。
③ 《旧唐书》卷一五九《卫次公传》,第 4180 页。
④ 《旧唐书》卷一五四《许孟容传》,第 4102 页。
⑤ 《旧唐书》卷一五八《韦贯之传》,第 4174 页。
⑥ 《全唐文》卷四二七《送尹判官之江陵序》,第 4355 页。
⑦ (唐)白居易撰,朱金城笺校:《白居易集笺校》卷六八《故京兆元少尹文集序》,上海:上海古籍出版社,1988 年,第 3653 页。
⑧ (唐)柳宗元:《柳宗元集》卷二三《送崔子符罢举诗序》,北京:中华书局,1979 年,第 625 页。

帖经,并略问大义,取经义精通者,次试议、论各一首,文理高者,便与及第。其所试诗赋并停。"①其具体考试内容,《唐会要》载:

> 大和七年八月,礼部奏:"进士举人先试帖经,并略问大义,取经义精通者,次试议、论各一首。文理高者,便与及第。其所试诗赋并停者。伏请帖大、小经各十帖,通五、通六为及格。所问大义,便与习大经内,准格明经例问十条,仍对众口义。伏准新制,进士略问大义,缘初厘革,今以通三、通四为格。明年以后,并依明经例。其所试议、论,请限五百字以上为式。"②

改制后的进士科,仍保持三项试,但将原来的帖经(一大经)、杂文、策,改为帖经(大经、小经各一部)、问义(口试大义十条)、议论各一首,罢试诗赋和策。

综观这一改制方案,其意图是要消灭进士科的文学性,尽量使其具有明经科的性质和特点。此奏得到敕准施行。但此次停试诗赋,为时更短。开成元年(836)文宗言于辅臣:"所试(诗赋)似胜去年。"③表明大和九年(835)复用诗赋。《登科记考》云,停试诗赋"惟大和甲寅一年耳"④。"甲寅"即大和八年(834)。

大和八年十月,礼部又奏曰:

> 去年八月节文,先试帖经、口义、论议等,以臣商量,取其折衷。伏请先试帖经,通数依新格处分。时务策五道,其中三道问经义,两道时务。其余并请准大和六年以前格处分。⑤

礼部建言对大和七年(833)之制稍作折衷,即帖试按大和七年"新格"处分,帖两经;复试策五道,变专试时务,为三道问经义,两道问时务;"其余并请准大和六年以前格处分",即恢复杂文专用诗赋之制,罢试论、议。

我们将此方案与大和七年的方案相较,就会发现,所谓折衷,其实是努力争取恢复进士科原有的文学性质和特征。从其"商量"口吻看,当时"改制派"的势力似乎很大;但从其"商量"策略看,当时为进士科进行辩护的力量似乎也不弱。看上去双方好像势均力敌,但由于这种方案后出,且得敕准,实际上意味着"改制"受到阻遏,而"维制"占了上风。

---

① 《唐大诏令集》卷二九《太和七年册立皇太子德音》,第106页。
② 《唐会要》卷七六《贡举中·进士》,第1381页。
③ 《旧唐书》卷一六八《高锴传》,第4388页。徐松《登科记考》大和七年引《册立皇太子德音》后按语云:"开成元年文宗谓宰臣:'所见师父似胜去年。'是大和九年仍用诗赋也。则停试诗赋惟大和甲寅一年耳。"见《登科记考补正》,第847页。
④ 《登科记考补正》卷二一,第847页。
⑤ 《册府元龟》卷六四一《贡举部·条制三》,第7684页。

　　为什么诗赋试被废除后，很快得以恢复？此次"改制"和"维制"看似只是科举考试内容的调整和变动，实与当时执政大臣的人事变动有密切关系。大和、开成年间，正值牛李党争日益激烈之时，主张以经术取士的一方以郑覃、李德裕等为代表，主张以诗赋取士的一方以牛僧孺、李宗闵、白敏中等为中坚。新旧《唐书》载李德裕"耻与诸生徒从乡赋，不喜科试"，"宰相李德裕尤恶进士"①。大和七年二月至八年九月及武宗会昌年间（841—846），李德裕两度拜相，大和七年（833）进士改制，正是其起任宰相之时。《资治通鉴》载："（大和七年）上患近世文士不通经术，李德裕请依杨绾议，进士试论议，不试诗赋。八月庚寅，册命太子，因下制：……进士停试诗赋。"②同书大和八年（834）十月乙巳，"贡院奏进士复试诗赋"条，注曰："李德裕罢相，故复之。"③可见，诗赋试之停复，正与李德裕的入相与罢相相关。李德裕的拥护者郑覃长于经学，曾主持勒石经，开成二年（837）进奏《石壁九经》一百六十卷，又以宰相兼国子祭酒身份，奏置五经博士。④郑覃对儒家经学如此重视和热衷，对文学诗赋却持完全相反之态度。《旧唐书》载覃："虽精经义，不能为文，嫉进士浮华，开成初，奏礼部贡院宜罢进士科。"⑤

　　与之对立的，是李宗闵、牛僧孺等"牛党"。李德裕罢相后，李宗闵再次入朝执政，大和八年十月科场复行诗赋即与他入相有关。文宗认为："殷侑通经学，为人颇似郑覃。"宗闵却说："覃、侑诚有经学，于议论不足听览。"⑥而曾在牛僧孺幕府中任职的杜牧，对时人非议进士科用诗赋取士的论调大不以为然："言科第浮华，轻薄不可任用，则国朝房梁公玄龄，进士也。"⑦陈寅恪先生把牛李党争的性质归结为拥护还是反对科举之争："牛李两党之对立，其根本在两晋、北朝以来山东士族与唐高宗、武则天之后由进士词科进用之新兴阶级两者互不兼容。"⑧可见随着集团层面党争的加剧，诗赋与经义之论争与朋党倾轧交织在一起，使得唐代中后期科举考试具有了鲜明的政治色彩。

　　经历了文宗、武宗时期的激烈冲突，诗赋虽饱受批评，但历次改革大都以失败而告

---

① 《旧唐书》卷一七四，第 4509 页；（宋）欧阳修、宋祁：《新唐书》卷四四《选举志上》，北京：中华书局，1975年，第 168 页。
② （宋）司马光著，（元）胡三省注：《资治通鉴》卷二四四《唐纪六〇》，北京：中华书局，1976 年，第 7886 页。
③ 《资治通鉴》卷二四五《唐纪六一》，第 7898 页，
④ 《旧唐书》卷一七《文宗纪本纪下》，第 571 页。
⑤ 《旧唐书》卷一七三《郑覃传》，第 4491 页。
⑥ 《旧唐书》卷一七三《郑覃传》，第 4490 页。
⑦ 《全唐文》卷七五二《上宣州高大夫书》，第 7794 页。
⑧ 陈寅恪：《隋唐制度渊源略论稿·唐代政治史述论稿》中篇《政治革命及党派分野》，北京：商务印书馆，2011 年，第 276 页。

终，反映出诗赋在科举中难以撼动、更革的现实地位。宣宗后，没有人再提出类似的改革意见，诗赋与经术之争趋向缓和、平静，但矛盾依然存在，经术先于文词的观念仍具有一定的势力。《旧唐书》载温庭筠负有文采，但科场失意多年，原因出在德行上，"士行尘杂，不修边幅，能逐弦吹之音，为侧艳之词"①。除了"好儒"的宣宗外，昭宗也是一位重视经术的皇帝，"每岁乡里贡士，考核求才，必在学贯典坟"②。乾宁二年（895）省试毕，他还将贡举官新定进士召至殿廷覆试，"观其实艺，爰于经史"。光化四年（901）开制举，设贤良方正能直言极谏、博通坟典达于教化等科，可见其对通经之士的渴慕。③

　　然而，先前经术凌驾于诗赋的观念毕竟远去了，进士科在科举中的显要位置得以巩固，时人对诗赋的推崇达到了高峰。如文宗开成二年（837），高锴知贡举，所取前五名进士均以诗赋胜出。④ 宣宗大概是最看重进士科的一位皇帝了。《唐语林》卷四载："宣宗爱羡进士，每对朝臣，问'登第否'？ 有以科名对者，必有喜，便问所赋诗赋题，并主试姓名。或有人物优而不中第者，必叹息久之。尝于禁中题：'乡贡进士李道龙。'"⑤光化三年（900），左补阙韦庄奏请赐李泽、皇甫松、陆龟蒙、罗隐等15人进士出身，各赠补阙、拾遗有差，其理由是"皆有奇才，丽句清辞，遍在时人之口"⑥。韦庄于乾宁元年（894）进士登第，他是诗赋取士的支持者，他主动为未及第的词人才子鸣鼓诉冤。在这里，"丽句清辞"成为进士及第最重要的标准和条件。

　　经过长期的论议和演变，到晚唐时期，诗赋的重要性已非经术可比，诗赋取士的观念深入人心。由于诗赋在唐代科举中的重要地位，所以唐人论及进士科时，常称其为诗赋科、词赋科、文学科，⑦诗赋无疑是考官定取舍的主要依据。高宗晚年王勃论铨选之弊云："铨擢之次，每以诗赋为先。"⑧开元二十五年诏曰："进士以声律为学，多昧古今。"⑨中唐人贾至言："考文者以声病为是非，唯择浮艳。"⑩赵匡云："进士者时共贵之，

---

① 《旧唐书》卷一九〇下《温庭筠传》，第 5079 页。
② 《全唐文》卷九一《覆试进士敕》，第 954 页。
③ 《登科记考补正》卷二四，第 1040 页。
④ 《全唐文》卷七二五《先进五人诗赋奏》，第 7466—7467 页。
⑤ 《唐语林校证》卷四《企羡》，第 370—371 页。
⑥ 《登科记考补正》卷二四，第 1036 页。
⑦ 《登科记考补正》卷二一，第 855 页。
⑧ 《全唐文》卷一八〇《上吏部裴侍郎启》，第 1830 页。
⑨ 《唐会要》卷七五《贡举上》，第 1377 页。
⑩ 《旧唐书》卷一九〇中《贾至传》，第 5030 页。

主司褒贬,实在诗赋。"①宰相常衮选人,"非词赋登科者,莫得进用"②。柳冕云:"进士以诗赋取人,不先理道。"③权德舆答其曰:"近者祖习绮靡,过于雕虫。"④唐"诗赋取士"的观念为后世所延说。宋人孙复云:"隋唐之制,专以辞赋取人,故天下之士皆奔走致力于声病对偶之间,探索圣贤之阃奥者,百无一二。"⑤严羽曰:"或问:'唐诗何以胜我朝?'唐以诗取士,故多专门之学。"⑥王应麟亦云:"唐以诗取士,钱起之《鼓瑟》,李肱之《霓裳》是也,故诗人多。"⑦明清学者多承其说。如王世贞云:"人谓唐以诗取士,故诗独工,非也。凡省试诗,类鲜佳者。"⑧杨慎说:"胡子厚与予论诗曰:'人有恒言曰:唐诗取士,故诗盛;今代以经义选举,故诗衰。'此论非也。诗之盛衰,系于人之才与学,不因上之所取也。"⑨王、杨二人的观点与严羽等人不同,但均持唐"诗赋取士"之说。清人杭世骏《道故堂文集》卷八云:"稽唐科举之制……凡试必有诗,凡诗必用排律,然犹兼以他文也。至元和八年,始专以诗赋试士,于是排体与律赋遂为举场必擅之技。"⑩类似看法很多,不再赘引。

唐代"以诗赋取士"的观念在当下依然深入人心。查中国知网,有相当一部分文章即以"诗赋取士"或"以诗取士"为题。如许结《论考赋"取人以言"的批评意义》:"自唐代科举确立'诗赋取士'制度,宋代承之,考赋尤甚。"⑪这里要说明的是,所谓"专以诗赋取士",并不是说,进士只试"诗、赋",众所周知,唐进士科除了诗赋外,还试帖经、策,偶试论、表等实文体,初唐时曾一度"止试策"⑫。但是,在这些试项中,诗赋之地位远过其他文体,所以知贡举考较举子文卷时,往往以诗赋定取舍,其他试项湮没无闻。如进士科帖经形同虚文,进士不擅帖经者,可试诗代之,从而免试帖经。

正因为诗赋在进士科考试中的重要地位,朝廷在选拔士人过程中,若发现考官取舍不公,会由皇帝亲自覆试,覆试文体为诗赋。如穆宗长庆元年(821)省试覆试,题目为

① 《通典》卷一七《选举五》,第 419 页。
② 《唐会要》卷五三《举贤》,第 915 页。
③ 《全唐文》卷五二七《与柳冕书》,第 5353 页。
④ 《全唐文》卷二八九《答柳福州书》,第 4994 页。
⑤ (宋)石介:《徂徕先生文集》附录四《事迹 评论》,北京:中华书局,1984 年,第 298 页。
⑥ (宋)严羽著,郭绍虞校释:《沧浪诗话校释·诗评八》,北京:人民文学出版社,1983 年,第 147 页。
⑦ (宋)王应麟:《困学纪闻》卷一八《诗评》,郑州:大象出版社,2019 年,第 142 页。
⑧ (明)王世贞:《艺苑卮言》卷四,丁福保辑:《历代诗话续编》,北京:中华书局,2006 年,第 1015 页。
⑨ (清)杨慎:《升庵诗话》卷七《故唐论诗》,《历代诗话续编》,第 773 页。
⑩ (清)杭世骏:《道古堂集》卷八《唐律类笺序》,《杭世骏集》,杭州:浙江古籍出版社,2015 年,第 113 页。
⑪ 许结:《论考赋"取人以言"的批评意义》,《文学遗产》2015 年第 1 期。
⑫ 《通典》卷一五《选举三·历代制下》,第 354 页。

《孤竹管赋》《鸟散余花落》。① 为查核举子是否有真才实学，朝廷要求将省试"所试诗赋封进，奏进止"②。这些做法为五代所继承。不仅如此，诸州府取解所试诗赋亦须纳至礼部，③以为核查或命题之用。此外，诗赋在科场中的重要性还体现在编写登科记、行卷等事上。宣宗大中十年（856），礼部侍郎进《诸家科目记》十三卷，敕："自今发榜后，仰写及第人姓名及所试诗赋题目进入内，仍付所司逐年编次。"④唐代举子行卷的文体，大致与进士科考试文体相近，乃是以诗赋为核心的诸杂文。⑤ 总之，进士科虽有多种考试项目，但诗赋水平的高低决定了举子的进退取舍，晚唐时期，进士科已成为名副其实的"诗赋科"。

结论

自高宗晚年进士科加考杂文，特别是杂文专主诗赋以后，经文之争，从停留于单独议论到激烈冲突，几乎贯穿了整个唐代科举的始终。从统治者的角度看，德行、才识才是举子及第的首要标准，运用儒家经术来论政述理往往成为国家关注的焦点和要求。因此，当举子个人或群体的德行状况，被认为与"文德政治"不符，甚至具有破坏力时，经术、诗赋之争自然就会显现和激化。参与这场论争的人物，既有薛登、杨绾、贾至、赵匡、刘秩、沈既济、赵赞、柳冕、权德舆、李德裕、郑覃及牛党人物等名公大臣，也有帝王。在这场论争中，经术、文学二派此起彼伏，互有胜负。由于主经术者多以儒家正统自居，因而主文者难以从正面展开反击，但他们依然坚持用诗赋来定取舍。尽管诗赋因务求声律、巧似被停考两次，但都因"成法可守"，很快被恢复。到了晚唐时期，诗赋在儒家经学的冲击下不断扩充势力，最终取得无与伦比之地位，进士科以诗赋定取舍的传统最终定型。

围绕着以诗赋治国抑或以经术造士的争论，历经五代，至宋而进入新的高潮，对科举取士产生巨大的影响。宋初承晚唐五代之制，进士科虽有诗赋、论、策、帖经、墨义等试项，但是帖经、墨义向来形同具文，论、策也不受重视，在逐场定去留下，作为首场的诗赋，成为举子能否中科的最重要依据。对此，宋人早就有十分清醒的认识。如王栐《燕

---

① 《登科记考补正》卷一九，第779页。
② 《册府元龟》卷六四一《贡举部·条制三》，第7686页。
③ 《册府元龟》卷六四一《贡举部·条制三》，第7691页。
④ 《册府元龟》卷六四一《贡举部·条制三》，第7686页。
⑤ 俞钢：《唐代举子行卷文体考论》，《陕西师范大学学报》2010年第1期。

翼诒谋录》卷五云:"国朝因唐制取士,只用词赋。"①张安道曰:"国朝自真宗以前……天下之士,知为诗赋以取科第,不知其它矣。"②真宗大中祥符元年(1008),冯拯向真宗说:"比来省试,但以诗赋进退,不考文论。江、浙士人,专业诗赋,以取科第。"③司马光曰:"近世取人专用词赋。"④所谓"只用词赋""为诗赋以取科第""但以诗赋进退,不考文论""取人专用词赋",并不是说进士科只有诗赋这两个试项;考者,考较也,非不试也,实际上除诗赋外,论、策、帖经、墨义仍然是进士科的必试内容,只是它们并不受重视,考官在决取中往往以诗赋水平之高低为依据。

　　为改变重诗赋而轻经术的取士倾向,自真宗朝以降,朝廷陆续采取诸措施来提升经学之地位。仁宗登位,先后设说书举、明经科;庆历新政,大幅度提升经术在科举中的地位和作用,为宋代学术思想转变之关揆,"自庆历后,诸儒发明经旨,非前人所及"⑤。神宗熙宁四年(1071),王安石改革科举制度,罢诗赋、帖经和墨义,经术取士成为主流。元祐时曾分诗赋、经义二科,南宋延续进士科诗赋、经义二分之法。元明清时期,科举考试皆以儒家经学为主,可以说,自唐以来选举取士中持续的旷日持久的经文之争,最后是经术占了上风。

①　(宋)王栐:《燕翼诒谋录》卷五《经义词赋两科》,北京:中华书局,1981 年,第 53 页。
②　(宋)苏辙:《龙川别志》卷上,北京:中华书局,1982 年,第 81 页。
③　(宋)李焘撰,上海师范大学古籍所、华东师范大学古籍所点校:《续资治通鉴长编》卷六八,大中祥符元年正月癸未,北京:中华书局,2004 年,第 1522 页。
④　(宋)司马光撰,李文泽、霞绍晖校点:《司马光集》卷二八《贡院定夺科场不用诗赋状》,成都:四川大学出版社,2010 年,第700 页。
⑤　《困学纪闻》卷八《经说》,第 349 页。

政治与人物

真德秀晚节考[*]

湖南省社会科学院　李超[*]

绍定六年(1233)十月,权相史弥远去世,理宗亲政,实行更化,大量征召前此受到贬谪的清流入朝。真德秀作为清流领袖,被要求召还的呼声也最高,"真文忠负一时重望,端平更化,人傒其来,若元祐之涑水翁也"[①]。端平元年(1234)九月,真德秀抵达临安,开启了人生中最后一段政治旅程。然而,正是这最后阶段的作为,令其晚节颇遭非议。[②]晚宋黄震称真德秀:"端平亲政,趋召至朝,正当时道升降安危之机,略无一语及之,乃阿时相郑清之,饰其轻举败事,谓为和、扁代庸医受责。"[③]真德秀晚节上的最大"污点",就是"阿附"时相郑清之。黄震与真德秀同属道学一脉,所言很难视作党同伐异

* 基金项目:国家社科基金青年项目"南宋中期的权臣政治与道学研究(1194—1207)"(项目编号:19CZS021)。

* 作者简介:李超,男,博士,湖南省社会科学院历史文化研究所助理研究员。

① (宋)周密撰,吴企明点校:《癸辛杂识》前集《真西山入朝诗》,北京:中华书局,1988年,第43页。

② 真德秀作为南宋后期的理学名臣,学界已有了较为丰富的研究成果,比较有代表性的如何俊:《南宋儒学建构》第五章第三节《思想的政治化:真德秀与魏了翁》,上海:上海人民出版社,2004年,第337—362页;孙先英:《真德秀学术思想研究》,上海:上海人民出版社,2008年;许浩然:《从词臣背景看真德秀与理学的关系》,《北京大学学报(哲学社会科学版)》2016年第5期,等等。这些研究多侧重真德秀的理学大儒身份,关注的重点多在学术思想层面。近年来开始有一些学者关注真德秀在政治上的成就与作为,如郑丞良:《谋国?忧国?试论真德秀在嘉定年间岁币争议的立场及其转变》,《成大历史学报》第四十三号,2012年12月;王化雨:《面圣:宋代奏对活动研究》第三章第一节《端平元年的经筵个案:以真德秀日记为中心》,北京:生活·读书·新知三联书店,2019年,第101—109页。不过,总体而言,对于真德秀在政治上作为的关注尚有待进一步发掘与深入。

③ (宋)黄震:《古今纪要逸编》,张伟、何忠礼主编《黄震全集》第十册,杭州:浙江大学出版社,2013年,第3302页。

的污蔑之词。① 类似言论可能在真德秀生前就已出现，刘克庄称临终之际真德秀"每指心言曰：'天知此心，无一点富贵之念。'"②王迈在《诸门生祭真大参西山先生文》中亦提到真德秀"易箦之际，神气溶溶，曰予此心，秋月当空"③。临终时一再地表露心迹，透露出真德秀当时必然面临着不少道德品行上的质疑。"人之将死，其言也善"，弥留之际的指天誓日似亦难以简单视作自我粉饰。如何看待黄震等人的指责与真德秀的辩解呢？真德秀的晚节究竟如何？对这一问题的追索将有助于深入理解理宗亲政初期的政治局势，以及其时道学与政治之关系。

一、真德秀对郑清之的辩护

黄震指责真德秀"阿附"郑清之的主要论据，是真氏于端平元年入朝后，曾为郑清之在三京之役中的罪责开脱，这与杜范等其他清流严厉批判当局的立场形成了鲜明对比。黄震称：

> 及是归朝，方将大用之，适郑清之非才挑衅，兵民死者数十万，中外大耗，尤世道升降理乱之几，而德秀则既衰矣。杜范是时方力攻清之误国，且谓其贪渎更甚于前，而德秀乃奏言："此皆前权臣玩愒之罪，非今日措置之失，譬如和、扁继庸医之后，一药之误，代为庸医受责。"吁！果和、扁也，安有为庸医受责者哉？其议论与范严恕不同乃如此。④

这一内容后被采入《宋史·真德秀传》。⑤ 据此，三京之役失败后，杜范极力攻击郑清之误国和贪渎，刚回到朝中的真德秀则起而为郑清之辩护，认为三京之役失败的罪责当由权相史弥远承担，郑清之不过是代人受过。从黄震的叙述来看，真德秀的辩护似乎正是针对杜范的攻击而发。实则不然，真德秀的辩护确实发生在还朝之初的端平元年

---

① 清代学者全祖望即称："文洁（笔者按：即黄震）笃行醇儒，固非轻诋人者，况其生平依归，左西江而右建安，而论是时之有宰相器者，独推袁蒙斋，而深惜西山之无实，则是非之公心也。其事又耳目所亲接，则非传闻失实也。"（全祖望撰，朱铸禹汇校集注：《鲒埼亭集外编》卷三一《题真西山集》，载《全祖望集汇校集注》，上海：上海古籍出版社，2018 年，第 1376 页）。

② （宋）刘克庄撰，辛更儒笺校：《刘克庄集笺校》卷一六八《西山真文忠公行状》，北京：中华书局，2011 年，第 6527 页。

③ （宋）王迈：《臞轩集》卷一一《诸门生祭真大参西山先生文一》，影印文渊阁四库全书，台北：台湾商务印书馆，1983 年，第 1178 册，第 597 页。

④ （宋）黄震：《戊辰修史传·参知政事真德秀传》，张伟、何忠礼主编：《黄震全集》第十册，杭州：浙江大学出版社，2013 年，第 3327 页。

⑤ 《宋史》卷四三七《真德秀传》，第 12964 页。

九月,杜范的攻击却是发生在此之后,两者相距差不多一年时间。

先来看黄震所指真德秀为郑清之辩护的具体事实。

三京之役是理宗亲政后对外政策上的重大举措,意图趁金朝灭亡,蒙古军队北撤之机,出兵收复中原。此举遭到了较为普遍的反对,真德秀即是反对者之一。① 但理宗心意已决,于端平元年六月挥师北上,旋即大败而归。郑清之作为宰相,是协助理宗策划三京之役的核心成员,且负责此次行动的主要将领赵范、赵葵兄弟亦为其弟子,他无疑须为行动的失败承担相当责任。三京之役失败后,出现纠弹郑清之的声音是可以预料的。真德秀恰在此当口回到朝中,鉴于个人崇高的政治声望,他在此事上的立场势必会对朝野舆论产生导向作用。

端平元年九月,真德秀还朝后首次入对理宗,呈上三道奏札,第二道就专门针对三京之役而发。真德秀言道:“比者王师深入,或者往往议朝廷之过举。”表明确实出现了对三京之役的批评声浪,批评的矛头自然指向理宗、郑清之等主政者。真德秀随即表明其与批评者的立场不同:“臣独有以识陛下之本心,蠢兹女真,秽我河洛逾百年矣,厥罪贯盈,天命剿之,则九庙神灵所当慰安,八陵兆域所当省谒。媮安不振,是以弱示敌;抚机不发,是以权予敌。此陛下之本心也。以名则正,以义则顺。议者之言,无乃过乎?”中原本为祖宗故土,趁女真灭亡的难得时机出兵收复,符合道义,无可厚非。这显然是在为理宗的做法寻找合理性依据。但符合道义的行动却以失败告终,其故安在? 真德秀指出“昔之进取者,必先立规模,以为一定不移之计”,此次失败就在于早先未能“立规模”。他回顾自己早在嘉定初年就曾提出过自治图强的建议,当时若得采纳,必不至有今日惨败,但他的建议却遭到权臣史弥远阻遏,“权臣苟安,不为远虑,边民凋耗而无以生聚,边兵脆弱而无以教训,农政不修,兵备不讲”。因此,三京之役的失败“皆权臣玩愒之罪,非今日措置之失,今日适承其弊尔”。在贴黄中,他进一步强调:“臣窃惟今日承权臣极弊之余,犹以和、扁继庸医作坏之后也。其证危,其力艰,若一药之误,至于害事,则人将以责和、扁,而不责庸医也,是代为庸医受责也。”庸医自是指史弥远,和、扁则指继史弥远之后的宰相——郑清之,真德秀认为指责郑清之是找错了对象。这一辩护起到了明显效果,赵汝腾后来回忆:“每记端平初,一时收招史弥远所排摈之诸贤,号为更始,而宰相郑清之轻躁,沾沾喜功利,易楮履亩,开边汰卒,政令骚然,外招边衅,内召卒哄,下召民怨,子弟用事,贿道渐开。搢绅奏疏,但痛诋宝、绍间弥远之失,而无有敢言时政

---

① （宋）真德秀:《西山先生真文忠公文集》卷一三《甲午二月应诏上封事》,四部丛刊初编。

之弊。"①朝野舆论的矛头直指史弥远，刻意回避了对郑清之主导下的时政的批判。黄震指责真德秀"阿附"郑清之的主要论据就在于此。②

下面再看杜范攻击郑清之的情形。

杜范，字成之，黄岩人，亦属程朱道学一脉。③ 他也是在理宗亲政后被启用的贤人君子之一。端平二年十一月，杜范出任监察御史，对郑清之的弹劾正是在此期间。黄震记载：

> 时清之不量非才，妄邀边功，用师河、洛，兵民死者十数万，资蓄器甲悉委之虏，边境绎骚，中外大困。范率合台论其事，并言制阃之诈谋罔上，风采大振。④

杜范指责郑清之为建立边功妄动干戈，造成了巨大损失，不仅损兵折将，且引起边境局势动荡，致使内外交困。此次弹劾并非杜范单打独斗，而是率所有台官共同行动，想见声势之浩大。其时的台官都有哪些人呢？右正言李韶称："顷同臣居言职者四人，未逾月徐清叟去，未三月杜范、吴昌裔免，独臣尚就列。"⑤这里的"言官"包括台谏而言，共有李韶、徐清叟、杜范、吴昌裔四人，其中徐为殿中侍御史，杜、吴皆为监察御史，三人构成了台官全体。杜范称："臣切念近与清叟、昌裔一时被命，并升台职。"⑥是则徐、杜、吴三位台官乃同时被任命，皆在端平二年十一月。杜范与吴昌裔于端平三年七月被罢免，⑦结合李韶所言，徐清叟的放罢早于杜、吴二人三月，当在端平三年四月左右。

徐、杜、吴三人相继遭罢的原因何在？吴昌裔称："或谓清叟尝因造开兵端论及廊庙，节帖奏疏专攻宰臣，故欲借此以去之。"⑧杜范则称其与徐清叟、吴昌裔"合词论奏大臣误国之罪"。⑨ 在与吴昌裔同上的奏疏中，杜范又称："臣等昨与清叟以开边误国论及首相。"⑩"首相"即郑清之，时任左丞相，知此"误国"大臣就是指郑清之。徐清叟既罢免于端平三年四月，杜范等台官上疏当距此不远。吴昌裔弹劾郑清之的奏疏中有"方今春

① （宋）赵汝腾：《庸斋集》卷六《提刑郑吏部墓志铭》，影印文渊阁四库全书，台北：台湾商务印书馆，1983年，第 1181 册，第 296 页。

② 《西山先生真文忠公文集》卷一三《召除户书内引劄子二（九月十三日选德殿）》。

③ （清）黄宗羲著，（清）全祖望补修，陈金生、梁运华点校：《宋元学案》卷六六《南湖学案》，北京：中华书局，1982 年，第 2124 页。

④ 《戊辰修史传·丞相杜范》，《黄震全集》第十册，第 3311 页。

⑤ 《宋史》卷四二三《李韶传》，第 12629 页。

⑥ （清）杜范：《清献集》卷六《三留徐殿院札子》，影印文渊阁四库全书，第 1175 册，第 652 页。

⑦ 《宋史》卷四二《理宗纪》，第 811 页。

⑧ （明）黄淮、杨士奇编：《历代名臣奏议》卷一五〇，台北：学生书局，1985 年，第 1986 页。

⑨ 《清献集》卷六《三留徐殿院扎子》，影印文渊阁四库全书，第 1175 册，第 652 页。

⑩ 《清献集》卷六《论襄阳失守札子（同吴察院上）》，影印文渊阁四库全书，第 1175 册，第 654 页。

气向深,虵骑将退"之语,①亦可印证台官的集体弹劾应在端平三年初。朝廷罢免徐清叟当是有意予杜范等人以警告,但他们并未退缩,续有弹劾,故引起了郑清之忌惮。②至端平三年七月,"监察御史杜范、吴昌裔以言事不报,上疏乞罢官,诏改授范太常少卿,昌裔太常卿"③。十二月,杜范又擢任殿中侍御史,继续弹劾郑清之:"时襄、蜀俱坏,江陵孤危,两淮震恐,遂极论清之横挑强敌,几危宗社,及其子招擢纳贿,贪冒无厌,盗用朝廷钱帛以易货外国,具有实状。"④不仅指责郑清之挑敌误国,且批评其放纵子嗣招权纳贿。不过,端平三年九月郑清之已罢相,杜范十二月的弹劾针对的已是罢相后的郑清之。

　　黄震称杜范弹劾郑清之时赞助者并不多,"相继而协助之者惟唐璘,又相继而兴、无所附丽而敢言者,惟王万"⑤。唐璘,字伯玉,古田人,嘉定十年(1217)进士。唐璘为监察御史后,首疏:"宰相用时文之才为经世之具,不顾民命,轻挑兵端,不度事宜,顿空国帑。委政厥子,内交商人,贿涂大开,小雅尽废。"希望"正无将之诛,以著不忠之戒"。⑥奏疏中提到的"天变"指端平三年九月理宗祀明堂时遭遇的大雷雨,郑清之即因此罢相,⑦奏疏中还提到理宗起用崔与之,皆表明奏疏当上于郑清之罢相后。唐璘一则弹劾郑清之用兵中原,一则弹劾其委政于子,招权纳贿,内容与杜范所奏基本相同。至于王万弹劾郑清之的具体情形不是很清楚,但既是继唐璘之后而发,大致也当在郑清之罢相前后。可以说,在杜范等台官的积极行动下,自端平三年初开始,朝廷上掀起了一股弹劾郑清之的高潮。

　　真德秀为郑清之辩护的事情发生在端平元年九月,杜范的攻击则已是在端平三年初,真德秀的辩护自然不可能是针对杜范而发,黄震的记载存在着明显的时空错置。或许在三京之役失败后,杜范等人确实有意弹劾郑清之,但真德秀出面为郑清之辩护后的舆论转向令他们选择放弃。

　　然而,为何至端平三年杜范等人又旧事重提呢?吴昌裔弹劾郑清之的奏疏或可提供一些答案,奏疏开篇即言:"臣等惟国家之患莫大于用兵,人臣之罪无加于误国,此汉武所以正王恢之诛,晋穆所以行商浩之废也。"将矛头直指主张用兵的郑清之。奏疏接着指出三京之役的溃败造成的巨大损失,"兵民之物故者以数十万计,粮食之陷失者以

---

① 《历代名臣奏议》卷一五,第 2454 页。
② 《戊辰修史传·丞相杜范》,《黄震全集》第十册,第 3311 页。
③ 《宋史》卷四二《理宗纪》,第 811 页。
④ 《戊辰修史传·丞相杜范》,《黄震全集》第十册,第 3312 页。
⑤ 《戊辰修史传·丞相杜范》,《黄震全集》第十册,第 3319—3320 页。
⑥ 《宋史》卷四〇九《唐璘传》,第 12332 页。
⑦ 《宋史》卷四二《理宗纪》,第 811 页。

百余万计。凡器甲舟车,悉委伪境,而江淮荡然,无以为守御之备"。更为严重的是,郑清之在用兵受挫后并未吸取教训,及时调整政策,"而乃护疾弗悛,私心自用,但求己说之胜,麾恤事力之穷,复妄许于摧锋,不痛惩于覆辙",结果进一步引发了一连串灾难,"继而邳徐唐泗俱以败闻,士气沮失,国威败丧,遂使骤兴远夷,得以归曲于我,始寇关蜀,而八郡为之荼毒。旋犯京襄,而江面为之绎骚"。所谓"骤兴之远夷"指蒙古,端平二年春开始,蒙古侵入宋境,对四川、京襄等地进行攻掠,①给南宋以很大震动。吴昌裔认为在蒙古退军后应立即改弦更张,专注于防守,"方今春气向深,鞑骑将退,正当更改规模,补苴罅漏,两排和战之论,专为守御之谋"。而要顺利实现政策转变就必须罢黜郑清之,"如清之固位不去,必不能尽变旧习,载图新功"。② 可见,三京之役后郑清之继续推行对外积极进取路线,引发出一系列更为严重的灾难,激发了杜范等人重新弹劾的热情,他们希望通过罢黜郑清之来实现政策路线的调整。

杜范等人弹劾郑清之的行动在襄阳兵变后达到高潮。端平三年三月,"襄阳北军主将王旻、李伯渊焚城郭仓库,相继降北。时城中官民兵四万七千有奇,其财粟三十万、军器二十四库皆亡,金银盐钞不与焉。南军主将李虎乘火纵掠,襄阳为空"。作为京湖统帅的赵范"坐失抚御,致南北军交争造乱",③对此负有不可推卸的责任。赵范为郑清之亲信,亦是三京之役的主要倡导者,是郑清之在政治上的重要保障,时人已指出:"今庙堂倚赵范以自安。"④在襄阳兵变的刺激下,一个月后理宗下诏罪己"悔开边"。⑤《宋史·王万传》载:"郑清之初谋乘虚取河洛,(王)万谓当急为自治之规。已而大元兵压境。三边震动,理宗下罪己诏。"⑥理宗罪己诏的政治意义在于对亲政以来对外积极进取政策的否定。皇帝既已为进取政策承认错误,作为政策具体制定者与执行者的郑清之自然罪责难逃。罪己诏的发布,无异于向朝野打开了批判郑清之的缺口,使得端平三年迎来了弹劾批判郑清之的高潮,最终致其罢相。

综上可见,真德秀对郑清之的辩护和杜范对郑清之的攻击,时间上相距甚远,两者并无直接关联。照常理而言,批判郑清之的舆论风潮应当紧接着三京之役的失败发生,当时也确实出现了这样的苗头,但随后舆论转向了对史弥远的批判。这种舆论转向的

① (明)宋濂:《元史》卷二《太宗本纪》,北京:中华书局,1976年,第34页。
② 《历代名臣奏议》卷一八五,第2454页。
③ 《宋史》卷四二《理宗纪》,第810页。
④ 《历代名臣奏议》卷二四一,第3190页。
⑤ 《宋史》卷四二《理宗纪》,第810页。
⑥ 《宋史》卷四一六《王万传》,第12483页。

出现与真德秀在回朝之初为郑清之的辩护密切相关,凭借崇高的个人声望,真德秀的言论对舆论起到了重要的引导作用,在相当一段时间内保护了郑清之。然而由三京之役引发的后果在端平二年、三年逐渐凸显,特别是端平二年蒙古南侵,震动朝野,杜范等台官开始在端平三年初对郑清之进行弹劾。随后爆发的襄阳兵变以及理宗的下诏罪己,否定了自亲政以来积极进取的"开边"政策,开启了弹劾郑清之的阀门,再次点燃了批判热潮,致使郑清之最终罢相。因此,黄震虽然有意无意地将真德秀对郑清之的支持与杜范的批判放在同时加以叙述,存在着明显的时空错置,但真德秀与郑清之在政治上存在着密切关系,则是毋庸置疑的。至于这种密切关系是否可以视作是真德秀与郑清之的"阿附",则似难简单论定。实际上,端平年间,真德秀与郑清之的密切关系不仅体现在前者为后者辩护上,还反映在真氏弟子的政治境遇上。

二、真德秀弟子与郑清之之关系

端平元年九月,真德秀抵达临安,随即迁任翰林学士、知制诰兼侍读。与此同时,诸多真氏门人获得擢用。刘克庄称真德秀"召拜内相,门下高第多显擢"①。王迈称"时朝士之为门人者,十有七人"②。这十七位在朝的真氏门人究竟为谁,限于史料已难一一指实,但有据可查者至少包括刘克庄、王迈、王埜等。下面分别就他们与郑清之的关系进行一些考述。

(一)刘克庄与郑清之之关系

方回称刘克庄:"始受知真西山,最为郑清之所擢用,亦屡坐斥。"③真德秀与郑清之成为刘克庄政治上两个最为重要的援引者。④ 刘克庄,字潜夫,福建兴化军莆田人,其

---

① 《刘克庄集笺校》卷一六五《秘书少监李公墓表》,第 6443 页。
② 《臞轩集》卷一一《诸门生祭真大参西山先生文一》,影印文渊阁四库全书,第 1178 册,第 596 页。
③ (元)方回:《桐江集》卷四《跋刘后村晚年诗》,续修四库全书,上海:上海古籍出版社,2002 年,第 1322 册,第 425 页。
④ 孙克宽对刘克庄与郑清之的关系进行过详细梳理,指出刘克庄端平年间入朝:"虽由于真德秀的推荐,也是郑氏之乐于汲引,才使他以小官而与闻庙堂的议论。"不过,他认为"郑清之于真魏诸贤,先天的本有矛盾"。(孙克宽:《晚宋政争中之刘后村——刘后村与晚宋政治之二》,《元代汉文化之活动》,台北:台湾中华书局,1968 年,第 528、514 页)未能准确把握郑清之与真德秀关系的真实内涵,对其时刘克庄政治行为的理解也存在偏差。

祖刘夙为陆学传人林光朝弟子。① 刘克庄少有文名，入太学"以词赋魁胄监"，但科场蹭蹬，以荫补入仕，嘉定年间入江淮制置使李珏幕府，因与李珏在对金政策上主张不合请祠。嘉定十七年（1224），起知建阳县，迁潮州通判，因卷入"江湖诗案"罢官奉祠。② 刘克庄对理学颇有好感，在建阳任上"新考亭之祠，祀朱、范、刘、魏四君子于学"。其间与真德秀结识。其时真氏因为济王鸣冤贬谪家居，借地利之便，刘克庄得以拜入门墙，"西山还里，公以师事，自此学问益新矣"③。理宗亲政后，真德秀任福建安抚使，④刘克庄应征入幕，深得器重，"西山知公吏材高，府事一委之"。真德秀以户部尚书被召入朝，刘克庄"援例求退"，"逾月独入京，九月，除宗正簿"⑤。几乎在真德秀入朝同时，刘克庄也获征召，其中真德秀所发挥的作用当是不言而喻的。

　　至于同郑清之的相交，刘克庄自称："余开禧乙丑补入，参果行。仲弟无兢、从弟志学参持志，与安晚同斋，余因二弟识之。"⑥早在开禧（1205—1207）年间，刘克庄就通过二弟结识了尚在太学就读的郑清之。至宝庆三年（1227），"江湖诗案"爆发，刘克庄深卷其中，时为给事中的郑清之利用与史弥远的密切关系从中周旋，令刘克庄未受重责。刘克庄后来回忆道："克庄宰建阳，乌台方吹洗诗案，惧不免祸，公在琐闼，独于史丞相为解纷，克庄获为圣世全人，公之赐也。"⑦史弥远死后，郑清之为相，有意擢用刘克庄，"端平改纪，安晚当国，甲午春，有旨都堂审察"⑧。不过，刘克庄未予接受，而是应真德秀之辟入其幕府，表明他虽与郑清之有着良好的私人关系，但在政治上与真德秀更为亲近。最终，他也是在真德秀入朝后方应召入朝。入朝后的刘克庄颇得郑清之提携，"既尝□□□张洽、陈振孙、范炎、陈祐俱召审，一再迁为枢掾省郎，皆公进拟"⑨。所谓"枢掾

① 《宋元学案》卷四七《艾轩学案》，第 1474 页。
② 《刘克庄集笺校》卷一九五《（刘克庄）墓志铭（门人显文阁直学士朝议大夫洪天锡撰）》，第 7567—7568 页。
③ （宋）林希逸撰，林式之编：《竹斋鬳斋十一稿续集》卷二三《宋龙图阁学士赠银青光禄大夫侍读尚书后村刘公状》，影印文渊阁四库全书，第 1185 册，第 780 页。
④ 《宋史》卷四一《理宗纪》，第 799 页。
⑤ 《竹斋鬳斋十一稿续集》卷二三《宋龙图阁学士赠银青光禄大夫侍读尚书后村刘公状》，影印文渊阁四库全书，第 1185 册，第 781 页。
⑥ 《刘克庄集笺校》卷一一二《杂记》，第 4675 页。
⑦ 《刘克庄集笺校》卷一七〇《丞相忠定郑公行状》，第 6595 页。
⑧ 《竹斋鬳斋十一稿续集》卷二三《宋龙图阁学士赠银青光禄大夫侍读尚书后村刘公状》，影印文渊阁四库全书，第 1185 册，第 781 页。
⑨ 《刘克庄集笺校》卷一七〇《丞相忠定郑公行状》，第 6595 页。

省郎",是指端平二年六月刘克庄被任命为枢密院编修官兼权侍右郎官。① 枢密院编修为枢密院属官,通常多由宰相亲信担任,可见郑清之对刘克庄的信任。

郑清之的器重也换来了刘克庄的投桃报李,就在刘克庄出任枢密院编修当月,理宗迁郑清之为左丞相,同时拜乔行简为右丞相,郑清之独相局面被打破,表面升迁的背后凸显出相位的不稳。刘克庄称:"初,端平并拜二揆,朝野知左必去,郑公所致名胜满朝,不能助,至有袒右者。"②此次升迁被朝野视作郑清之即将罢相的信号,包括一些曾为郑清之擢用者都开始寻找新的政治依靠,郑清之面临着一场严重的政治危机。端平二年七月,刘克庄在轮对中就更化以来"天下之势宜强日趋于弱,宜安而日趋于危"的反常状况进行批评,将矛头指向理宗,他言道:"昭烈于亮,关、张不能间;符坚于猛,宗戚不能毁,其见重如此。若夫忧谗畏议,有狼跋之嗟;厌事避权,动鱼羹之兴,非轻欤?……子产为政,歌怨不恤;管仲下令,亏益者死。若夫以匹夫横议而变政,因走卒偶语而易令,非轻欤?然则天下之治,安得坚凝?"③所谓"走卒偶语"是指此前一月发生的禁军哗变,这也成为中枢调整的直接动因。刘克庄认为,更化未能实现预期目标,主要责任在于理宗任相未能专一,未能如刘备之用诸葛亮、符坚之用王猛那般给予充分的信任与重用,反因"匹夫横议""走卒偶语"轻率变更政令,致使宰相"忧谗畏议""厌事避权"。虽未明言郑清之,但为其辩护开脱之意昭然若揭。端平三年九月,郑清之罢相,刘克庄很快也遭弹劾罢官,诚如其自言:"公策免,克庄亦流落于外。"④端平年间的刘克庄与郑清之在政治上可说是共同进退,显示出非同寻常的关系。方回称刘克庄"最为郑清之所擢用",确非虚语。

(二)王迈与郑清之之关系

真德秀的另外一位弟子王迈,同样是郑清之的支持者。王迈,字实之,嘉定十年进士,与刘克庄同乡。绍定年间,王迈出任南外睦宗院教授,真德秀时为泉州知州,两人因此结交,"其教南外也,真公作牧,相从甚欢。每竭忠告,以裨郡政"⑤。在《真西山集后

---

① 《竹斋鬳斋十一稿续集》卷二三《宋龙图阁学士赠银青光禄大夫侍读尚书后村刘公状》,影印文渊阁四库全书,第 1185 册,第 781 页。
② 《刘克庄集笺校》卷一五二《臞轩王少卿墓志铭》,第 6001 页。
③ 《竹斋鬳斋十一稿续集》卷二三《宋龙图阁学士赠银青光禄大夫侍读尚书后村刘公状》,影印文渊阁四库全书,第 1185 册,第 781 页。
④ 《刘克庄集笺校》卷一七〇《丞相忠定郑公行状》第 6595 页。
⑤ 《刘克庄集笺校》卷一五二《臞轩王少卿墓志铭》,第 5999 页。

序》中，王迈称："某壮岁从游，今发种种，得所为文最多，尝口诵心惟，而跃然有得。"①对真氏之学颇为服膺。好友方大琮亦称"实之惟敬畏西山先生"②。应该是在真德秀还朝不久，王迈也被召赴都堂审察。王迈"既至，丞相郑公字公曰：'学官掌故，不足浼吾实之。'"③看来深得郑清之青睐。王迈不过是普通的宗学教授，与郑清之此前未见有何交往，甫至临安便获如此赏识，背后当有真德秀的因素存在。王迈入朝后颇为真德秀倚重，"其召至都也，真公典举，公为初考，与夺升降必资焉，所取皆老与文学者"④。

不久，王迈召试馆职，策题是其时颇受关注的楮币问题。王迈在对策中因楮币而论及时政：

> 昔者吕公著荐二范为谏官，章子厚面奏，以执政举人为台谏，非祖宗法。是小人而能为君子之言，今安知无为訾者乎？……范纯仁以国用不足，又欲复青苗法。是君子而未免效小人之尤，今其事骎骎见矣。譬之弈棋，局面虽改，而其间一二着数未免犹似前日，此小人所以不为心服，而君子亦不能以自恕也。⑤

刘克庄揭示王迈此言的政治背景："时台端王公遂攻乔枢，或言：'王公主郑而援真，又方议履亩收楮，故公之言如此。'"⑥据此，王迈之言的背景大致有二：一是王遂攻击乔行简。王遂，字去非，嘉泰二年（1202）进士。理宗亲政后，与洪咨夔同时出任监察御史，后迁右正言，寻拜殿中侍御史。⑦ 王遂对乔行简的攻击，被认为是出于支持郑清之与真德秀的目的。从其同时"主郑"而"援真"可以看出，郑清之与真德秀在政治上必持同一立场。正因王遂支持郑清之，故对可能会给郑清之相位造成威胁的乔行简持敌对态度，不遗余力加以攻击；二是履亩收楮。履亩收楮是端平年间朝廷为称提楮币采取的重要政策，但推行之后颇受非议，而其制定者正是郑清之。结合这两个背景，王迈引用吕公著的典故自然是针对作为宰相的郑清之与作为台谏的王遂之间的关系而言，引用范纯仁行青苗法的故事无疑是针对郑清之推行履亩收楮而言。尽管吕公著与范纯仁所为容有可议，但两人被后世视作君子却是无可置疑的，王迈引用这两个典故显是在为郑清之辩护。王迈此策颇为真德秀欣赏，刘克庄称："参与文忠真公时已病，余与门人陈瑢瑞甫

---

① 《臞轩集》卷五《真西山集后序》，影印文渊阁四库全书，第 1178 册，第 506 页。
② （宋）方大琮：《铁庵集》卷一六《王大卿（埜）书（三）》，明正德八年方良节刻本。
③ 《刘克庄集笺校》卷一五二《臞轩王少卿墓志铭》，第 5997 页。
④ 《刘克庄集笺校》卷一五二《臞轩王少卿墓志铭》，第 5999 页。
⑤ 《臞轩集》卷一《乙未馆职策》，影印文渊阁四库全书，第 1178 册，第 465 页。
⑥ 《刘克庄集笺校》卷一五二《臞轩王少卿墓志铭》，第 5998 页。
⑦ 《宋史》卷四一五《王遂传》，第 12460—12461 页。

问疾,公曰:'实之策好,进德未已。'"①

乔行简与郑清之并相后,王迈亦上疏声援郑清之。端平二年六月轮对,王迈称理宗自亲政后"相臣清之,精白一心,总领众职,盖将期年于此矣",旗帜鲜明地表达了对郑清之的肯定。随后指出"然以三十年大坏极弊之天下,挐乱胶葛如甚梦之丝,而解之难,破烂溃裂如甚漏之舟,而补之难"。郑清之接手的乃是为史弥远败坏三十年以至弊端丛生之天下,若要振衰起敝面临着相当大的困难。这种论调与真德秀为郑清之的辩护一脉相承。王迈将郑清之与史弥远加以比较:"迨夫清之为相,避权则有之,而不敢以专权。远势则有之,而不至于怙势。然其心甚为国,而其力不足以副心,德可服人,而其才不足以称德……然而公清平实以主善类,而无妒贤嫉能之偏;明白洞达以受人言,而无浅中自是之失。通国之臣,无愚不肖,皆称为君子之相,而非彼相比也。"郑清之治繁理剧的才能或有不足,但积极援引贤人君子,虚心容纳他人之言,在品德上无可指摘,是忠心谋国之臣。对于并相乔行简,王迈颇不以为意,"行简为人素号多智,弥远在时,善事惟谨,其性姿多苛,其荐举多私,弥远喜其顺己,每事委曲从之。及与清之共政,所见每有不同。况当耄及之年,易犯在得之戒,其身虽未必肯为小人之事,其门必多引小人之徒"②。用乔行简取代郑清之,关系的不仅仅是郑、乔个人的荣辱升降,直接影响到"君子""小人"的进退。王迈眼中的郑清之俨然成了朝中贤人君子的领袖与保护者。

只是王迈的声援并未起到多少效果,不久言者弹劾王迈"论边事过实",致遭贬谪,出为漳州通判。刘克庄称王迈为郑清之辩护后,"郑公迄不可留,而公先逐矣"。贬谪王迈或亦有剪除郑清之羽翼之意。王迈与郑清之的关系未因仕途上的挫折改变,刘克庄称:"公与人交,终始不变,顷郑公归鄞十载,公虽贫,岁走一力问安否。郑公后为余言:'朋友中可保岁寒者,实之一人尔。'"郑清之罢相后,王迈依旧坚持每年前往明州拜访。正因其与郑清之的密切关系,当时朝野大概都将王迈视作郑清之党羽,认为其与郑清之有"阿党"之嫌。③ 虽然刘克庄在行状中有意将王迈与郑清之的关系塑造为不含私人利益的道义之交,但无论如何,王迈作为郑清之政治支持者的角色是难以改变的。

(三)王埜与郑清之之关系

王埜,字子文,号潜斋,宁宗朝名臣王介之子,以父荫补官,后登嘉定十二年(1219)

① 《刘克庄集笺校》卷一五二《矐轩王少卿墓志铭》,第 5998 页。
② 《矐轩集》卷二《乙未六月上封事》,影印文渊阁四库全书,第 1178 册,第 468 页。
③ 《刘克庄集笺校》卷一五二《矐轩王少卿墓志铭》,第 6002 页。

进士第。任职长沙期间，王埜得时任湖南安抚使的真德秀赏识，"真德秀一见异之，延致幕下，遂执弟子礼"，成为西山门人。王埜在学术上服膺理学，"埜因德秀知朱熹之学，凡熹门人高弟，必加敬礼"。绍定、端平之际，福建汀州、邵武等地发生叛乱，王埜应征入幕府参赞军事，摄邵武军事，并亲自领兵参与平叛。① 其后，王埜入朝担任枢密院编修兼检讨，又进一步升任枢密副都承旨。都司与枢属皆为宰相的核心幕僚，有参与决策之权，王埜身兼二职，可见颇受宰相青睐。刘克庄称"潜斋年未四十，导密旨，班列卿，使畿内，牧潜藩，言议风旨闻天下"，又言"潜斋方有权位"。② 在刘克庄看来王埜已获重用。那么王埜具体何时担任此职？青睐王埜的又是哪位宰相呢？

《宋史·王埜传》记载：

> 后为枢密院编修兼检讨。襄、蜀事急，议遣使讲和，时相依违不决。史嵩之帅武昌，首进和议。埜言："今日之事宜先定规模，并力攻守。"上疏言八事。继为副都承旨，奏请"出师，绝和使，命淮东、西夹攻。不然，利害将深"。理宗深然之，令枢密院下三阃谕旨。③

王埜作为枢密院属官参与到了对蒙古和战的争论中。所谓"襄、蜀事急"是指端平二年至三年蒙古对蜀中、襄阳等地的进攻。④ 南宋于端平二年十一月以曾从龙为枢密使、督视江淮军马，魏了翁同签书枢密院事、督视京湖军马，⑤就是针对蒙古入侵采取的应对策略。可知，大致端平二年的下半年，王埜就已担任了枢密院编修。材料又提到"史嵩之帅武昌"，事在端平三年二月，朝廷任命史嵩之为淮西制置使、兼沿江制置副使、兼知鄂州。⑥ 史嵩之是其时主和派代表，王埜明显不认同其主张，认为当"先定规模，并力攻守"，要求朝廷"出师，绝和使，命淮东、西夹攻"，主战倾向明显。材料称面对蒙古入侵"时相依违不决"，端平二年下半年的宰相已是郑清之与乔行简，乔行简乃倾向主和，"或又陈进取之计，行简奏：'今内外事势可忧而不可恃者七。'言甚恳切，师得不出"⑦。这与王埜"出师"的建议正相抵触。所谓"时相依违不决"，当是郑清之与乔行简在此事

---

① 《宋史》卷四二〇《王埜传》，第 12575 页。真德秀作于端平元年八月的《跋平寇录》题注称："端平甲午，建阳龚贼犯邵武，守臣王埜平之。"（《西山先生真文忠公文集》卷三六《跋平寇录》）则端平元年王埜尚在邵武任上。

② 《刘克庄集笺校》卷九四《王子文诗》，第 3998—3999 页。

③ 《宋史》卷四二〇《王埜传》，第 12575 页。

④ 《元史》卷二《太宗本纪》，第 34 页。

⑤ 《宋史》卷四二《理宗纪》，第 809 页。

⑥ 魏峰、郑嘉励：《新出〈史嵩之圹志〉、〈赵氏圹志〉考释 》，《浙江社会科学》2012 年第 10 期。

⑦ 《宋史》卷四一七《乔行简传》，第 12495 页。

上存在不同意见。乔既主和,则王埜作为枢属,代表的就应是郑清之的主张。而且,王埜乃是此前京城兵变中遭到惩处的郑寅之外甥,①郑寅则因得郑清之器重出任枢密副都承旨。据此两点可断定,王埜与刘克庄、王迈一样是郑清之的支持者。王埜大概也因此被指与庙堂"交结",好友方大琮称:"潜斋岂交结者哉?前贤受诬有甚于此,所恃者其自立素有以取信于世耳,夫奚伤。闻其初见庙堂,历言天下事,尽荐当世士,几于空臆者。"②方大琮否定的只是王埜乃出于私利而依附郑清之,并未否定其与郑清之关系密切之事实。

刘克庄、王迈、王埜三人,端平之前的仕宦经历十分寻常,基本在地方任职。刘克庄虽享有文名,但一直未能得中进士,大部分时间混迹地方幕府。王迈虽早在嘉定十年即已进士及第,但"自叹第十有九年,未脱选调"③,可谓不遇。王埜的情形亦大体类似。他们仕途的转折皆出现在理宗亲政后,端平年间相继被召入朝,且得到宰相郑清之赏识,他们也在政治上积极支持郑清之,以至于蒙上"阿党""结交"的罪名。三人中除刘克庄早年即与郑清之有所往来外,似乎未见与郑清之有何深交。他们获得郑清之拔擢,与真德秀密切相关。正是真德秀本人在政治上选择支持郑清之,故作为门人弟子的刘克庄等人也选择站在同一立场。郑清之既为投桃报李,亦为寻求党助,有意将这些真门弟子纷纷擢用。端平年间,真德秀及其弟子构成了支持郑清之的一股重要政治力量。

三、真德秀政治思想的转变

晚年的真德秀何以会选择在政治上支持郑清之?若仅仅用功名富贵之念加以解释,视为"阿附",似失之简单。对于真德秀这样的理学名儒来说,政治行为转变的背后往往有着深刻的思想背景。叶绍翁《四朝闻见录》记载:

> 文忠真公尝与赵公汝谈相晤,赵公启文忠曰:"当思所以谋当路者,毋徒议之而已。"文忠答以"公为宗臣,固当思所以谋。如某不过朝廷一议事之臣尔"④。

赵汝谈规劝真德秀应当多站在当政者的角度思考问题,不要单纯作为议论者。真德秀回应,赵汝谈作为宗室固须考虑如何谋国,而他的自我定位则仅仅是一位议事之

---

① 《铁庵集》卷一六《王大卿(埜)书四》。

② 《铁庵集》卷二〇《蔡觉轩书》。

③ 《臞轩集》卷二《乙未六月上封事》,影印文渊阁四库全书,第1178册,第469页。

④ (宋)叶绍翁撰,沈锡麟、冯惠民点校:《四朝闻见录》甲集《文忠答赵履常》,北京:中华书局,1989年,第36页。

臣。至于谋国者与议论者的区别,秦观曾有过论述:"政事之臣者,宰相、执政,和阴阳万物,宰制百辟,镇抚四夷,与天子经纶于帷幄之中者也;议论之臣者,谏官、御史,学术知古,始器识,通世务,奋不顾身与天子办曲直争是非者也。"①"政事之臣"对应的就是赵汝谈所说的谋国者。以宰执为代表的谋国者作为政务的实际处理者,在谋划决策时势必须综合考虑各方面因素,在行为处事上倾向务实,注重效率与实用,而非单纯的是非对错。但以言官为代表的议论之臣,因并不涉及具体的政策制定和政务处理,可以相对超然的地位来观察评判朝廷施政,如此就容易以严格的道德标准对朝政进行衡量,在行为上通常较为激进,也因此容易博得良好的政治声望。真德秀"立朝不满十年,奏疏无虑数十万言,皆切当世要务,直声震朝廷。四方人士诵其文,想见其风采。及宦游所至,惠政深洽,不愧其言,由是中外交颂。……时相益以此忌之,辄摈不用,而声愈彰"②。这是对端平之前真德秀大半生政治行为的评述,可以看出他确实更多是一个议论者,并由此积累起了巨大的政治声望。

　　那么端平入朝后,真德秀出现了怎样的转变呢? 刘克庄称真德秀在从福建被召还后:

　　　　自三山过,醮于仙游山,青词云:"既不敢矫激而近名,亦不敢低徊而徇利。惟厚集精诚,庶几于感悟。而密陈忠益,冀见之施行。"奏篇既出,或疑其激烈不及前时,公笑曰:"吾老矣,岂更效后生求声名? 直须纯意国事,期于有济耳。"③

　　此时的真德秀议论朝政显然不再似先前激烈。真德秀解释称议论激烈有"矫激而近名"之嫌,自身已过了求名的年纪,如今希望的乃是切实做一些于国有益之事。这俨然是一位谋国者的角色。对照叶绍翁的记载,真德秀的自我定位发生了明显转变。

　　真德秀的思想转变具体发生于何时呢? 嘉定年间真德秀在江东任上的作为或可提供答案。嘉定七年(1214),真德秀由起居舍人出为江东转运副使,"时史弥远方以爵禄縻天下士,德秀慨然谓刘爚曰:'吾徒须急引去,使庙堂知世亦有不肯为从官之人。'遂力请去"④。真德秀此出很大程度上是为显示与权相史弥远的距离,透露出早年强调"君子""小人"之辨的激进政治理念。但是他在江东任上,却选择为以"调停"新旧党争著称的范纯仁修建祠堂,凸显出政治思想上的转变。

　　范纯仁祠堂建成后,真德秀先后请求袁燮与刘宰撰写记文。袁燮在记文中交代了

---

① (宋)秦观:《淮海集》卷一二《主术》,影印文渊阁四库全书,第1115册,第483页。
② 《宋史》卷四三七《真德秀传》,第12964页。
③ 《刘克庄集笺校》卷一六八《西山真文忠公行状》,第6520—6521页。
④ 《宋史》卷四三七《真德秀传》,第12959页。

修建祠堂的背景:"治平之元,忠宣范公为江东转运判官,赋筹思亭诗,有曰:致诚通造化,审虑敌权衡。境寂居忘倦,心虚照自明。石刻至今犹存。"真德秀赴任江东后,"慕忠宣之贤,且爱其诗之旨趣深长也。乃于兹堂之西创一室,绘公像而敬祠之"①。真氏立祠,一是敬慕范纯仁之贤,二是爱其《筹思亭》诗之旨趣。袁燮进一步阐释道:"蔡确之远谪则以为太过,章惇、邓绾之获罪亦为之救解。忠宣固非朋奸者,而委曲如是,其志念深矣。……尝称孔子之言举直错诸枉,能使枉者直。以为举用正直,邪枉可化而为善,何必分辨党人,有伤仁化。深乎,深乎,议论持平,不为矫亢,使其志常伸,其言尽用,岂有异时雠复之祸哉?三复筹思之诗,发挥此心,至精至切,君子以是知忠宣之所存,盖以三代而上人物为之也。"②元祐(1086—1094)年间,范纯仁力倡"调停"以缓和新、旧党争,对新党领袖蔡确、章惇、邓绾等人的获罪,皆有意加以解救。③后世对范纯仁调停党争的做法颇有争议,朱熹就批判道:"后来吕微仲、范尧夫用调停之说,兼用小人,更无分别,所以成后日之祸。今人却不归咎于调停,反归咎于元祐之政。"④将元祐党祸直接归咎于范纯仁的调停。但袁燮对范纯仁所为颇为赞赏,认为在政治上不必过分强调"君子""小人",只要"君子"占据主导地位,"小人"自可从风而偃,为我所用。他指出范纯仁的主张若得施行,就不会发生后来新党对旧党的激烈报复。刘宰的记文作于袁燮之后,同样对过分强调"君子""小人"的做法提出批评,认为是"季世"方有之风气。随着政治上的变动,当"小人"得势时,"君子"之祸就难以避免。⑤因此对范纯仁调停新旧党争表示赞赏:"使公之生先于汉唐之季,必无朋党之祸。使公之死后于建中靖国,则崇观憸人亦无所容喙矣。"⑥同样认为范纯仁的主张若得施行,党祸即可避免。

　　袁燮与刘宰两篇记文的主旨是一致的,都认为范纯仁最值得称道之处就是元祐年间对新、旧党争的调停。而这一思想早在治平(1064—1067)年间范纯仁担任江东转运判官时就已萌发,《筹思亭》诗即是明证。真德秀曾言前代名人中"惟忠宣范公实获我心"⑦,袁燮称:"起居(即真德秀——笔者注)正色立朝,有德有言,名重当世,而独于忠

①　(宋)周应合:《景定建康志》卷三一,《宋元方志丛刊》,北京:中华书局,1990 年,第二册,第 1859 页。

②　《景定建康志》卷三一,《宋元方志丛刊》,第二册,第 1860 页。

③　顾宏义:《范纯仁论朋党——兼析元祐年间"调停"说的起因与影响》,《河北大学学报(哲学社会科学版)》2009 年第 3 期。

④　(宋)黎靖德编,王星贤点校:《朱子语类》卷一二三,北京:中华书局,1988 年,第 2963—2964 页。

⑤　(宋)刘宰:《漫塘集》卷二一《忠宣堂记》,影印文渊阁四库全书,第 1170 册,第 563—564 页。

⑥　《漫塘集》卷二一《忠宣堂记》,影印文渊阁四库全书,第 1170 册,第 564 页。

⑦　《漫塘集》卷二一《忠宣堂记》,影印文渊阁四库全书,第 1170 册,第 563 页。

宣起敬如此,亦足以占其所存矣。"①皆表明真德秀对范纯仁的高度认同。他既然先后请求袁燮、刘宰撰写记文,表明双方对范纯仁的看法是一致的。可见,嘉定七年(1214)外放地方为官,成为真德秀政治思想由激进转向调和的重要阶段。

真德秀的转变,当与其仕宦经历息息相关。真德秀于庆元五年(1199)进士及第,出任南剑州判官,之后又于开禧元年(1205)中博学宏辞科,应萧逵之辟入福建幕府,次年还朝任太学正。考虑到初次任官前的待阙时间,真德秀早年在地方任职的时间并不长,且只是作为幕僚。自以太学正还朝至嘉定七年出任江东安抚副使,真德秀一直身在朝中,且多在太学、秘书省、学士院等机构担任文学之职。这样的仕宦经历决定了真德秀缺少实际政务的历练,对于现实朝政的运作更像是一个局外人,促使其更多扮演的是一种议论者角色。再加上年少气盛,就形成了早年颇为激进的政治思想。但自嘉定七年开始,先是出任江东转运副使,后改知泉州。嘉定十二年(1219),知隆兴府。十五年(1222),迁湖南安抚使知潭州。② 真德秀作为实务官员辗转各地。地方上的各种具体政务,并非单纯依靠道德理念所能处理,迫使真德秀更多站在谋国者角度考虑问题。经历了长期地方历练和宦海沉浮后,至端平入朝,真德秀在政治上已变得更为包容务实,对"君子""小人"的区别已不再过分强调。理宗亲政后特定的政治形势,则在某种程度上为真德秀的调和理念提供了用武之地。

真德秀很清楚包括自己在内的道学中人在端平年间的处境。理宗亲政后纷纷召还诸贤的过程中,真德秀与魏了翁这两位当时最负声望的大儒却不在率先召还之列。赵汝腾称:"当时诸贤莫不悉聘,然德秀、了翁号忠直之尤,乃逾年而后召。"③方回称:"当是时,天下属望以为相者在真、魏,虽理宗之意亦然。清之忌此二公,迟迟其召。"④两人皆将迟召真、魏的罪责归咎于郑清之。但郑清之并非第二个史弥远,理宗既已亲政,大权在握,真德秀、魏了翁这样士大夫领袖的召还与否,自非郑清之所能左右。真、魏的迟迟未被召还,自是理宗之意。在朝野士人的不断呼吁下,真德秀在理宗亲政一年后终于回到朝中。作为当事者的真德秀,自然能够体会到理宗对于他以及理学清流的任用是有所保留的,这种情况下若过于激进,就很容易引起理宗的反感与忌惮。

不仅如此,理宗亲政后执意出兵收复三京,引起了士大夫群体的分裂。真德秀担心

---

① 《景定建康志》卷三一,《宋元方志丛刊》,第二册,第 1860 页。
② 《宋史》卷四三七《真德秀传》,第 12959—12961 页。
③ (宋)赵汝腾:《庸斋集》卷四《内引第一札(壬子六月三日以春官夕郎召对)》,影印文渊阁四库全书,第 1181 册,第 270 页。
④ 《桐江集》卷七《郑清之所进圣语考二》,续修四库全书,第 1322 册,第 473 页。

会出现新的党争：

> 比者更张以来，登延众彦，将追元祐之风，而群贤持论，颇有不一之患。故兵议既兴，有以先发制人为说者，有以量时度力为言者，彼是此非，莫能相一。而臣顾以为喜者，盖同异纷纭之中，实至当之论所由出故也。然朝廷之上，初未尝以同异为好恶，而缙绅之列，乃或以同异为爱憎，臣则忧之。夫主于先发制人者，为国也；主于量时度力者，亦为国也。意见不同，同于为国，盍亦平心商榷，惟是之从可也。奚必以异己而相嫉乎？元祐中，禀禀向治矣，惟群贤自为矛盾，小人得以乘之，稔成绍圣之祸。今虽未至于斯，可不预防其渐？①

围绕三京之役，朝廷上或者主张先发制人，或者主张量时度力，呈现分裂之势。前者包括理宗、郑清之等在内的主战者，后者则包括真德秀在内的反对者。真德秀认为无论主战派还是反对派，初衷都在于为国，皆是君子之流。双方理应心平气和商榷是非，不应相互攻讦，否则就可能重蹈元祐覆辙。真德秀此论一方面是在为理宗和郑清之冒险用兵辩护，承认他们所为的合理性；另一方面，也是有意保全朝中的贤人君子。从自身经历中，真德秀知道理宗亲政后对贤人君子的收召本就有所保留，未必会真心实意加以任用，若然他们因用兵激烈抨击朝政，就很容易触怒龙颜而遭集体驱逐。

真德秀入朝之际恰逢三京之役失败，此前反对出兵的清流很可能趁机群起抨击主战派，真德秀感知到了背后蕴藏的政治风险。为化解风险，真德秀需消除理宗的疑虑，并为清流寻找到一位强有力的保护者。郑清之作为理宗的亲信，也是三京之役的主要倡导者，是少数几个能够扮演这种保护者角色的人物。真德秀很清楚，在此时选择为郑清之辩护就是在为理宗辩护，有助于调和清流与当政者的矛盾，避免清流陷入元祐党人的境地。之所以选择郑清之，并非单纯的委曲求全，真德秀至少应有三个方面的考虑：第一，郑清之虽有不足，但与史弥远并不完全相同，对清流表现出明显的善意。早在"江湖诗案"中，他就保护过刘克庄，理宗亲政后又正是他积极辅助援引清流入朝。② 第二，郑清之在政治上较为包容，能够容纳"异见"者。"清之不好立异，汤巾尝论事侵清之，及清之再相，巾求去，清之曰：'己欲作君子，使谁为小人。'力挽留之。徐清叟尝论列清之，乃引之共政。"③这两个方面足以让真德秀认识到郑清之有可能成为清流的保护者。作为真德秀弟子的王迈在声援郑清之时，称其"公清平实以主善类，而无妒贤嫉能之偏；明

① 《西山先生真文忠公文集》卷一三《召除户书内引札子三（九月十三日选德殿）》。
② 《刘克庄集笺校》卷一七〇《丞相忠定郑公行状》，第 6586—6587 页。
③ 《宋史》卷四一四《郑清之传》，第 12422 页。

白洞达以受人言，而无浅中自是之失。通国之臣，无愚不肖，皆称为君子之相"①。着力强调的就是这两个方面。第三，更为现实的是，三京之役失败后的郑清之急需清流的支持以稳固权位。对于已经在政治思想上趋于调和的真德秀来说，这样的郑清之恰好是可以包容的对象。真德秀的辩护，等于是向郑氏发出了明确信号，以自己为首的清流愿意在政治上予以支持。郑清之闻弦歌而知雅意，投桃报李，积极援引清流入朝，真门弟子更是大获重用。黄震将真德秀的辩护视作是对"时相"的"阿附"，有将问题简单化之嫌，未能看清真德秀所为背后的政治考量。

结　论

长期以来，人们对于理学中人形成了较为刻板的印象，即这些理学中人，多是一些政治道德论者，过分强调"君子""小人"之辨，在政治上的表现往往较为偏激，清高而不务实际，更多扮演的乃是一种政治反对者、批判者的角色。但实际上理学群体中不仅不同人的政治立场存在激进、温和之别，即便是同一个人在人生的不同阶段，政治思想也可能发生很大转变，这就决定了理学与现实政治的关系必然呈现复杂多样的特征。端平更化期间，围绕对待郑清之的态度，理学中人有着截然不同的表现。真德秀及其弟子成为郑清之的支持者，杜范等人则对郑清之持反对和批判立场。在三京之役失败后，部分理学中人曾有意弹劾郑清之，真德秀恰逢其时入朝，凭借自身崇高的政治声望，挺身为郑清之辩护，成功扭转了舆论导向，维护了郑清之的地位。真德秀及其弟子刘克庄等人，形成了一股支持郑清之的重要政治力量。但至端平三年前后，随着真德秀去世，以及三京之役所造成的恶劣后果不断显现，杜范等人旧事重提，重新掀起了弹劾郑清之的高潮，并最终导致了郑清之的罢相。

端平年间的真德秀表现出了一位理学之士在政治上少有的妥协与务实，然而在同道中人看来，这正构成了真德秀晚节上的一大"污点"，黄震就指责其"阿附"郑清之。这样的论断实有将问题简单化之嫌。真德秀在人生最后阶段的作为，乃是多种因素共同促成：一者源于个人思想的转变。晚年的真德秀政治思想发生了明显变化，先前强调"君子""小人"之辨的激进思潮渐趋平缓，转而倾向调和与包容；二者源于理宗亲政后的政治情势。真德秀很清楚端平年间清流并不是朝政的主导者，理宗没有给予他们足够的信任，如果他们利用三京之役的失败大肆抨击朝政，很可能重蹈元祐党祸覆辙，面临

---

① 《瞿轩集》卷二《乙未六月上封事》，影印文渊阁四库全书，第 1178 册，第 467 页。

被集体驱逐的境地;三者源于对郑清之政治品行的认识。郑清之固非理学同道,但他对清流心存善意,愿意援引,在政治上也能够容纳"异见"。更重要的是,三京之役失败后的郑清之,迫切需要清流的支持以稳固权位,这些因素让其能够也愿意成为清流的保护者。对于真德秀与郑清之来说,双方可谓是各取所需,互利双赢。这种关系,与其说是一方对另一方的"阿附",不如说是一种政治合作可能更为准确。只是真德秀的作为即便在同道那里亦难获认同,其晚节"污点"的出现凸显出晚宋时期不同政治势力之间分歧的难以弥合。

宋朝政府对数术知识的管理、使用及其影响：
以宋元"三式"为例[*]

中山大学　胡劲茵*

　　本文所谓"三式"是指宋代以来习惯合称的三种式占之法：太一、遁甲和六壬。式占，就是"以式，即一种模仿宇宙结构的工具进行占卜"，主要用于选择时日吉凶，属于中国古代的"数术"之学，相关文献在历代书目中多列于"五行"类。[①] 从考古出土的情况看来，式占作为一种占卜法，从先秦以至六朝均有实用。[②] 而现代学术关注式占，应是出于解读出土材料的需要，[③] 却因此较少深入考察式占在唐宋以后的发展情况。卢央《中国古代占星学》一书，详细介绍了中国古代天文星占的各种知识，其中的第五章"式占通说"，分为四节，具体说明了太乙、风角占测、遁甲式、六壬式的占测方式与特点。该书的式占便是以唐宋元时代的"三式"为主要内容的，并且提到在这些时代，三式是从事天文、算学的人所必修的，也曾成为考试的科目，但是可能由于难学，后来应试者逐渐减少，但并未就此历史过程展开探讨。[④] 吴羽的研究指出，中国社会的四大吉时理论在仁

* 基金项目：本文系国家社会科学基金后期资助项目《北宋雅乐制作考论》(19FZSB049)、广东省哲学社会科学规划一般项目《雅俗之辨与秩序重建：宋代雅乐的文化史研究》(GD19CLS03)的阶段性成果。

* 作者简介：胡劲茵，中山大学博雅学院副教授，历史学博士。联系地址：广东省广州市海珠区新港西路中山大学南校区 305 栋一楼(510275)。

① 李零：《中国方术正考》(修订本)上编《数术考》第一章《占卜体系与有关发现》"二、式占"，北京：中华书局，2006 年，第 30—32 页。据《中国方术正考·新版前言》所称，该书主体写成于 1989—1990 年间。

② 黄儒宣《式图与式盘》(《考古》2015 年第 1 期，第 92—102 页)总结了目前出土的 11 种式盘，包括国内的秦汉墓出土 7 种、朝鲜乐浪遗址发掘 2 种、濮瓜农旧藏的汉铜式盘以及判为六朝时期的铜式盘 2 种。

③ 晏昌贵、廉超：《简帛数术的发现与研究：1949—2019》，《华中师范大学学报(人文社会科学版)》第 58 卷第 3 期，2019 年 5 月，第 128—141 页。

④ 卢央：《中国古代占星学》，北京：中国科学技术出版社，2007 年。该书是中国科学院自然科学研究所牵头编撰的《中国天文学史大系》中的一部重要成果。

宗景祐至庆历年间（1034—1048）发生了重要变化，"六壬式"对唐宋以后"中国普遍性的时间观念与信仰的养成具有重大作用"。他认为，四大吉时的个案证明了宋代国家颁布的天文历法日用成果对社会的相关方面具有较强的节制力，并且展现出科学与方术、国家与社会的互动。① 由此我们不禁追问：式占在宋代的实际情况究竟如何，为何能够发挥上述作用，这类数术知识在宋代的演变又是否具有更进一步的历史意义？李零曾指出，由于式占的难度大、专业程度高，汉代以后基本控制在司天监一类的官方部门手中，除了六壬式外，普及程度不高。② 因此，考察唐宋以后式占的基本情况及其对社会产生影响的具体原因，从官方管理制度的角度着手，应该是更为关键的方向。而以往的研究者大多留意于宋代朝廷玄象天文之禁的严厉，③ 或是相对地关注在社会层面发掘士人与术数不曾间断的关系，④ 却较为忽略于"严禁"的另一面——政府对数术知识的管理、使用及其带来的变化与产生的影响。⑤

　　事实上，光就式占的内容而言，汉代以来已经发生了不少变化，不过唐宋之际的演变尤具意义。《汉书·艺文志》记载的，除了太一、遁甲、六壬，还有九宫、雷公各种式法，到了《唐六典》称"三式"，即剩余太一、雷公、六壬三者，在宋仁宗时期官方进行整理后，

---

① 吴羽：《唐宋四大吉时的理论来源、变化及其实践》，《"中研院"历史语言研究所集刊》（台北）第 88 本第 2 分，2018 年 6 月，第 245—308 页。

② 李零：《中国方术正考》，第 31 页。不过，书中并未就此观点展开具体讨论。

③ 具有代表性如韦兵《星占历法与宋代政治文化》（四川大学博士学位论文，2007 年）一文指出，宋代皇帝既通过颁布天文禁令，保障天文历法知识的皇权垄断；又通过建立司天监、翰林天文院二元并立的监督体制，保证天文历法信息的可靠有效。

④ 较有代表性如廖咸惠的一系列研究：《体验"小道"——宋代士人生活中的术士与术数》（《新史学》二十卷四期，2009 年 12 月，第 1—58 页）、《从知识到实践：真德秀〈易经〉应用》（《宋代史研究会研究报告第十集：中国传统社会への视角》，东京：汲古书院，2015 年 7 月，第 191—234 页）、《理解天命——文天祥的命运观与术数知识》（《汉学研究》[台北]第 35 卷第 2 期，2017 年 5 月，第 225—260 页）、《闲谈、纪实与对话：宋人笔记与术数知识的传递》（《清华学报》[台北]第 48 卷第 2 期，2018 年 6 月，第 387—418 页）。

⑤ 上述韦兵的研究比较全面地讨论了宋代官方历法知识的确立过程与其背后复杂的权力斗争、磋商和折衷。它将抢夺历法知识话语权的群体区分为司天人员、士大夫、民间历人三种，提出强调"历理"的儒士大夫参与历法制作是宋代士大夫约束皇权的方式之一，而民间历人被士大夫认同为士人，司天伎术官却被士大夫引为批判的对象。这一研究取向具有代表性。但其较多着眼于宋代士大夫"共治天下"的政治理念以及儒学的主流思想，而对天文历法知识系统、司天机构、职员以及儒士大夫的其他思想成分之中关于"三式"等数术方面的内容关注较少。

以"景祐三式"为代表,太一、遁甲、六壬更成为式占之法的"标配"。① 而包括内容、内涵、结构性地位等在内"三式"发生的各种变化,都与宋代朝廷对该类知识的掌握与调控直接相关。那么,作为官府部门之学②的一种,朝廷如何管理、使用"三式"以致造成其演变,"三式"的变化又对后世产生了怎样的影响? 以下诸节将尝试作一制度史的具体梳理。

一、从太卜署到司天监:宋代"三式"掌用的变化

式占的各种方法早在战国秦汉就已经出现,到了唐代,可以明确看到由朝廷管理、使用的"三式"。《唐六典》"太常寺"下属的"太卜署"一条记云:

> 太卜令掌卜筮之法,以占邦家动用之事;丞为之贰。一曰龟,二曰兆,三曰《易》,四曰式。……凡式占,辨三式之同异。凡用式之法,凡历注之用六,凡禄命之义六,皆辨其象数,通其消息,所以定吉凶焉。凡国有祭祀,则率卜正、占者卜日于太庙南门之外,命龟既灼而占之。先卜上旬,不吉,次卜中旬、下旬。若卜国之大事,亦如卜日之仪。凡岁季冬之晦,帅侲子入于宫中,堂赠、大傩,天子六队,太子二队,方相氏右执戈、左执楯而导之,唱十二神以逐恶鬼。傩者既出,乃磔雄鸡于宫门及城之四门以祭焉。③

隶属于太常寺的太卜署,主要职能是为王朝祭祀占卜择日,替国家大事预算吉凶,主持驱邪去魅的大傩礼,等等。其占卜手段主要有四种,其中第四种的式占又包含了三种式法,《唐六典》注云:"一曰雷公式,二曰太一式,并禁私家畜;三曰六壬式,士庶通用

---

① (清)黄宗羲著,郑万耕点校《易学象数论(外二种)》卷六《遁甲》有云:"遁甲、太一、六壬三书,世谓之三式。"(北京:中华书局,2010 年,2013 年第 3 次印刷,第 296 页)严敦杰《式盘综述》(《考古学报》1985 年第 4 期,第 445—464 页)是较早具体介绍三式原理的文章,李零在《中国方术正考》中评价该文说:"此文首节以宋代三式逆推古式分类,提出宋以前也有类似分类,很重要。"(第 83 页)换言之,太一、遁甲、六壬三式的组合是宋代以降的常见认识,而于此前未必想当然如此。并且,李零也提及宋代"图数之学"应与式占有关,其观点和黄宗羲在"易学象数"中谈"三式"近似,然而二者皆未曾论及其中的理论因缘。

② 楼劲:《魏晋至隋唐的官府部门之学》,《隋唐辽宋金元史论丛》第 7 辑,上海:上海古籍出版社,2017 年,第 63—83 页。该文从官学的角度看待政府部门之学,包括法律(律学)、方术(天算、卜筮、医药等)、乐舞、工巧之学及其他,认为其"不同程度地具有的官办职业技术学校的性质",是中国古代教育史、学校史较少受到关注、却同样值得研究的重要组成部分。

③ (唐)李林甫等著,陈仲夫点校:《唐六典》卷一四《太常寺》,北京:中华书局,2014 年,第 412—414 页。

之。"①太卜之职由来已久，《文献通考》叙其源流有云："殷官太卜为六太。《周官》太卜掌三兆之法。秦、汉有太卜令。后汉并于太史，自后无闻。后魏有太卜博士。北齐有太卜局丞。后周有太卜大夫、小卜上士、龟占中士。隋曰太卜令、丞，各一人。唐因之。"却指出："宋以太卜隶司天台，然不置专官。"②也就是说，进入宋代，太卜的职能归属发生了变化：从主管礼仪的太常寺，转移到了管理天文的司天台（司天监）。

司天监在北宋前期属诸寺监之一，元丰（1078—1085）以后改为太史局，隶属秘书省，其制随后一直沿用到南宋时期。关于它的职能，北宋前期的司天监称"掌察天文祥异，钟鼓漏刻，写造历书，供诸坛祀祭告神名、版位、画日"③。元丰官制实行后，太史局掌"凡日月、星辰、风云、气候、祥眚之事，日具所占以闻"，"岁颁历于天下，则预造进呈"，"祭祀、冠昏及大典礼，则选所用日"等。④ 前后两期基本一致。由司天监到太史局，所辖部门也大体相承，共有四个，其中天文院和测验浑仪刻漏所，"掌浑仪台，昼夜测验辰象，以白于监"；钟鼓院，"掌文德殿钟鼓楼刻漏、进牌之事"；印历所，"掌雕印历书"。⑤

----

① 《唐六典》卷一四《太常寺》，第 413 页。

② （元）马端临著，上海师范大学古籍研究所、华东师范大学古籍研究所点校：《文献通考》卷五五《职官考九·太常卿·太卜署》，北京：中华书局，2011 年，第 1618 页。

③ 《宋史》卷一一八《司天监》，北京：中华书局，1985 年，2016 年第 10 次印刷，第 3923 页。

④ 《宋史》卷一六四《太史局》，第 3879 页。

⑤ （清）徐松辑，刘琳等点校：《宋会要辑稿》（以下简称《宋会要》）职官一八之八二，上海：上海古籍出版社，2014 年，2015 年第 2 次印刷，第 6 册，第 3529 页。值得注意的是，《宋会要》引《两朝国史志》载"司天监"下属有"天文院""钟鼓院"两处，而引《神宗正史·职官志》所载"太史局"，则称"别局有天文院、钟鼓院、测验浑仪刻漏所、印历所"。《宋史》"司天监"条并无辖属的记载，"太史局"条则同于《神宗正史·职官志》，以别局有四。(1)印历所或为熙宁四年（1071）之后增设。据载，大中祥符五年（1012）八月，有诏"今后仓场库务门，令司天监差官轮次"（《宋会要》职官三一之二，第 3802 页），随后，在熙宁四年二月二十三日，诏"民间毋得私印造历日，令司天监选官，官自印卖。其所得之息，均给在监官属"，"以近罢差本监官在京库务及仓场监门也"（《宋会要》职官一八之八四，第 3530 页）。印历权收归官府，事务相关的衙门应运而生，司天监当仁不让，于是获得经费的方式，由原本管理仓场库务诸门变为贩卖历日的收息。(2)测验浑仪刻漏所亦应在司天监改为太史局之前已经存在。《宋史》记云："元丰官制行，罢司天监，立太史局，隶秘书省。"（第 3923 页）而熙宁二年（1069）二月，提举司天监司马光就曾上言指出测验浑仪刻漏所的职能与司天、翰林两天文院重复，奏请罢去其瞻望流星云气与言占验之职，而专注于利用浑仪考察日月五星，校验历法。其奏云："宋朝旧制，司天监天文院、翰林天文院、测验浑仪所每夜专差学生数人台上四面瞻望流星，逐次以闻，及关报史馆。……虚费人工，别无所益。况测验浑仪，近置刻漏，及专用浑仪考察七政，以课诸历疏密，委实无暇更瞻望流星云气。欲乞今后流星云气迹状或异，及于占书有占验者，委两天文院具休咎以闻，迹状关报史馆外，其测验浑仪所更不令瞻望流星云气。"（《宋会要》职官三一之三，第 3804 页）司马光的建议最终被朝廷接受。因此《宋史》"太史局"条记"其别局有天文院、测验浑仪刻漏所，掌浑仪台昼夜测验辰象"并不完全准确，严格来说，当以熙宁二年为界，区别测验浑仪刻漏所的职能。

监（局）的主要供职人员也相近,包括有监、少监（令、正）、丞、主簿（直长）、春官正、夏官正、中官正、秋官正、冬官正、灵台郎、保章正、挈壶正等；监及少监阙,则置判监事二人（判及同判局）,由五官正以上充任；另有礼生五人、历生一人。天文院,有测验注记二人、刻择官八人、监生无定员、押更十五人、学生三十人。测验浑仪刻漏所,学生三十人。钟鼓院,有节级三人、直官三人、鸡唱三人、学生三十六人。① 从部门职能和设置来看,宋代司天监（太史局）的规模相比唐代有所扩展,而且最重要的变化是在唐代太史局（司天台）②的基础上并入了太卜署"择日"的功能,太卜署的建制被取消,原属太卜署管理的式占进入了司天机构的管辖范围。

正如《唐六典》所载,太常寺下属太卜署掌管四占以定吉凶,其中之一的式占即以"三式"为全部内容。而《宋史》"司天监"条记云："掌测验浑仪,同知算造、三式。"③ 又《宋史·方技传》记周克明开宝（968—975）中授"司天六壬"之职,此后更"改台主簿,转监丞,五迁春官正"。④ 说明宋代司天监确实负责掌管并使用"三式"。更重要的是,在宋代,"三式"成了司天监生学习、供职人员考校的必备科目,称为"三式科",并在某些时期设有专官管理。

---

① 据《宋史》"太史局"（第 3879 页）、"司天监"条（第 3923 页）,《宋会要》职官一八之八二（第 3529 页）、一八之一一〇（第 3544 页）、一八之一一二（第 3545 页）、职官三一之三（第 3803 页）、三一之九（第 3810 页）整理。

② 《旧唐书》卷四三《职官二·司天台》记云："旧太史局,隶秘书监。龙朔二年改为秘阁局。久视元年改为浑仪监。景云元年改为太史监,复为太史局,隶秘书。乾元元年三月十九日敕,改太史监为司天台,改置官属。"（北京：中华书局,1975 年,第 1855 页）《唐六典》卷一〇《太史局》载："太史令掌观察天文,稽定历数。凡日月星辰之变,风云气色之异,率其属而占候焉。其属有司历、灵台郎、挈壶正。凡玄象器物,天文图书,苟非其任,不得与焉。每季录所见灾祥送门下、中书省入起居注,岁终总录,封送史馆。每年预造来岁历,颁于天下。……司历掌国之历法,造历以颁于四方。……灵台郎掌观天文之变而占候之。……凡占天文变异,日月薄蚀,五星陵犯,有石氏、甘氏、巫咸三家中外官占。凡瑞星、妖星、瑞气、妖气,有诸家杂占。凡测候晷度,则以游仪为其准。……挈壶正、司辰掌知漏刻。"（第 302—305 页）与《旧唐书·职官二·司天台》所载略同。五代诸朝根据唐制设司天台或司天监,但由于缺乏史料,未能具体论证。

③ 《宋史》卷一一八《司天监》曰："监及少监阙,则置判监事二人（以五官正充）。礼生四人,历生四人,掌测验浑仪,同知算造、三式。"（第 3923 页）（宋）孙逢吉《职官分纪》卷一七《司天监》记云："监阙则以五官正二人判监事,又有测验浑仪官、同知算造及三式之名。"据此,则测验浑仪和同知算造、三式是两个职官,而非礼生、历生之职能。龚延明《宋代官制辞典》亦有"同知算造"一职（北京：中华书局,1997年,第 253 页）,《宋史·方技传》记有苗守信任职"司天台主簿、知算造",又有史序"知算造,又知监事"。

④ 《宋史》卷四六一《方技上》,第 13504 页。龚延明《宋代官制辞典》进一步推论有司天监三式科六壬、司天监三式科太乙、司天监三式科遁甲等三种技术官（第 249 页）。

　　真宗景德(1004—1007)年间有诏司天监考试甄选合格者并赐监生及出身,又诏司天"知星、气、朔、三式、《周易》等学"者"常勤学业,务在精通"。① 神宗熙宁二年(1069),诏提举所订立两天文院及浑仪所正名学生补阙的考核方式,其中"若自补充二处正色以后,五周年以上,习算、天文、三式经书精熟,许乞试,试中补充监生"。② 又《玉海》记云:"熙宁二年十一月,学士司马光言司天监吏员数百,欲试以经史,增置卜筮、天文、三式、历算四科。"③ 则此时已明确有历算、天文、三式等三科,并且尝试设置卜筮一科。元丰五年(1082),诏减罢司天监历算、天文、三式等三科令、丞、主簿,其言及减罢的原因是"冬官正王頠言,因减罢司天监官监仓草场门,故增置三令、丞、主簿,于职事无补故也"。④ 减罢司天监监仓场之事在熙宁四年(1071)二月之前,⑤ 则三科令、丞、主簿之官亦设于彼时。可见,从熙宁四年至元丰五年,历算、天文、三式三科更曾专门设置辖官,尽管只是为了增补司天监的经费。而在司天监改为太史局后,虽再无三科令、丞、主簿,但三科之规模已经固定。

　　进入南宋,利用三科考校生员的情况也基本相同。如绍兴十年(1140),高宗曾应太史局要求下诏"依本局试补子弟旧法"募试草泽人,其中"历算者,于《宣明》《大衍》《崇天》三经大历内能习一经气节一年;三式者,试验六壬大经、五行法、四课三传,决断神将所主灾福;天文者,试验在天二十八宿及质问天星"。⑥ 之后累次招募草泽,有不如法者,亦被指出。如孝宗淳熙元年(1174),枢密院奏太史局学生子弟应试,只考历算一科,而无试天文、三式二科者,要求黜落"业艺不精"的学生,将来考生需"精习三科,别行附试,各选三通为合格"。⑦ 又《宋史·选举志》有如下记载:

　　　　理宗淳祐十二年,秘书省言:"旧典以太史局隶秘省,今引试局生不经秘书,非也。稽之于令,诸局官应试历算、天文、三式官,每岁附试,通等则以精熟为上,精熟等则以习他书多为上,习书等则以占事有验为上。诸局生补及二年以上者,并许就试。一年试历算一科,一年试天文、三式两科,每科取一人。诸同知算造官阙有试,翰林天文官阙有试,诸灵台郎有应试补直长者,诸正名学生有试问《景祐新书》者,

① 《宋会要》职官三一之二,第 3801 页。
② 《宋会要》职官三一之四,第 3804 页。
③ (宋)王应麟:《玉海》卷一《天文·天文图》记《景祐古今天文图》注文,扬州:广陵书社,2016 年,第 49 页。
④ 《宋会要》职官三一之四,第 3805 页。
⑤ 《宋会要》职官一八之八四,第 3530 页。
⑥ 《宋会要》职官一八之九〇,第 3533 页。
⑦ 《宋会要》职官一八之九四,第 3536 页。

诸判局阙而合差，诸秤漏官五年而转资者，无不属于秘书；而局官等人各置脚色，遇有差遣、改补、功过之类，并申秘书。今乃一切自行陈请，殊乖初意。自今有违令补差，及不经秘书公试补中者，中书执奏改正，仍从旧制，申严试法。"①

秘书省对当时太史局诸生乃至官吏的考试升迁并未申明本省的情况提出了反对意见，上言所称"旧典""旧制"以及"稽之于令"者，应即南宋前期所行之"试法"。由此可见，太史局诸局官、生补试，依法皆需考试历算、天文、三式三科。

这条材料另有两点值得注意：第一，从所谓"诸局官应试历算、天文、三式官"的说法来看，北宋曾经置废三科令、丞、主簿，但到了南宋，尽管不一定就是重设令丞主簿之名，三科却仍有可能置有专管官员；第二，考试三科的水平判定，以通、精熟、习他书多、占事有验为等次，即运用其技能的最高服务对象是占验天命。这诚然是传统天学的固有范畴，但宋代式占归属于司天，并与天文、历算两者结合，相对于唐代其并列于龟、兆、《易》等"蓍龟"类占卜术中，在知识分类上可以说出现了不小变化。② 这不能不令人思考：唐宋之际"三式"在辖属掌用转移的同时，其内容和性质是否随之发生了变化？

二、成为"内算"：宋代"三式"内涵的变化

首先，与唐代相比，宋代"三式"的内容确实发生了变化。这一点，李零《中国方术正考》的式占研究中早已指出，③而本节则进一步关注其变化的过程和原因。

《唐六典》"太卜署"注云："一曰雷公式，二曰太一式，并禁私家畜，三曰六壬式，士庶通用之。"④"三式"为太一、雷公、六壬，其中太一式和雷公式是禁止私人蓄习的，因此民间通用六壬式。《唐律疏议》亦记："诸玄象器物、天文、图书、谶书、兵书、七曜历、太一、雷公式，私家不得有，违者徒二年。"⑤后周的禁习天文令中，仍称："自今后玄象器物、天文、图书、谶记、七曜历、太乙、雷公式法等，私家不得有及衷私传习，有者并须焚毁。"⑥

---

① 《宋史》卷一五七《选举三》，第 3687 页。
② 在《汉书·艺文志》"数术略"中，"以式占和从式占派生的各种择日之说为主"的五行，仅次于天文、历谱两类，而居于蓍龟、杂占、形法之前。（参见《中国方术正考》第 30—32 页）
③ 《中国方术正考》第二章《式与中国古代的宇宙模式》，第 92 页。
④ 《唐六典》卷一四《太常寺》，第 413 页。
⑤ （唐）长孙无忌等著，刘俊文笺解：《唐律疏议笺解》卷九《职制》"私有玄象器物"条，北京：中华书局，1996 年，2015 年第 2 次印刷，第 763 页。
⑥ （宋）王溥：《五代会要》卷一一《杂录》，傅璇琮、徐海荣、徐吉军主编《五代史书汇编》第 4 册，杭州：杭州出版社，2004 年，第 2128 页。

然而，宋太祖开宝五年(972)有诏："禁天象器物、天文、图谶、七曜历、太一雷公、六壬遁甲等不得藏于私家，有者并送官。"①太宗太平兴国二年(977)之禁令则谓："自今后除二宅及易筮外，其天文、相术、六壬、遁甲、三命及他阴阳书，民间并不得私习。"②真宗景德元年(1004)之禁中"除先准敕有□阴阳、卜筮书外，应元象气物、天文、星算、相术、图、谶、七曜、太乙、雷公式、六壬、遁甲，并先停废诸算历，私家并不得停留及衷私传习"③。景德三年(1006)又有《禁天文兵书诏》云："除准敕合留阴阳、卜筮书外，应玄象器物、天文、星算、相术、图书、七曜历、太乙、雷公式、六壬、遁甲、兵书、先诸家历算等，不得存留及衷私传习。"④五代至宋初制度、法令，多是在继承唐律、唐令的基础上，根据当时社会的具体变化作出修改。⑤ 事实上，在北宋建隆(960—962)时期编纂的《宋刑统》中，天文禁令仍"准"⑥于后周世宗所颁敕文，与唐律一脉相承，仅禁太一、雷公两式，六壬不在禁列，遁甲之名未显。但是，到了太祖朝稍晚的开宝(968—975)年间以至太宗、真宗两朝，禁令虽仍有太一、雷公，却明确地增加了六壬、遁甲二式。再看仁宗景祐元年(1034)至庆历元年(1041)修成的《崇文总目》，其"五行类"分上、中、下三部，中部所收为式书，从书目标题上看均为太一、遁甲及六壬三式。其中便有《景祐太一福应集要》《景祐遁甲符应经》《景祐六壬神定经》三部式书以及《景祐三式目录》一卷，是同样在景祐(1034—1038)年间，官方主持整理修撰并由仁宗亲自御制序言的一系列天文、五行、律历书之中

---

① (宋)李焘：《续资治通鉴长编》卷一三开宝五年九月末附，北京：中华书局，2004年第2版，第290页。

② 《宋大诏令集》卷一九八《政事五十一·禁约·禁天文相术六壬遁甲三命及阴阳书诏》载其时"太平兴国二年十月甲戌"(北京：中华书局，1962年，2009年第3次印刷，第731页)，《长编》卷一八则见于太平兴国二年十月丙子条下(第414页)。

③ 《宋大诏令集》卷一九八《政事五十一·禁约·禁习天文星算相术图谶诏(景德元年正月辛丑)》，第733页。

④ 《宋大诏令集》卷一九八《政事五十一·禁约·禁天文兵书诏(景德三年四月己亥)》，第734页。

⑤ 已有关于《天圣令》、唐令的研究，或者宋初《开宝通礼》等礼、律文本的制作均可看出这一模式。

⑥ (宋)窦仪等详定，岳纯之点校：《宋刑统校证》卷九《禁玄象器物》，北京：北京大学出版社，2015年，第136—137页。《宋刑统》该条首列《唐律》及"疏议"，再称"准周广顺叁年玖月伍日敕节文"云云，表明其于唐五代律文具有延续性。

关于式占部分的成果。① "景祐三式"即太一、遁甲、六壬，自此以后，世之所谓"三式"亦指此三者而言。

从禁书和藏目两个角度看来，由唐到宋"三式"在内容上发生了变化：即雷公式被遁甲式取代，而六壬式也进入了禁止私习的范畴。雷公式的具体情况不明朗，不过在宋代它似乎是厌胜术的一种。如《武经总要》有载："六壬有用雷公式，取其敌将姓名、生年月日时辰，朱书，乃一气书之，安岁杀之下，左手捻式鬼门，右手转式天罡，厌之，以天罡令敌畏伏自欺。"②另外，雷公式也仍然在禁书的范围。如哲宗元符时孟氏皇后被废，曾以"有雷公式图画之迹"③为其获罪理由。而六壬、遁甲二式却通过前述宋仁宗景祐时期的系统整理，获得了较大发展。《四库全书》收录明人程道生《遁甲演义》，在其《提要》中有言："仁宗时尝命修《景祐乐髓新经》，述七宗、二变，合古今之乐，参以六壬、遁甲。又令司天正杨维德撰《遁甲玉函符应经》，亲为制序。故当时壬、遁之学最盛，谈数者至今多援引之。"④宋代六壬、遁甲式的发达也许是雷公式被取代的原因。前述《武经总要》记"六壬有雷公式"，则雷公式或为六壬之一种。如严敦杰《式盘综述》一文根据《景祐六壬神定经》"释造式第三十"引《雷公杀律》说"式局有三"，认为（雷公式）"其设置与六壬

① （宋）王尧臣等著，（清）钱东垣等辑释：《崇文总目》卷四，《宋元明清书目题跋丛刊》第 1 册《宋代卷》，北京：中华书局，2006 年，第 142—145 页。冯锦荣《北宋仁宗景祐朝星历、五行书》（张其凡、陆勇强主编《宋代文化研究》第 1 辑，北京：人民出版社，1991 年，第 410—433 页）一文提出景祐时期，朝廷曾整理编纂了一批天文类书，包括有《景祐乾象新书》《景祐太一福应经集要》《景祐七曜神气经》《景祐遁甲符应经》《景祐六壬神定经》《景祐遁甲莲华通神经》《景祐天竺字源》《景祐新修法宝录》以及《景祐乐髓新经》《景祐广乐记》两部乐书等。该文认为，北宋初期的皇帝十分重视"天人感应"之说，对"天戒"非常警惕，于是他们一方面禁止民间妄谈灾异，另一方面加强对天文部门的组织管理。而仁宗更精研《尚书·洪范》的五行、皇极思想（如其撰有《洪范政鉴》一书），面对亲政以来频繁的自然灾害和天文异象，仁宗改元"景祐"，并系统地把其"帝王学"的理论推衍到天文、五行、律历等领域的研究及相关文献的编纂之上，从而产生了这批国家天文星占的文献。冯文在一般研究关注的严禁方面的措施之上，敏锐地点出了官方的知识整理同样是皇权对于"天命"的主动干预。不过它仅重点研究了《景祐乾象新书》，而且并未探索"整理"带来的知识内容与系统的变化，乃至过程以及背后的动力。
② （宋）曾公亮等：《武经总要》后集卷二十，文渊阁《四库全书》第 726 册，上海：上海古籍出版社，1987 年，第 949 页。
③ 出于《长编》卷五一五元符二年九月甲子邹浩上疏的李焘注文所引《元符三年五月元符皇后上皇太后表》（第 12253 页），同处又引《元符皇后谢表》云"逮从制勘禁书图画之备露"（第 12254 页），即雷公式仍在禁书之列。
④ （清）永瑢等：《四库全书总目》卷一〇九《子部·术数类二》，北京：中华书局，1965 年，2008 年第 8 次印刷，第 930 页。

式无异"。① 不过,明人黄佐《庸言》又有言:"式原于《易》……太一,天式,原于乾坤策数;雷公,地式,遁甲奇门,原于九宫;惟六壬,人式,原于《易》之坎难。"②如此,则雷公式与遁甲式相类。总之,雷公式或因与遁甲(或六壬)原理相近而被二取其一。③

由唐到宋,"三式"内容的变化及其进一步列禁是一个方面,而另一个更加值得关注的方面是,"三式"一类知识在官府部门之学中的位置乃至内涵发生的改变:在宋代,"三式"曾一度进入"算学"的范畴。

宋神宗元丰七年(1084)曾召试算学博士,哲宗元祐元年(1086)国子监请修建算学最后却遭废罢,直到徽宗崇宁三年(1104),才正式建立算、书、图、医四学,并修成算学、书画学敕令格式,冠名"崇宁国子监"颁行。之后算学经历了反复废置:崇宁五年(1106)正月诏罢四学,令附于国子监,又在十一月复置。大观四年(1110)再度罢置四学,医学生并入太医局、算学生并入太史局、书学生入翰林书艺局、画学生入翰林图画局。又在政和三年(1113)复置算学,宣和二年(1120)再罢。④ 北宋算学是依据唐制建立的,但与之相比有所不同。《唐六典》"国子监"条记载:

> 算学博士掌教文武官八品已下及庶人子之为生者,二分其经以为之业:习《九章》《海岛》《孙子》《五曹》《张丘建》《夏侯阳》《周髀》十有五人,习《缀术》《缉古》十有五人;其《记遗》三等数亦兼习之。《孙子》《五曹》共限一年业成,《九章》《海岛》共三年,《张丘建》《夏侯阳》各一年,《周髀》《五经算》共一年,《缀术》四年,《缉古》三年。其束脩之礼,督课、试举,如三馆博士之法。⑤

而《宋史·选举志》"算学"条则载:

> 其业以《九章》《周髀》及假设疑数为算问,仍兼《海岛》《孙子》《五曹》《张丘建》《夏侯阳》算法并历算、三式、天文书为本科。本科外,人占一小经,愿占大经者听。

---

① 严敦杰:《式盘综述》,《考古学报》1985 年第 4 期,第 445—464 页。然雷公式由于未曾流传,所以内容不详,与壬,遁何者相近,仍待考证。

② (明)黄佐:《庸言》卷十《象数第十》,《续修四库全书》第 939 册,上海:上海古籍出版社,2002 年,第 365 页。

③ 此外,宋代遁甲式的列禁和兴盛,或与宋廷重视其在战争中的作用(如阵法)有关。这个问题仍需另外研究。

④ 《玉海》卷一一二《学校下》"元丰算学、崇宁四学"条,第 4 册,第 2106 页。(宋)杨仲良撰,李之亮校点:《通鉴长编纪事本末》卷一三五《徽宗皇帝》"四学"条,哈尔滨:黑龙江人民出版社,2006 年,第 2286—2290 页。

⑤ 《唐六典》卷二一《国子监》,第 563 页。其中"记遗三等数",应作"《记遗》三等数",乃指汉代徐岳撰、北周甄鸾注《数术记遗》,点校本未加书名线。

公私试、三舍法略如太学。上舍三等推恩,以通仕、登仕、将仕郎为次。①

宋代算学明确增加了历算、三式、天文等三科内容。发生这一变化却有因由,即徽宗朝实行学校教育与选官制度结合的"三舍法",太史局相关部门的任职亦应在其中,既如上节所述,"三式"成了司天监(太史局)考校职员和生员的主要内容,那么此时也随之成了学校培养、选拔人才的科目之一。然而关键还在于,天文、历算、三式三科被置入了"算学"的范畴,意味着知识系统发生了结构性的变化。崇宁三年(1104)立算学,曾将"元丰算学条制重加删润,修成敕令,冠以崇宁国子监算学敕令格式为名"②,即现存《崇宁国子监算学令》《崇宁国子监算学格》《崇宁国子监算学对修中书省格》等三份文件,③可以进一步探讨"三式"等三科在算学中的性质与定位。其文如下:

《崇宁国子监算学令》

诸学生习《九章》《周髀》义及算问(谓假设疑数),兼通《海岛》《孙子》《五曹》《张丘建》《夏侯阳》算法,并历算、三式、天文书。

诸试以通粗并计,两粗当一通。算义、算问,以所对优长通及三分以上为合格。历算,即算前一季五星昏晓宿度,或日月交食,仍算定时刻早晚及所食分数。三式,即射覆及豫占三日阴阳风雨。天文,即豫定一月或一季分野灾祥。并以依经、备草、合问为通。

《崇宁国子监算学格》

官属

博士四员(内二员,分讲《九章》《周髀》;二员,分习历算、三式、天文)

学正(举行学规)一员

职事人

学录(佐学正纠不如规者)一人

学谕(以所习业传谕诸生)一人

司计(掌饮食支用)一人

---

① 《宋史》卷一五七《选举三》"算学",第3686—3687页。

② 《通鉴长编纪事本末》卷一三五《徽宗皇帝》"四学"条,第2286页。

③ 三份文件均保留在宋代《算学源流》(佚名:《算学源流》,《宋刻算经六种(附一种)》,北京:文物出版社,1981年)一篇中。所谓宋刻,乃南宋鲍浣之嘉定五、六年刻本,六种则有《数术记遗》《九章算经》《孙子算经》《五曹算经》《张丘建算经》《周髀算经》,是唐宋算学的主要课本。另有《算学源流》一种,附于《数术记遗》之后。

直学（掌文籍及谨学生出入）二人

司书（掌书籍）一人

斋长（纠斋中不如规者）、斋谕（掌佐斋长道谕诸生），斋各一人

学生

上舍三十人

内舍八十人

外舍一百五十人

补试（命官公试同）

《九章》义三道

算问二道

私试（孟月）

补上内舍（第一场）

《九章》《周髀》义三道

算问二道

私试（仲月）

补上内舍（第二场）

历算一道

私试（季月）

补上内舍（第三场）

三式或天文一道

《崇宁国子监算学对修中书省格》

秋试奏到算学升补上舍等第推恩下项：

上舍上等通仕郎

上舍中等登仕郎

上舍下等将仕郎

　　三份文件①记载了崇宁建立算学所制定的具体内容，包括：修习内容、考试科目与标准、补官方式和级别等三方面。第一方面，算学诸生所习内容，除历来之算经外，增加了历算、三式、天文书三类。第二方面，按照所习内容，考试分为算义算问、历算、三式、

天文四种，①而从录取标准看，算义算问主要考察所习算经的计算能力，历算具体考察七曜运行的计算，二者更偏重天文数学；而三式、天文两科，前者考察卜算未来日期吉凶与气象的能力，后者考察预测未来地域发生灾异的能力，均偏重占卜。第三方面，四种考试构成了学校通过三舍法举士、选官的基本途径：最初补入外舍的考试，作为选拔基础，考察的是算经义、算问两种。之后在三舍学习期间，舍内月考以及补入内舍、上舍的考试，都包含了算经义、算问、历算三者，三式和天文则是二选一——这既突出了前者的重要性，也旁证了三式和天文两科性质的相近，以及位置的稍次。最后，通过学校选拔，上舍上、中、下三等可获授官。

　　要而言之，虽然徽宗时算学反复废置，直至南宋似亦未再重建，历算、三式、天文三科依旧仍属太史局补官及招募草泽的考试科目，然而三式的性质与地位，和唐代相比，实已由其一度进入算学发生了改变。以三式的进入为代表，宋代算学比唐代更增加了天文数术的意味。反而观之，三式一类在唐代属于占卜术的知识，到了宋代，在其他类型的占卜术从官方实用知识中退出之时，②仍被视作具有重要价值的知识得以保留，并一跃而成为天文技术官的基础、算术的必修课。至如南宋著名的数学家秦九韶在其《数书九章》中明称"太乙壬甲"之"三式"为"内算"，尽管区别于以《九章》为代表的"外算"，却是"其用相同，不可歧二"的。③尽管中国的传统数学从来不乏方术的意味，④但在《汉书·艺文志》"数术略"的分类中，天文、历谱、五行、蓍龟、杂占、形法等虽然都具有占卜的性质，属于"五行"的诸家式法与包含在"历谱"内的算术，却是互相区别的。《隋

---

① 《通鉴长编纪事本末》卷一三五《徽宗皇帝》"四学"条有记，大观三年十一月丁未，太常寺言："被旨，天文、算学合奉安先师……今算学所习天文、历算、三式、法算四科，其术皆本于黄帝。宜尊黄帝为先师……"（第2288页）亦证算学有四科，所谓"法算"即算义算问一种。

② 如前述马端临指出唐代太卜署到了宋代不设隶官，又如熙宁二年司马光曾增设卜筮、天文、三式、历算四科，但随后固定下来的只有天文、历算、三式三科。

③ （宋）秦九韶：《数书九章·序》，王云五主编：《丛书集成初编》第1269册，上海：商务印书馆，1936年，第1页。

④ 根据李约瑟的研究，汉代徐岳的《数术记遗》是比《周髀》《九章》等"更接近于道教与占卜术的著作"，而其中"对一个幻方的清晰描述，成为数论中这一发现的最古的文字记载之一"。其所谓"幻方"指的是中国传统的河图洛书，而《数术记遗》中记载的是以九宫的计算方式为中心的"河图"。（参见《李约瑟中国科学技术史》第三卷《数学、天学和地学》，北京：科学出版社，2018年，第27、52页）无独有偶，九宫正是太一、遁甲、雷公等式的基础。《宋刻算经六种》将《数术记遗》列于首位，并将《算学源流》附在其后，或有"原初"的意味。

书·经籍志》《旧唐书·经籍志》《新唐书·艺文志》的分类亦同。① 只有宋代《崇文总目》曾将"算术"别为一类，而三式诸书犹在"五行"，②此后著名的私家目录《直斋书录解题》、官修《宋史·艺文志》也依旧同于汉、隋、唐诸志。③ 历代书目展现的知识结构对《汉书·艺文志》保留着较高的延续性，但在宋代的实际应用之中，式占与"数术"之中的天文、历算拔高于其他各种占卜术，共同构成了"天算"的重要知识系统。

宋代"三式"随着朝廷管理使用的辖属发生变化，在知识体系上与天文历算紧密结合，那么它的这些转变对后世产生了怎样的影响？

三、由"三式科"到"壬遁历"：元明清国家历日的全面铺展

宋代"三式"设科司天监（太史局）的制度在金元两代进一步发展。《金史》记载如下：

> 司天台提点，正五品。监，从五品。掌天文历数、风云气色，密以奏闻。少监，从六品。判官，从八品。教授，旧设二员，正大初省一员。（系籍学生七十六人，汉人五十人，女直二十六人，试补长行。）司天管勾，从九品。（不限资考、员数，随科十人设一员，以艺业尤精者充。）长行人五十人。（未授职事者，试补管勾。）天文科，女直、汉人各六人。算历科，八人。三式科，四人。测验科，八人。漏刻科，二十五人。（铜仪法物旧在法物库，贞元二年始付本台。）
>
> 右属秘书监。④

金朝司天台的归属与元丰改制以后的宋太史局相同，都属于秘书监（省）。具体设职则不完全一致，如监、少监上有高一级的提点，台内有专设教职等。司天管勾之职尤

---

① 据《隋书》卷三四《经籍三》（北京：中华书局，1973 年，1982 年第 2 次印刷，第 1022—1026 页、第 1026—1040 页）、《旧唐书》卷四七《经籍下》（北京：中华书局，1975 年，第 2037—2039 页、第 2041—2045）、《新唐书》卷五九《艺文三》（北京：中华书局，1975 年，第 1545—1548 页、第 1552—1559 页）所载，算术诸书皆在"历数（历算）"，而式占诸书在"五行"类。

② 《崇文总目》卷三《算术类》、卷四《历数类》《五行类》，第 108—110 页、第 137—139 页、第 139—148 页。

③ （宋）陈振孙著，徐小蛮、顾美华点校：《直斋书录解题》卷十二（上海：上海古籍出版社，1987 年）有"历象类"（第 363—369 页）、"阴阳家类"（第 369—374 页），还有"卜筮类"（第 374—377 页）、"形法类"（第 377—382 页），更接近于《汉书·艺文志》，其中"阴阳家类"大致同于"五行"。《宋史》卷二〇六《艺文六》有"五行"（第 5236—5264 页），卷二〇七《艺文七》有"历算"（第 5271—5277 页）。

④ 《金史》卷五六《百官志二》"秘书监"条，北京：中华书局，1975 年，2018 年第 12 次印刷，第 1270—1271 页。

为特别,《金史》但言"随科"设员,不甚明了。不过根据元代制度反推,①应指天文、算历、三式、测验、漏刻五科各设管勾官,员数亦据各科管辖人数而定,每十员设一名管勾官。包括"三式"在内诸科的进一步独立,显然是对宋代制度的继承与发展。

元代的司天机构变化更大,亦更为复杂。首先,由于历史原因,元朝设置了两个司天机构:司天台与太史院,并且明确了两者的分工。据《元史》记载,最早于中统元年(1260)"因金人旧制,立司天台",在至元十五年(1278),"别置太史院,与台并立,颁历之政归院,学校之设隶台"。其中,"司天监"归属"秘书监"条下,记云:

> 司天监,秩正四品。掌凡历象之事。提点一员,正四品;司天监三员,正四品;少监五员,正五品;丞四员,正六品;知事一员,令史二人,译史一人,通事兼知印一人。属官:提学二员,教授二员,并从九品;学正二员,天文科管勾二员,算历科管勾二员,三式科管勾二员,测验科管勾二员,漏刻科管勾二员,并从九品;阴阳管勾一员,押宿官二员,司辰官八员,天文生七十五人。②

而"太史院"则在"太常礼仪院"之后,记云:

> 太史院,秩正二品,掌天文历数之事。……后定置院使五员,正二品;同知二员,正三品;佥院二员,从三品;同佥二员,正四品;院判二员,正五品;经历一员,从五品;都事一员,从七品;管勾一员,从九品;令史三人,译史一人,知印二人,通事一人,宣使二人,典吏二人。春官正兼夏官正一员,正五品。秋官正兼冬官正中官正一员,正五品。保章正五员,正七品。保章副五员,正八品。掌历二员,正八品。腹里印历管勾一员,从九品。各省司历十二员,正九品。印历管勾二员,从九品。灵台郎一员,正七品。监候六员,从八品。副监候六员,正九品。星历生四十四员。挈壶正一员,从八品。司辰郎二员,正九品。灯漏直长一人。教授一员,从八品。学正一员,从九品。校书郎二员,正八品。③

司天台与太史院并立而分工,颁布历法等政务归太史院,而培养、考察专业人员等教育工作归司天台。据《续通志》案言:"考诸史志,称授时之政归院,学校之设隶监,盖当时习测验之学者置有提学、教授等官,以考其业,而天文星学必设专署,以省试而第别之,然后步算无差耳。"④意即司天独立为学校,是为了使天文历算工作更为精确,类似

---

① 《元史》卷九〇《百官六》"司天监"载云:"中统元年,因金人旧制,立司天台。"(北京:中华书局,1976年版,2017年第12次印刷,第2297页)
② 《元史》卷九〇《百官六》"司天监"条,第2296—2297页。
③ 《元史》卷八八《百官四》"太史院"条,第2219—2220页。
④ 《钦定续通志》卷一三四《职官略·金元官制下》"司天台"条,文渊阁《四库全书》,第394册,第223页。

现代的研究机构。因此，只有司天台，以及与之建置相似的回回司天监，才设有天文、算历、三式、测验、漏刻等五科及管勾官，负责教习和考试天文数术等相关知识。此外，元朝还在地方设置了行司天监，并且提高了司天台提点的品级。①

　　元朝司天台既参照"金人旧制"建立，其从属和建置又在宋、金的基础上更进一步，实际上是将宋代司天监（太史局）与国子监算学一度增广、混合的职能，更为合理地归置作两种：即司天监（太史局）原有的测验部门，包括天文院、测验浑仪刻漏所以及考试所需历算、天文、三式三科，同崇宁算学等内容，结合为一个部门；其余官属包括钟鼓院、印历所等则原地保留，别为一局。可见，宋代"三式"在管理制度上发生的变化，对金元两代实有根本影响。

　　元人王士点的《秘书监志》保留了至元（1264—1294）年间司天监诸科习学、考校的相关规定。首先，司天监学生每三年可以通过考试，成为台内固定人员，即"各验科目于所习经书内出题，试中者验文理以定高下，待阙补充长行人员"。其次，各科指定所习经书和试格，其中"三式科"所习经书有：《太一王希明金镜式经》《景祐福应集》《遁甲天一万一诀》《景祐符应经》《六壬连珠集》《神定经》《补阙新书》。再者，现职的三式科人员要求"依例每年推算风雨历日，并每月二次出题试问占筮之事"，若不定期参加考核，会受到处罚。② 由此可知，一者，由宋到元，太一、遁甲、六壬三式及其占验已经发展成为司天工作的重要部分；二者，由宋到元，"三式"一类的数术知识在官方的知识系统内被不断使用并且流传。例如元代"三式科"必修的经书之中，《景祐福应集》《景祐符应经》《神定经》正是北宋景祐年间官方重新整理编纂并由仁宗亲制序言的《景祐太一福应集要》《景祐遁甲符应经》《景祐六壬神定经》三部式占书，也是现存宋代式占书 5 种里的其中 3 种。③ 这意味着：首先，既然"景祐三式"作为经书之一，那么宋代三式的知识到了元代仍具有相当权威的位置；其次，三部式书自仁宗时期颁布以来，即使经历了宋、金、元的猛烈战火仍能一直保持比较完整的文本，或正因其曾作为政府管理的"三式"的重要内容而受到保护与流传。

---

① 《元史》卷九〇《百官六》"司天台"有云，（至元）八年增置了行司天监，"二十三年，置行监。二十七年，又立行少监。皇庆元年，升正四品。延祐元年，特升正三品。七年，仍正四品"。（第 2296 页）不过，至元十五年设立的太史院，其长官亦由从二品升至正二品。（参见《元史》卷八八《百官四》"太史院"，第 2219 页）可见元朝对司天工作的重视。

② （元）王士点撰，（元）商企翁编次，高荣盛点校：《秘书监志》卷七《司属·司天监》，杭州：浙江古籍出版社，1992 年，第 119、128 页。

③ 根据杜晓静《宋代术数文献研究》（东北师范大学硕士学位论文，2013 年）一文统计，现存 5 种宋代式占书，除了景祐三书，还有就是刘启明的《六壬军帐赋》和徐道符的《六壬心鉴歌》。

延及明清时代，尽管在朝廷的管理制度中不再见有"三式"之称，但从钦天监的职能仍能看到宋元式占——辖属归于司天监、内容并入"天算"——的变化带来的最终影响。明代钦天监属官除监正、副外，主要有春、夏、中、秋、冬五官正各一人，以及五官灵台郎、五官保章正、五官挈壶正、五官监候、五官司历、五官司晨、漏刻博士等。"习业"则有四科：天文、漏刻、回回、历。除监正、副外，"自五官正下至天文生、阴阳人"均需分科肄业。钦天监的重要职能之一就是呈奏各种的历，除了每年冬至颁布的来年的大统历以外，还有"《御览月令历》《七政躔度历》《六壬遁甲历》《四季天象录》"等，并且规定"凡历注，御历注三十事（如祭祀、颁诏、行幸等类），民历三十二事，壬遁历七十二事"，也就是一年中皇家与百姓各种具体行事的择日之历。[①] 将明代钦天监的情况置于宋元"三式"的发展趋势之中可以看到，至少其"（六）壬遁（甲）历"正是通过"三式"的运算而制定的历日，同时也是由朝廷全权管理，负责制作、颁行于民间的历法之一。清初顺治（1638—1661）年间，钦天监犹设天文、时宪、漏刻、回回四科。回回科后遭废罢，以剩余三科为主。除监正、副外，下属三个主要部门的职官有：时宪科五官正、天文科五官灵台郎、漏刻科五官挈壶正。职官名称、功能皆以三科划分。与明代相比，清代钦天监与三科结合的表现更加直接。事实上，清代时宪科的基本职能大致等同明代历科，"掌推天行之度，验岁差以均节气，制时宪书，（以国书、蒙文译布者，满、蒙五官正司之。推算日月交食、七政相距、冲退留伏、交宫同度，汉五官正司之。）颁之四方"。天文科"掌观天象，书云物机祥；率天文生登观象台，凡晴雨、风雷、云霓、晕珥、流星、异星，汇录册簿，应奏者送监，密疏上闻"。漏刻科"掌调壶漏，测中星，审纬度；祭祀、朝会、营建，诹吉日，辨禁忌"。也大致同于明代两科，其中清代漏刻科明确负责择日禁忌诸事，而阴阳生亦专门从属于漏刻科。[②] 明清钦天监制度既有继承，也有根据政权实际要求以及天文学知识的变化做出的调整，不过从大的趋势上看，式占等择日功能已经完全成为朝廷司天部门职能的一环，尤其是择日、阴阳等职归入漏刻，意味着官方部门掌握数术知识所制定的吉凶禁忌，在宫廷、民间的日常生活中全面铺展。

小　结

回到问题的最初，在宋代，国家历日对社会的时间信仰观念之所以具有较强的节制

---

① 《明史》卷七四《职官三》，北京：中华书局，1974 年，第 1810—1812 页。
② 《清史稿》卷一一五《职官二》，北京：中华书局，1970 年，第 3323—3325 页。

力,重要原因之一是"三式"的数术知识被宋朝政府纳入了"司天"管理的范畴,并且作为"天算"的一个必备环节予以应用。而将"三式"在管理制度上的变化,进一步放置于唐宋元明清的历史跨度中则可以看到,宋代发生的转折既是本质的,也是确定未来发展趋势的。

　　一般认为,汉唐以来的谶纬数术之流随着理学的发展,到宋代退出了历史舞台,或者成了"小道"知识。但实际上,它们的"退出"不但具有一个过程,而且不同类型的知识之间也有所区别。"三式"在宋代朝廷的管理中由于发生了辖属的转移,从而改变了应用的途径以及其在知识结构中的位置:它的管理由唐代属于太卜署,进入宋代乃至金元时代,归属于司天监(秘书省);它与天文、历算结合形成了"司天"的系统知识,并在明清时代表现为以某种历日的形式通过国家正式颁行于民间。以往研究习惯强调"三式"等天文数术知识的屡屡遭禁,然而,一则禁令实施的效果有限,二则朝廷实行禁令并不代表对这类知识的排斥。本文从"三式"的管理和使用自宋至元逐渐制度化的过程与趋势,认为宋代以后朝廷正是通过发展和应用这种"内部喉舌"①对社会知识与人们的生活方式产生影响。正如在"三式"成为天算之一的时候,所谓民间常用的"六壬式",既与士大夫在生活中更多接触的蓍龟、形法、杂占等种类的"小道"数术相区别,更不简单等同于士人/社会的知识文化,其之颇具影响力,同时也是朝廷制度有力推行的结果。

---

① 例如在前述秦九韶的《数书九章》中,"三式"被称为"内算"。又如在《元典章》中,"三式科管勾"等官属于"内任"。

宋代"历日"的编印与流通

郑州大学 郑文豪[*]

宋代语境中有"日历"和"历日"两个词。宋代的"日历"是史书体裁的一种,[①]"有时政记,……有起居注,类而次之,谓之日历,修而成之,谓之实录"[②]。宋代的"历日",大致相当于今天的日历。由于本文研究标的在所引宋代史料中皆称"历日",为避免语词混淆,本文题目采用宋代语境的"历日"。随着印刷术的发展,宋时历日已经相当程度深入百姓生活,其内容、功用与现代之日历有很多历史关联。朝廷垄断历日的编制与贩卖收益,利用历日笼络地方大臣、羁縻周边政权、便利百姓生产生活,客观上使历日扮演了不可忽视的重要角色。学术界已有相关研究成果多关注天文、历法,而对于直接适用于日常生活的历日关注不足,因此笔者不揣简陋,试对此问题做一些探索。

一、宋代历日的编印

宋初沿用唐制,历日的编修机构为司天台,太宗端拱元年(988)九月,始见司天监之称。元丰改制,司天监改称太史局。[③]太史局"掌测验天文,考定历法。凡日月、星辰、风云、气候、祥眚之事,日具所占以闻。岁颁历于天下,则预造进呈"。太史局下辖印历所,"掌雕印历书"。[④]太史局隶属于秘书省。每年编修历日的时间一般至少在前一年的上

---

[*] 作者简介:郑文豪,历史学博士,郑州大学历史学院讲师,主要研究方向为宋史。

[①] 王德毅:《宋代的日历和玉牒之研究》,《宋史研究集》第十七辑,台北:兰台出版社,1988 年,第 93 页。
[②] (元)脱脱等:《宋史》卷四四五《汪藻传》,北京:中华书局,1985 年,第 13131 页。
[③] 龚延明:《宋代官制辞典》,北京:中华书局,2007 年,第 245 页。
[④] 《宋史》卷一六四《职官志四》,第 3879 页。

半年,如嘉祐二年(1057)四月,司天监"详定来年戊戌岁历日"①,即修订嘉祐三年(1058)的历日。历日编修时间较长,一般需要跨数月之久,为了不耽误历日的颁赐,有时在年初就开始修来年之历。如绍兴五年(1135)二月,"诏布衣陈得一就秘书省别造新历"②。乾道六年(1170)二月时,太史局就开始推算乾道七年辛卯岁历日,乾道八年(1172)二月推算乾道九年癸巳岁历日。③

编修机构及职官对历日的正确性负责。朝廷督促相关人员如发现历日有误,可以向尚书省申报。如绍兴五年(1135)二月,诏"川陕宣抚司寻访眉州精晓历数人,将所降历日委官监视,参考有无差错,申尚书省"④。对造成历日错误的直接责任人,朝廷的处罚也很严重。淳熙十年(1183)十月十三日,尚书省上奏说淳熙十一年甲辰岁历日内有错字。朝廷下令李继宗放罢,"吴泽、荆大声、刘孝荣各特降一官,令临安府根追书写及雕字人各一名,从杖一百科罪"⑤。日历如果不应验,修历机构要及时修订。"熙宁元年七月甲申京师地震……乙酉又震。是夜,月食。有司言明天历不效,当改历。诏司天历官杂候星晷,更造新历。"⑥淳熙十五年五月(1188),"礼部言:国学进士石万并杨忠辅指淳熙十五年太史局所造历日差忒事,得旨令参定以闻,今据石万等造成历,与见行历法不同。乞以其年六月二日、十月晦日月不应见而见为验,及指陈淳熙历下弦不合在十一月二十四日,及差五六月,灭日日辰。诏尤袤、宋之端监视测验。先是,诏减省百司冗食,至是共裁减七百三十五人。从吴燠之奏也"⑦。历日不应验,就派官监视测验,查实则重修历日。

关于宋代历日的具体内容,现存《大宋宝祐四年丙辰岁会天万年具注历》⑧,记录了月日、干支、九宫、建除、人神所在,吉凶宜忌等信息,提供了较多历史线索。宋朝曾多次

① (清)徐松辑,刘琳、刁忠民、舒大刚、尹波等点校:《宋会要辑稿》运历一之八,上海:上海古籍出版社,2014年,第2686页。
② (元)佚名著,汪圣铎点校:《宋史全文》卷一九中,北京:中华书局,2016年,第1387页。
③ 《宋会要辑稿》职官一八之九三,第3535页。
④ 《宋史全文》卷一九中,第1387页。
⑤ 《宋会要辑稿》职官一八之九六、九七,第3538页。
⑥ (宋)杨仲良:《续资治通鉴长编纪事本末》卷五十三,北京:北京图书馆出版社,2003年,第1720—1721页。
⑦ 《宋史全文》卷二七下,第2347页。
⑧ (宋)荆执礼等:《大宋宝祐四年丙辰岁会天万年具注历》一卷,清张氏小琅嬛福地抄本,南京图书馆藏本。

向西夏颁赐历书,黑水城所出土西夏历书也能为了解宋代历书内容提供参考。① 除此之外,宋人施元之注苏轼诗云:"去冬节一百五日,即有疾风甚雨,谓之寒食。据历日在清明前二日,亦有云去冬至一百六日。"② 绍兴三年(1133)七月六日,"诏历日所合书天文等事,令太史局依旧每月实封供申"③。说明宋代历日还记载节气、天文等。皇帝、皇后的忌辰也会记入历日。如章宪明肃太后刘娥忌辰就被记入历日,"于历日内笺注立忌辰,禁音乐一日"④。淳熙十六年(1189)七月十四日,礼部、太常寺言:"十月初八日,高宗皇帝大祥。国朝故事,大祥后次年,合于历日内笺注忌辰。"朝廷采纳了建议。⑤ 高宗皇帝驾崩于淳熙十四年(1187)十月初八日,按《周礼》,两周年忌日为大祥。皇帝大祥后次年即死后第三年,历日内要笺注忌辰。从"国朝故事"用语看,这是宋代的常例。史料中亦可见孝宗皇帝、宪圣慈烈皇后、慈懿皇后、光宗皇帝、恭淑皇后、成肃皇后、仁怀皇后朱氏等大祥后次年历日内笺注忌辰的记录。⑥ 历日中会记载几龙治水。"历日中治水龙数,乃自元日之后,逢辰为支,即是。得寅卯在六日,为丰年之兆。"⑦ "老人多言历日载几龙治水,惟少为雨多,以其龙数多即少雨也。"⑧ 当年正月第一个辰日在第几日,即为几龙治水,历日载入此信息是古人对当年降雨量的预测。此外,"历日中有载除手足甲,又有除手足爪。甲爪之异,必自有说,而未有能辨之者。或谓附肉为甲,则甲何可除也?"⑨ 除手足甲一般指新生儿第一次剪手指甲或脚指甲,至于甲、爪之区别,宋人似乎也不太清楚。

---

① 参见史金波:《西夏的历法和历书》,《民族语文》2006 年第 4 期;邓文宽:《黑水城〈西夏皇建元年庚戌岁(1210 年)具注历日〉残片考》,《文物》2007 年第 8 期;许生根:《英藏黑水城出土西夏历书概述》,《西夏研究》2011 年第 4 期;侯子罡、彭向前:《黑水城出土元代 M1·1284[FW25]历日残页考》,杜建录主编《西夏学》第 11 辑,2015 年。

② (宋)苏轼著,(清)王文诰辑注,孔凡礼点校:《苏轼诗集》卷一一《常润道中,有怀钱塘,寄述古五首》施元之注,北京:中华书局,1982 年,第 553 页。

③ 《宋会要辑稿》职官一八之八八,第 3533 页。

④ 《宋史》卷一二三《礼志二十六·凶礼二》,第 2891 页。

⑤ 《宋会要辑稿》礼四二之一六,第 1680 页。

⑥ 《宋会要辑稿》礼四二之一六,第 1680 页。

⑦ (宋)庄绰撰,萧鲁阳点校:《鸡肋编》卷下,北京:中华书局,1983 年,第 100 页。

⑧ (宋)王巩:《甲申杂记》,《古逸丛书三编》影印南宋刻本,北京:中华书局,2004 年。

⑨ 《鸡肋编》卷下,第 108 页。

宋代历日有大历与小历之分。① 据《困学纪闻》载:"历有小历,有大历。唐曹士芳《七曜符天历》,一云《合元万分历》,本天竺历法,以显庆五年庚申为历元,雨水为岁首,世谓之小历,行于民间。石晋《调元历》用之。后周王朴校定大历,削去符天之学,为《钦天历》。"②大历比小历更为正式和严肃,用途上分别主要用于官方和民间,大历内容较为完备,小历简便易懂,价格上大历甚至是小历的数十倍。官方场合也并不完全排斥小历,例如在官方驿递铺,"诸急脚、马递铺给大历,人给小历",职官机构给大历,驿递人员给小历,分别用于记录驿递相关的日程、物件。③

宋代历日最开始是手写,宋真宗时开始雕版印刷发行。当时国家三年一修郊礼,需要颁行赦书,寇准建议模印以颁四方,有人反对而未施行,后来地方上奏赦书文字有误,王曾又建议采纳寇准建议,令刑部锁宿雕字人模印颁行。有鉴于此,相关官员建议历日也应该雕版印行。反对者认为如果出现一个错误,则每本都错。支持者辩驳说详加精校,使一字不误即可。朝廷采纳了雕印历日的建议,大大节约了成本。"旧每岁募书写人,所费三百千,今模印则三十千。"④制作费用仅为原来的十分之一。

历日印刷的具体过程,北宋前期由司天监负责,民间不得私印。⑤ 元丰以后由太史局负责印刷历日,部分边远路分可以由转运司印刷。⑥ 南宋时,太史局编修好大、小历日后,将小历直接送権货务雕印出卖。将大历交由两浙转运司雕造,然后将雕版运送秘书省印造。印出的历日颁赐交趾国及内外臣僚后,由秘书省将雕版再送権货务印造并适当修改文字,然后向民间发卖。⑦

私雕或盗印历日者,杖一百,并许人告发。如果是删减节略历日而雕印者,杖捌

①　据研究,小历之语始见《新五代史》,不过至少唐代时已有小历流行。相关研究参见:王立兴《关于民间小历》,《科技史文集》第 10 辑(天文学史专辑 3),上海:上海科技出版社,1983 年,第 45 页。石云里:《中国古代科学技术史纲·天文卷》,沈阳:辽宁教育出版社,1996 年,第 238 页。钮卫星:《唐代域外天文学》,上海:上海交通大学出版社,2019 年,第 201 页。

②　(宋)王应麟撰,(清)翁元圻等注,栾保群、田松青、吕宗力校点:《困学纪闻》卷九,上海:上海古籍出版社,2008 年,第 1138 页。

③　(宋)谢深甫撰,戴建国点校:《庆元条法事类》卷一七,哈尔滨:黑龙江人民出版社,2002 年,第 360 页。

④　(宋)李焘撰,上海师范大学古籍整理研究所、华东师范大学古籍整理研究所点校:《续资治通鉴长编》卷六一,真宗景德二年(1005)九月,北京:中华书局,2004 年,第 1366 页。

⑤　《续资治通鉴长编》卷二二〇,神宗熙宁四年(1071)二月,第 5360 页。

⑥　《续资治通鉴长编》卷三〇三,神宗元丰三年(1080)三月,第 7366 页。

⑦　《宋会要辑稿》职官一八之三一,第 3488 页。

拾。①"诸纠合人共犯私雕或盗印历日而首告以规赏者,徒贰年。"②"诸告获私雕或盗印历日应赏而犯人无财产或不足,以官钱代支者,不得过叁拾贯。"③"告获私雕或盗印律令格式刑统续降条制历日者,盗印,钱伍拾贯;私雕印(增添事件,撰造大小本历日贩卖同),钱壹伯贯"④可见,私雕、盗印或擅自修改历日内容者,将受到法律的严厉制裁。

二、颁赐地方与民间发卖

历日编修完成后,朝廷会举行公开颁行仪式,皇帝一般会"御明堂设仗,受来岁新历,退而颁之"⑤。时间一般在八月至十月,如政和七年(1117)十月一日,"诏御明堂平朔左个,颁行八年戊戌岁运历数"⑥。绍兴三年(1133)正月二十三日,再次强调历日须于十月上旬颁降了当。原因是提点广南路转运判官章杰上奏说:岭南距离遥远,交通不便,邮传经常迟滞,"每岁赐历及降下历日样,常是春深方到,岁初数日莫知晦朔之辩"⑦。历日送到宋代岭南时,春天已近结束,所以朝廷颁降历日应该预留更多运输时间,保证新年前能送到。史料中也有早至八月或晚至十二月的个例。如元祐二年(1087)十二月四日,"赐外任臣寮历日诏敕书"⑧。开禧三年(1207)时,颁降历日时间又提前到八月中旬。⑨

朝廷通过太史局颁赐历日给在外大臣,但通过进奏院传递。如史料中载:"进奏院递到宣头一道伏蒙圣恩赐臣熙宁五年历日一卷者。"⑩"臣补之言准进奏院递到宣一道,赐臣绍圣二年历日一卷者。"⑪"臣补之言今月二十五日都进奏院递到宣一道。伏蒙圣

① 《庆元条法事类》卷一七,第364—365页。
② 《庆元条法事类》卷一七,第365页。
③ 《庆元条法事类》卷一七,第365页。
④ 《庆元条法事类》卷一七,第366页。
⑤ 《宋会要辑稿》运历一之九,第2688页。
⑥ 《宋会要辑稿》运历一之九,第2688页。
⑦ 《宋会要辑稿》职官一八之八八,第3533页。
⑧ (宋)苏轼撰,孔凡礼点校:《苏轼文集》卷四一,北京:中华书局,1986年,第1183页。
⑨ 《宋会要辑稿》运历一之一二,第2690页。
⑩ (宋)曾巩:《南丰先生元丰类稿》卷二十八"谢熙宁五年历日表",《四部丛刊》初编集部第866册,景乌程蒋氏密韵楼藏元刊本,上海:商务印书馆,1929年。
⑪ (宋)晁补之:《济北晁先生鸡肋集》卷五五,《四部丛刊》初编第1034册,景上海涵芬楼藏明刊本,上海:商务印书馆,1929年。

恩赐臣崇宁元年历日一卷者。"①进奏院是朝廷和大臣进行诏赐颁降、奏状上达的信息沟通渠道。赐历日同时一般会降宣札,所以通过进奏院的这个途径也就顺理成章。南宋时期,历日颁赐一度通过枢密院。乾道六年(1170)二月,给舍胡沂等建议枢密院承旨司下设礼房,职掌赐历日、降宣,下诸路帅漕并诸州军守臣。朝廷采纳了这个建议。②

从宋人文集中篇数众多的《谢赐历日表》来看,历日颁赐最低到州、军、监级。绍兴十三年(1143)二月十二日,诏"降赐历日……入递颁赐在外知州、府、军、监及监司臣僚"③。颁赐历日,是逐年例行公事。以洪适为例,其文集中收录了《谢赐绍兴二十九年历日表》《谢赐绍兴三十年历日表》《谢赐绍兴三十一年历日表》《谢赐绍兴三十二年历日表》,可见朝廷的赐历日活动,应该是连贯逐年的。④ 颁给大臣历日有多重意义。一则显示朝廷权威,天下奉吾"正朔"。二则历日是指导农业活动的重要参考资料,有利于劝勉农桑,发展地方经济。

每年历日在朝廷正式颁行前,民间不得贩卖。"所有每年历日,候朝廷颁行后,方许私雕印传写,所司不得预前流布于外,违者并准法科罪。"⑤相关机构不得提前私自泄漏历日信息。这样做的原因,一则维护历日的准确性、统一性;二则维护朝廷对天文历法事务的权威,以巩固皇权的神圣性;三则保证朝廷对历日贩卖的专属权,保证朝廷的一项收入。

神宗熙宁四年(1071)十二月,为了垄断市场,禁止民间小历贩卖,只准贩卖官印大历。⑥ 一般路分的历日,由朝廷印刷后,商人可以从司天监或太史局批量购买历日,在指定路分范围内贩卖。"诸在京官印历日许人买,赴指定路分出卖。"⑦边远路分,朝廷印刷好再运输过去的话,成本太高。元丰三年(1080)三月规定"川、广、福建、江、浙、荆湖路"等由朝廷颁发历本作为标准,然后转运司依据标准历本,自行组织印刷和贩卖,其收益年终时换购成轻便易携物品,随转运司纲运押送到首都,交给历日所。⑧ 后来因民间私印小历屡禁不绝,乾道元年(1165)八月,官方同时贩卖大历、小历,均由榷货务印刷

① 《济北晁先生鸡肋集》卷五五《齐州谢赐历日表》。

② 《宋会要辑稿》职官六之一五,第3162页。

③ 《宋会要辑稿》职官三一之八,第3809页。

④ (宋)洪适:《盘洲文集》卷三十七,《四部丛刊》初编第1174册,景上海涵芬楼藏宋刊本,上海:商务印书馆,1929年。

⑤ (宋)窦仪撰,薛梅卿点校:《宋刑统》卷九,北京:法律出版社,1999年,第176页。

⑥ 《续资治通鉴长编》卷二二八,神宗熙宁四年(1071)十二月,第5553页。

⑦ 《庆元条法事类》卷一七,第365页。

⑧ 《续资治通鉴长编》卷三〇三,神宗元丰三年(1080)三月,第7366页。

出卖。①

　　关于历日贩卖的价格。神宗熙宁四年(1071)前后,小历每本直一二钱,大历每本直钱数百。② 日本僧人成寻熙宁六年(1073)在开封所买新历花了六十文。③《投辖录》记载沈元用曾于地摊购买了一本旧历书,花十余文。④ 乾道四年(1168)前后,太史局笺注本历日,每本三百文。⑤ 嘉定年间,台州的历日一册七十文。⑥

　　关于贩卖历日的收入分配,熙宁四年(1071)二月时,将司天监印卖历日所得,作为司天监相关人员的补贴发放。"以息均给本监官属。后自判监已下凡六十八员皆增食钱,判监月七千五,官正三千,见卖历日官增食钱外,更支茶汤钱三千。"⑦元丰改制时,规定太史局官属补贴由历日息钱内支出。"太史局官属等日给食钱,依元丰法,合于出卖历日息钱内支给。"⑧宣和四年(1122)五月,规定诸路转运司每年收到历日净利钱,限次年四月一日以前全部押运送往京城。⑨ 宣和六年(1124)十月三日,因川广等一十三路可以自印贩卖历日,导致太史局收入降低。户部尚书卢益等上奏,以地方印历差错较多、发行滞后等为由,请求"住罢逐路印卖,并令在京与其余路分所用历日一体印卖收息,应副支用"⑩。朝廷采纳了建议。宣和六年(1124)十一月二十四日,朝廷以"若只在京印卖,商贾难于般运,难以遍及远方"为由,废止了宣和六年十月三日住罢逐路印卖指挥,恢复元丰制度。⑪ 地方贩卖历日收入,由榷货务送纳上京。绍兴三年正月(1133)已卯,"诏太史局依旧颁降诸路转运司历日,其卖到净利钱赴榷货务"⑫。然后由朝廷再分配。

---

① 《宋会要辑稿》职官一八之三一,第 3488 页。
② 《续资治通鉴长编》卷二二八,神宗熙宁四年(1071)十二月,第 5553 页。
③ [日]成寻著,王丽萍点校:《参天台五台山记》卷六,上海:上海古籍出版社,2009 年,第 472 页。
④ (宋)王明清:《投辖录》"沈元用"条,《全宋笔记》第六编,郑州:大象出版社,2013 年,第 100 页。
⑤ 《宋会要辑稿》职官一八之九二,第 3535 页。
⑥ 陈耆卿《嘉定赤城志》卷一六《起发转运司》:"历日钱五十贯文。每年承转运司降下一千五百册,每册拘钱七十文,计一百五贯,案例分下诸县及院观,每以四散,艰于拘督,嘉定十五年本州那发上件。"
⑦ 《续资治通鉴长编》卷二二〇,神宗熙宁四年(1071)二月,第 5360 页。
⑧ 《宋会要辑稿》运历一之一〇,第 2688 页。
⑨ 《宋会要辑稿》职官一八之八六,第 3531 页。
⑩ 《宋会要辑稿》运历一之一〇,第 2688 页。
⑪ 《宋会要辑稿》运历一之一〇,第 2688 页。
⑫ (宋)李心传著,胡坤点校:《建炎以来系年要录》卷六二,北京:中华书局,2013 年,第 1231 页。

三、历日的多种功用

历日的广泛贩卖,为百姓生活提供了便利。城市、乡野在庆祝新春新年时,购买新历日成为辞旧迎新的一种象征。范成大《除夜书怀》诗中有云:"床头新历日,衣上旧尘埃。"①苏轼《除夜野宿常州城外》诗中也有"老去怕看新历日,退归拟学旧桃符"②之句,说明年末岁初,置办新年历日已经成为日常生活不可或缺的一部分。南宋时,杭州春节集市上有人贩卖历日,"有十数般春幡、春胜、锦背历日"③。

历日贩卖可以增加朝廷收入。嘉定年间,"每年承转运司降下一千五百册,每册拘钱七十文,计一百五贯"④。历日收入用来补贴修历官员的收入,为朝廷节省了财政开支。当然,官方垄断历日贩卖的收益,也被有些大臣批评,熙宁四年(1071)七月,御史刘挚批评王安石变法,"其征利也,则下至于历日而官自鬻之"⑤。认为这是过度与民争利。

驿递铺使用历日监督文书等驿传物件的传递效率,记录驿传人员的工作日程,"诸急脚、马递铺给大历,人给小历(急脚铺别给御前急递及尚书省、枢密院、入内内侍省、御药院往还小历),本州预于前一月中旬,以官纸用印,递付逐铺节级分授。遇有传送,以日时名数抄上大历,誊入小历"⑥。一些重要的文书如御前急递并尚书省、枢密院、入内内侍省、御药院、经略安抚都总管司急递文书等,以及沿途需要经过险恶道路的情况,需要派遣两人共同前往下个递铺,交割完毕后在历日上批注相关时辰。如果某递铺无人值守,也要在历日上批录相关事因及发遣日时。相关历日记录由巡辖使臣和本县尉到递铺检查监督,次月一日上报所在州,当天起十日内,由通判审核有无稽违,连同巡辖使臣、县尉检查记录,整理送本州架阁作为档案保存,"及申提举官季一点检。其逐州县并巡辖使臣、界首铺每季互相取历磨勘"⑦。

---

① (宋)范成大:《范石湖集》卷四,北京:中华书局,1962年,第44页。

② 《苏轼诗集》卷一一《除夜野宿常州城外二首其一》,第533页。

③ (宋)西湖老人:《西湖老人繁胜录》,见《东京梦华录》(外四种),上海:古典文学出版社,1956年,第124页。

④ (宋)陈耆卿:《嘉定赤城志》卷一六《起发转运司》,《宋元方志丛刊》第七册,北京:中华书局,1990年,第7414页。

⑤ 《续资治通鉴长编》卷二二五,神宗熙宁四年(1071)七月,第5484页。

⑥ 《庆元条法事类》卷一七文书门二,第360页。

⑦ 《庆元条法事类》卷一七文书门二,第360页。

　　历日也是朝廷处理与周边政权关系的工具。① 江南尚未统一时，为了彰显皇威以及安抚江南政权，建隆三年（962）十一月"壬午，初颁历于江南"②。"荆、广、川峡溪洞诸蛮及部落蕃夷，受本朝官封而时有进贡者，本朝悉制为羁縻州。盖如汉、唐置都护之类也。如今之安南国王，每遇大礼，则加封功臣字号，而每岁差官押历日赐之是也。"③甘州回鹘与西夏交恶，朝廷为钳制西夏，笼络甘州回鹘，"赐宝钿、银匣、历日及安抚诏书"④。绍兴元年（1131），"八月，诏：以夏本敌国，毋复班历日"⑤。笼络时赐历日，排挤时不赐历日。日历成了表达政治态度的工具。

　　宋廷对周边政权高丽、交趾、安南等国均有赐历日行为。真宗大中祥符八年（1015）十一月"癸酉，高丽进奉告奏使、御事民官侍郎郭元与东女真首领何卢太来贡。高丽主表求赐历日及尊号……明年，辞还，赐其主诏书七函、衣带、器币、鞍马及经史、圣惠方、历日等"⑥。元丰改制之后，主客部下设一案，名为知杂封袭朝贡案，"掌诸蕃国入贡并每年颁赐交趾国历日及勘会柴氏袭封事"⑦，史料中也有"赐交趾郡王李阳焕历日敕书"⑧。颁降安南的历日，一般是由吏部差短使使臣管押前去，庆元三年（1197）四月以后，改派枢密院使臣管押前去，使臣将历日交给广西转运司，然后由广西转交安南。⑨赐历日时，一般随降敕书。"淳熙元年二月，进封天祚安南国王，加号守谦功臣。二年，赐安南国印。三年，赐安南国历日。"⑩实际上据《玉堂类稿》载，淳熙二年（1175）时已赐历日，有"赐南平王李天祚淳熙二年历日敕书"⑪。淳熙三年（1176）八月二十四日，宰执奏："赐安南国历日，合降敕书。缘李天祚薨，其子未有封爵，欲作《赐安南国王嗣子龙翰历日敕书》。"朝廷从之。⑫ 颁赐历日是两国藩属关系的体现，也是君臣关系的象征。朝

①　可参考韦兵：《竞争与认同：从历日颁赐、历法之争看宋与周边民族政权的关系》，刘复生主编《川大史学》第 2 辑中国古代史卷，2016 年。

②　《续资治通鉴长编》卷三，第 76 页。

③　（宋）赵升撰，王瑞来点校：《朝野类要》卷一，北京：中华书局，2007 年，第 35 页。

④　《续资治通鉴长编》卷八五，真宗大中祥符八年（1015）九月丙子，第 1951 页。

⑤　《宋史》卷四八六《外国传二》，第 14023 页。

⑥　《续资治通鉴长编》卷八五，真宗大中祥符八年（1015）十一月，第 1957 页。

⑦　《宋会要辑稿》职官一三之四六，第 3393 页。

⑧　（宋）沈与求：《沈忠敏公龟溪集》卷五，《四部丛刊》续编第 401 册，影印海盐张氏涉园藏明刊本，上海：商务印书馆，1934 年。

⑨　《宋会要辑稿》蕃夷四之五五、五六，第 9803 页。

⑩　（元）脱脱：《宋史》卷四八八《外国传四》，第 14071 页。

⑪　（宋）崔敦诗：《崔舍人玉堂类稿》卷一六《口宣》，《四部丛刊》四编，北京：中国书店出版社，2016 年。

⑫　《宋会要辑稿》蕃夷四之五一、五二，第 9801 页。

廷在《赐安南国王李龙翰历日敕书》中说:"朕稽尧典之授时,裁成历纪;仿周人之颁朔,远暨藩方。眷乃忠纯为予屏翰,念将更于华岁,其预锡于新书,钦奉国章,益修侯度。"①勉励安南国王应该忠于宋朝,为国境之屏翰。

　　宋自澶渊之盟以后,对辽关系突破了传统中原王朝的正统论,承认天下有两个天子。历日问题也体现了两国关系的微妙互动。神宗元丰元年(1078),知定州薛向得到一份辽国所印历日,其中本年闰月在十二月,与宋朝不同。这就产生了一个问题,两国在使节往来的交聘关系中,一些礼节如贺正之礼的时间点应该以哪边历日为准? 如果各依其历,则两国贺正时间相差二十日左右。但两国碍于体面,不愿意删己以就彼,并不急于协调两国的历日时间。后来宋朝得到一份唐历,其中乙酉年闰月在十二月,于是宋以沿袭唐历的理由,修改本国历法,将闰月改在十二月,客观上实现了与辽国历法的一致。②

结　语

　　综上可见,宋代历日的编修由司天监或太史局负责,编修机构及职官对历日的正确性负责,出现差错要受到法律制裁。每年编修历日的时间一般在前一年的上半年。历日编修完成后,朝廷会举行公开颁行仪式,时间一般在八月至十月。朝廷颁赐历日给地方府州军监守臣及监司等大臣、周边政权首领等,同时向民间发行。历日分大历、小历,大历由朝廷发行,小历私行于民间,熙宁四年(1071)禁止小历贩卖,乾道元年(1165)八月,官方同时贩卖大历、小历。历日内容主要记录日期、干支、九宫、建除、人神所在,吉凶宜忌等信息。宋代历日最开始是手写,宋真宗时开始雕版印刷发行。历日印刷的具体过程,北宋前期由司天监负责印刷,民间不得私印。元丰以后由太史局负责印刷历日,部分边远路分可以由转运司印刷。南宋时,太史局编修好大、小历日后,将小历直接送榷货务雕印出卖。将大历交由两浙转运司雕造,然后将雕版运送秘书省印造,印出的历日颁赐交趾国及内外臣僚后,由秘书省将雕版再送榷货务印造并适当修改文字,然后向民间发卖。朝廷通过太史局颁赐历日给在外大臣,但通过进奏院传递。南宋时期,历日颁赐一度通过枢密院。历日贩卖一般通过榷货务。历日的收入所得,一般作为编修

---

① (宋)真德秀:《西山先生真文忠公文集》卷二三,《四部丛刊》初编第 1273 册,景江南图书馆藏明正德刊本,上海:商务印书馆,1929 年。

② (宋)吴曾:《能改斋漫录》卷一二"闰不同"条,上海:上海古籍出版社,1979 年,第 360 页。

历日相关人员的补贴发放。历日的广泛贩卖，为百姓生活提供了便利，增加了朝廷收入来源。驿递铺使用历日作为监督驿传物件传递效率的工具，记录驿传人员的工作日程。历日也可以作为朝廷处理与周边政权关系的工具之一，并可以反映不同政权外交关系的微妙互动。

南宋殿前司"新司"诸军番号演变考略

西北大学　贾连港[*]

一

经靖康之变,三衙禁旅多死亡、流散于战争,但建炎初期经过重整的"三衙禁旅"仍是扈卫力量之一。[①]建炎元年(1127)五月八日,"殿前司以殿班指挥使左言权领,而侍卫二司犹在东京",[②]此时殿前司的军力当很有限。加之在高宗航海避敌的艰难时期,发生了诸班直叛乱,直接导致了诸班直几近罢废的窘境。建炎四年(1130)四月,高宗回到会稽,"乃选(御前)中军五百人入直殿岩,悉乌合之众"[③],诸班直的兵力并未恢复。三衙之中以殿前司为最重,"掌诸班直禁旅扈卫之事"[④],却因南宋之初三衙禁卫单弱以及班直变乱,难以得到高宗信任。直到绍兴五年(1135)十二月一日,在赵鼎、张浚并相后,[⑤]杨存中所领神武中军并入殿前司,其本人也"真除"权主管殿前司公事。[⑥]但实际

---

[*]　作者简介:贾连港,西北大学宋辽金史研究院暨历史学院副教授。

① 　(清)徐松辑:《宋会要辑稿》礼五二之一二,北京:中华书局,影印本,1957 年。

② 　(宋)李心传:《建炎以来系年要录》卷五,建炎元年五月丁酉,上海:上海古籍出版社,2008 年,第103 页。

③ 　(宋)李心传著,徐规点校:《建炎以来朝野杂记》甲集卷一八《三衙废复》,《全宋笔记》第六编第 7 册,郑州:大象出版社,2013 年,第 315—316 页。

④ 　《宋史》卷一六六《职官志六·殿前司》,北京:中华书局,1977 年,第 3928 页。

⑤ 　《建炎以来系年要录》卷九六,绍兴五年十二月庚子,第 341 页。

⑥ 　《建炎以来系年要录》卷九六,绍兴五年十二月己亥,第 340 页。按,杨存中本名杨沂中,绍兴十二年改。为方便计,笔者统称为杨存中。

上，自绍兴五年七月始，杨存中已开始主掌殿前司了。[①] 因靖康勤王，杨存中见知于高宗，从大元帅府时代扈卫高宗到南宋建立后统率神武中军、掌管殿前司，逐渐成为高宗的亲信大将。

与此同时，杨存中掌管下的殿前司，其编制构成也发生着变化。首先，绍兴五年（1135）至绍兴七年（1137）三衙开始恢复后，仍然保留原北宋三衙所部的主要番号，但每个番号之下仅留一个指挥，军、厢两级编制不复存在。[②] 史称"旧司至今存，则东都卫兵之遗也"[③]。殿前司也不例外。更为重要的是，以神武中军为核心基础组建起来的殿前司，其编制亦受神武中军的影响，"应本军（按：神武中军）统制、统领改充殿前司统制、统领官，余官依此"[④]。这些主力军队或可称之为"新司"。关于殿前司"新司"诸军番号的渊源、流变，王曾瑜、范学辉两位先生虽已有初步整理，[⑤]却仍有未尽之处。笔者在此基础上略作补苴。

二

据载，"神武中军旧止三部，自杨存中职殿严，始增为五军"[⑥]。目前，我们已经难以明了神武中军最初的三部。但从现今残存的史料来看，神武中军先后已有左、右、后、中四部。[⑦] 绍兴四年（1134）三月乙丑杨存中创选锋部，[⑧]至少在绍兴五年六月，也已出现神武中军前部。[⑨] 在真除权主管殿前司公事后（绍兴五年十二月己亥），杨存中已将殿

---

① 按，李心传自注云："沂中自刘锡之罢，已暂权殿前司，至此真除也。"刘锡自绍兴四年三月任权主管殿前司公事，至绍兴五年七月被罢免（《建炎以来系年要录》卷七四，绍兴四年三月乙亥，第52页、卷九一，绍兴五年七月乙未，第293页）可见，自绍兴五年七月起，杨存中实际上已经掌管殿前司了。

② 范学辉：《宋代三衙管军制度研究》，北京：中华书局，2015年，第566—568页。

③ （宋）潜说友：《（咸淳）临安志》卷一四《禁卫兵》，《宋元方志丛刊》本，北京：中华书局，1990年，第3496页。

④ 《宋会要辑稿》职官三二之一一。

⑤ 王曾瑜：《宋朝军制初探》（增订本），北京：中华书局，2011年，第192—193页；范学辉：《宋代三衙管军制度研究》，第568—582页。

⑥ 《建炎以来系年要录》卷一五八，绍兴十八年闰八月乙酉，第213页。

⑦ 据笔者所见史料，此前神武中军已有右部统领官韩世良、中部统领官朱师闵、后部同统领柴斌。参《建炎以来系年要录》卷四九，绍兴元年十一月癸丑，第672页；卷五二，绍兴二年三月己酉，第704页；卷六七，绍兴三年七月甲戌，第867页；卷七四，绍兴四年三月乙丑，第48页。

⑧ 《建炎以来系年要录》卷七四，绍兴四年三月乙丑，第48页。

⑨ 《建炎以来系年要录》卷九〇，绍兴五年六月丙午，第273页。

前司扩充成前、后、左、右、中等五军，"自五军外，又置选锋、护圣二军"①，即绍兴五年十二月殿前司已有前军、后军、左军、右军、中军、选锋军、护圣军等七军。同月，又将原都督府中军统制军马吴锡转任殿前司策选锋军统制，②殿前司增至八军。绍兴七年（1137）八月十二日，吴锡任殿前司摧锋军统制。③ 绍兴九年（1139）三月，"改衙兵为游奕军，始令殿前立神勇步兵一军"④，至此，殿前司已有十一军。再加上王曾瑜先生从《建炎以来系年要录》中检索出绍兴十年（1140）、十三年（1143）提及的殿前司勇胜军、忠勇军，⑤加起来，正好为绍兴九年殿前司十三军，分别是前军、后军、左军、右军、中军、选锋军、护圣军、策选锋、摧锋军、游奕军、神勇步军、勇胜军、忠勇军。另据《建炎以来系年要录》所言，绍兴九年三月二十一日殿前司"统制十三，统领二十一"⑥，可见，此时殿前司已有十三军，而其番号当依前述考证。此外，《（咸淳）临安志》载王希吕撰普向院《记文》称："绍兴十六年，朝廷以西湖之阴隙地三百弓为殿前司十三军之茔地。"⑦亦可印证殿前司为十三军的推测。

　　大约在绍兴十八年（1148）闰八月，殿前司变为十二军，李心传言道："自杨存中职殿（严）〔岩〕，始增为五军，又置护圣、踏白、选锋、策选锋、游奕、神勇马、步，凡十二军。"⑧据此，绍兴十八年十二军分别为：前军、后军、左军、右军、中军、护圣军、踏白军、选锋军、策选锋军、游奕军、神勇马军、神勇步军。两相比较，此时增置踏白军、神勇马军两军，撤销了勇胜军、忠勇军、摧锋军三军。这正如王曾瑜先生所言："各军的番号有增有废。"⑨需要指出的是，王曾瑜先生对前引李心传所言有所辨析，认为"《要录》中虽说殿前司'凡十二军'，但却只载十一军的番号"⑩。为解此矛盾，王先生将李心传自注中明确说是绍

① 《建炎以来系年要录》卷九六，绍兴五年十二月己亥，第340页。
② 《建炎以来系年要录》卷九六，绍兴五年十二月庚戌，第346页。
③ 《建炎以来系年要录》卷一一三，绍兴七年八月壬寅，第537页。
④ （宋）王应麟：《玉海》卷一三九《绍兴宿卫亲兵》，南京：江苏古籍出版社、上海：上海书店出版社，影印浙江书局本，1987年，第2602—2603页。
⑤ 王曾瑜：《宋朝军制初探》（增订本），第192页。按，虽然勇胜军与忠勇军的番号出现在《建炎以来系年要录》中的时间分别是绍兴十年、十三年，但是绍兴九年时很可能已经正式出现了。史料所限，当详考之。
⑥ 《建炎以来系年要录》卷一二七，绍兴九年三月辛丑，第728页。
⑦ 《（咸淳）临安志》卷七九《寺观五》，第4082页。
⑧ 《建炎以来系年要录》一五八，绍兴十八年闰八月乙酉，第213页。按：点校本《建炎以来系年要录》从"神勇"处点断，亦误。参李心传撰，胡坤点校：《建炎以来系年要录》卷一五八，绍兴十八年闰八月乙酉，北京：中华书局，2013年，第3000页。
⑨ 王曾瑜：《宋朝军制初探》（增订本），第192页。
⑩ 王曾瑜：《宋朝军制初探》（增订本），第192页。

兴二十九年(1159)设置的破敌军归入其中以补足十二之数。实际上,很可能是王先生误认为神勇马军与步军为一军,而致理解偏差。① 神勇军的发展颇为复杂,先看以下四条史料:

> (绍兴十五年九月庚戌)宁州观察使、殿前司神勇马、步军统制王权为武康军承宣使,充建康府驻扎御前诸军都统制。②

> (绍兴十五年十一月辛酉)降授武功大夫、殿前司神勇〔马、步〕军统制李耕复饶州刺史、知金州,主管金、房、开、达州安抚司公事。③

> (绍兴)二十四年二月六日,翊卫大夫、贵州防御使、江南西路兵马钤辖、殿前司神勇马军统制刘锐特于阶官上降两官。④

> (绍兴三十一年二月甲寅)随州观察使、殿前司神勇马、步军同统制李捧权主管侍卫步军司公事,仍以神勇军隶步军司。⑤

虽然上引史料残缺不全,如若考虑前述绍兴九年(1139)立神勇步军的情形,我们仍能发现,从绍兴九年到三十一年(1161),神勇马步军大致经历了一个分合的过程,先有神勇步军,后有神勇马、步军为一军,又有神勇马、步军分立,最后是神勇马、步军合一。而绍兴十五年(1145)至二十四年(1154)之间,在绍兴十五年李耕不担任殿前司神勇马、步军统制之后,很可能出现了如绍兴二十四年所载神勇马军、步军分立的情况。据此推断,绍兴十八年(1148)闰八月时,神勇马军与神勇步军应是两支不同军队的番号。

高、孝之际,殿前司诸军亦有变化。在绍兴三十一年,高宗另设殿前司策应右军,⑥加上之前创设的破敌军,神勇军改隶步军司,⑦绍兴三十一年殿前司仍保持十二军的规模,其番号依次为:前军、后军、左军、右军、中军、护圣军、踏白军、选锋军、策选锋军、游奕军、策应右军、破敌军。孝宗即位后,又创"神劲、神武、忠勇、忠锐、忠武军"。其中"神武军者,四川宣司所遣护卫兵也,隶殿前司,乾道二年秋初立军名"。因新设诸军"旋创

---

① 范学辉先生对此问题亦有不同看法。他从护圣军分为马、步两军和殿前司亦有水军着眼,论证殿前司十三军。但是,在编制体系上,护圣军仍为一军,其所举例证偏于高孝之际,晚于绍兴十八年。参范学辉《宋代三衙管军制度研究》,第574—575页。

② 《建炎以来系年要录》卷一五四,绍兴十五年九月庚戌,第149页。

③ 《建炎以来系年要录》卷一五四,绍兴十五年十一月辛酉,第155页。按:"马、步"二字据上引史料及文义补。

④ 《宋会要辑稿》职官七〇之三七至三八。

⑤ 《建炎以来系年要录》卷一八八,绍兴三十一年二月甲寅,第688页。

⑥ 《建炎以来系年要录》卷一九二,绍兴三十一年八月乙卯,第738页。

⑦ 《建炎以来系年要录》卷一八八,绍兴三十一年二月甲寅,第688页。

之,后亦废"①,包括神武军在内的前引诸军可能很快被罢废了。此后,殿前司大致保持十军的规模,其番号分别是:前军、右军、中军、左军、后军、选锋军、策选锋军、护圣军、游奕军、神勇军。② 理宗宝祐二年(1254)增设浙江水军,是为宝祐二年十一军。③

三

综上,在杨存中兼领殿前司后,殿前司获得了较之此前更为迅速的发展。自绍兴五年以来,殿前司诸军编制大为扩增,至高、孝之际大约保持十二军的规模。南宋殿前司"新司"诸军构成以绍兴年间变化最剧,其后趋于稳定。诸军番号的数量可明确考知者如下:(1)绍兴五年十二月七军、八军;(2)绍兴七年九军;(3)绍兴九年十三军;(4)绍兴十八年十二军;(5)绍兴三十一年十二军;(6)南宋中期十军;(7)宝祐二年十一军。其实,侍卫马军司和步军司的"新司"也大致经历了类似扩张、发展的过程。合而观之,有助于我们进一步认识南宋三衙的组织体系和运行机制。

---

① 《建炎以来朝野杂记》甲集卷一八《神劲、神武、忠勇、忠锐、忠武军》,第335页。
② 《西湖繁胜录》,《续修四库全书》本,第474册,上海:上海古籍出版社,2002年,第795—796页。
③ 王曾瑜先生据《(咸淳)临安志》卷一四《行在所录》补入"浙江水军",总为殿前司十一军。而范学辉先生则把护圣马军、步军分开,加上浙江水军,总为殿前司十二军。参王曾瑜《宋朝军制初探》(增订本),第193页;范学辉《宋代三衙管军制度研究》,第575页。

近几十年来大陆地区岳飞研究述评[①]

西南大学　马　强

在大陆宋史学界,民族英雄岳飞一直是宋代人物研究的重点对象,甚至几度掀起研究高潮,不仅发表了大量评价岳飞的论文,一些著名学者如邓广铭、何竹淇、李汉魂、朱瑞熙、王曾瑜、龚延明、史式等都分别撰著过岳飞传记。[②] 1988 年秋,笔者作为大学刚刚毕业不久的青年学者参加在河南汤阴召开的全国岳飞研究会第二届年会,曾经对 1949 年以后至 1980 年代大陆地区的岳飞研究状况作过粗线条梳理,并承蒙推荐在大会发言,后来以《近年来岳飞研究述评》为题发表在北京中国社会科学院历史研究所主办的《中国史研究动态》1989 年第 8 期。如今 20 余年又过去了,大陆地区的岳飞研究不仅又有大量研究成果问世,而且出现种种新动态,颇值再加整理、回顾、总结。2023 年春节,张艺谋导演的电影《满江红》的放映再次引起观众热议,岳飞的形象与评价,《满江红》一词作者的真伪问题也再次掀起讨论。笔者 12 年前访台之际曾撰写了《20 多年大陆学者的岳飞研究》一文,参加海峡两岸纪念民族英雄岳飞活动并做主题演讲。近日适逢龚延明教授屈尊为《宋学研究》约稿,遂对这篇旧作再作修订补充,以期为两岸岳飞研究学者提供一些学术史参考。

---

① 此文系作者于 2011 年 3 月在台湾新竹举办的海峡两岸岳飞文化学术研讨会上的主题演讲稿。

② 邓广铭:《岳飞传》(增订本),北京:人民出版社,1983 年;朱瑞熙:《岳飞》,北京:中国青年出版社,1983 年;王曾瑜:《岳飞新传》,上海:上海人民出版社,1983 年;何竹淇:《岳飞抗金史略》,北京:生活·读书·新知三联书店,1959 年;李汉魂:《岳武穆年谱》,上海:商务印书馆,1947 年;龚延明:《岳飞》,南京:江苏古籍出版社,1985 年;龚延明:《岳飞研究》,北京:人民出版社,2008 年;史式:《中国不可无岳飞》,长沙:湖南文艺出版社,2011 年。

一、岳飞研究学术交流日趋频繁

　　"文革"前大陆地区的岳飞研究大多局限于学者的零星研究、很少有专题学术团体研讨活动，从20世纪80年代开始，杭州、汤阴、开封、九江等地开始成立岳飞研究学术团体，并且多次举行有关岳飞的题门学术研讨交流活动。1984年，杭州率先成立了以北京大学邓广铭教授为顾问、杭州大学（现浙江大学）徐规教授为会长的岳飞研究会，先后于1986、1988、1991、1993、2003年分别在杭州、汤阴、九江等地召开五届年会，出版年会论文集《岳飞研究》1—4辑。特别是1991年7月在杭州召开的"纪念岳飞诞辰888周年学术研讨会暨岳飞研究会年会"盛况空前，台湾王德毅教授、中国文化大学宋晞教授及岳飞二十七代后裔岳炜勋先生等七人组成的赴大陆代表团参加了这届年会，这也是1949年以来海峡两岸学者首次在西湖之畔共同研究岳飞的盛事，意义重大。龚延明教授后来回忆评论这次研讨会时说"海峡两岸学者怀着弘扬岳飞爱国统一精神的共同心愿，首次在大陆携手直接交流岳飞研究成果"①。会议论文会后经由杭州大学徐规、龚延明教授等筛选审定，由中华书局结集出版了《岳飞研究》第三辑；紧接着，1993年3月25日至3月29日，杭州再次举办"岳飞暨宋史国际学术研讨会"，中国现代宋史及岳飞学开拓者、著名的北京大学教授邓广铭教授、美国学者亚利桑那大学陶晋生教授、台湾中国文化大学宋晞教授、程光裕教授、"中研院"黄宽重教授、台湾大学梁庚尧教授、台湾"清华大学"张元教授、上海大学朱瑞熙教授、杭州大学徐规教授、龚延明教授等海内外知名学者参加了研讨会。会上，邓广铭教授发表了《岳飞是永远值得我们纪念的人物》的主题致辞；宋晞、黄宽重、梁庚尧、程光裕教授等也分别提交了交流论文并作了学术报告，会议论文会后结集由中华书局出版了《岳飞研究——岳飞暨宋史国际学术研讨会论文集》。2003年是民族英雄岳飞诞辰900周年，这一年在河南开封、汤阴、江西九江、浙江杭州等地均举行了隆重的岳飞纪念活动。2003年3月，河南朱仙镇及岳飞故里汤阴先后举行隆重的岳飞纪念及学术研讨盛会。3月16日，在汤阴县岳飞纪念馆举行"岳飞诞辰900周年记事碑"落成及隆重揭碑仪式，来自美国、加拿大、韩国及我国台湾、香港等地的近400名岳飞后裔，按照传统礼仪，在岳飞塑像大殿向先祖行礼。岳飞后裔、岳飞思想研究会秘书长岳朝军先生、著名宋史专家、中国宋史研究会会长王曾瑜教授出席落成及揭碑仪式。2003年8月26日"纪念岳飞诞辰900周年暨宋学国际学术研讨会"

---

① 龚延明：《岳飞精神与民族文化遗产》，载《岳飞研究》第三辑，北京：中华书局，1992年，第2页。

在浙江大学召开，分别有来自北京大学、复旦大学、武汉大学、河南大学、台北淡江大学和韩国檀国大学、日本大阪市立大学、日本静冈艺术文化大学等高校以及《历史研究》、《学术月刊》、上海辞书出版社、中华书局、杭州岳庙文保所等 60 余位专家参加研讨，会间专家们还专程赴岳庙向岳飞墓敬献了花篮。研讨会围绕"民族英雄岳飞与南宋初期政治、军事、经济、文化"以及"宋学研究"两个主题进行交流和研讨。专家们的研究涉及"关于岳飞之死直接起因真相""宋高宗的'禅位'及其对南宋政治的影响""岳飞叙述、公共记忆与国族认同""十至十三世纪中国境内诸政权的互动""宋代思想的新诠释"等等宋史研究的诸多领域。以上是 20 世纪 80 年代以来大陆地区几次较有代表性、影响也较大的岳飞学术研讨会，由于基本上都有台湾学者携论文参加，立论、观点及研究方法多有创新，带来了诸多新的气息，实际上可以一定程度说是海峡两岸学者共同推动了岳飞研究活动走向了新阶段。而河南汤阴作为民族英雄岳飞的故里、杭州作为南宋都城和岳飞长眠之地，成为岳飞研究的两大中心。同时，近年来全国已经成立多个岳飞研究组织，主要有岳飞思想交流协会，大多由岳飞后裔组成，在举办纪念岳飞活动、联谊岳氏后裔、保护有关岳飞遗址、促进海内外岳飞文化交流活动等方面发挥了重要作用。

二、岳飞基本历史文献及其生平、时代的研究

对于历史人物研究来说，对其基本文献的整理是研究工作的基础与前提。南宋岳飞之孙岳珂编纂的《金佗稡编》是后世研究岳飞最重要的基本文献之一，然而这一重要文献过去一直没有得到学者应有的关注，向来无整理标点本，一般学者也不易查阅与利用。1989 年，中国社会科学院历史研究所王曾瑜点校的《鄂国金佗稡编续编校注》[①]一书的出版大大改善了这状况。差不多与此同时，王瑞明点校的李纲《梁溪全集》[②]、殷时学点校的《岳飞庙志》[③]、及其文史学者点校出版的陆游《剑南诗稿》《渭南文集》《老学庵笔记》、陈亮《陈亮集》、叶适《水心集》等南宋史料文献书的整理出版都对岳飞及其同时代研究研究大有裨益；《金佗稡编·鄂王行实编年》是岳飞之孙岳珂编纂的有关岳飞生平第一部年谱性质的重要历史文献，历来为研究者所倚重，史料价值自不待言，但此书也存在某些对岳飞生平事迹记载虚构不实之处，过去鲜有考疑。邓广铭《岳飞传·后

---

①　王曾瑜：《鄂国金佗稡编续编校注》，北京：中华书局，1989 年。
②　（宋）李纲原著，王瑞明点校：《李纲全集》，长沙：岳麓书社，2002 年。
③　殷时学点校：《岳飞庙志》，郑州：中州古籍出版社，1987 年。

记》最早指出《行实编年》对岳飞少年时代的家世及纪事有虚构隐讳（如岳飞曾在韩琦庄园为"庄客"事，岳珂就只字不提）之处，"许多不甚符合情理"。辛更儒《〈鄂王行实编年〉及其他有关岳飞著述纪事质疑》以《经进鄂王家集》中岳飞《乞终制札子》自述"幼儿失所怙，鞠育训导，皆自臣母"为据，认为岳父早卒，《鄂王行实编年》中有关岳和的记载基本上为想象虚构之笔。① 对有关岳飞时代最重要的南宋编年史《建炎以来系年要录》一书中对岳飞的记载，也有学者提出辨析。李勇先《从〈系年要录〉看〈高宗日历〉中有关秦桧、岳飞史实的记载》通过对《系年要录》中引录的《高宗日历》详细钩沉比勘，指出经过秦桧父子篡改过的所谓《高宗日历》原始记录，实际上对岳飞抗金史实大量隐去不记，从而造成严重缺失。② 《岳飞研究》第四辑所刊何忠礼《〈老学庵笔记〉中所见的秦桧》一文通过对陆游笔记《老学庵笔记》的全面审读与分析，认为与南宋史官正史相比，《笔记》中的岳飞纪事相对客观真实，对秦桧冤杀岳飞、结纳死党有真实揭露，同时也客观反映了南宋士大夫同情岳飞、反对秦桧的历史事实，从一个侧面认证了《老学庵笔记》在岳飞研究中的史料价值。

关于岳飞传记及其生平重大事件的研究成就斐然。继邓广铭20世纪80年代初集半世纪之功整理出版了《岳飞传》增订本和王曾瑜的《岳飞新传》以及龚延明《岳飞》之后，王曾瑜又相继出版了《尽忠报国——岳飞新传》③《岳飞和南宋前期政治与军事研究》④等研究岳飞生平及其时代的厚重之作。《尽忠报国——岳飞新传》在对岳飞生平事件的评价观点方面有新的突破，比如自从1984年马强发表文章对岳飞镇压杨么事件提出肯定性评价⑤以后，学术界对此问题的讨论经过激烈争鸣基本上已经否定了"污点"说。《尽忠报国——岳飞新传》一书的"洗兵湘湖"一章中第一次鲜明地标题"钟相叛乱""杨么再起"，认为杨么和伪齐勾结，应该是可信的。他还在《岳飞和南宋前期政治与军事研究》中指出"岳家军其相当大的部分即是收编各种变乱武装，将他们由牵制抗金的力量，转变为抗金的力量，并在某种程度上恢复和保护了百姓的正常生产和生活，这无疑是有功而无过的"。与一般岳飞研究不同，《岳飞和南宋前期政治与军事研究》将岳飞戎马一生的重大事件置于南宋前期特殊的历史背景下加以考察，同时深入分析了南

---

① 辛更儒：《〈鄂王行实编年〉及其他有关岳飞著述纪事质疑》，《岳飞研究》第三辑，北京：中华书局，1992年。

② 李勇先：《从〈系年要录〉看〈高宗日历〉中有关秦桧、岳飞史实的记载》，《岳飞研究》第三辑，北京：中华书局，1992年。

③ 王曾瑜：《尽忠报国——岳飞新传》，石家庄：河北人民出版社，2001年。

④ 王曾瑜：《岳飞和南宋前期政治与军事研究》，开封：河南大学出版社，2002年。

⑤ 马强：《镇压杨么为"岳飞"污点说质疑》，《人文杂志》1984年第6期。

宋前期的中央政治制度、军事形势、职官制度及其错综复杂的帝臣将帅关系,从而使岳飞抗金政治军事的成败得到更加合理的解释。值得注意的王曾瑜还以其丰厚的史学素养与优美文笔将岳飞研究文学化,于退休之后创作出版了以岳飞为中心人物的长篇历史小说《河洛悲歌》《靖康奇耻》,[①]以斑斓多彩的文笔描绘了从宋末联金伐辽至靖康之难再到南宋建立这一重大历史转折时期的时代画卷,使岳飞时代形象生动地展现在读者眼前。此前有山东临沂师范学院王汝涛教授创作的反映南宋抗金战争的长篇历史小说《偏安恨》(山东文艺出版社,1984 年),再现了北、南宋之际宗泽、李纲、岳飞、韩世忠、刘錡、马扩等英雄人物历史人物可歌可泣的军事活动与形象风范,这三部历史小说因出于宋史学家之手,所涉及历史事件全部有史料依据,既有文学作品的故事性与可读性,又高度忠实历史事实,可以作为了解岳飞抗金时代背景的重要参考。

三、岳飞与其他历史人物的比较研究

历史人物的比较研究是 20 世纪 90 年代以来我国史学研究出现的新气象。即对可比性历史人物进行同代或者异代同类人物的跨越时空的对比分析,发现异同,揭示各自形成的原因及其特点,从而清楚地对历史人物的功过是非与历史地位给予准确定位,是一种科学的历史研究方法和认识角度,具有理论与方法上的创新意义。从 20 世纪 90 年代开始,一些学者开始将这一方法运用于岳飞研究,出现了一批岳飞与宗泽、张浚、刘錡、杨邦乂、文天祥、完颜宗弼的比较研究。美籍华裔学者陶晋生 1993 年提交杭州岳飞研究年会的论文《岳飞与完颜宗弼》,分别从宋、金双方有关对岳飞与完颜宗弼(兀术)的史料记载、对这两位同一时代而分别效力于不同民族政权的民族精英人物之事功与个人遭际作了比较研究,认为岳飞战功卓著,为南宋诸将之冠,但反对议和惨遭杀害,而完颜宗弼(兀术)在金朝位兼将相,对外立有显赫战功,对内能够平定内乱,集权于中央,为朝野所倚重,为女真民族杰出的民族英雄,二人的迥然不同遭际与归宿充分折射了宋金两朝不同的政治环境与文化传统。[②] 马强《岳飞与文天祥比较研究》则对岳飞与文天祥两位南宋一首一尾的著名民族英雄从思想渊源、忠君爱国思想的异同、心理特征与人格风范及岳、文之死不同的悲剧实质及意义、对后世社会影响层次的差异性五个方面作了分析比较,提出了一系列新认识:1.岳飞与文天祥虽然身世有异,但都深受传统儒家文

---

① 王曾瑜:《河洛悲歌》《靖康奇耻》,开封:河南大学出版社,2001 年。

② 陶晋生:《岳飞与完颜宗弼》,《岳飞研究》第四辑,北京:中华书局,1996 年。

化的启蒙熏陶,是儒家文化孕育的两个典范;2.二人的忠君思想皆以封建正统观念为基点,皆为尽忠报国而舍生取义;3.从历史心理学角度看,岳飞、文天祥皆为典型的胆汁质气质类型,都具有刚烈、坦诚、刚毅果敢、疾恶如仇的性格特征,这一性格特征与二人高远的价值取向相交融,就迸射出浩然壮美的文化人格气质,折射了中国古典英雄典型的人格风范;4.文天祥死于国难,而岳飞之死的实质则要复杂得多。既是政治悲剧,也是性格悲剧和环境悲剧;文天祥身后的影响基本上限于士大夫范围,而岳飞的后世的影响层面要大为广泛。其中对民间的影响尤大。① 对岳飞与文天祥的悲剧归宿,江华认为岳飞和文天祥是南宋时期品格高尚、精忠报国的民族英雄,但他们的人生却是悲剧性的。造成这种人生悲剧具有多方面的原因 ,其中最主要的原因在于宋代理学的绝对化和皇权与国家利益的断裂。②

四、关于岳飞的军事思想及岳家军的研究

岳飞是我国历史上著名的军事家,但多年来对岳飞军事思想的研究却十分薄弱,近年来学者已经在这一方面的研究已经有所加强。张其凡《岳飞军事思想试探》首先将宋代军事思想的发展划分了四个阶段,在宋代军事思想发展的大背景下对岳飞军事思想的渊源、治军特点、成效等作了深入探讨,认为岳飞军事有以下四个特点:1.实践的色彩鲜明,注重将兵法实际运用;2.下层意识浓厚,尊重士兵,重视军民关系,因而获得民众拥护支持;3.强烈的进取精神,战略进攻意识突出,在南宋初年四大战区中,只有荆襄岳飞战区对金采取攻势,组织了三次北伐,收复大片失地。在南宋初诸大帅中,岳飞也是仅有的进攻型将帅。同时,岳飞对宋代军事思想的最大贡献是发展与丰富了大兵团进攻作战的战略战术思想;③毛元佑从军事战略学理论角度重点探讨了岳飞反攻战略思想,对岳飞反攻中原战略的战略准备、战略实施、战略的形成及特点给予缜密分析。④岳飞指挥的军队在南宋初有"岳家军"之称,但过去对这支军队的人员构成、军队素质、战斗特点、战略地位等却一直鲜有研究。张秀平、罗炳良合写的《岳飞军群体人物研究》条分缕析,认为"岳家军"将领结构可分为原从将领(王贵、张宪、岳云、徐庆、寇成等)、

① 马强:《岳飞与文天祥比较研究》,《岳飞研究》第四辑,北京:中华书局,1996年。
② 江华:《论岳飞、文天祥的人生悲剧》,《社会科学辑刊》2000年第2期。
③ 张其凡:《岳飞军事思想试探——兼论宋代军事思想的发展》,《岳飞研究》第四辑,北京:中华书局,1996年。
④ 毛元佑:《岳飞"反攻中原"战略述评》,《岳飞研究》第三辑,北京:中华书局,1992年。

招降将领（傅庆、庞荣、杨再兴、梁兴、孟邦年等）、拨隶将领（傅选、牛皋、李道、赵秉渊）等三类；岳家军能克敌制胜的重要因素在于岳飞麾下有谋士人才济济，如孙革、黄纵、李若虚、薛弼、张节夫等重要谋士；作者还指出岳家军最后之所以被南宋朝廷视为危险的潜在威胁而肢解，并非仅仅是因为反对议和而引起高宗、秦桧的忌恨，而是根源于岳家军军人集团与赵宋文人集团的矛盾，是南宋文人集团要恢复宋朝以文制武立国体制的原因所致，也是高宗、秦桧之流压制、打击岳家军的结果。① 纵观全篇，说南宋存在岳飞军与文人集团矛盾现象史料依据不足，多少有些勉强，但也不失为一家之言。王曾瑜《从岳飞及其部将的仕历看南宋前期武官的升迁次序》则根据岳飞及其部将的仕历史实探讨了宋朝武阶官的序列与分类、南宋前期武官的升迁、建节资序等过去少人问津的问题，颇有说服力。②

五、关于杀害岳飞元凶问题的争论

　　绍兴十年岳飞被诬陷入狱、于临安惨遭杀害，制造了南宋历史上最大的冤案。自南宋孝宗时岳飞被平反昭雪以降直至元明清甚至现代郭沫若、蔡美彪等编纂的《中国通史》，长期以来对于岳飞之死的责任问题，大多归之于为卖国贼秦桧所害，高宗只是默许，这一传统观点近年来愈来愈受到质疑，多数学者认为宋高宗赵构才是杀害岳飞的罪魁祸首。在 1991 年杭州纪念岳飞诞辰 888 周年学术研讨会上何忠礼旗帜鲜明地指出，岳飞遇害虽然由多种原因造成，但赵构、秦桧一伙向金人屈膝求和，千方百计剪除抗战势力，是重要原因之一，而根本原因则是赵宋王朝长期以来推行抵制武人政策、造成高宗与岳飞之间矛盾日益尖锐化的结果。张星久则从宋高宗继承皇位的"非合法性"问题入手，揭示了其人对金屈膝退让及其杀害岳飞、消除皇位危机的深层动机。指出高宗通过对金妥协议和消除了他的政治危机，保住了皇位，而以岳飞为首的抗战派则要通过抗金收复失地、迎回二帝以尽起码的臣子之义，结果赵构与岳飞之间的冲突就不可避免，高宗作为有生杀予夺之权的专制皇帝，杀害岳飞就成为必然。③ 对这一问题讨论最透彻的是史式先生的《中国不可无岳飞》第九章，作者根据充分的史料和严密的逻辑推理，

---

① 张秀平、罗炳良：《岳飞军群体人物研究》，《中国史研究》1997 年第 1 期。

② 王曾瑜：《从岳飞及其部将的仕历看南宋前期武官的升迁次序》，《岳飞研究》第三辑，北京：中华书局，1992 年。

③ 张星久：《阴影下的宋高宗——论高宗皇位合法性危机与其对金政策的关系》，《岳飞研究》第四辑，北京：中华书局，1996 年。

从文征明《满江红》词中"笑区区一桧亦何能"说起，一针见血指出冤杀岳飞的主凶正是大卖国贼宋高宗赵构自己，秦桧只是一帮凶而已。并再次呼吁应铸高宗跪像于岳飞墓前，接受历史和人民审判。①

六、关于《满江红》词作者问题争鸣的新进展

自从余嘉锡 20 世纪 30 年代在《四库提要辨证》提出岳飞是否作《满江红·怒发冲冠》这一重要疑问以后，学术界有关《满江红》作者问题的争鸣不绝如缕。近年来对此问题的探讨更加热烈，随着越来越多学者的介入，讨论已经有所深化，挺岳说渐渐成为主流。由于岳飞抗金主要是在华北、中原地区，故余嘉锡当年认为《满江红》词中出现"贺兰山"这一宁夏地名是一大疑点，也是疑岳所作的关键疑点。台湾李安于 20 世纪 70 年代首先从清代河北地方志发现河北磁县有贺兰山，因而提出《满江红》词中"贺兰山"盖与此有关，但并没有深入论证。② 李文辉等学者在长期文献检索与实地考察的基础上于 1985 年在《文学遗产》发表文章，首次提出《满江红》词中的"贺兰山"并非是指传统所认为的宁夏境内的贺兰山，而是在河北磁县。岳飞早年在河北组织抗金，磁县是一重要战场，又处在岳飞选定的北伐进军路线之上，在岳飞北伐战略决策中占有极其重要的地位，所以《满江红》词出现"贺兰山"自然合情合理，以往疑虑可以冰释。③ 此篇论文首持"贺兰山"在河北磁县说，令人耳目一新，其学术价值不容忽视。但文章所持论据与逻辑性本身存在漏洞，有失严谨，受到一些专家学者的质疑，晚年的邓广铭先生特撰写文章给予反驳。邓广铭首先从史源学角度认为王、孙、李三人排除研究岳飞生平最重要的《建炎以来系年要录》《三朝北盟会编》及《金佗稡编》而主要引用史料价值均不高的清人所修《磁县志》及钱汝雯《宋岳鄂王年谱》等资料，有舍本逐末之误；同时邓先生指出河北磁县一带"贺兰山"一直是一个默默无闻的小地名，并非岳飞抗金的主战场，更不是宋金双方兵家必争之地，南宋时期文献也从来没有提及这一地名与岳飞北伐相关，所以王、孙、李三人所论与史实不符，也经不起检验；④台湾学者赵振绩则从民族史及民族语言学角度对《满江红》涉及的"贺兰山"可疑地名提出另一新见解，指出"贺兰山"地名来源于契丹贺兰部（北魏时居阴山之北麓），由贺兰氏而得名，地点大概即今内蒙古自治区之

① 史式：《中国不可无岳飞》，长沙：湖南文艺出版社，2011 年，第 240—242 页。
② 李安：《依地方志书考述岳飞词中"贺兰山"》，（台）中国地方文献会七十年刊，第 67 页。
③ 王克、孙本祥、李文辉：《从贺兰山看〈满江红〉词的真伪》，《文学遗产》1985 年第 3 期。
④ 邓广铭：《辩岳飞〈满江红〉词中另贺兰山在磁县说》，《岳飞研究》第四辑，北京：中华书局，1996 年。

大青山。靖康之难，徽、钦二帝蒙难漠北，岳飞怀亡国之痛、"家仇国恨，才有踏破贺兰山缺、昭雪靖康之耻，直捣黄龙府，痛饮匈奴血的豪壮之词，实时代责任使然"。① 孙果达强调只有岳飞才是《满江红·怒发冲冠》词的唯一作者，《满江红》的创作背景是南宋和与战矛盾高度激化之际；创作时间是在岳飞入狱前不久那段短暂的"等闲"时期；创作地点是在庐山东林寺。《满江红》的精神就是当年岳飞内心保家护国的神虎精神。各种考证已经形成了比较完整的证据链，表明当时的岳飞已经具备了写出《满江红》的一切条件，而且也可以非常合理地解释《满江红》所包含的全部内容和蕴藏含义，使人、词与背景达到了合乎逻辑的和谐与统一。因此，应该认定《满江红》的作者确实非岳飞莫属，他人根本就没有替代的条件和可能。②

王霞《岳飞作〈满江红〉词新证辨析》从学术史及历史文献学角度对有关《满江红·怒发冲冠》词的作者与写作年代问题作了重新梳理，针对近年郭光《岳飞集辑注》所引用的证明岳飞作《满江红·怒发冲冠》的宋元三条史料提出详细检讨考辨，认为南宋陈郁的历代《藏一话腴》版本中并无岳飞"又作《满江红》，……可以明其心事"记载，岳珂为《话腴》写序时也未见此语。随意改动古代文献在清代很普遍，《古今词话》《历代诗余》引言常篡改妄增。故今本二书皆不足为据。至于元典《女冠子》中出现的个别《满江红》词句，王霞认为挺岳说者对此的理解为本末倒置，元曲大多经明人增改，事实恰好是时人将明人的作品混入改动后的元曲。岳飞《满江红》系明人伪托，几可成定论。其历史文化背景是朱明王朝推翻蒙古族统治建立的新王朝，对代表汉民族精神之岳飞特别尊崇。故有明一代，武穆日益由人变神，神宗万历四十三年封岳飞为三界靖魔大帝，足见明王朝对岳飞的尊崇程度。在此导向下，明代褒扬岳飞的诗文纷纷兴起，托名岳飞的诗文也时有出现，故明朝中叶出现《满江红》并非偶然。③

王曾瑜最近发表文章则强调对《满江红》是否岳飞所作持审慎态度，王先生在《鄂国金佗稡编续编校注》时采撷史料可谓竭泽而渔，其中就引用了南宋后期陈郁著《藏一话腴》（《豫章丛书》本），但此书并没有提及岳武穆作《满江红》本事。但最近从他对郭光《岳飞集辑注》持赞许态度来看，似也支持为岳飞所作。郭光《岳飞集辑注》使用清沈雄《古今词话》卷上和康熙《御选历代诗馀》卷117中所引的《藏一话腴》文字，比之《豫章丛书》本，多了如下一段重要文字：

①　赵振绩：《岳飞"踏破贺兰山缺"的意义》，《岳飞研究》第三辑，北京：中华书局，1992年。
②　孙果达：《岳飞保家护国的神虎精神——新考〈满江红〉》，《军事历史研究》2008年第1期。
③　王霞：《岳飞作〈满江红〉词新证辨析》，《古典文献研究》2009年辑。

"（武穆）又作《满江红》，忠愤可见。其不欲'等闲白了少年头'，可以明其心事。"王曾瑜认为"这当然为判明岳飞《满江红》词的真伪，提供了十分有力的证据"。除此之外，他还引用了清人潘永因《宋稗类钞》卷3《忠义》一段记载作补充论证：

> 武穆家谢昭雪表云："青编尘乙夜之观，白简悟壬人之谮。"最工。武穆有《满江红》词云："怒发冲冠，凭栏处，潇潇雨歇。抬望眼，仰天长啸，壮怀激烈。三十功名尘与土，八千里路云和月。莫等闲白了少年头，空悲切！靖康耻，犹未雪；臣子恨，何时灭？驾长车踏破，贺兰山缺。壮志饥餐仇恨（应为'胡虏'，乃出自清人纂改）肉，笑谈渴饮匈奴血。待从头收拾旧山河，朝天阙。"

王曾瑜认为，《宋稗类钞》是辑录宋代的各种笔记小说，分类编排而成书。此书卷3辑录的四条岳飞记事全未标明史料出处。但依现存载籍文献参对，第一条是抄自《朝野遗记》，第二条是抄自《枫窗小牍》卷下，第三条即以上引文，第四条是抄自《说郛》卷18《坦斋笔衡》。今查南宋罗大经《鹤林玉露》乙编卷3《谢昭雪表》的前一句与此段引文几乎全同，唯有"最工"作"甚工"，开头多一"岳"字，可知上引第三条大致可判定为《鹤林玉露》的另一版本。岳珂《鄂国金佗稡编、续编》在南宋最后一版是端平元年（1234）。罗大经在《鹤林玉露》乙编自序中所说的写作年代是"淳佑辛亥"，即淳祐十一年（1251）。其成书年代与《藏一话腴》相近，都在端平元年之后，自然是反映了在《鄂国金佗稡编续编》成书后的新发现。既然如今尚得以见到南宋后期有两处记载，《满江红》词确是岳飞所写，便无可疑者。但问题是学者早已指出《古今词话》《历代诗余》及《宋稗类钞》这类清人著述多有妄增窜夺宋人文字之处，史料价值较低，以上述资料作为《满江红》为岳飞所作论据尚难成为定谳。

七、关于与岳飞相关文物、遗迹的发现与质疑

千百年来抗金民族英雄岳飞受到无数仁人志士的敬仰，其遗墨及与其有关的文物、古迹也就具有非同寻常的意义，因而也就备受关注，时至当代也时有新发现见诸报端，然而由于地方志及其他托名于岳飞的诗词及遗墨很多，真伪并存，需要学者据史详加考辨，近年来此方面的新发现与考辨文章不少，值得重视。世传岳飞于南阳武侯祠所书诸葛亮前、后《出师表》在书法界流传甚广，并有岳飞的题跋："绍兴戊午年八月望前过南阳，谒武侯祠。遇雨，遂宿于祠内。更深秉烛，细观壁间昔贤所赞先生文词、诗赋及祠前石刻二表，不觉泪下如雨。是夜，竟不成眠，坐以待旦。道士献茶毕，出纸索字，挥涕走笔，不计工拙，稍舒胸中抑郁耳。岳飞并识。"这幅书法作品龙飞凤舞、气势磅礴，确为上

乘佳作，清代以来流传甚广。然而张政烺、邓广铭、王曾瑜等学者早已质疑，认为并非岳飞作品，而是假托之作。王曾瑜《传世岳飞书〈出师表〉系伪托》从时间上考证，岳飞书所谓前、后《出师表》时，根本不在南阳；从时间上看，绍兴戊午年八月望日前后岳飞显然并无自鄂州北上邓州南阳县之可能。《出师表》据跋文中岳飞讲为"绍兴八年八月望前"书写，但岳珂收集岳飞给宋廷的同月奏请中讲："臣已择今月十二日起发，于江、池州（赴）行在奏事。"即八月望日前，岳飞已奉命离开鄂州前往临安途中，无分身术突然出现在南阳，这是岳飞手书《出师表》证伪的一条有力证据；其次岳飞所书《出师表》中居然不避宋钦宗赵桓的"桓"字御讳，这在宋朝臣子是绝不可能的，故断定为伪作无疑；第三，据岳飞孙岳珂《宝真斋法书赞》记载，岳飞书法师承苏体，而世传《出师表》书体风格则与苏体相去甚远，加之《文物》第 8 期钱森玉先生在《〈郁孤台帖〉与〈凤墅帖〉》一文中，也依据《凤墅帖》指出"岳飞的笔迹是道地的苏东坡体"，均可证其伪。[①] 关于"还我河山"的题词，邓广铭先生在《岳飞传》（增订本）中引岳珂之说，其祖父岳飞"笔法源于苏"。故"传世的岳飞墨迹，还有全篇《出师表》和'还我河山'四字，事实上亦皆伪品"。"后四字（即"还我河山"）之出现则更晚，可能只是'五四运动'以前不久的事"。应该说王曾瑜、邓广铭先生对这两件流传甚广托名岳飞的书法作品的考证持之有据，言之确凿，可成定谳。历史研究以求真实证为基本原则，牵强附会、给历史名人脸上贴反而有损于历史研究的严肃性。

　　近年来有关岳飞的诗作及遗墨时有发现，见诸报端，引人注目。2003 年河南三门峡文物考古研究所在卢氏县发现了岳飞手书《赠吴将军南行》拓片。2007 年《中国文物报》刊登了这件罕见文物的照片，上有河南学政许乃钊的题跋，并配有胡小龙考释文章《岳飞手书拓片考略》，使学术界有机会目睹民族英雄岳飞这一珍贵的诗作与书法。但《岳飞手书拓片考略》作者对拓片文献资料的考释本身有不少错讹，对此龚延明、楼笑笑不久发表文章认为《岳飞手书拓片考略》对拓片本身文献资料解读、标点出现多处失误，歪曲了原文，并对这件新发现的岳飞作品拓片再作考订，认为卢氏县发现的拓片原刻在汤阴岳飞庙早有收存，此诗手书原为明代名士王世贞所收藏，清代为荣格郡王所得，河南学政许乃钊又从荣格郡王府借来，摹刻上石，方使岳飞手迹为世人所见，这在清代钱汝雯《朴素宋岳鄂王文集》中有记载；岳飞此诗所赠的吴将军当为吴锡，岳飞绍兴三年秋授江南西路沿江置制使时，吴全、吴锡归隶岳飞。吴全已经在绍兴三年十一月讨伐杨么时

---

① 　王曾瑜：《传世岳飞书〈出师表〉系伪托》，中国社会科学院历史研究所编：《宋辽金元史论丛》，北京：中华书局，1982 年。又见王曾瑜：《札记五题》，《岳飞研究》第二辑，杭州：浙江古籍出版社，1988 年。

战死于洞庭。岳飞于绍兴四年二月向吴锡赠宝刀,并赠《吴将军南行》诗。①

纪松《泰州岳王庙岳飞书简考据》就近年来在泰州市海陵区泰山岳王庙发现的两块岳飞书简石刻作了考证,认为从内容看书简与岳飞生平史实符合,岳飞曾授通泰镇抚使兼知泰州,第一段书简为被授知潭州(长沙)后致南昌通判的书信,意为希望长沙地方官员为军队早筹措粮草,其二则为感谢江西地方官员修建歌颂岳飞平定流寇功绩修建平虏亭事。② 传世岳飞印有二,一方相传已佚,另一方收藏于吉林大学文学院文物陈列室。玄武钮,铜质,上刻“岳飞”字样,印文朱文篆书。此印是否为岳飞遗物,向来有争议。罗继祖《岳飞印小考》认为确为岳飞遗物,为曾祖罗振玉所收藏,后流落民间。③ 王可宾则发现有两大疑点:一是钮为龟蛇,二是印面特大,均不符合宋代私印的流行风格。“岳飞个人,绝不会不顾传统的习惯和当时的礼法,越制铸刻如此大的私印”,而可能是南宋民间悼念岳飞、以奉庙祭的遗物。④ 赵丛苍在《古代玺印》一书中也强调明代才有这种龟蛇相缠的玄武钮,此枚岳飞印章“最早为明代作品,与宋代无涉”。⑤ 最近刘爽发表文章对此作了再探讨,指出龟蛇作为古代四神之一,早在汉代就大量出现在铜镜、墓志盖、画像石等,到了元代出现蛇缠于龟背的印章形式,作者从纽印形制、印坛流风、社会思潮及文字特点几个方面综合考察,认为这是一方在仰慕岳飞的社会风气影响下精心设计和制作的名人印章,制作时间大约在明代晚期或清初,此印的定名应为明(或清初)“岳飞”朱文玄武钮铜印。⑥

岳珂《金佗稡编》收载有 76 件宋高宗降付岳飞的敕书,但这些敕书原件流传至今者甚少,向来被学术界及收藏界视为珍品,现存于世的主要有两件,一为宋高宗手敕岳飞的《起复诏》,为岳飞后裔世守传家之宝,1949 年后流落海外,前不久亮相杭州西泠秋季拍卖会的《起复诏》以 830 万元成交,可见人们之珍爱程度,另一件为宋高宗《付岳飞敕书和批答》,均有极高的史学、书法史价值。朱家溍《宋高宗付岳飞敕书和批答》考证了此件敕书,系赵构手敕慰劳岳飞驻军江州加强秋防的原件,作于绍兴十一年三月十九日。⑦ 一般认为,《起复诏》为绍兴六年岳飞在庐山为母守丧期间高宗下达给岳飞结束丁忧的手敕,但虞云国《宋高宗手敕岳飞〈起复诏〉的始末与真伪》对西泠秋季拍卖会上

---

① 龚延明、楼笑笑:《岳飞〈赠吴将军南行〉诗手书拓片辨释》,《文学遗产》2007 年第 5 期。
② 纪松:《泰州岳王庙岳飞书简考据》,《文艺争鸣》2010 年第 20 期。
③ 罗继祖:《岳飞印小考》,《文物》1986 年第 1 期。
④ 王可宾:《岳飞印辨析》,《北方文物》2003 年第 1 期。
⑤ 赵丛苍:《古代玺印》,北京:中国书店出版社,1998 年,第 122 页。
⑥ 刘爽:《再议岳飞印》,《北方文物》2005 年第 4 期。
⑦ 朱家溍:《宋高宗付岳飞敕书和批答》,《文物》1997 年第 2 期。

的《起复诏》提出几点质疑,首先《起复诏》落款所署时间与南宋李心传《建炎以来系年要录》所载有抵牾,二是《起复诏》中高宗自称"皇帝书赐岳飞",明显有违宋代皇帝赐臣下书信的用语习惯,《金佗稡编》收载有 76 件宋高宗付岳飞的"宸翰"无一件有此自称,大多为"付岳飞"字样;第三,这件亲笔诏落款后没有"御押"押字,更是违背高宗行文的惯例,因此这件《起复诏》拍卖品系后人伪造可能性很大。虽然作者仅仅提出了质疑,但所指出的三个疑点无疑值得重视。①

丁亚政对杭州岳飞墓庙碑廊中的有关岳飞石刻书简考证用力甚勤,近年连续发表数篇考证文章。碑廊中有一块署名为《与赵忠简书》的岳飞书简,因其中有反映岳飞力请朝廷出兵北伐主张常常为学人所引用,丁亚政根据书简中有"近得谍报,知逆豫既废"语,断定岳飞《与赵忠简书》作于绍兴七年十一月到绍兴八年二月之间,但致书对象并非对金主张消极防御的丞相赵鼎,而应该是时任兵部侍郎的王庶。《〈追谥岳王忠武敕书〉质疑》则对 20 世纪 80 年代安徽阜阳文博馆征集到的南宋理宗宝庆元年赐岳飞"忠武"谥号的诏书,即《追谥岳王忠武敕书》从文献学、古文字学、宋代诏书格式行文及其岳飞赐谥史实等方面提出五点质疑,认为《追谥岳王忠武敕书》既不符合宋代文书格式,又存在"追封武穆""临安府尹"等多处差错,所署时间上也史书记载不符,所以安徽阜阳博物馆收藏的《追谥岳王忠武敕书》并非南宋宝庆元年的遗物,也不是复制和仿制的副本,而系后人伪造。针对丁亚政的质疑,安徽阜阳学者明智、王兴华、刘奕云在《乐山师范学院学报》发表《〈追谥岳王忠武敕书〉的保藏及真伪辨证——兼与丁亚政先生商榷》对丁亚政文章展开反驳,文章详细梳理了《追谥岳王忠武敕书》的来龙去脉及其在安徽境内的曲折流传收藏经历,并且通过缜密的考证,认为这份《敕书》并非伪造,诏书是明末清初的副本,而诸多文化名人题词题跋则是原件,并认为诏书体现了岳飞的精忠报国精神,是一件非常宝贵的岳飞文物。②

关于岳飞抗金相关遗址的发现与考证。岳飞一生爱国抗金,南北转战,在大江南北许多地方留下过驻军与战斗的遗迹,是民族英雄战斗一生的真实物证。但经过近 900 年的风雨沧桑,这些遗迹大多已经湮没难寻。近年来经过两次文物普查和史学、考古工作者的不懈努力,岳飞抗金遗址陆续有所发现,其中九江岳家市的发现尤为引人注目。1998 年九江学者刘堂鑫在江西省九江市庐山区赛阳镇发现了宋代名将岳飞当年居住

---

① 虞云国:《宋高宗手敕岳飞〈起复诏〉的始末与真伪》,《东方早报》2009 年 1 月 11 日。
② 明智、王兴华、刘奕云:《〈追谥岳王忠武敕书〉的保藏及真伪辨证——兼与丁亚政先生商榷》,《乐山师范学院学报》2019 年第 7 期。

过的部分遗址,从而为研究岳飞在九江时的活动提供了重要史料。此次发现包括四处石刻,即"岳氏名园""牡丹亭""漱石"及"石门蒙井"。据岳珂《金陀续编》记载,岳飞屯军江州(即今日九江)前后有两次,时间近10年,在庐山脚下置田"七顷八十八亩一角一步"、地"一十一顷九十六亩三角"、房廊"四百九十八间"等,当时此地即称为岳家市。岳飞死后,其家属被充军岭南。岳家市从此销声匿迹,具体方位也不为后人所知。"岳氏名园"等石刻被发掘重见天日,证实了赛阳镇即为昔日岳家市,而处于赛阳镇不远的岳母墓、岳夫人墓更是极好佐证。①

安徽广德曾经是岳飞重要的军事活动所在地,岳飞在此写过著名的《广德军金沙寺壁题记》。根据1981年的全县地名普查和1984—1985年的文物普查,发现了岳飞军事活动遗迹有营盘山、钟村、扎寨圩、扬令圩、金沙寺(今名金山寺)、武穆寨、岳寨遗踪、牛头山战场、洗马涧、箭穿卡、梅将军殿、苦岭关等十余处;以军行活动命名的地名有箭穿村、戈场、岳飞沟、岳飞岭、念母岭、掷草塘、瞧旗村、演操堂、跑马岗、将军山(二处)、架鼓山等十多处。后世为纪念这位民族英雄的建筑物有岳王庙、岳王祠等。800多年后的今天,有些遗址仍清晰可辨。此外在广东连州市西岸镇石兰寨后山发现岳飞军营遗址②、杭州寻找岳飞被害的"风波亭"、岳飞初葬地等方面也值得关注。

八、岳飞后裔的研究蔚为可观

20世纪80年代以来,岳飞研究出现的一个显著新气象乃岳飞后裔及家族史的研究渐趋兴盛,成就斐然。湖南益阳岳力近二十年间以个人微薄之力和多病之躯,于业余时间四方奔走,殚精竭虑,艰辛调研、搜集岳飞家族史料,汇编成《岳飞家史考》七册,最后不幸赍志以殁,被岳氏宗亲认为是继南宋岳珂之后又一位对保存、传播岳飞史迹有重大贡献的人。受岳力事迹感召,同是岳霖后裔的女法官岳瑞霞则对历代岳飞后裔精英及其嘉言懿行尤其是当代活跃在各行各业的岳氏后裔精英卓越事迹作了整理概述,写成《岳飞和他的后裔们》一书③,此书收集了岳飞家族大约900年发展历史中的一些鲜为人知的史料和英才人物。全书由六编构成:第一编"民族之光",主要是精忠传略、历代封赏、领袖评价、仁人志士怀念等;第二编"墓庙楹联",主要是介绍海峡两岸的几个主要

① 　陈秋林、邹平友,记者胡晓军:《九江发现岳飞活动部分遗址》,《光明日报》1998年6月2日。
② 　曹菁:《发现岳飞军营遗址》,《广州日报》2007年10月5日。
③ 　岳瑞霞:《岳飞和他的后裔们》,北京:中国广播电视出版社,2009年。

岳庙以及历代文人墨客题写的楹联瑰宝;第三编"激浊扬清",针对关于岳飞的一些历史悬疑所作的正人视听的辩证,目的是淘汰糟粕,留住精华,把一个真实的历史人物还原给人民;第四编"后裔风采",主要是活跃在当代的一些岳飞后裔中佼佼者的事迹和几位有影响的历史人物,进一步说明精忠报国代不乏人,弘扬岳飞精神贵在与时俱进;第五编"百年大祭",岳飞诞辰 900 周年纪念活动,可谓是规模大、规格高、影响广且是政府行为,足以在历史上留下一笔浓墨重彩,所以,此书再版,也增加了这方面的内容;第六编"附录",主要是岳飞年表、作者世系、读者来信选摘和部分媒体报道。此书出版后,媒体多次报道,备受赞誉。但此书涉及岳飞史事及诸历史地理问题时则时有差错,学术价值有待提高,希望日后修订时注意更正。

　　历史名人后裔研究具有历史学、社会学、文化人类学、历史地理学等多学科研究价值,像岳飞这样在中国历史上产生了重大而深远影响的民族英雄,其后裔的支脉繁衍、分布流迁、家训族规、祭祖习俗、文化传统、价值观念、历代精英、历代遭际及现代分布状态、海内外岳飞文化交流等无疑是今后需要继续研究的重要内容。尽管已经有了如《岳飞家史考》《岳飞和他的后裔们》这样的研究成果,但总体而言,目前岳飞后裔的研究尚较薄弱,对于一些世传重要人物的研究尚缺乏史源学复原与追溯,如清朝雍正、乾隆时一代名将岳钟琪,现今岳氏宗亲一再宣传岳钟琪系岳飞的后裔,对其籍贯与家世,方志与家谱记载也互有歧义,莫衷一是,实际上至今拿不出确凿的历史文献与文化人类学依据,当代清史学者一般也持否定态度。诸如此类,尚需海内外史学家所有有志于岳飞研究的同仁共同努力。

梅尧臣文集所见"薛八殿丞"再考

浙大城市学院 仝相卿　河南大学　陈　项

《梅尧臣集编年校注》卷十五《薛八殿丞有遗》诗云:"未尝营货贝,货贝宁为来,俸苦月不足,贫死口肯开。好事忽我恤,十千助晨杯,薪水已过丰,不得如颜回。"①形象描绘了自己依靠微薄薪俸艰难度日的实态,以及接受"薛八殿丞"救助的情况。然"薛八殿丞"为谁,夏敬观、朱东润两位先生并未做任何说明;邓子勉先生曾考证,认为"薛八殿丞"为"薛球",所用资料为《嘉庆达县志》;②寿涌先生也认同此结论,其所使用资料为《民国达州志》。③ 检索北宋相关史籍,并无薛球其人,是史籍不载还是另有其人,似有必要进一步考察。

邓子勉、寿涌先生均提及梅尧臣还作有《送薛殿丞知达州》诗,④认为此薛殿丞即为"薛八殿丞",笔者颇为认同。梅尧臣《送薛殿丞知达州》诗编年系于庆历八年(1048),则薛殿丞知达州时间当在此时。检此时知达州者,胡聘之《山右石刻丛编·光禄庵题名》有如下按语:

> 按《永济县志》:栖岩寺又有宋至道元年禁牒,其傍刻薛侁题名,有侄昌年,男昌国、昌道、昌谔,孙錞、钧、镐、铋侍行。又题乐安薛侁,元丰辛酉季春云云。今揭本薛字亦漫漶,据志订。按:辛酉,元丰四年。侁,见《永济县志》,宋枢密直学士。《寰宇访碑录·祭奠华岳庙记》薛侁撰,正书,元祐元年十一月,此侁仕元丰、元祐之证。王象之《舆地碑记目·达州碑记·节妇碑》注节妇赵氏,皇祐年知州薛侁表其节,为

---

① (宋)梅尧臣著,朱东润编年校注:《梅尧臣集编年校注》卷一五《薛八殿丞有遗》,上海:上海古籍出版社,2006 年,第 290 页。

② 邓子勉编著:《宋人行第考录》,北京:中华书局,2001 年,第 400 页。

③ 寿涌:《〈梅尧臣集编年校注〉再注八十四则》,《中华文史论丛》2010 年第 3 期。

④ (宋)梅尧臣著,朱东润编年校注:《梅尧臣集编年校注》卷一八《送薛殿丞知达州》,第 443—444 页。

立碑于达州之西北，则俅又尝知达州，存以备考。①

根据材料可知，胡聘之著录《光禄庵题名》者为薛俅，并强调其寓目的王象之《舆地碑记》中有皇祐年间知达州薛俅为赵氏节妇立碑记录。王象之《舆地碑记》四卷，今存，其卷四《达州碑记·节妇碑》载："初，节妇赵氏嫠居，有凶人欲犯，胁以白刃，节妇不为动，既而诱以百端，终不可，遂刺杀之，时皇祐一年。知州薛俅表其节，为之立碑于达州之西北山上。后邑令薛仲侃为创祠，绘节妇于中。"②需要指出的是，不同版本有关节妇被杀时间、地点和当时知州名讳并不一致：就时间而言，丛书集成初编本中的"皇祐一年"，袁氏贞节堂钞本与文渊阁四库全书本做"皇祐二年"③，若为皇祐一年，根据习惯应记为皇祐元年，故当以皇祐二年为是。就地点而言，文渊阁四库全书本作"建州碑记"，然其行文中仍称为节妇"立碑于达州之西北山上"，丛书集成初编及袁氏贞节堂本皆作"达州碑记"，当以达州为是。就知州名讳而言，丛书集成初编本中称"知州薛俅表其节"，袁氏贞节堂钞本做"知州薛俅茂其节"，文渊阁四库全书本做"知州薛林茂其节"。根据文意判断，"知州薛俅表其节"与前述胡聘之所见一致，较为准确，此记载清晰显示了皇祐二年（1050）时知达州者为薛俅，与梅尧臣庆历八年（1048）所做诗送薛殿丞赴任达州知州时间上相当吻合。若上述推断不误的话，梅尧臣诗文中提及的"薛殿丞"和"薛八殿丞"当为"薛俅"而非"薛球"。

现存史籍中关于薛俅的记载并不丰富，仅根据所见材料尝试勾勒。

首先，薛俅的字号。前述《山右石刻丛编·光禄庵题名》载："乐安薛俅肃之，元丰辛酉季春十六日，全家宿光禄庵，十九日乃迁［还］。题名：侄昌年，男昌国、昌道、昌谔，孙錞、钧、镐、铋侍行。"有关题名所在地点，胡聘之附注云："侧厚六寸，四行，行十四字，正书左行，今在永济县。"④此石拓本现存《北京图书馆藏中国历代石刻拓本汇编》中，编纂者也注明"石在山西永济"⑤。从上述记载可知，薛俅字肃之，元丰四年（1081）曾携全家

① （清）胡聘之：《山右石刻丛编》卷一四《光禄庵题名》，载国家图书馆善本金石组编：《宋代石刻文献全编（一）》，北京：北京图书馆出版社，2003 年，第 689 页。

② （宋）王象之：《舆地碑记目》卷四《达州碑记·节妇碑》，丛书集成初编据粤雅堂丛书本排印，上海：商务印书馆，1939 年，第 1580 册，第 102 页。

③ （宋）王象之：《舆地碑记目》卷四《达州碑记·节妇碑》，袁氏贞节堂钞本，第 23a 页；（宋）王象之：《舆地碑记目》卷四《建州碑记·节妇碑》，文渊阁四库全书本，台北：台湾商务印书馆，1986 年，第 682 册，第 572 页。

④ （清）胡聘之：《山右石刻丛编》卷一四《光禄庵题名》，《宋代石刻文献全编（一）》，第 689 页。

⑤ 国家图书馆善本金石组编：《北京图书馆藏中国历代石刻拓本汇编》，郑州：中州古籍出版社，1989 年，第 39 册，第 140 页。

宿蒲州光禄庵数日。除石刻文献外,传世文献也有记载可以加以印证。邵伯温《邵氏闻见录》中云:"薛侁肃之为梓州路提刑,市有道人卖兔毫笔者,以蜀中所无也,因呼之。"①范纯仁《薛氏乐安庄园亭记》曰:"蒲,舜都也,秦分为河东郡,地沃人富,自汉唐至今为秦晋之都会,固宜人物之多奇也。薛氏为河东著姓,世有显人……公名侁,字肃之。"②皆称薛侁字肃之,当可信之。

其次,薛侁的籍贯。《光禄庵题名》中,薛侁自署为"乐安薛侁",然北宋地方行政区划中,没有以乐安为州县名称者,故"乐安"当非其居住地或户籍所在地(容后详述)。除"乐安薛侁"外,现存题名记中留下了有关他籍贯的更多线索:一方面,题名中称"河东薛侁"。一是陆增祥《八琼室金石补正·薛侁等题名》云:"河东薛侁肃□,清河张公纪仲纲,高平过勋彦博,会稽夏噩公酉,瞻会□□□衡阳石鼓学宫。治平乙巳中元后一日记石。"③此处"河东薛侁肃□",所缺字当为"之"。二是王昶《金石萃编·澹山岩题名六十段》载:"转运使河东薛侁,步按上六州一监,渡潇、湘二水,历三门岩、九龙洞。至永,游朝阳、澹山岩,悉非人力,乃神物所造之景。通判乐咸县令梁宏其行。治平二年十一月三日题石。"④在上述两则材料中,薛侁皆自署为"河东薛侁",北宋时期河东县为蒲州(今山西永济市)治所,⑤故薛侁籍贯有可能为蒲州河东县。同时,就薛侁巡历区域而言,可以看出他在治平二年(1065)当为荆湖南路转运使。另一方面,题名中称"蒲津薛侁"。王昶《金石萃编·华岳题名八十六段》介绍曰:"薛侁题名,在昭应碑下截,唐苏敦题名之右,四行,行十一字至十四五字不等,正书。"其全文云:"中大夫致仕蒲津薛侁,恭奠西岳金天帝。元祐元年十一月十日记。男宣德郎、知华阴县事兼兵马监押昌道,孙太庙斋郎錞、钧、镐、铋、钺、铎偕侍。"⑥北宋时期"蒲津关"在河东"县西二里",⑦故薛侁自署所谓的"蒲津薛侁",仍是说明其籍贯为蒲州河东县。而且,从上述史料可知,薛侁元祐元年(1086)时已经以中大夫致仕,当时他的儿子薛昌道为宣德郎、知华阴县事兼兵马监押。而且,范纯仁在前述《薛氏乐安庄园亭记》中,详尽描写了薛侁致仕之后,筑园亭于蒲州的盛况,可为薛侁籍贯为蒲州的旁证。

---

① (宋)邵伯温撰,李剑雄、刘德权点校:《邵氏闻见录》卷一六,北京:中华书局,1983 年,第 174 页。
② (宋)范纯仁:《范忠宣公文集》卷一〇《薛氏乐安庄园亭记》,宋集珍本丛刊,北京:线装书局,2004 年,第 15 册,第 443—444 页。
③ (清)陆增祥:《八琼室金石补正》卷一〇二《石鼓山题刻七段》,载《宋代石刻文献全编(一)》,第 302 页。
④ (清)王昶:《金石萃编》卷一三三《澹山岩题名六十段》,载《宋代石刻文献全编(三)》,第 214 页。
⑤ (宋)乐史撰,王文楚等点校:《太平寰宇记》卷四六《河东道七》,北京:中华书局,2006 年,第 949 页。
⑥ (清)王昶:《金石萃编》卷一二八《薛侁题名》,载《宋代石刻文献全编(三)》,第 127 页。
⑦ (宋)乐史撰,王文楚等点校:《太平寰宇记》卷四六《河东道七》,第 954 页。

　　第三，薛俅的仕宦历程。除了前述提及的薛俅庆历、皇祐年间知达州，治平二年（1065）为荆湖南路转运使，元祐元年（1086）已经以中大夫致仕，并有出任梓州路提刑的经历，具体时间不详外，仍有材料可以稍加补充。王昶《金石萃编·京兆府小学规》后载："至和元年四月日，权府学教授蒲宗孟，府学说书兼教授裴渎，秘书丞、通判军府兼管内劝农事、提举府学韩绛，尚书比部员外郎、通判军府兼管内劝农事、提举府学薛俅，忠武军节度使、特进、检校太尉、知军府事文，本学教授兼说书草泽任民师，三峰进士李邵管句立石，丰邑樊仲刻。"①可知宋仁宗至和元年（1054）薛俅为尚书比部员外郎、通判京兆府兼管内劝农事、提举府学。江休复《嘉祐杂志》曰："薛俅比部待阙蒲中，出协律郎萧悦画竹两轴，乃乐天作诗者。薛畜画颇多，此两画尤佳也。"②知薛俅曾以比部郎中或员外郎待阙家中。王象之《舆地纪胜》卷四一淮南东路中称："紫石岩，在狼山。提刑薛俅、郡守臧师颜、倅吴天常有题名。"之后还记载："三会亭，提刑薛俅、太守臧师颜、通判吴天常三人皆故人，会于海桐庵之亭，目曰三会亭。"③可判断薛俅曾任淮南东路提点刑狱公事，具体时间也不能详知。

　　除此之外，《金石续编·温泉题名八段》还有一则材料载："薛俅题名。正书左行。通判府事薛俅肃之巡步，男□通直郎知县事昌道、□览□□太中□□□□婿权坊□□□□推官任修□□□□□。绍兴乙亥□夏十五日谨志。孙錞、□、鏸、铋、铎、鉴、镕侍行。"④陆耀遹附注曰："高广行字不计，在陕西临潼县。"陕西临潼县在北宋晚期为陕西路京兆府所辖，南宋初期部分时间亦然。此处时间绍兴乙亥有明显舛误，薛俅元祐元年（1086）已经以中大夫致仕，绝不可能在70年之后的绍兴二十五年（1155）仍通判府事。故孙星衍在《寰宇访碑录》中对该题名记载云："温泉薛俅等题名，正书，绍圣二年六月，陕西临潼。"⑤绍圣乙亥为绍圣二年（1095），与前述乙亥干支吻合，则《金石续编》中之"绍兴"当为"绍圣"之误。虽则如此，似乎仍然无法解释元祐元年（1086）已经致仕的薛俅为何绍圣二年（1095）仍担任通判京兆府事。考虑到北宋中后期因变法引起的政治上反复无常，是不是薛俅因变法问题而在元祐元年之前被迫致仕，绍圣年间重新落致仕复出？故范纯仁在《薛氏乐安庄园亭记》中讲述薛俅建乐安庄园亭的缘由时云："象贤继

---

① （清）王昶：《金石萃编》卷一三四《京兆府小学规》，载《宋代石刻文献全编（三）》第242页。

② （宋）江休复撰，储玲玲整理：《江邻几杂志》，《全宋笔记》第一编，郑州：大象出版社，2003年，第五册，第163页。

③ （宋）王象之撰，李勇先点校：《舆地纪胜》卷四一《通州·景物下·三会亭》，成都：四川大学出版社，2005年，第1708页。

④ （清）陆耀遹：《金石续编》卷一六《温泉题名八段》，载《宋代石刻文献全编（三）》，第667页。

⑤ （清）孙星衍：《寰宇访碑录》，丛书集成新编，台北：新文丰出版公司，1986年，第49册，第405页。

世,绍封五郡,三领部使,四典巨镇,高识懿行,为时名臣。六十丐闲,七十请老,以三品归第。乃于郡郭之东北,披冈带河,择爽垲之地,远城市之喧,筑室以居焉,因所封之郡名之曰乐安庄。"①既然为当时名臣,却仍然六十岁即任闲职,七十岁方才请求致仕,似乎个中更有所隐情,然直接史料不足征,姑聊备一说。而且,范纯仁的叙述中也透露出,"乐安"实际上为薛俅所封的爵位号,若比照孙逢吉《职官分纪·元祐官品令》"开国侯,正三品"而言的话,②薛俅爵位当不高于"乐安郡开国侯"。

综上,我们可以对薛俅生平梳理如下:薛俅字肃之,北宋蒲州河东县人。他的仕宦经历大体如下:宋仁宗皇祐年间知达州,至和元年(1054)为尚书比部员外郎、通判京兆府兼管内劝农事、提举府学,宋英宗治平二年(1065)为荆湖南路转运使,宋哲宗元祐元年(1086)十一月之前以中大夫致仕,绍圣二年(1095)担任通判京兆府事,或是致仕之后重新复出。同时,薛俅还有出任梓州路提点刑狱公事、淮南东路提点刑狱公事的经历,也曾被封不高于"乐安郡开国侯"的爵位,具体时间皆不能详考。薛俅的婚姻关系不详,仅知他至少有薛昌国、薛昌道和薛昌谔三子,有薛鏐、薛钧、薛镐、薛铋、薛钺、薛铎、薛鉴、薛镕等众多孙辈,其他事迹不能尽知。

---

①　(宋)范纯仁:《范忠宣公文集》卷一〇《薛氏乐安庄园亭记》,宋集珍本丛刊,第15册,第443页。
②　(宋)孙逢吉:《职官分纪》卷五〇,北京:中华书局,1988年,第876页。

文献与文化

明代嘉靖本《濂溪志》的再现及其价值[*]

四川大学　粟品孝[*]

　　《濂溪志》是自明代开始出现的一种关于宋儒周敦颐的人物专志,辑录有周子生平事迹、诗文著述和他人赠答、褒崇、诠释、记述周子的有关作品,是认识和研究周子思想及其影响传播的重要文献。目前虽然已有一些学者对其进行辛勤搜集、整理研究,成果丰硕,但对嘉靖十九年(1540)永州府(治今湖南永州市)同知鲁承恩编纂的这部最早的名实相符的《濂溪志》,则关注不够。① 此本流传稀少,在笔者翻检的国内各种公私书目中,均未提及,以至私心以为早已失传。但凡事有意外,笔者在追查《韩国所藏中国汉籍总目》所记《濂溪志》时,竟在韩国首尔大学奎章阁发现了这部绝世孤本。笔者尽管已在上海古籍出版社 2020 年出版的《历代周敦颐文集版本序跋目录汇编》中加以著录,但限于体例,未能就其发现过程及其文献价值详加论述。本文之作,冀能略补这一不足,并希望得到有关研究者的重视和利用。

一、嘉靖本《濂溪志》的再现及其编者问题

　　《韩国所藏中国汉籍总目》第二册史部"传记类"著录道:

---

* 　基金项目:本文系国家社科基金项目"周敦颐文集的编纂史研究"(18BZS062)的阶段性成果。
* 　作者简介:粟品孝,男,四川大学历史文化学院,教授。研究方向:宋史、中国古代学术史。
① 　近些年王晚霞先生连续整理出版《濂溪志(八种汇编)》(湖南大学出版社 2013 年版)、《濂溪志新编》(中国社会科学出版社 2019 年版)、《濂溪志补遗》和《濂溪风雅》(均为中国社会科学出版社 2020 年版),李宁宁、黄林燕也编纂出版《九江濂溪志》(江西人民出版社 2016 年版),另有一些专题论文刊布,但都没有利用到嘉靖本《濂溪志》。

濂溪志

　　梅崖书屋（清）编次，芝城书院（清）校正

　　本版本（刊地未详）（刊者未详）万历年间/4 册（零本）

　　27.4×17.3cm

　　印：帝室图书之章

　　藏本：卷 1－2（1 册）缺

【奎章阁】①

　　这个著录虽存在编校者是清人、版本是明代万历年间这样令人不解的矛盾，但总体情况清楚，包括编校者、册数、版式、板框、印章、藏地的信息都有。笔者曾对万历年间多种《濂溪志》进行过梳理，②对其他一些《濂溪志》的情况也心中有数，但从不知有"梅崖书屋编次"的《濂溪志》。这是怎么回事呢？会不会是梅崖书屋重编或翻刻某种万历本《濂溪志》而来的呢？为释此疑惑，笔者拜托诸多师友查找，最后在韩国首尔大学哲学系郭沂教授及其硕士生杨雨溪同学的帮助下，获得了这部藏于韩国首尔大学奎章阁的珍贵古籍的复制本。

图 1　奎章阁藏《濂溪志》封面　　　　图 2　奎章阁藏《濂溪志》卷端页

　　此本原为五册，第一册已佚，后四册尚存（卷三至卷十）。每一册封面左上有"濂溪志 X"这样的书名和册数标记，右上有该册的内容说明"X 类""XX 类"，右下则贴有记录其藏地、书号、册数等内容的紫色方形标签（见图 1）。每一卷的卷端题署"梅崖书屋编次""芝诚书院校正""濂溪书院刊行"三行字，卷三至卷五的末端题署"永州府零陵县儒

① 　［韩］金寅初主编：《韩国所藏中国汉籍总目》，首尔：学古房，2005 年，第 2 册，第 353 页。
② 　粟品孝：《万历〈濂溪志〉三种及其承继关系》，《图书馆杂志》2021 年第 5 期。

学教谕陈谟校正""永州府儒学训导张世器同校"两行字,卷六以后的末端则没有题署。每一册卷端页的顶部从右至左依次有"帝室图书之章""朝鲜总督府图书之印""서울大学校图书"三枚方形红色印章,显示出其递藏轨迹(见图2)。

　　此本卷端虽然题署"梅崖书屋编次",但笔者判定这是在中国久已失传的明朝鲁承恩编纂的《濂溪志》。何以如此?最直接的证据有二。

　　一是保存在后来编印的周子文集的鲁承恩自序(作于嘉靖十九年,1540)所述与此本的分卷分类情况吻合。鲁承恩自序其书的结构说:"首之图像,以正其始;次之序例、目录,以明其义;次之御制,以致其尊;次之遗书,以昭其则;次之著述、践履,以纪其迹;次之事状、事证,以详其实;次之谱系、谱传、谱稽,以衍其裔;次之奏疏、公移,以取其征;次之表、说、辨、赋、诗、记、序、跋,以备其考;次之祭文、附录,以稽其终。"①"次之著述"以下的内容正好与韩国藏此本相合。此本第一册已佚,第二册是卷三的著述类、履历类,卷四的事状类、事证类;第三册是卷五的谱系类、谱传类和谱稽类,卷六的奏疏类、公移类;第四册是卷七的表类、说类、辨类、赋类、诗类和卷八的记类,第五册是卷九的记类、卷十的序类、跋类、祭文类和附录类。除了鲁承恩自称的"践履"与此本的"履历"有一字之差外,其他表述竟完全一致。

　　二是此本卷末有鲁承恩弟子钱尚青作于嘉靖二十五年(1546)的《刻濂溪志序》,其中写道:"吾师近塘先生鲁公崛起儒绅,慨然以先生之道自任……乃出其所集《濂溪志》以示,欲授诸梓,以规厥传,不徒秘之为家乘焉已也。"结合明朝唐诰修、齐柯纂的《和州志》卷三《官司志》(明万历三年刊本)署名"近塘鲁承恩"的"题咏"、鲁承恩《列秩题名记》"附记"的"右题名记,为前守鲁近塘先生所撰"语,则钱尚青所谓的"近塘先生鲁公",当即是指鲁承恩,鲁承恩就是此本的编集者。

　　"礼失求诸野",国内久已不传的这部周敦颐传记,竟在数百年后的异国他乡被重新发现。周敦颐、鲁承恩英灵有知,必将含笑于九泉!只是万分遗憾的是,此本第一册已佚,鲁序所谓的"首之图像,以正其始;次之序例、目录,以明其义;次之御制,以致其尊;次之遗书,以昭其则"的具体情况,我们已不能完全知晓。另外从卷末落款"嘉靖丙午岁"的鲁承恩弟子钱尚青《刻濂溪志序》和全书的一些内容来看,此本并没有在鲁承恩编出之后立即刊印,而是在其弟子钱尚青得其书并略作增补后刻于嘉靖二十五年(1546),后又有少量补刻内容(字体明显与之前有别,集中在卷十,最晚一文是李发《谒元公奠

①　(明)鲁承恩:《濂溪志序》,(明)胥从化、谢赆编:《濂溪志》卷七下,中国国家图书馆藏明万历二十一年刻本,第43页a。

文》,时在"万历拾柒年",即公元 1589 年)。

编者鲁承恩何以不直署其名,而要在卷端题署"梅崖书屋编次"? 梅崖书屋会不会是鲁承恩的书房雅称? 由于现存有关鲁承恩生平事迹的资料极少,对这些疑问我们还无法回答,有待资料的进一步发掘。

作为人物专志,一般认为《濂溪志》起于明朝弘治四年(1491)周子十二代孙周冕编修的《濂溪遗芳集》。清人常在为康熙本《道国元公濂溪周夫子志》作跋时就说:"惟濂溪有志,自弘治辛亥始也,距今已一[二]百年,凡六刻矣。"①这里的"弘治辛亥",就是道州知州方琼为周冕编修《濂溪遗芳集》作序的弘治四年。后来道光十九年(1839)周子二十七代孙周诰在其《濂溪志》后所附《濂溪遗芳集》(与周冕本同名)的卷前语中更进一步指出:"宏治四年辛亥,州侯方公刻有《濂溪遗芳集》,后之守土者辑其大纲以为志,至今因之。"②这里的"后之守土",就是本文所述的永州府同知鲁承恩。他是继周冕之后第一个以"濂溪志"为名编纂周敦颐人物专志的人,在《濂溪志》系列发展史上具有开创性。不仅如此,考虑到周敦颐文集编纂始于南宋,明代衍生出《濂溪志》和《周子全书》;别集、专志和全书三大系列相互影响,主体内容非常相近,故可统称为周敦颐文集。③ 这样,嘉靖本的再现,就不仅可以让我们重睹这部最早的名实相符的《濂溪志》原貌,也可以补上周敦颐文集编纂史的一个重要缺环。至于嘉靖本《濂溪志》究竟是如何以周冕《濂溪遗芳集》为"大纲"进行编纂的,则由于周冕本的失传,而难以知晓了。

二、万历本《濂溪志》对嘉靖本的改编和删减

嘉靖本《濂溪志》刊行后,最早参考、利用其书来编纂新的周子文集的,是万历三年(1575)本《宋濂溪周元公先生集》十卷(以下简称万历本《全集》)。但万历本《全集》以为其书很"杂",且只视其为三大参考版本之一,④因此实际吸收不多,比较明显的只有卷

---

① (清)常在:《修濂溪志跋后》,(清)吴大镕修,常在编:《道国元公濂溪周夫子志》卷末,清康熙二十四年刻本,第 5 页 a、b。

② "宏治"即"弘治",此避清高宗乾隆弘历讳。

③ 梁绍辉《周敦颐评传》书末所附"周敦颐全集版本"(南京:南京大学出版社,1994 年,第 408—413 页)、刘小琴《周敦颐文集版本考略》(《北京大学中国古文献研究中心集刊》第 4 辑,北京:北京大学出版社,2004 年,第 417—430 页)均如此处理,笔者亦认同。

④ (明)蒋春生:《宋濂溪周元公先生集序》,(明)王俸、崔惟植等编:《宋濂溪周元公先生集》卷首,湖南省图书馆藏明万历三年刻本,第 2 页 b。另外两种参考本是嘉靖十四年周伦编《濂溪集》六卷和嘉靖二十二年王会编《濂溪集》三卷。

四的周子的六封书信和卷十的祭文(后两篇除外),是直接来自嘉靖本的。真正承袭其书名,并以其为底本来新编周子文集的,是道州永明县(治今湖南江永县)知县胥从化、道州(治今湖南道县)儒学署学正谢顼在万历二十一年(1591)编的《濂溪志》(以下简称万历本《濂溪志》)。编者在《叙例》中对嘉靖本进行了尖锐批评,先是直言其书"漫漶不易读",有明显破损或模糊之处,接着很不客气地指斥道:"读之而芜秽也,谬误也,重复也,款次之舛紊也。盖参萃焉,曾是称志,其愈能几?"①几乎要否定它作为人物专志的资格了。而在全部的 8 条凡例中,有 7 条都是针对嘉靖本的,批评相当严厉。在这样的基调之下,万历本对嘉靖本作了全面的改编。

首先是在卷次和类别方面做了全新的调整。嘉靖本《濂溪志》的分类非常独特,每一卷都有若干以"X 类""XX 类"为名的类别,这是笔者所见其他《濂溪志》和周子文集没有的现象。而且这些分类或按文章的属性,或依文章的体裁,缺乏相对统一的标准。大体说来,前五卷是按文章的属性来分类的,依次是:卷一御制类,卷二遗书类、卷三著述类、履历类,卷四事状类、事证类,卷五谱系类、谱传类、谱稽类;后五卷基本是按文章的体裁来分类的,依次是:卷六奏疏类、公移类,卷七表类、说类、辨类、赋类、诗类,卷八、卷九记类,卷十序类、跋类、祭文类,最后是附录类。万历本编者对此不以为意,在《叙例》的第一条就明确指出:

> 志主图书,苞举杂著,他不得而先焉。唯是扶舆勃发乎千年,存著永承于万禩。芳迹攸寓,肖图在前,而光霁遗仪,必冠卷首,固志体然哉。爰论其世、其年表、事状乎,乃诸儒之论核矣。自余褒崇、纪述、题咏、祭谒,以次胪列,而所为谱系,则翰博之以故,志于是终焉。②

所谓"志主图书""固志体然哉",所谓图像"必冠卷首"、著录谱系后"志于是终焉",表明编者对人物志的卷次安排有新的思考和把握。具体说来,其书保持了嘉靖本十卷的规模,但在卷目、卷次和大类归并方面调整明显,卷首是序言、叙例和目录,之后依次是:卷一元公遗范、元公芳迹(按,指图像),卷二元公遗书、元公杂著,卷三元公年表,卷四元公事状,卷五诸儒议论,卷六历代褒崇,卷七古今纪述,卷八古今题咏,卷九古今祭谒,卷十濂溪世系。这全部是按照文章(少量是图表)的属性来分类编排的,且每一卷的卷目都是四字组合,相当齐整,从而克服了嘉靖本既按文章属性又按文章体裁来分类、分

---

① (明)谢顼:《濂溪志叙例》,(明)胥从化、谢顼编:《濂溪志》卷首,中国国家图书馆藏明万历二十一年本,第 1 页 a。

② (明)谢顼:《濂溪志叙例》,(明)胥从化、谢顼编:《濂溪志》卷首,中国国家图书馆藏明万历二十一年本,第 1 页 b—第 2 页 a。

卷的混杂情况,显得更为清晰,编者自称是"井井乎,绎绎乎,其得当于大观",殆非虚言。

其次是纠正了嘉靖本的不少"谬误"。万历本编者在《叙例》中指出:

> 旧志谬误颇多。如五行、太极二说,本黄榦所作,而以为程颐。此类犹其小者耳。乃元公《上二十六叔》《与仲章》二书,载之漳浦王氏集,而志析为四,不大谬乎?后书实六月十四日,志脱十字,又于"夏热"上增"首"字。观度氏谱,以"可具酒果香茶告闻先公谏议"为六月十四日手帖,此足证志、集之得失矣。二说不必入志,余谬误悉正之。①

这里的"王氏集",指嘉靖二十二年(1543)知道州王会编的《濂溪集》。这段批评所说的"五行、太极二说",是指嘉靖本卷七的《五行说》《无极而太极辩》两篇。这两篇为宋儒黄榦所作,早在宋刻十二卷本《元公周先生濂溪集》卷三中已有著录。嘉靖本误题为程颐,乃是渊源于嘉靖十四年(1535)周伦编《濂溪集》卷三。万历本《濂溪志》不是将作者回署为黄榦,而是直接将此"二说"删去。至于把周子的两封家书《上二十六叔书》和《与仲章书》割裂为四封,并有字词方面的讹误,也为万历本所纠正。

在万历本编者看来,嘉靖本的"谬误"还不止此。万历本《叙例》有一条就说:"《年表》,宋山阳度氏所撰,小有遗误,今搜补而考正之,诸野人诞语不使冒而入焉。"②经笔者比对,此本卷三载录的《濂溪周元公年表》,与之前弘治年间(1488—1505)苏州人周木重辑《濂溪周元公全集》(以下简称弘治本《全集》)卷首的《濂溪周元公年表》基本一致,《叙例》所谓的"遗误"当非嘉靖本所为,而是渊源有自,不过万历本确实加以纠正了。重要的有两方面,一是周子"卜居庐山"并筑书堂事,嘉靖本系于熙宁五年,万历本考证认为最初应在嘉祐六年,熙宁五年是最后"定居"时间;二是"虔州失火"、周子移官事,嘉靖本系在嘉祐八年,万历本同意道州人费椿的更定,改系后一年,即治平元年。

当然,万历本对嘉靖本进行改编时还做了大量删繁就简的工作。编者不仅在《叙例》的开头对嘉靖本有"芜秽""重复"之讥,在后面的凡例中更有具体的指责,或言其将朝廷下发的诏书、公文以及臣僚的奏疏和谢表按"御制、奏疏、公移、表"四个类别分别收载有"强析""重出"和"割解舛棼"之弊,或言其"杂言、记、序重复为甚,其芜者、赘者各卷多有之"。万历本编者自称对这些"悉并删正"。其具体情况相当复杂,在此不便详述。概括说来,万历本对嘉靖本的删减主要有两方面的情况,一是压缩改写其长篇,如将嘉

---

① (明)谢赆:《濂溪志叙例》,(明)胥从化、谢赆编:《濂溪志》卷首,中国国家图书馆藏明万历二十一年本,第2页 a、b。

② (明)谢赆:《濂溪志叙例》,(明)胥从化、谢赆编:《濂溪志》卷首,中国国家图书馆藏明万历二十一年本,第3页 b。

靖本奏疏类的吴革、郭廷坚奏疏和表类的郭廷坚谢表三篇文献合并到宸纶类《敕赐道源书院》时,就有上千字的删减,包括吴革奏疏由 950 字减为 310 字,郭廷坚奏疏由 1130字减为 116 字;二是直接删去其诸多篇什,据笔者对勘和统计,嘉靖本共有 60 多篇文献为万历本改编时删去,数量之大,令人惊讶!(说详下一部分)

由于改编后的万历本《濂溪志》的卷类编排更为合理,各种谬误大为减少,"芜者、赘者"情况显著改善,因此其刊行后得到了广泛重视,成为明清时期各种《濂溪志》版本的重要依据,其他一些周子文集或也以之为重要参考,①而原来的嘉靖本《濂溪志》则很快为人所弃,以至不见任何传统公私书目著录。这造成了一个严重后果,那就是为万历本删减的很多文献长期湮晦不明。嘉靖本的再现,才使得这些珍贵文献重新为人所知。

三、大量珍贵文献的复出及其价值

诚如上述,嘉靖本中共有 60 多篇文献为万历本改编时直接删去。笔者将这些文献与后来的周子文集比勘,又通过目前一些古籍电子数据库查对,发现其中有 45 篇未见其他现存著作载录,实为难得的新见资料,兹表列于下:

表 1 被万历本《濂溪志》删去且未见其他著作载录的 45 篇文献情况

嘉靖本卷次(被删篇数)	篇名	作者	备注
卷四事状类(2篇)	跋濂溪先生行实	鲁承恩	
	元公家本行实	黄鲁直	此为托名,编者鲁承恩在上文中已指出。
卷五谱系类(2篇)	周氏支系	周冕	
	跋周氏支系	鲁承恩	
卷五谱传类(1篇)	周砺等73人小传		计为1篇
卷五谱稽类(4篇)	祖宗规约(九则)		计为1篇
	拙逸先生像赞	胡训	此篇及下篇,均记述五经博士周冕。
	翰林五经博士拙逸先生行状	何天衢	
	跋濂溪谱	鲁承恩	

---

① 参见粟品孝《历代周敦颐文集的版本源流与文献价值》,《河北大学学报(哲学社会科学版)》2020 年第 1 期。

续　表

嘉靖本卷次(被删篇数)	篇名	作者	备注
卷六公移类(1篇)	书院再复公移嘉靖十八年		
卷七说类(1篇)	复说	侯廷训	
卷七诗类(23篇)	望濂溪	沈庆	
	月岩	汪浩	
	赠周翰博荣归	凌志	
	赠周翰博荣归	方勉	
	爱莲亭	莫英	
	爱莲亭	张子昂	
	仰元公辞	方琼	
	濂溪祠	孟春	嘉靖本有二首,万历本《濂溪志》只录第一首。
	爱莲亭	孟春	
	忆元公	方琰	
	和邵公韵	周绣麟	
	谒元公二首	周绣麟	
	谒元公	何应潮	
	仰元公	周鹏	
	和提学沈公韵	蒋灏	
	谒元公	李仁	
	月岩	丁致祥	
	谒元公	陈士恩	
	书层岩	萧文佐	
	游月岩	林凤鸣	
	濂溪	康正宗	
	谒濂溪故里祠	李发	
卷七颂类(1篇)	元公颂	张时秦	
卷十序类(3篇)	濂溪遗芳后序弘治癸亥	郑满	现存郑满《勉斋先生遗稿》三卷(《四库全书存目丛书》集部第46册)无此序。
	刻周元公年表序	黄焯	
	褒崇道学制序弘治甲子	程楘	

嘉靖本卷次（被删篇数）	篇名	作者	备注
卷十跋类（1篇）	太极书院重刊周子书跋	仇熙	
卷十祭文类（5篇）	春秋二仲次丁祝文（濂溪故里）		万历本《濂溪志》删去此文，而以《濂溪祠春秋二仲次丁祝文》为名录载嘉靖本的《春秋二次丁祝文（濂溪书院）》；弘治本《濂溪周元公全集》卷十虽有录载，但文字不及嘉靖本全。
	祭元公文	萧文佐	
	祭元公文	马元吉	
	谒元公奠文	朱应辰	
	谒元公奠文	张守约	
卷末（1篇）	刻濂溪志序	钱尚青	

表1这45篇被万历本直接删去的文献，出自36位明代学人之手，加之被万历本压缩的其他一些文献，数量实在不菲。这些文献在沉晦不明数百年后，随着嘉靖本的再现，得以露出庐山真面目。这无疑为相关历史文化的认识提供了宝贵信息，其价值也会随着研究的深入而不断展现。这里仅略述两方面的价值。

一是可知明朝洪武初期编纂、景泰年间重编的《周氏族谱》的大体面貌，并为有关问题的研究提供新的线索。

周子家族在宋代即有族谱，现存宋本《濂溪先生集》《元公周先生濂溪集》的卷首分别载录《家谱》《濂溪先生世家》，明代弘治本《全集》卷首也有《濂溪周元公世谱》，其他很多周子文集也有或详或略的《世系图》，它们实际都渊源于周家的《族谱》，只是内容都比较少。像嘉靖本《濂溪志》这样大量载录《周氏族谱》的情况，之前之后的周子文集都不曾有过。

嘉靖本《濂溪志》卷五的谱系、谱传和谱稽三类，比较集中地载录了明朝洪武初期周埧（周子九代孙）初编、景泰七年（1456）周冕（周子十二代孙）重编《周氏族谱》的不少内容，再加上卷四载录的托名黄鲁直的《元公家本行实》和卷十张韶的《周氏族谱序》，就可以得知这部早已失传的《周氏族谱》的大体面貌。即其卷首是洪武十一年（1378）张韶为周埧初编《周氏族谱》所写的序言，接着有重编者周冕景泰七年（1456）所述的《周氏支系》和从周氏始祖、晋朝扬州都督周浚开始的《濂溪宗派图》；之后是宗族中一些重要人物的小传，或详或略；再就是家训性质的《祖宗规约》九则，以及时人胡训和何天衢分别为周冕所写的《拙逸先生像赞》和《翰林五濂溪志经博士拙逸先生行状》。至于《濂溪志》

编者鲁承恩的《跋濂溪谱》，或不收载其中。

　　据笔者调查，现在所能见到的以周敦颐为祖先的周氏族谱，基本都是清代以来的，很少有明代的。像嘉靖本《濂溪志》载录的成于明代中前期这么早的《周氏族谱》，迄今尚未查得，因此具有特别珍贵的价值。笔者2019年12月初至周敦颐家乡道县开会，其间曾在周敦颐故居附近一周姓农民家得见抄本《先贤世家族谱》（封面题署"崇本堂珍藏"），卷首第一篇序即是张韶所作，后面亦有宗派图、人物小传。尽管文字内容与此《濂溪志》所载不尽相同，但从中可见这部早期《周氏族谱》的部分内容是一直在周氏家族内流传的，是后来《周氏族谱》的源头。

　　这部载录于嘉靖本《濂溪志》中的早期《周氏族谱》，固然有一般族谱追溯远祖不尽可信、混入其他家族名人等通病，①但毕竟是族人自编，透露了外人不易知晓的一些内容，为我们研究有关问题提供了特别的价值。比如最近笔者考察周氏家族在宋元明时期的迁徙问题时，这部《周氏族谱》就提供了重要线索。②

　　还有，周敦颐出生的具体时间，南宋度正编的《濂溪周元公年表》不载，并在小字注文中写道："先生之生，所系甚大，当书其月、日、地，而史失其传，今存其目而阙之，以俟博考。"③之后的周子文集和年谱也长期未记，但清朝道光十九年（1839）周子二十四代孙周诰编《濂溪志》，在《年谱》中则明确写道："宋真宗天禧元年丁巳五月五日，先生生于道州营道县之营乐里楼田保。"④笔者一直对这一具体的生日记载疑惑不解，在查阅的一些以周敦颐为祖先的周氏族谱中也未见明载。不过，嘉靖本中托名黄鲁直的《元公家本行实》的一条记载则为此提供了解答的线索。《行实》载：

　　　　天禧元年丁巳五月二日夜，（周母）郑氏沐浴更衣，至夜五鼓，闻空中音乐嘹亮之声，将曙，五星悬辉于庭，后化为五土堆。于洞中三日，正午，而公生焉。⑤

　　这固然有些神话了，不过如果将"于洞中三日"理解为周母在洞中（《行实》后记周氏

---

① 此谱追溯的远祖是东晋的扬州都督周浚，《濂溪志》编者鲁承恩认为不可信，故在《濂溪宗派图》中不录周浚以下的前二十世，只从周敦颐父辈（二十一世）开始列起；人物小传更是前二十一世都没有，仅从二十二世周砺（周敦颐兄）写起；此谱还把其他家族名人即两宋之交的福建浦城人周武仲列为周敦颐侄子，并有小传。

② 粟品孝：《宋元明时期江州周氏宗族的迁徙及相关问题考述——以族谱记载的周敦颐后人为中心》，《西北大学学报（哲学社会科学版）》2022年第2期。

③ （宋）度正：《濂溪周元公年表》，宋刻本《元公周先生濂溪集》卷末，湖南省濂溪学研究会整理，长沙：岳麓书社，2005年，第231页。

④ （清）周诰编：《濂溪志》卷三《年谱》，清道光十九年刻本，第2页b。

⑤ （宋）黄鲁直：《元公家本行实》，（明）鲁承恩编：《濂溪志》卷四《事状类》，韩国首尔大学奎章阁藏嘉靖二十五年刻本，第9页a。

"大族有宅,居于洞中")继续居住了三天,则周子诞生之时正好是五月五日,与周诰所记一致,说明周诰的记载并非当时编出,而是早在明代中前期就已在周氏家族内部存在和流传了。当然,如果将"三日"理解为五月三日,则与周诰所记相差两天,两者也是相当接近了。

另外,通过周冕《周氏支系》,我们可知周冕除了编有《濂溪遗芳集》以外,还在其前辈周埙的基础上重编了这部《周氏族谱》;而且通过《濂溪志》卷五谱稽类载录的时人胡训和何天衢分别为周冕所写的《拙逸先生像赞》和《翰林五经博士拙逸先生行状》,我们对周子家族史上第一位翰林院五经博士周冕的生平事迹也有了更多的了解。① 岂止周冕呢? 由于此本还载录了上至周敦颐兄周砺,下至周冕共 12 代、73 人的小传,其中绝大多数人的情况不是其他文献容易得见的,这就更加体现出了此本《濂溪志》的特殊价值。

二是可对一些重要史实和著作有更全面和具体的认识。

此举三例。第一,关于明朝正统年间"褒崇道学"事。这是当时的一件大事,《明英宗实录》曾分两处记载,先是在正统元年(1436)七月庚戌条载录"顺天府推官徐郁言四事",第一事即是尊崇圣贤、褒崇道学事;接着在正统八年(1443)八月壬辰条载录皇帝"诏复宋儒周敦颐、程颢、程颐、司马光、朱熹"的最终结果。② 这一结果在《明英宗宝训》卷一"崇儒"部分也有记载。③ 不过《明英宗实录》《宝训》的记载都很简略,分别只有不到三百字和一百字的篇幅,其他一些典制著作和地方文献的记载则更为简略,难知其详。而嘉靖本《濂溪志》的《褒崇道学公移》一文,共约 2240 字,为我们提供了当时比较完备的情况。之后的万历本《濂溪志》对此做了大幅度删减,仅有不到 500 字的篇幅,其他周子文集的记载也没有超过 500 字的。岂止文字和内容,在著录格式方面,嘉靖本基本上是照录公文原本,而万历本是完全的改写(之前的弘治本《全集》虽保留了部分公文格式,但文字压缩后亦不足 500 字)。因此嘉靖本对这段公移的载录不但最为全面,而且原始性强,比其他文献所载明显包含了更为丰富的细节和信息,可以让我们更完整地理解当年徐郁为褒崇道学所提出的理由和具体措施,也可以知道当时奏疏递进之后各方面的应对和处理情况,以及当时此类公文的规范格式。这些都是其他文献所载不完全具备的。

---

① 关于周冕的研究,目前仅见周欣《"五经博士"周冕对濂溪学发展的影响》(《南昌大学学报(人文社会科学版)》2017 年第 5 期)一文,但周欣未见嘉靖本《濂溪志》的记载。

② 《明英宗实录》卷二〇,正统元年七月庚戌条,"中研院"史语所校勘本,1962 年,第 393 页;卷一〇七,正统八年八月壬辰条,第 2169—2170 页。

③ 《明英宗宝训》卷一《崇儒》,"中研院"史语所校勘本,1962 年,第 67 页。

嘉靖本载录的这段公移的具体情况较为复杂，不宜在此赘述。但有一点必须指出，那就是嘉靖本之所以能有如此详细载录，关键在于利用了弘治十七年（1504）道州知州程崧编纂的《褒崇道学制》一书。此书已佚，历史上流传不广，未见任何公私书目著录；而程崧的序言又为万历本《濂溪志》删去，以致此书此序长期隐晦。程崧序言有这样一段关键叙述：

> 然制，吾考之，先守方君虽已梓入《遗芳》，畏其字句多繁，乃刻其概。而于国朝崇重优恤之典，向未获尽。予叨守先生之乡，沐先生之泽，因照制刷检其故纸，玩而读之，乃国制也。残陋殊甚，深为叹惜。即命六曹吏书遍搜别项文移，悉令呈堂，果得数纸。其字画有鲁鱼亥豕之讹者，考而正之，检其颠末，补缀而备录之。①

这是一段重要的文字，由此可知这篇被嘉靖本《濂溪志》收录的《褒崇道学公移》（属于"国朝崇重优恤之典"的内容），就是程崧知道州时从故纸堆中翻检所得，而万历本《濂溪志》和之前弘治本《全集》的节录文字，实际主要来自道州守方琼序于弘治四年（1491）的《濂溪遗芳集》。《褒崇道学制》虽佚，但它的收录之功，则通过嘉靖本《濂溪志》的再现，而得以为世所知。

第二，关于江西南安军道源书院在明朝嘉靖年间的兴废情况。南安军（治今江西大余县）是二程十四五岁时从学周子之处，在南宋时随着周子和理学地位的上扬而被誉为道学发源之地，因此建有纪念周子的祠堂和书院（初名周程书院，后皇帝赐名道源书院），并延续至元明清时期。明朝嘉靖十八年（1539），南安府同知侯廷训曾利用嘉靖十五年（1536）刻本《南安府志》和其他文献的有关资料，汇编成《道源书院集》一书。此集久佚，不见历代书目著录，但黄佐的序言、侯廷训的说文和有关南安军推崇周子及道源书院发展方面的丰富资料，则为嘉靖本《濂溪志》所吸收，总计 26 条。万历本《濂溪志》在改编时整整删去 10 条，其中 8 条尚见于至今仍存的嘉靖十五年本《南安府志》，但有 2条，即嘉靖十六年南安府同知侯廷训的《复说》、嘉靖十八年《书院再复公移》，则未见之后任何著作包括地方志著录，实属嘉靖本《濂溪志》留给我们的珍贵文献。前者是侯廷训在道源书院讲论理学"复"义思想的文献，其价值或有限。但后者是关于道源书院在嘉靖十年（1531）被改为启圣公祠之后、又在嘉靖十八年（1539）正式恢复其旧名的公文，则相当宝贵。如果不是嘉靖本的再现，我们就只能依据嘉靖《南安府志》卷十七的《道源书院建置纪》，知道源书院在嘉靖十年被改为启圣公祠，而对其何时恢复、如何恢复，则

---

① （明）程崧：《褒崇道学制序》，（明）鲁承恩编：《濂溪志》卷一〇，韩国首尔大学奎章阁藏嘉靖二十五年刻本，第 16 页 b。

无从知晓。由此更可见嘉靖本载录《书院再复公移》这一官方文档的特殊价值。

第三,关于明代嘉靖十一年(1532)潞安府(治今山西长治市)重刻的《周子书》。此书早已失传,过去我们依据万历本《濂溪志》等文献载录的跋文即宋圭《重刻濂溪集跋》略知一二,现在我们根据此本载录的仇熙《太极书院重刊周子书跋》,可知其更多情况。最重要的就是此本的书名和底本。明代藏书家徐㶿的家藏书目明载其书名刻者为“周子书,宋圭刻”。① 从其藏书目录的体例看,“周子书”就是书名。但过去我们所见只有宋圭《重刻濂溪集跋》,则其书名似乎应该是《濂溪集》。嘉靖本《濂溪志》载录的仇熙《太极书院重刊周子书跋》,则让我们相信徐㶿所记正确无误,其书名应该是《周子书》。而且,以前我们也不清楚宋圭所刻依据的是什么底本,仇熙此跋则有重要提示,他写道:

> 去年秋,龙门先生来治潞安,简政敦教,未期民革,一旦进熙曰:“予尝闻汝考令名于泾埜翁,汝考不复起,汝不思克绍,可乎?”袖出《周子书》一册曰:“读此,可以立厥身、荣厥亲。”②

这位“泾埜翁”,就是学者称为泾野先生的关中大儒吕柟。埜即野的古字,泾埜翁即是泾野翁。从这段叙述来看,此《周子书》就是指吕柟在嘉靖五年(1526)编的《周子抄释》,宋圭翻刻时将书名略加变化而已。

总之,嘉靖本《濂溪志》刊行不到半个世纪,就为万历本《濂溪志》全面改编,后者流传广泛,而前者却从此隐晦,被万历本删去和压缩改写的大量文献也随之失传。幸赖韩国首尔大学奎章阁藏此一部《濂溪志》,尽管已非完帙,但大部分内容仍保存了下来。这部在国内失传数百年的重要古籍的再次现身,不但补上了周敦颐文集编纂史特别是《濂溪志》系列的一个重要缺环,而且随之露出真容的还有被万历本删除和压缩的诸多文献。本文只是对其的初步介绍和研究,其重要价值还有待更深入地发掘和探讨。

---

① (明)徐㶿:《徐氏红雨楼书目》卷三,上海:上海古籍出版社,据1957年古典文学出版社排印本重印,2005年,第299页;又见徐书另一抄本《徐氏家藏书目》卷三,马泰来整理,上海:上海古籍出版社,2014年,第266页。

② (明)仇熙:《太极书院重刊周子书跋》,(明)鲁承恩编:《濂溪志》卷十,韩国首尔大学奎章阁藏嘉靖二十五年刻本,第22页a、b。

新出土宋人墓志地券所见宋代商人传记考述

香港树仁大学　何冠环

宋代工商业发达，城市兴起，经商致富的商人比比皆是。他们虽然地位仍在士人之下，但以丰厚的财力在政治、社会及文化领域发挥了重大的影响却是众所周知的事实。然而，官史的《宋史》和准官史的《东都事略》，均沿袭《三国志》《后汉书》以下之正史习惯，并没有为商人专门立《货殖传》。而少数有商人身份的人物，则以其他名目的传记载其事迹，其中最著名的是《宋史·佞幸传》的朱冲、朱勔（？—1126）父子。另外《宋史·列女传》所载的汉州雒县（今四川广汉市）陈门王氏女也是女性经营者。① 除此之外，宋代商人能有完整传记的，则见载于少量宋人文集。这些见于文集的商人，多半是其子孙自商入儒，又或因缘际会，自商人成为贵戚，于是找到士人甚至文臣为他们父祖作传，而得以保存于文集内。②

近年来出土的宋人墓志地券中，却有不少是宋代商人的墓志。他们大多名不见经传，姓名不载于《宋史》《续资治通鉴长编》《宋会要辑稿》等典籍及宋人文集及笔记中。

---

① （元）脱脱等：《宋史》卷四六〇《列女传·陈堂前》，北京：中华书局，1977年，第13485页；卷四七〇《佞幸传·朱勔》，第13684—13686页；（宋）王称：《东都事略》卷一百六《朱勔传》，收入赵铁寒主编：《宋史资料萃编第一辑》，台北：文海出版社，1967年，叶三下至五上（第1622—1625页）。按《东都事略》没有立佞幸传之名目，惟将朱勔传置于另一被同斥为宣和六贼之佞臣王黼之后。

② 例如宋初开封（今河南开封市）大酒商孙守彬（923—995），后来其女成为宋太宗（939—997，977—997在位）的孙贵妃（？—983），于是孙家成为外戚。而他一向交结文士，他卒后其子即请得文豪柳开（947—1000）为他撰写墓志铭。另外宋初著名计臣李仕衡（959—1032），其父是秦州长道县（今甘肃陇南市礼县）大酒商李益（？—987），李仕衡便在他的栽培下，进士登第而成为文臣。虽然李益后被罪被诛，李氏一度败落，但在李仕衡的经营下，李氏得以后兴。李仕衡官至三司使，其子孙也由文臣之途入仕，李氏也从商人之家晋身为儒门。李仕衡子在乃父过世后，请得名臣范仲淹（989—1052）为其父撰写神道碑，而旁及其祖李益之事迹。参见何冠环：《宋初开封酒商孙守彬事迹考》，《东方文化》第51卷第2期，2022年12月；何冠环：《宋初秦州长道县酒商李益与其子三司使李仕衡家族事迹考》（未刊稿）。

惟这样更足珍贵,让我们得以一窥众多宋代小商人的事迹,包括他们的家世出身、营商致富的经历。河南大学程民生教授在 2022 年 8 月出版的杰作《宋代民众文化水平研究》中论宋代商人的一节,便引用了何新所编著的《新出宋代墓志碑刻辑录(北宋卷)》的两篇,即北宋潞州上党(今山西长治市)商人卫永浦(1001—1090)和宋惟简(1016—1096)墓志。① 而大陆辽金史学者、中国社会科学院的周峰教授从 2020 年至 2022 年辑录了四辑宋辽金元墓志地券,先后在兰州甘肃教育出版社和台湾花木兰出版社出版。② 本文即据此四册墓志地券辑录所收录的十多种宋代商人墓志,按时序考述十多名宋代商人的生平事迹,并考论其中所反映的现象。

一、潞州上党商人严文政(994—1030)

周峰所编《贞珉千秋——散佚辽宋金元墓志辑录》收载一方 788 字的《宋故潞州京兆严君墓志铭》(图 1),据撰写墓志的乡贡进士阎休复(? —1081 后)所记,墓主是潞州

---

① 程民生:《宋代民众文化水平研究》第三章第一节《商人》,北京:社会科学文献出版社,2022 年,第277—303 页。程氏引用的两篇墓志分别是张仲安所撰的《卫永浦墓志》和刘伸所撰的《宋惟简墓志》,见第 283 页及注 3、4。两篇墓志原载何新所编著《新出土宋代墓志碑刻辑录》(北宋卷)第六卷,第二七八《卫永浦墓志》(1090),北京:文物出版社,2019 年,第 131 页;第三〇五《宋惟简墓志》(1096),第142—143 页。

② 参见周峰编:《贞珉千秋——散佚辽宋金元墓志辑录》,兰州:甘肃教育出版社,2020 年;周峰编:《散见宋金元墓志地券辑录》,载潘美月、杜洁祥主编:《古典文献研究辑刊》第三十二编第三十七册,新北:花木兰文化事业有限公司,2021 年;《散见宋金元墓志地券辑录二编》,载《古典文献研究辑刊》第三十三编第三十二册,新北:花木兰文化事业有限公司,2021 年;《散见宋金元墓志地券辑录三编》,载《古典文献研究辑刊》第三十四编第四十七册,新北:花木兰文化事业有限公司,2022 年。按周氏所辑的墓志地券,采自(1)郭茂育、刘继保编著:《宋代墓志辑释》,郑州:中州古籍出版社,2016 年;(2)绍兴市档案局(馆)、会稽金石博物馆编:《宋代墓志》,杭州:西泠印社出版社,2018 年;(3)何新所编著:《新出土宋代墓志碑刻辑录》(北宋卷),北京:文物出版社,2019 年;(4)何新所编著:《新出土宋代墓志碑刻辑录》(南宋卷),北京:文物出版社,2020 年。

上党(今山西长治市)商人严文政。①

　　据志文所记,严文政卒于仁宗天圣八年(1030)七月二十六日,得年三十七,以此逆推,他当生于太宗淳化五年(994)。他字正夫,先世是长平(即泽州高平县,今山西晋城高平市)人。他的远祖"不乐仕宦,而喜从商贾游"。大概因经商往来潞州上党间,久之,喜爱上党风俗淳厚,就从泽州徙居潞州。他的祖父名严赞,父名严继恩。严文政是长子,成年后慨然有起家之志,他每日训示诸弟如何治理生计,而他就胸有成算,守着父祖的家业。他性刚直难犯,但廓然有量度,而不随便言笑。他在家中威爱兼隆,诸弟均敬畏之。他的二弟严文嵩卓而立志,文政就特别委以重任,于是严家的资产日益丰盛。②

　　严文政据说尤喜交结宾友,他过从遇人都和而有礼。他容貌壮伟,堂堂一表。行走在街衢间,不认识他的人,必视而异之。里中恶少年亦都惮服。他乐而好善,不过,从未谈佛说禅,他的子孙皆以儒为业,阎休复认为是承其志。他未享高寿,于天圣八年七月二十六日卒,得年才三十七。到明道元年(1032)十二月四日,家人将他葬于潞州城西太平乡崇仁里。③

---

① 周峰编:《贞珉千秋——散佚辽宋金元墓志辑录》,《二十三、宋严文政墓志　元丰四年(1081)二月十五日》,第 51 页。按此墓志辑自何新所编:《新出宋代墓志碑刻辑录》(北宋卷),第 229 页。该碑高 78 厘米,宽 77.5 厘米。正书 31 行,满行 30 字。墓志由乡贡进士阎休复撰写,由乡贡进士李汉杰篆盖,由将仕郎试将作监主簿韩操填讳,由其孙严沆书,由任道珙刊刻。考据冯俊杰等编的《山西戏曲碑刻辑考》所收的元丰三年(1080)夏立的《威胜军新建蜀荡寇将□□□□关侯庙记碑》,撰写人署名是乡贡进士李汉杰,这个李汉杰当是为严文政篆盖的同一人。考这通碑早为清初修的《山西通志》所著录,记"宋建汉寿亭侯在铜川,李汉杰撰文"。顺带一提,王曾瑜教授早已注意这一篇碑文,并据此碑文考论北宋的军制。惟王教授没有考出李汉杰为何人,而因为根据《宋金元戏曲文物图论》(太原:山西人民出版社,1987 年)第 130—134 页的版本,不少字迹模糊不清,所以他也没有清楚看出立此碑的知威胜军是名将王文郁(1034—1099)。另黄庭坚(1045—1105)所撰的《赵夫人墓志铭》,安陆(今湖北安陆市)人李通儒妻赵氏在元祐元年(1086)二月下葬时,记其婿为士人韩操。这个李氏婿韩操从年代及身份为士人来说,颇有可能和将仕郎韩操是同一人。只是一似是山西人,另一似是湖北人。参见(清)储大文(1665—1743)编:《山西通志》,文渊阁《四库全书》本,卷五九《古迹三·万泉县》,卷五九,叶五一下;冯俊杰、王福才、延保全、车文明、曹飞编著:《山西戏曲碑刻辑考》卷一《沁县城关关帝庙·威胜军新建蜀荡寇将□□□□关侯庙记》,北京:中华书局,2002 年,第 19—27 页;(宋)黄庭坚著,刘琳、李勇先、王蓉贵校点:《黄庭坚全集》,第三册,《黄文节公全集·外集》卷二二《墓志铭·赵夫人墓志铭》,成都:四川大学出版社,2001 年,第 1390 页;王曾瑜:《山西沁县城内关帝庙宋碑中有关军制的考释》,载氏著:《点滴编》,保定:河北大学出版社,2010 年,第 388—396 页。

② 周峰编:《贞珉千秋——散佚辽宋金元墓志辑录》,《二十三、宋严文政墓志　元丰四年(1081)二月十五日》,第 51 页。

③ 周峰编:《贞珉千秋——散佚辽宋金元墓志辑录》,《二十三、宋严文政墓志　元丰四年(1081)二月十五日》,第 51 页。

图 1　阎休复：《宋故潞州京兆严君墓志铭》(载《贞珉千秋——散佚辽宋金元墓志辑录》,第 53 页)

他的元配路氏,幼而令淑,嫁严文政后曲尽妇道,生男一人名严公翼,累举进士,在乡曲有誉,但不幸早死,而路氏也先文政殁。严的继配李氏(997—1069),也贤懿有闻,执妇礼,事舅姑至谨。她在严氏死后,一直持守严之家业,使之不坠。当时严家的稚女幼妇,皆以她为法。她晚年于缝纫之事,仍不怠慢,内外姻戚均称许之。她生四子,三男未娶而卒。一女适里人弓说,亦早死。有孙二人,男孙严沆(?—1081 后)克绍箕裘,而以诗学优长,曾两度贡方物于朝,并且"继中魁选",乡党称叹他能继承祖志。女孙适内殿承制合门祗候、河北第八副将李泽(?—1099 后),封寿安县君。曾孙二人,男名严硕,幼承父学,女许嫁阎休复的从侄阎申,亦习进士。李氏于熙宁二年(1069)秋七月初三卒于家,享年七十三。是月癸酉(初九),殡于城之西南隅,以其年卜不吉,故殡而未祔。十二年后,于元丰四年(1081)初,严文政弟文范卒,是年二月十五日,严沆就趁着严氏族人办理丧事时,奉祖母李氏之灵柩,祔于严文政之墓。严沆并持着祖父的行状,请严氏姻亲、严文政从侄女婿阎休复代撰墓志铭。阎休复以严氏女在皇祐中归他,虽不数年而亡,但严文政之所为亦屡有所闻,且严氏族人在宴会间亦每称颂其为子孙治家立身之法,由是多知他的事迹。现在严沆来请求铭,就义不容辞。阎氏又说,严氏之兴,实由严文政始之。虽世传一子,但已家累巨万,况今日能高大门户者,有望于今日。乃作铭曰:

> 粤漳水滨,�][如其坟。孰知所息,伊予严君。君肇作室,子构而勤。两得贤配,家声愈闻。继志述事,复生令孙。守而勿失,必大其门。祖也考也,亡焉若存。铭幽千古,习习清芬。①

阎休复笔下的严文政墓志,重点不在潞州上党严氏家族如何经商致富,因此我们并不知晓严文政父子在潞州的营生是什么。以严魁梧的身形和刚强的性格、连里中恶少都惧怕的名声,若在明清,人们可能会猜他是干晋商票号兼营保镖的行业。墓志的重点倒是强调严文政慨然有大志,志在自商入儒,栽培其子严公翼业儒。虽然严公翼早死并未能登第,但严氏仍督促子孙从学,他们皆业儒,并多以士人为婚嫁对象。他虽英年早逝,赖夫人李氏持守家业,其孙严沆终于读书“继中魁选”,而孙婿李泽也位居大使臣而职河北第八副将,严氏终于从商入官,而他也在卒后数十年,因孙儿严沆之人脉,请得士人和有官职的文臣撰写墓铭而得以留名于世。严文政这一个案所反映的,是宋代不少商人盼望从商入仕的愿望。

值得一提的是,严文政几个习进士的子孙,包括人们寄望甚殷的严沆,似乎并未进士及第,检索《宋登科录》,均找不到他们登科的记录,严沆所谓中魁选,大概是中乡贡进士,通过解试而已。严氏的孙婿李泽,却是神宗至哲宗朝颇立战功的边将。据《续资治通鉴长编》的记载,李泽在熙宁十年(1077)五月甲子(十五),以在知雄州容城、归信县(今河北雄安新区)县任上,获北界(即辽人)强盗十一人之功,与县尉宋彦国同减磨勘三年。② 到元丰元年(1078)二月壬申(廿七),他在知雄州归信容城两县、西头供奉官任上,与县尉右班殿直朱彦图以无招惹事端,以及巡防不失事体之功获擢升。李泽加合门祗候,朱彦图迁一官,二人并再任。③ 到元丰二年(1079)六月戊申(十一),宋廷以辽巡

---

① 周峰编:《贞珉千秋——散佚辽宋金元墓志辑录》,《二十三、宋严文政墓志　元丰四年(1081)二月十五日》,第51—53页。

② (宋)李焘:《续资治通鉴长编》(以下简称《长编》)卷二八二,熙宁十年五月甲子条,北京:中华书局,1979年8月至1995年4月,第6907页。

③ 《长编》卷二八八,元丰元年二月壬申条,第7048页。

马犯边,李泽与辽军格斗重伤,就奖他迁一官,并赐绢五十匹。① 据严文政墓志所载,李泽在元丰四年二月,已自知雄州归信容城知县、西头供奉官、阁门祗候,迁内殿承制、阁门祗候河北第八副将,其妻获荫封寿安县君。② 他屡立战功,到元符二年(1099)三月,已官至诸司副使的右骐骥副使并任熙河路兵马都监。可惜因白草原一役,以主事的钟传(? —1107)与王舜臣等妄冒功赏,李泽与熙河路所有官员在三月乙丑(廿二)均被责降。他被追十五官,特除名勒停,送均州(今湖北丹江口市)编管。他后来有否获赦复职,待考。③ 严氏家族欲从商入仕,从文官之途似乎走不通,但走武臣之路却不错。

二、上党富商申秀(1014—1083)

　　周峰所编《散见宋金元墓志地券辑录》收载一方 610 字的《宋故魏郡申君墓志铭并序》(图 2)。据撰写墓志的彭城刘仲所记,墓主申秀也是潞州上党商人。④

　　据志文所记,申秀卒于神宗元丰六年(1083)秋,得年七十,以此逆推,他当生于真宗大中祥符七年(1014)。申秀字实之,先世是潞州潞城(今山西长治市潞城区)人,世以耕桑为业。其父名申凝,其母桑氏。据说申秀体形丰姿,而性纯识明,事父母至孝,但他常憾家贫,可以奉养父母的只有“春韭冬菁”而已。于是马上徙居潞州上党州城,“变农从桑”。申秀自农转商并且致富的经过,墓志说他“能辨百货之良窳,善察取息之根源。以勤以苦,而人得其百,而君得其千。不十数年间,骤立赀产,数倍于父祖之时,自是,日以时果异味馈于父母”⑤。

　　按申秀在上党贩卖什么商品致富,墓志没有具体说明,只说他变农从桑。很有可能他是“以勤以苦”地植桑养蚕,然后设坊缫丝纺纱,贩卖布帛致富,即是由农转工,再兼营商。据载他的长子申怀润(? —1083 后)“性亦纯孝,复善为商,君之成家,叶谋干蛊,孜

---

① 《长编》卷二九八,元丰二年六月戊申条,第 7255 页。

② 周峰编:《贞珉千秋——散佚辽宋金元墓志辑录》,《二十三、宋严文政墓志　元丰四年(1081)二月十五日》,第 52 页。

③ 《长编》,卷五〇七,元符二年三月乙丑条,第 12085—12089 页;(清)徐松辑,刘琳、刁忠民、舒大刚、尹波等校点:《宋会要辑稿》,第八册,《职官六十七·黜降官四》,上海:上海古籍出版社,2014 年,第 4860—4861 页。

④ 周峰编:《散见宋金元墓志地券辑录》,“五、宋申秀墓志”,第 8 页。按周峰原题为嘉祐五年(1060)十一月十九日,但申秀实卒于元丰六年,不是嘉祐五年,不知周峰为何有此误。又该墓志额篆书三行:“宋故申君墓志。”由刘优书写及篆额,并由任道隆和道仪刊刻。按刘仲、刘优等人的生平事迹暂未考。

⑤ 周峰编:《散见宋金元墓志地券辑录》,《五、宋申秀墓志》,第 8 页。

图 2　刘仲：《宋故魏郡申君墓志铭并序》（载《散见宋金元墓志地券辑录》，第 9 页）

孜共营，其力多焉"。也就是说，他们父子两人合力营生致富，就像现代许多家族企业，
两代相继为商。①

---

①　周峰编：《散见宋金元墓志地券辑录》，《五、宋申秀墓志》，第 8 页。

据志文所记，申秀起家致富后，因本性纯孝，追念亲恩，就以笃信佛教来报答，"既其晚年，考妣继殁，仍日游佛宇，屡延缁黄，诵浮图氏书，手不释卷，四时致奠，明发不寐，备极精洁。终其身，忽忽忆慕，不辍奉亲追养，颇得其宜，斯不亦谓之纯厚笃孝者乎！"他在元丰六年秋得疾，百方治疗不能愈，而卒于私第，得年七十。他始娶苗氏（1014—1053），据称"事上抚下，以孝以慈"，于嘉祐五年（1060）四月二十一日卒，得年四十。继娶赵氏（？—1083后），"性淑贤，抚育苗之所出，不异己生"。他有子三人，长子怀润，娶张氏；次子怀琪（？—1083后），娶李氏；幼子承父志，削发出家于延庆禅院，法号奉愿（？—1083后）。他有女二人，婿曰苗荣（？—1100后）和张景初。有孙男二人，曰翁喜、福兴。有孙女一人，曰一娘。①

他殁后，其妻赵氏与诸子商议，找日者卜蓍龟，择是年十一月壬寅朔至十九日庚申，将他的双亲下葬于潞州西南原太平乡崇仁里，距城堞八里新茔的壬穴，然后申秀下葬于壬穴旁之庚穴，并以其原配苗氏祔之。大概因为他在乡间称著的善行，加上平日他们一家多与文士往来，其子怀润就请得郡望彭城的本地士人刘仲撰写墓志铭，刘伉书写并篆额，而由任道隆和道仪刊刻。刘仲有感于申秀平日之善行，就为他作铭曰：

> 乡间共誉，曰孝曰仁。何以致之，君性之纯。赀产丰阜，不日立成。何以致之，君识之明。②

申秀的墓志铭简略地记述了上党申氏一家如何从北宋真宗至神宗时，从农户之家转业为工商之家，并在父子两代努力经营下致富。申氏父子因笃信佛教，故广行布施，在乡间间多行善事，他们也就博得既孝且仁的好名声。从申氏可以不吝施财的情况来看，他们大概属于潞州中等以上的富商。虽然申氏子弟没有习文，以求从科举仕进；但他们显然和本地士人多有往来，故此得以请本地士人刘仲、刘伉为申秀撰写墓志铭，传扬他的善行和述说他兴家的经过。可惜刘仲和刘伉二人的其他事迹目前未

---

① 周峰编：《散见宋金元墓志地券辑录》，《五、宋申秀墓志》，第 8 页。考今河南济源市城区西北 3 公里天坛街道办事处柴庄居委会东有延庆寺，寺有七重舍利子塔。寺南门内置有《大宋河阳济阳县龙潭延庆禅院所修舍利塔记》碑，该寺建于景祐元年至三年（1034—1036）。柴庄延庆寺塔作为宋代古建筑，于 2006 年 5 月被国务院列为第六批全国重点文物保护单位名单。申秀幼子出家的延庆禅院未考是否就是这一座。关于延庆寺的来历，可参见王可、苗艳、李磊：《浅谈延庆寺舍利塔的研究价值》，《济源职业技术学院学报》2013 年第 2 期，第 5—8 页。

② 周峰编：《散见宋金元墓志地券辑录》，《五、宋申秀墓志》，第 8 页。

可考。① 至于申氏族人，刻于元符三年（1100）庚辰岁十二月癸巳朔二十三日辛卯的《潞州潞城县三池东圣母仙乡之碑碑阴》题名的善信中，有"壶关县上五马维那苗荣"其人。② 这个苗荣，从时间和地点来看，当是申家女婿。申氏一门，到徽宗初年依旧活跃于潞州地方社会。

三、上党磨坊户张斌（1006—1046）

《散见宋金元墓志地券辑录》收载一方 565 字的《宋故清河张君墓志铭并序》（图 3）。据撰写墓志的河东张公晟（？ —1098 后）所记，墓主是郡望清河但落籍潞州上党的小磨坊商人张斌。③

据墓志所记，张斌先世是潞城人，他以上的父祖均失名讳，一家长久住在市井，是地道的平民百姓。他平居以治饼磨坊为业，即是以开设磨坊，磨制面粉为业。他的生意似乎做得不错，据说他"天性务知足，为富不贪为宝"。可惜墓志记载简略，无法知晓他富裕到什么程度。只记他"举事有果毅之风，尝慷慨言曰：苟能事亲，虽履虎尾又何惴焉"。不知是否营生过劳，张斌于仁宗庆历六年（1046）八月晦日（三十）终于家，享年才四十

---

① 据宣和元年（1119）于山西长治市长子县（宋潞州所辖）石哲镇房头村灵湫庙所立的《修灵湫庙载记》所记，该庙的乡录事老人中即有刘仲其人。老人有申万其人。这个刘仲是否就是为申秀撰写墓志的彭城刘仲，而申万是否申氏族人，在时间地点来说都有可能。参见王潞伟：《北宋上党神庙演出场所探微》，中央戏剧学院学报《戏剧》2015 年第 1 期（总 159 期），第 19—21 页。另据龚延明教授所编撰的《宋登科记考》，据沈括（1031—1095）《长兴集》卷一三《太康县君商氏墓志铭》所记，扬州广陵（今江苏扬州市）人刘仲，与兄刘阶同登嘉祐进士第，为著作佐郎。这个刘仲未知与撰写申秀墓志的刘仲同是一人。按若是这个刘仲撰写墓志，宋人习惯是必系其官职科名，墓志只题作彭城刘仲，似乎不是曾登第的刘仲。待考。参见龚延明、祖慧编撰：《宋登科记考》下册，《附录》，南京：江苏教育出版社，2009 年，第 1905 页；(宋)沈括撰，杨渭生新编：《沈括全集》上编卷一三《长兴集》卷一三《太康县君商氏墓志铭并序》，杭州：浙江大学出版社，2011 年，第 96—97 页。

② 冯俊杰：《平顺圣母庙宋元明戏曲碑刻考》，《中华戏曲》1999 年 3 月，附 1《潞州潞城县二三池东圣母仙乡之碑阴全文》，第 25—26 页；冯俊杰等编著：《山西戏曲碑刻辑考》卷一《四、平顺县东河村九天圣母庙》，第 27—35 页。又列名的善信尚有名申钦、申庆、申俊、申进等人，不知与申秀一族有否关系。

③ 《散见宋金元墓志地券辑录》，《十二、宋张斌墓志　绍圣五年（1098）正月十二日》，第 20 页。该墓志额正书三行：宋故清河张君墓志铭。由东阳苗景淑书，宋仲安所刊。按清河郡即邢州，今河北邢台市。考两宋之际的吴开（1067—1144）与吕本中（1084—1145）的诗友有名宋仲安的，惟刻刊碑志的宋仲安其人，似非士人，不大可能是吴、吕二人诗集提到的宋仲安。参见(宋)吴开：《优古堂诗话》，《满地江湖春入望连天章贡水争流》，文渊阁《四库全书》本，叶三十五上下；(宋)吕本中：《东莱诗话》卷一二《送宋仲安往虔州》，文渊阁《四库全书》本，叶二下至三上。

图 3　张公晟撰:《宋故清河张君墓志铭并序》(载《散见宋金元墓志地券辑录》,第 21 页)

一。以此逆推,他当生于真宗景德三年(1006)。①

　　张斌娶妻郭氏(1013—1097),有子二人,长子名张庆,次子名张成(? —1098 后)。张庆早卒,张家赖张成和其母郭氏支撑。张成亦娶郭氏女为妻,有子三人,长曰张实,次

---

① 《散见宋金元墓志地券辑录》,《十二、宋张斌墓志　绍圣五年(1098)正月十二日》,第 20 页。

张宗,幼曰张福儿。张氏第三代也很早成家:张实娶妻和氏,张宗娶妻郝氏,只有张福儿未娶。据墓志所记,张斌不幸早死,寡妻郭氏守节没有改嫁,"誓守其义以终之",与诸幼子守着磨坊家业。她上无舅姑之扶持,也无其他亲族的帮忙。而能苦苦持家四十年。撰写墓志的张公晟称许郭氏"始悯季子家失严君之训,自闺门之中治家教子,尤有其法"。张斌幼子张成懂事兼事母至孝,"被偏亲之训,自少有成人之风。忧母氏之劬劳,故夙夜定省,躬侍寝膳,及顺寒暑。及其得家人郭氏同其侍养,以慰母心,成其之志焉"。母慈子孝下,当张成长大,就复兴上祖之业,重振亡父张斌磨坊之业,进而子孙茂盛,"增庶富于前世"。当张氏家业富足后,郭氏就对张成说,其父亡殁多年,却殡而未葬,如今她也年老,希望张成能为父母早日预备棺衾之具。张成于是尽家之所有,预备葬具葬事,并先卜吉地,最后找到上党县太平乡崇仁里赵庆地内封置坟地二亩二分。郭氏于哲宗绍圣四年(1097)十二月十一日卒,享年八十五。张成及其家人于绍圣五年(1098)正月十二日,将父母合葬于预先造好的茔墓。张成的孙儿伯儿并请得郡望为河东的张公晟撰写墓志铭,将张斌、郭氏和张成一家的事迹记下。其铭曰:

> 君之天性,乐道于躬。后世昌盛,积善之功。君妇贤矣,义成厥终。子孙诜诜,光乎祖风。生死事葬,孝行惟崇。降尔遐福,传之无穷。[1]

我们从这篇墓志铭看到的,是仁宗至哲宗时潞州上党一个经营面粉磨坊的张氏小商户家庭的奋斗史。墓主张斌辛苦经营治饼磨坊生意,却中年夭亡,遗下孤儿寡妇。幸而其寡妻郭氏守节不移,咬紧牙关,抚育幼儿,继续守着磨坊数十年。等到张斌幼子张成长大成人,在母亲教育扶持下,得以重振家声,恢复祖业,而且子孙兴旺,四世同堂。家业丰裕后,张成就秉承母意,预先觅好上党县郊的吉地,当母亲于绍圣四年底亡故时,张成就于翌年初一并为死去五十年的父亲下葬,并由其孙张伯儿出面请得本地士人张公晟为亡父撰写墓志铭,表扬父母之德。按墓志铭没有记张氏子孙有否习儒,惟为父母觅吉地治坟冢,请文士撰墓铭,表扬父母,并颂子孙孝道,都是带有浓重儒家色彩的。可惜我们暂找不到撰志人张公晟和书碑人苗景淑(? —1098 后)更多的数据,也暂找不到张成以下张氏族人的其他事迹记载,考《宋会要·礼二十二》记在政和四年(1114)四月二十五日,河南府(今河南洛阳市)命官、学生、耆老、道释等再诣阙拜表,请徽宗(1082—1135,1100—1126 在位)封禅。二十六日引见,赐束帛、缗钱各有差。其中高年人张成特授将仕郎致仕,诏不允他辞免。[2] 这个张成是否即绍圣五年葬父母的上党人张成? 论

---

① 《散见宋金元墓志地券辑录》,《十二、宋张斌墓志　绍圣五年(1098)正月十二日》,第 20 页。
② 参见《宋会要辑稿》,第二册,《礼二十二·封禅》,第 1129 页。

年纪和地理位置都颇有可能。若是,张氏家族似乎继续兴旺。也为这个颇为感人的张氏奋斗故事添加一点光彩。

这篇墓志铭还让我们从侧面一窥北宋山西民营手工业的状况。众所周知,山西历来以制作和食用面食著称。关于面食制作手工业,徐东升的《宋代手工业组织》谈到宋代民营手工业组织发展时,曾引用洪迈(1123—1202)《夷坚志》的一则故事,可以和张斌家族经营治饼磨坊的故事比较:

> 许大郎者,京师人。世以鬻面为业,然仅能自赡。至此老颇留意管理,增磨坊三处,买驴三四十头,市麦于外邑,贪多务得,无时少缓。如是十数年,家道日以昌盛,骎骎致富矣。每夕分,命干奴守直于磨旁。

徐东升说许大郎原为个体粮食加工者,但随着生产的扩大,已开始使用非家庭劳动力。①

相较之下,张斌的墓志铭并没有具体记载张斌一家如何经营磨坊,包括有否雇用非家族成员,以及他们的面粉原料来自何处,磨成面粉后又怎样销售,利润又有多少。而是集中描述民间经营这些手工业的商人的艰辛,以及商人妻所扮演的角色。② 最后值得一提的是,张氏一家的身份,若依徐东升的归类,当为手工业者。不过,我认为他们当是半工半商者。

四、怀州修武县商人梁全本(1023—1104)

《散见宋金元墓志地券辑录》收载一方 355 字的《宋故安定梁君墓志铭》(图 4),现存的拓片缺撰写及篆刻人的名字。据墓志所记,墓主是郡望安定郡但籍隶河南怀州修武县(今河南焦作市修武县)孝廉乡苏蔺村的梁全本。他卒于徽宗崇宁三年(1104)四月十

---

① 徐东升:《宋代手工业组织研究》第五章《民营手工业组织的类型和发展特点》,北京:人民出版社,2012年,第 335—336 页;(宋)洪迈撰,李昌宪整理:《夷坚志》支戊卷七《许大郎》,收入戴建国主编:《全宋笔记》第九编第五册,郑州:大象出版社,2018 年,第 464—465 页。按徐氏所引这节《许大郎》,只引了前半段一小段,而没引许大郎后来破家身死的下场。

② 关于宋代商人妇像张妻郭氏的角色,田欣的专著曾略有讨论,可参考田欣:《宋代商人家庭》第四章第二节《商人妇养家》,北京:社会科学文献出版社,2013 年,第 123—127 页。

三日,得年八十二,以此逆推,当生于仁宗天圣元年(1023)。①

据墓志所载,他少以"垦辟耕耨给其家",是典型的农民。当他长大后,认为务农不足以"奋身",为了"广治生之计",就徙居于邑下(当指修武县城)。他与子梁恭同力营运,不到数年梁家的资产便积累巨万。墓志没具体说明梁全本父子在武陟县营运什么,惟他们能在短时间致富,显然是从商。可惜墓志简略,没记他做什么生意。②

据2004年在河南焦作市解放区上白作村南第二十九中学出土的一座宋墓的墓主李从生(1024—1088)的墓志记载,他的儿子李吉(? —1088后)和其家人即靠役工匠数百人开采乌金(即煤炭)致富。③ 同是怀州修武人的梁全本,是否一样经营煤炭致富?待考。

墓志记梁全本平日喜欢饮酒,酒量颇大,虽至斗余而不醉。大概他富起来,就有本钱饮酒。墓志称许他秉性纯直,与人交必有信。也许他这样的性格给人好感和信任,有利他经商。据载他治家严格,毅然有不可犯之色。他卒于崇宁三年四月十三日,至四年(1105)乙酉岁三月戊戌朔二十四辛酉日,家人将他葬于武陟县孝廉乡孝义里恩村之原。④

他少娶刘氏,生子二人,长子梁恭,次子梁闻,皆早他而亡。有女四人,皆适人而早卒。孙男四人,长曰梁琮,次曰梁章,次曰梁彦,最幼曰梁筠。孙女六人,长曰梁大始,适进士麻直夫;次曰梁五姑,适进士竹屿;次曰梁小姑,适武陟县市户冯迪;次曰梁七姑,适武陟县(今河南焦作市武陟县)市户徐恭;次曰梁大娘,许嫁于进士牛公雅;最幼曰梁二娘,尚幼。曾孙男二人,长曰梁萝头,次曰梁婆奴。曾孙女六人,皆幼。梁全本的长媳、梁恭妻成氏(? —1105后)负责营葬事,她想记下乃翁与亡夫勤俭艰难兴家致富的经过,

---

① 这一方墓志的主人梁全本的墓出土于1996年5月于河南焦作市东南隅的河南轮胎厂。罗火金和张丽芳所撰的考古报告对此墓的地理位置、出土状况、墓葬结构、附葬品及墓志均详加介绍,并提到墓志所记的苏蔺村和恩村名称仍在沿用,二村现属焦作市山阳区恩村乡所辖。至于孝廉乡孝义里一直沿用到清代晚期。按墓志记梁全本是修武孝廉乡苏蔺村人,修武即修武县,隶怀州(今河南焦作市)。熙宁六年(1073)省修武县为镇,并入武陟县。故梁全本初籍属修武县,卒时就籍属武陟县。考现代又恢复修武县,故称梁全本为修武县人。又周峰当据罗、张的考古报告所录的墓志收入其书。为方便读者,本文仍用周书的页码。参见罗火金、张丽芳:《宋代梁全本墓》,《中原文物》2007年第5期,第26—29页;周峰:《散见宋金元墓志地券辑录》,《十六、宋梁全本墓志　崇宁四年(1105)三月二十四日》,第28页;(宋)王存撰,王文楚、魏嵩山点校:《元丰九域志》卷二《河北西路·怀州》,北京:中华书局,1984年,第81页。
② 周峰:《散见宋金元墓志地券辑录》,《十六、宋梁全本墓志　崇宁四年(1105)三月二十四日》,第28页。
③ 陈朝云、赵俊杰:《北宋李从生墓志探微》,《中原文物》2015年第3期,第92—97页。
④ 周峰:《散见宋金元墓志地券辑录》,《十六、宋梁全本墓志　崇宁四年(1105)三月二十四日》,第28页。

图 4　佚名:《宋故安定梁君墓志铭》(载《散见宋金元墓志地券辑录》,第 28 页)

以立其家,以彰明梁全本父子之德,以贻子孙。就求请名字失载的本地士人某撰写墓志。并作铭曰:

家浸而昌，必大其后。乃立斯文，垂之不朽。①

　　梁全本的墓志铭记载梁全本父子在修武县致富之经过甚为简略，他们经营什么商业均不清楚。不过，所记梁全本家人之资料却颇值得注意。按梁全本卒时，其妻刘氏及二子四女虽皆比他早亡，但助他致富的长子梁恭之妻成氏尚在，并由她营办丧葬之事。而梁全本孙辈十人及曾孙辈八人均在堂，可说是四世同堂，子孙繁衍兴旺。尤值得注意的是，梁全本的五名曾孙婿中，除了第三和第四孙婿均是武陟县的市户，属于商人互相通婚外，他的长孙婿、次孙婿、第五孙婿均是贡士。尤其长孙婿麻直夫有可能是在北宋后期已没落的青州麻氏家族的族人。梁氏这三位孙婿，虽然只是尚未登第的贡士，但已属于士人身份。② 成氏很有可能因几位士人女婿的关系，得以求请得姓名失载的墓志撰写人，为家翁撰写墓志，记下梁氏创业之艰辛。按梁氏是怀州修武县商户之家，罗火金、张丽芳从其孙婿三人为贡士，二人为市户，认为梁氏家族在当地是有一定社会地位和身份，有很大社会影响力，当离事实不远。③ 而梁氏家族多番与士族联姻，也反映了当时社会的风尚，商人乐于与士人联姻，以抬高本身的社会地位。

五、洛阳伊阳县富商秦宰（1041—1108）

　　《散见宋金元墓志地券辑录二编》收载一方 572 字的《宋故伊川秦君墓志铭》（图 5）。据撰写墓志人乡贡进士钱处厚（？—1108 后）所记，墓主是洛阳伊川（今河南洛阳市伊川县）经营竹木销售的商人秦宰。秦宰卒于徽宗大观二年（1108）戊子四月二十九日，得年六十八，以此逆推，他当生于仁宗庆历元年（1041）。④

---

① 周峰：《散见宋金元墓志地券辑录》，《十六、宋梁全墓志　崇宁四年（1105）三月二十四日》，第 28 页。关于青州麻氏家族的研究，可参见王善军：《北宋青州麻氏家族的忽兴与骤衰》，《齐鲁学刊》1999 年第 6 期，第 17—22 页；王善军：《宋代世家个案研究》第九章《富足而为恶——青州麻氏家族》，北京：人民出版社，2019 年，第 245—257 页。按王氏据载于《全辽金文》所载金兵部主事麻秉彝神道碑的记载，其中一支氏在北宋中后期有官至承议郎的麻温夫其人（见第 256—257 页），其名字与麻直夫接近。可能是同一辈的人。又麻秉彝的后代麻革（1184 后—1261 前）是金河汾诗派的代表人，他与其麻氏先人的研究，可参见阎凤梧、刘达科：《河汾诸老研究》上编《麻革考论》，太原：山西人民出版社，1993 年，第 27—36 页。
② 笔者检索龚延明教授所撰的《宋登科记考》，均未见麻直夫、竹屿和牛公雅三人的名字，他们似乎并未登第。
③ 罗火金、张丽芳：《宋代梁全本墓》，第 29 页。
④ 周峰：《散见宋金元墓志地券辑录二编》，《五十二·宋秦宰墓志　大观二年（1108）七月十三日》，第 91 页。此墓志原载何新所编：《宋代墓志碑刻辑录（北宋卷）》，第三六六条，第 173 页。

图 5　钱处厚：《宋故伊川秦君墓志铭》（载《散见宋金元墓志地券辑录二编》，第 91 页）

据墓志所记，秦宰字师道，其祖名仁达，父名怀用，都是没有功名的平民。秦氏先世是河东人，秦宰曾祖对其祖父说："汝欲创田园，殖财货，期后世盛大，必求县名谓之阳者居焉。"于是秦仁达举家南来，抵洛阳伊阳县（今河南省洛阳市汝阳县，原称伊阳县，后改今名），见当地山林之胜，田野之广，其中子平下里尤其是沃野之地，兼且伊阳之地有阳字，于是决定在此处定居。从此，秦氏在此处置田园，建庐舍，并睦邻里，和当地人通婚，落籍成为伊阳人。①

　　秦宰父怀用继其祖之志,承其祖之业,扩大开辟秦氏的庄园,成为伊阳县的富民。秦宰就在这时出生。秦宰长大后,为求进身,就靠任三班使臣殿直的堂兄秦宣,以其家之富饶,得以系名河南府(北宋西京,今河南洛阳市)的衙前籍役,成为胥吏,后以劳绩获管勾登封县(今河南郑州登封市)镇所事。秦宰心术警悟,才力敏健,办官差很得力,于是获河南府委为竹木使,使输竹木到京师。他押运竹木抵京师后,又获京师委为香药使,使之押运回河南府。他押送货物往来京师和河南府,一无失陷。河南府为酬其功,就在大和村置酒务,任他为酒务官,让他管理。在他管理下,该处酒务"规模宏远,酤卖浩汗,人情浃洽,利入其厚"。大和村素为盗贼聚啸之地,当时有姓董的强人最为强恶,掳掠行旅,打劫居民。秦宰却有办法,令此人不敢干犯。大概秦宰以钱财和地方势力软硬兼施,收服了此一强人。②

　　秦宰后来又奉命押运木纲前往滑州(今河南安阳市滑县),亦无所亏损。他出入公门四十余年,凡官司的差事,他无有不前,亦无任何的过失。钱处厚认为秦宰若非能"周身远害,孰能至此",他处事的手腕实在高明。③

　　钱处厚又称许秦宰的人品,说他"性刚毅,出言慷慨,不屈于人,务和宗族,喜接宾客"。当然免不得是溢美之词。钱氏说秦宰晚年资产益盛,家属益众。而他优游逸乐,

---

① 周峰:《散见宋金元墓志地券辑录二编》,《五十二·宋秦宰墓志　大观二年(1108)七月十三日》,第91页。按墓志称秦氏徙于尤为沃衍之子平下里,而秦宰后来下葬之处也名子平里。子平下里和子平里的来历,据《旧唐书·孟诜传》的记载,唐初奇人汝州梁人(今河南平顶山市汝州市)孟诜(622—714),举进士,在武后垂拱初年(约685),累迁凤阁舍人。他少好方术,曾在凤阁侍郎刘纬之家试炼金术。武后闻之不悦,将他出为台州(今浙江台州市)司马。后来累迁春官侍郎。在中宗神龙初年(约705—706)致仕,归隐洛阳伊阳山第,以药饵为食。他年虽老,志力如壮年。尝对所亲说,"若能保身养性者,常须善言莫离口,良药莫离手"。唐廷一直对他优待,时有赏赐。他到玄宗开元初年(约714)卒,年九十三。所著有《补养方》《必致方》各三卷。河南尹毕构(?—716)以孟诜有古人风,改他所居为子平里。这当是子平里和子平下里的来历。参见(后晋)刘昫等:《旧唐书》卷一九一《方伎传·孟诜》,北京:中华书局,1975年,第5101页。

② 周峰:《散见宋金元墓志地券辑录二编》,《五十二·宋秦宰墓志　大观二年(1108)七月十三日》,第91页。按大和村在何处?据李华瑞的研究,宋西京河南府的酒务设于登封县,秦宰曾管勾登封县镇事,疑新置的酒务就在登封的大和村。待考。参见李华瑞:《宋代酒的生产和征榷》第七章《官榷酒制度》,保定:河北大学出版社,1995年,第146—147页。

③ 周峰:《散见宋金元墓志地券辑录二编》,《五十二·宋秦宰墓志　大观二年(1108)七月十三日》,第91页。

终老于乡曲。到大观二年戊子岁四月二十九日,寿终正寝,享年六十八。①

秦宰先后两娶,先娶李氏(? —1068),先他四十一年卒。继娶王氏(? —1108 后),王氏闺门严肃,是秦的贤内助,王氏生五子,长子秦俊,次子秦仪,不幸早夭。三子秦谅,四子秦诚,五子秦谊,皆幼。有女六人,长适上党尚宗度,次适颍川陈安,次适清河张惷,其余三女未嫁。于大观二年七月十三日,秦宰家人将他葬于子平里的先茔。将下葬时,秦的三婿张惷将外父的生平告钱处厚,请他代撰墓志铭。钱以义不可辞,并撰铭曰:

> 伊山之高,伊水之清。兹焉卜宅,神其永宁。子孙蕃昌,嗣续不忘。福兮禄兮,维以其长。②

从秦宰的墓志,我们可以看到北宋河南府一个富商家族的事迹。秦氏从秦宰祖父举族迁至伊阳,购置田舍,广植竹木,成为庄园主人,以贩卖竹木等建筑材料致富,成为一方富豪。到秦宰继承祖业,他靠走了从兄殿直秦宣(大概是任河南府的兵马监押)的门路,以地方豪富成为衙前吏。值得注意的是,廖寅教授在 2021 年首次利用刚刊出的《秦宰墓志》研究宋代的公吏问题。他引用秦宰的例子,指出在北宋中期,"虽然公吏价值下滑严重,但并没有变成负价值,只是不再契合社会上层的期望值而已。比如抱怨最多的衙前岗,秦宰'欲求所以进身者,遂系名河南府衙前籍中……出入公门四十余年'。"廖氏指出:"秦宰系名衙前当在仁宗晚期,而且是主动投名,可见当时衙前岗仍然具有不错的价值。衙前岗的主要职责是主管官物,尤其是押运官物,役法改革之后,原来的衙前岗并没有出现无人问津的情况,反而是竞相请求。"③的确,秦宰的公吏生涯甚为成功,靠着他的雄厚家财,以及地方人脉、个人能力,他数十年押运官物,从洛阳到开封,又从开封到洛阳,并去滑州,均无损失。因此,他赢得官府的信任,并委以大和村酒务的肥缺。他又从经营竹木生意的商人,一下变成盈利更多的酒商。他既有三代在伊阳的势力,又担任衙前公吏,打入河南府官场,成为拥有半吏半商身份的地方豪强。这就可以解释,为什么大和村的强人董某也不敢干犯他的酒务。秦宰既有官场上其堂兄殿直秦宣的靠山,也摆平了黑道的好汉。加上他通达人情,与人为善,敦睦宗族与邻里,故一生都能优游自在,逢凶化吉。考董春林教授在 2022 年刊出的专文,论神宗役法改革前,富民担任衙前役的风险甚大,衙前役不熟悉官场潜规则,易为吏胥所欺。另外纲运运费、

---

① 周峰:《散见宋金元墓志地券辑录二编》,《五十二·宋秦宰墓志　大观二年(1108)七月十三日》,第91 页。

② 周峰:《散见宋金元墓志地券辑录二编》,《五十二·宋秦宰墓志　大观二年(1108)七月十三日》,第91 页。

③ 廖寅:《宋代的公吏与"公吏世界"新论》,《史学月刊》2021 年第 12 期。

过路费支出较高,衙前不堪重负。而当衙前主管酒务花费较大,且酬奖无保。再者是经营酒坊会累及家人,经验不足以致亏空。① 按董氏所论的都是役法改革前的现象,而没有进一步论析熙丰以后担任衙前的人的实际境况。加上他并没有看到廖氏一文及廖文引述的新出土秦宰墓志的个案,故他的结论和廖氏的迥异。考秦宰是主动担任衙前,他既熟悉官场规矩(他从兄便任河南府武官),没被胥吏所欺,而他多番纲运都顺利交差,并无亏欠。主管酒务更为他带来大量盈利。他的个案,对于研究北宋役法下的衙前役的状况甚有参考价值。

秦氏商人家族看来也看重和士人交往,值得注意的是秦宰的第三女婿张悫。墓志没有说张悫的科名和官职,但从他能求请得乡贡进士钱处厚代撰墓志一点来看,张氏很有可能也是士人身份。按钱氏可能是吴越钱氏的族人,而张氏又与南宋初年名臣,在高宗朝官至中书侍郎而擅于理财的张悫(1065—1128)同名。考名臣张悫原籍是河间乐寿(今河北沧州河间市),后迁金坛(今江苏常州市金坛区),登元祐六年(1091)进士第。若他真是秦宰的女婿,由他找来同属士人的钱处厚撰写岳父墓志,是合情理的。假若秦宰真是他的岳父,他后来理财有术,也可以从家庭背景的方面说得通。可惜张悫的墓志并未发现,《宋史》本传及《京口耆旧传》以至其他史籍,都没有记载他妻子姓甚,家世如何,暂不能考知他的妻子是否秦氏女。②

秦宰的个案甚为有趣,他兼有多重身份,既是地方豪强,又是公吏,更是经营庄园和酒业的富商。可惜他的墓志简略,他的家人事迹也不可考,我们暂不能深入研究他的商人家族历史。

六、信州横溪儒商祝珍（1105—1159）

周峰编的《散见宋金元墓志地券辑录三编》收载一方 621 字的《宋故祝承事墓志铭》(图 6)。据撰写墓志的祝家馆客进士欧阳舜臣(? —1159 后)所记,墓主名祝珍,字国宝,是信州(今江西上饶市信州区)铅山人。他卒于绍兴二十九年己卯(1159)闰七月,得

---

① 董春林:《北宋衙前重难与役法改革》,《社会科学》2022 年第 2 期,第 155—169 页。

② (宋)刘宰:《京口耆旧传》,卷六,叶十六下至二十四下,文渊阁《四库全书》本;《宋史》卷三六三《张悫传》,第 11347 页。按刘宰只记张悫卒后,高宗赐谥忠穆,又怜其家遭劫掠,特赐其妻银五百两,度牒十度以恤之。刘记其子张瑜及孙皆之疾而仕不达。至于其妻的姓名不载。

年五十五。以此逆推，他当生于徽宗崇宁四年（1105）。①

图 6　欧阳舜臣：《宋故祝承事墓志铭》（载《散见宋金元墓志地券辑录三编》，第 65 页）

　　据欧阳舜臣所记，祝珍祖上三代均不仕。他生而颖悟不群，长大后以恭俭为心，不事奢侈。他深明白圭（前 370—前 300）治生之术，佐其父以营产业，他竭尽其力，即使是

---

① 周峰：《散见宋金元墓志地券辑录三编》，《三十七·宋祝珍墓志　绍兴二十九年（1159）十一月四日》，第 64 页。考祝珍的墓志称他为故祝承事，按承事即承事郎，于神宗元丰改制后，为文臣寄禄官三十阶之第二十八阶，正九品。考祝珍从未出仕，这个承事官名大概是买回来的头衔。参见龚延明编著：《宋代官制辞典》（增补本）第十一编《阶官类》，"承事郎"条，北京：中华书局，2017 年，第 630—631 页。

耕耘细务,必定亲力亲为。对于公家之差役,他率以身当,没有辞却。大概因此他获得或捐得正九品"承事郎"阶官的官衔,名列缙绅。在他努力经营下,祝家财富蓄积更厚,拥有的田畴益增。不到数年间,其家就致饶衍,为其父祖增光。祝家富甲其乡里,都是祝珍的功劳。①

祝珍父过世时,他哀毁过情,而葬送如礼。他成为一家之长后,领家事更勤。他治家有道,经画不为一己之私;他奉寡母,友爱诸弟,内外欢如,略无间言。乡党均以纯德称道他。他尤酷爱儒业,暇日曾诫诸子侄说:"尔等宜笃诗书,亲笔砚,为异时门户之光。"他在绍兴二十九年春便聘进士欧阳舜臣为馆客,教导其子弟。他富而仁厚,尤喜周济人之急,有人来求助的,必以济之。他晚年信佛,诵佛书而持十斋。其父曾许修缮龙山寺三门,功未成而卒。祝珍就说:"祇述父事,实人子职,况此佛因,吾其可置乎?"于是命工聚才,不日修成,轮奂一新,炳然可观。欧阳舜臣称祝珍"非惟克终先志,抑见其奉亲之诚有加无已"②。

祝珍在绍兴二十九年夏六月感疾,至闰七月乙卯卒。他病重时,自知不起,就吩咐家人说:"吾寿止此,无他憾。所不足者,母老不能终养耳。汝曹当尽孝钦,毋贻老人忧。"言毕而逝。他娶妻余氏,育男女二人,男名祝发,忠厚纯谨。女适进士周南英,欧阳舜臣誉他有凌云志,是良配。男孙三人,名祝寿、祝钦、祝明,刚就学。孙女一人,适杨山,亦是贤士。祝氏族人在是年冬十一月甲申葬祝珍于祝家所居的前山杨师原,又请其馆客欧阳舜臣撰写墓志,并请得右迪功郎、前徽州黟县主簿、管学事马镈书写并篆盖,由陈彦才刊刻。欧阳舜臣为作铭曰:

猗欤善人,是维祝公。事亲克孝,待人以恭。凤相乃父,独振其宗。

乐教子侄,笃存士风。仁者宜寿,遽尔云终。铭诸翠珉,福庆高崇。③

笔者称祝珍为儒商,除了墓志记他"酷爱儒业",诫子侄笃读诗书,亲笔砚,期望他们有日以诗书仕进,光大门户外,他尊礼士人,聘请有学问的士人为馆客教导子孙,择婿也专门选有凌云志的进士周南英和贤士杨山。而他事亲至孝,敦睦亲族,对人仁善,无不

---

① 周峰:《散见宋金元墓志地券辑录三编》,《三十七·宋祝珍墓志　绍兴二十九年(1159)十一月四日》,第 64 页。考白圭是战国魏惠王(前 400—前 319)大臣,善于修筑堤坝,兴修水利,《汉书》说他是经营贸易发展生产的理论祖。欧阳舜臣用白圭的典故,即说明祝珍懂营商之道。参见(汉)班固著,(唐)颜师古注:《汉书》卷九一《货殖传·白圭》,北京:中华书局,1962 年,第 3685 页。

② 周峰:《散见宋金元墓志地券辑录三编》,《三十七·宋祝珍墓志　绍兴二十九年(1159)十一月四日》,第 64 页。

③ 周峰:《散见宋金元墓志地券辑录三编》,《三十七·宋祝珍墓志　绍兴二十九年(1159)十一月四日》,第 64 页。

反映他践行儒家所主张的德行。自然,欧阳舜臣"偃蹇场屋,老且未遂",只好以"其业售于乡里",而得到祝珍的礼遇,聘为馆客,知遇之恩下,当然对祝珍的行为人品多溢美之词。可能也是因他的关系,祝家请得前任官员马镈为其书写及篆墓碑。① 这也反映出祝珍礼待士人的一面。祝珍虽命子弟读书习儒,他自己则信佛,二者却并行不悖,于儒生欧阳舜臣而言,并无异议,而且大事表扬。这亦反映出宋代多数士人接受儒释并存的事实。祝珍的墓志并没有具体说祝氏父子的产业是什么,似乎祝氏在其所居之乡里经营庄园,贩卖农产品致富。

七、饶州安仁县儒商吴民(1106—1170)

《散见宋金元墓志地券辑录三编》收载一方 400 字的《宋故居士吴公墓记》(图 7)。据撰写墓志的右宣义郎致仕桂大节(? —1172 后)所记,墓主是他的至交饶州安仁县(今江西鹰潭市余江区)崇德乡上连村人吴民。吴民卒于孝宗乾道六年(1170)八月二十七日,得年六十五,以此逆推,他当生于徽宗崇宁五年(1106)。②

　　吴民字符余,曾祖名吴本,祖名吴祥,父名吴诏,均不仕。吴民据说天资和乐,操履端方。自儿时人们已称之,说他奇伟福艾,异日必大门户。自其父过世后,他兄弟守其业,却日益不振,加上饶州为盗寇所扰,生计日削。③ 吴民兄弟分家后,他日夜思量如何不坠先人之基业,他以饶州正当江浙水陆之冲,若能泛沧江万斛之舟,输粮济饥,就可赚得偌大的资本。适逢饶州种植的粮米收成甚好,获利连千巨万,吴家于是得以致富。然

---

① 欧阳舜臣、周南英和杨山似乎后来没能登第,笔者检索龚延明教授所编的《宋登科记考》,没有找到他们的名字,也暂没有找到他们的其他事迹。另马镈的其他事迹也暂不可考。关于未登第的进士为人作馆客的情况,笔者曾撰文略考之,可参见何冠环:《赵普馆客、冯拯父冯俊事迹考兼论宋代馆客》,《马来西亚汉学刊》第五期"宋代文史研究专号",2021 年 8 月,第 35—50 页。

② 周峰:《散见宋金元墓志地券辑录三编》,《四十一·宋吴民墓记　乾道八年(1172)十一月十九日》,第70 页。

③ 周峰:《散见宋金元墓志地券辑录三编》,《四十一·宋吴民墓记　乾道八年(1172)十一月十九日》,第70 页。考在高宗初年,盗贼蜂起,饶州也成为盗贼侵扰之地。大约在绍兴元年(1131)三月庚申(廿三),巨寇李成(约 1091—约 1160)分兵自彭泽县(今江西九江市彭泽县)犯饶州,夺石门隘,趋礓石渡。宋廷命大将刘光世(1089—1142)分精兵三千御之。稍后张俊(1086—1154)与杨沂中(1102—1166)统兵将他击走于筠州(今江西宜春市高安市)。同年七月庚戌(十六),大盗张琪(? —1131)又犯饶州。辛酉(廿七),张琪诈降,骗宋军统制巨师古入营而执之,举兵再犯饶州。宰相吕颐浩(1071—1139)派统制阎皋等率兵破之于城外十五里,张琪爱将姚兴引所部降,张琪西走石门。参见(宋)李埴撰,燕永成校正:《皇宋十朝纲要校正》卷二一《高宗》,绍兴元年三月庚申条,北京:中华书局,2013 年,第 624—625 页;七月庚戌条,第 626—627 页。

图 7　桂大节：《宋故居士吴公墓记》（载《散见宋金元墓志地券辑录三编》，第 71 页）

而天不假以年，他在乾道六年八月二十七日，偶染微恙而竟不治，得年六十五。①

　　吴民娶妻黄氏，性贤淑，子五人，长子名光大，次名昕，乾道七年（1071）卒。再次名

---

① 周峰：《散见宋金元墓志地券辑录三编》，《四十一·宋吴民墓记　乾道八年（1172）十一月十九日》，第 70 页。按墓志原文作"泛沧江万斛之舟，得年饥贱，子之术由此资本，既而所植骎骎，生产连千巨万，家遂益饶"。笔者对此几句的解读，是吴民趁着江浙年荒缺粮，就雇船从饶州运万斛之粮到江浙贩卖。往后饶州丰收，他就更大获其利。

珪、光朝,都和长兄一样笃行儒雅。幼子名璋,"经名行修",人们均以奇才视之。女二人,长适临川(今江西抚州市)进士陈尧道,次适饶州进士冯舜举。孙男十人,分别名晔、晜、昂、昴、昱、景、旦、曘、暄、晟,均向学。女孙六人,长适贵溪冯叔琼,次适金溪洪璠,均业儒,其余四人尚幼。曾孙男女三人。吴氏家人在乾道八年十一月甲申,葬吴民于崇德乡洪岩之南龙潭原,吴民的长子吴光大早在是年九月,持其父的生平事状,请桂大节为写墓记。桂大节因他和吴民有莫逆之交,素知其行尤详,且推贤扬善,义不容辞。于是在是月二十七日为撰墓记。①

从吴民这则墓记,我们一方面可以看到饶州的一家吴氏商人在高宗初年如何从战乱频仍,盗贼蜂起的环境下,通过转营粮食,以水运的方式贩卖粮米至缺粮的江浙,赚取利润,使祖传的家业转亏为盈,而成为一方的富商。另一方面,吴民俨然是儒商一名,他礼敬和交结士人,所择的女婿及孙女婿不是进士就是业儒的士人。子孙都"笃行儒雅""经名行修"和"向学",明显地希望吴氏子弟他日能从商入儒。不过,似乎吴民的子婿均未能通过科举成功入仕。②

八、豫章丰城富商甘舆(1143—1188)

《散见宋金元墓志地券辑录》收载一方307字的《宋故甘公墓志》(图8),据墓志撰写人甘文昭(?—1190后)所记,墓主是郡望豫章(即北宋洪州,南宋孝宗改隆兴府)丰城(今江西宜春丰城市)富商甘舆(甘文昭是他从侄)。他卒于孝宗淳熙十五年(1188)十二月十五日,得年四十六,以此逆推,当生于高宗绍兴十三年(1143)。③

甘舆字从广,祖甘轲,父甘球,均是平民。他兄弟四人,他居长。墓志说他自幼颖悟,有成人气象。及冠,就侍父行商于江淮,深得春秋著名巨贾范蠡(前536—前448)和计然(生卒不详)经商之策。不数年间,已财物兹盛。据甘文昭所称,在甘舆执掌下,"复

---

① 周峰:《散见宋金元墓志地券辑录三编》,《四十一·宋吴民墓记 乾道八年(1172)十一月十九日》,第70页。

② 吴民幼子吴璋和他的两婿贡士陈尧道和冯舜举,后来似乎均没有登第。孙婿冯叔琼和洪璠也似没有功名。吴家想自商入儒,似乎尚未成功。按《宋登科记考》载,名陈尧道的进士登第有二人,一是临江军新淦人陈尧道,登崇宁五年(1106)进士,一是兴化军人陈尧道,登端平二年(1235)进士。二人从籍贯到时间,均与吴民婿陈尧道不合。而吴璋也有两人,一登熙宁六年进士,一登绍圣四年进士,自然并非吴民之子。参见《宋登科记考》,上册,卷六《神宗熙宁六年》,第315页;卷七《哲宗绍圣四年》,第442页;卷八《徽宗崇宁五年》,第498页;下册,卷十三《理宗端平二年》,第1508页。

③ 周峰:《散见宋金元墓志地券辑录》,《二十八·宋甘舆墓志 绍熙元年(1190)十月二十五日》,第46页。

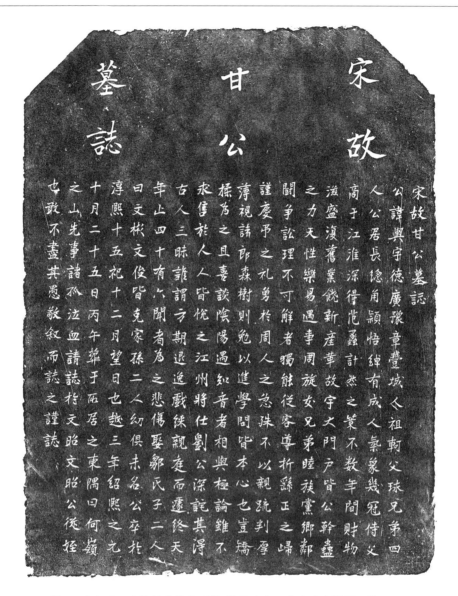

图 8　宋文昭：《宋故甘公墓志》（载《散见宋金元墓志地券辑录》，第 47 页）

旧业，饶新产，革故宇，大门户，皆公干蛊之力"。甘氏的生意比其父做得更大更盛，俨然是隆兴府一方富商。他富而不骄，据说他天性乐易，遇事与人周旋，友爱兄弟，和睦族党。当乡邻斗争讼理不可解时，他独能从容调解折冲，归于正理。他又通达人情，于亲友邻人庆吊之礼不缺，而勇于周济人之急，殊不以亲疏判厚薄。他对于子弟后辈，就勉以奋进学问，也许他希望将来甘氏能从商入儒。他喜谈阴阳，遇到知音，就相与极论，据载他并不要人们从其所论，惟人们都悦其说。江州（今江西九江市）将仕郎刘公曾惊诧甘舆已得古人三昧之境界。①

　　甘舆生活富裕,精神境界亦高,却不得享高寿,于淳熙十五年十二月十五日卒于家,得年才四十六。据说闻者均为之悲伤。他娶妻邹氏,有子二人,名文彬和文俊,皆能克家,承父业。有孙二人,尚幼未改名。他卒后三年,其家人于光宗绍熙元年(1190)十月二十五日将他葬于所居之东隅何岭之山。他诸子并请得其从侄甘文昭为撰写墓志以记其生平事迹。②

　　从甘舆的墓志,可知甘氏一家是南宋商贸重镇隆兴府的富商,他父子三代行商于江淮,致富之余,喜读书,尤爱研究阴阳之学。他爱交结士人,与他有交的士人江州将仕郎刘某就誉他谙“古人三昧”。他甚重视子弟读书,也甚注意敦睦家人邻里,俨然是儒商风范,又是仁者善人之楷模,不是寻常贪好财货之商贾可比。可惜墓志没有详记甘家主要经营何种商业,不知他是茶商抑或是盐商?还是经营陶瓷业?甘氏子弟后来的事迹暂不可考,我们暂不知这个甘氏商人家族能否富越三代?

九、丰城小商户杨有才(1192—1269)

　　《散见宋金元墓志地券辑录二编》收载一方334字的《宋杨有才圹记》(图9)。据不载姓名的圹记撰写人所记,墓主名杨有才,是“本乡嶂下人”,但本乡却不载何处。考其赘孙婿万必亮为丰城(今江西丰城市)人,疑杨有才所居当是江西隆兴府(今江西南昌市)属县丰城。他生于光宗绍熙壬子(三年,1192)七月廿一日,卒于度宗咸淳五年(1269)三月初五,享年七十八。③

　　据圹记所载,杨有才幼失怙持,于丙子年间(当是宁宗嘉定九年,1216)年二十五岁时入赘厦栏头吴氏之家。据载他为人磊落淳直,待人接物,应酬不倦。他善于干活,鞭算有方。他事上有礼,行事以公,故人们对他信任有加。他夫妻二人营运,生理日厚,比起昔时已逾半。他生计日裕后,也不忘子孙教育,曾延师教育子孙,而与亲戚邻里无不

---

① 周峰:《散见宋金元墓志地券辑录》,《二十八·宋甘舆墓志　绍熙元年(1190)十月二十五日》,第46页。按古人三昧,即宋人李淑(1002—1059)《邯郸书目》所云:“诗书味之太羹,史为折俎,子为醯醢,是为三昧。”是将诗书子史等书籍比作美食佳肴,比喻为美好的精神食粮。
② 周峰:《散见宋金元墓志地券辑录》,《二十八·宋甘舆墓志　绍熙元年(1190)十月二十五日》,第46页。
③ 周峰:《散见宋金元墓志地券辑录二编》,《八十三·宋杨有才圹记　咸淳五年(1269)十二月十五日》,第135页。

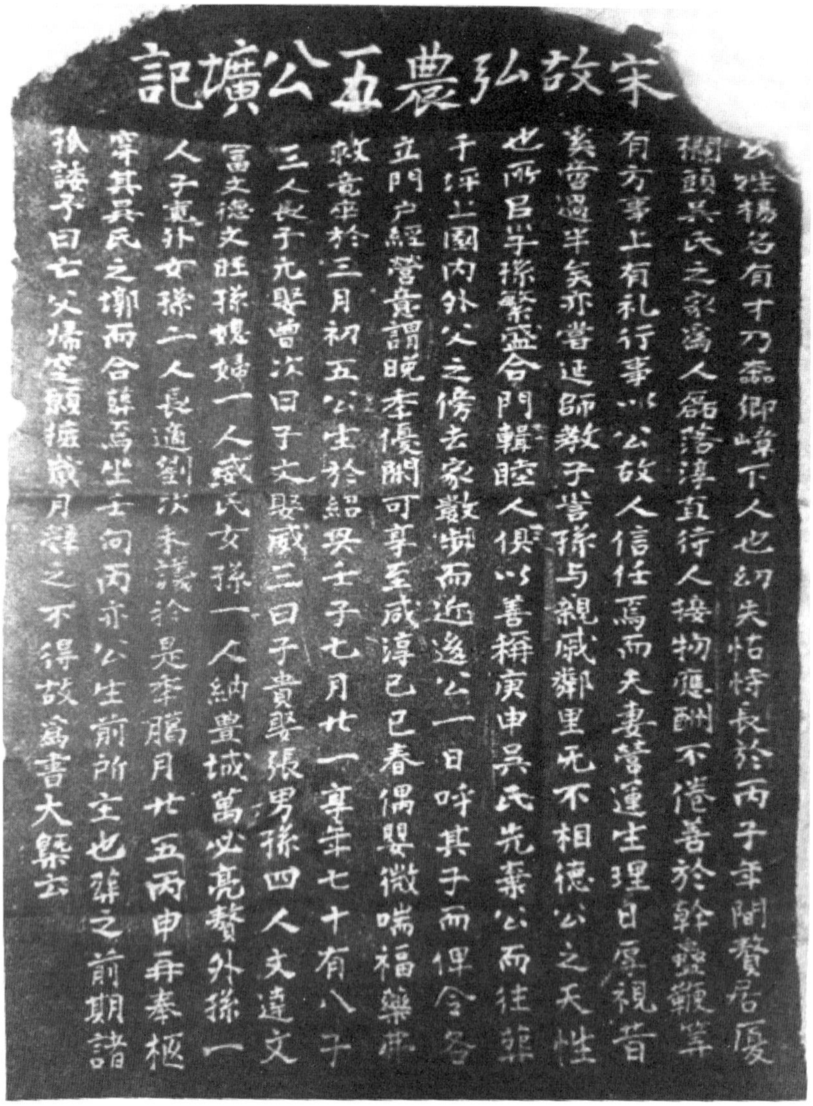

宋故弘農五公壙記

公姓楊名有才乃嘉御嶂下人也幼失怙恃長於丙子年開贅居屢
欄頭吳氏之家爲人磊落淳直待人接物應酬不倦善於斡盤籮等
有方事上有礼行事以公故人信任焉而夫妻營運生理日豐視昔
羨曾過半矣亦嘗延師教子嘗孫与親戚鄰里无不相德公之天性
也所目孚孫繁盛合門輯睦人俱以善稱庚申吳氏先棄公而往葬
于坪上園内外父之傍去家數步而近遂公一日呼其子而俾令各
立門户經營竟謂晚年優閑可享至咸淳己巳春偶嬰微喘福藥弗
救竟卒於三月初五公生於紹興壬子七月廿一享年七十有八子
三人長子元娶曾次曰子文娶戚三曰子貴娶張男孫四人文達文
富文德文旺孫媳婦一人戚氏女孫一人納豊城萬必亮贅外孫一
人子寬外女孫二人長適劉次未議於是年臘月廿五丙申舁奉柩
窆其吳氏之鄉而合葬焉坐壬向丙亦公生前所定也葬之前期諸
孤謁予曰亡父歸窆願摭歲月録之不得故爲書大槩云

图 9　佚名:《宋故弘农五公圹记》(载《散见宋金元墓志地券辑录二编》,第 136 页)

相德。人们见到他家子孙繁盛,合门辑睦,皆以善称。①

理宗景定元年庚申(1260),其妻吴氏(? —1260)病逝,葬于坪上园内其外父之旁,去其家只数步之近。吴氏过世后,杨有才便命其子各立门户经营生计,而他便退休。咸

① 周峰:《散见宋金元墓志地券辑录二编》,《八十三·宋杨有才圹记　咸淳五年(1269)十二月十五日》,第 135 页。

淳五年己巳春,他偶患微喘,却一直不愈,延至是年三月初五病逝,得年七十八。他有子三人,长子杨子元,娶曾氏;次子杨子文,娶威氏;三子杨子贵,娶张氏。男孙四人,名文达、文德、文富、文旺。孙媳一人威氏。孙女一人,纳丰城万必亮入赘。外孙一人,名万子宽。外孙女二人,长适刘氏,次未议。杨氏家人于是年腊月(十二月)二十五日,奉其柩与其妻吴氏合葬。下葬前,他的子孙又请名字失载的士人某撰圹记。①

这则圹记的墓主杨有才,根据简略的记述,如说杨有才"善于干蛊,鞭算有力"及他令诸子"立门户经营"的描述,他和其子都当是乡镇的小商人,而非农户。至于杨家经营什么买卖,圹记没有具体说明。杨氏这一小商户之家,三代同堂,生计丰裕后,也注意子弟的教育,特意延师教授。他们也学习士绅之家,请士人为家人撰写墓志圹记。值得一提的是,杨有才是家贫而入赘吴家,他的孙女婿万必亮也是入赘杨家。这似乎是南宋江西颇普遍的社会现象。

十、临江军新淦县酒商杨伯清(1208—1285)

《散见宋金元墓志地券辑录二编》收载一方410字的《元杨伯清墓志》(图10)。据不载姓名的圹记撰写人所记,墓主名杨伯清,是淦水(按即江西临江军新淦县,今江西吉安市新干县)登贤塘人。他生于宋宁宗嘉定元年戊辰(1208)九月二十六日,卒于元世祖至元二十二年乙酉(1285)六月二十四日,享年七十八。他是跨越宋元的人,但他的主要生涯都是在南宋年间度过,故仍以宋人视之。②

据墓志所载,杨伯清"性直而温,宽而栗,刚而无虐,简而无傲",是个品性良好的人。他为人是"礼从俗,不侵侮,不好狎,不苟訾,不苟笑",另一方面,他又善言语,好宾客,懂得交际,被许为本乡的能人。他早年为行商,以其长袖善舞本领,货殖四方。稍后,便开设酒肆等店肆于道旁,变为坐贾,他买入卖出货物大获其利,其中从榷酒酤得之利,令他家宅一新。他曾自言看见钱在地上流动,可见他经营酒业获利之大。③

杨伯清四代同堂,娶妻谭氏(?—1278),生男二人,女二人。长男杨绍祖娶妻张氏,

① 周峰:《散见宋金元墓志地券辑录二编》,《八十三·宋杨有才圹记　咸淳五年(1269)十二月十五日》,第135页。
② 周峰:《散见宋金元墓志地券辑录二编》,《九十四·元杨伯清墓志　至元二十二年(1285)八月十九日》,第153页。
③ 周峰:《散见宋金元墓志地券辑录二编》,《九十四·元杨伯清墓志　至元二十二年(1285)八月十九日》,第153页。

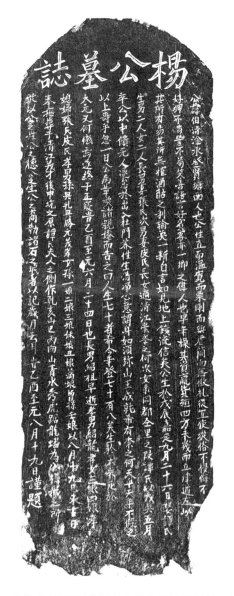

图 10 佚名：《杨公墓志》（载《散见宋金元墓志地券辑录二编》，第 154 页）

次子孝龙娶妻皮氏。长女三娘适清江崇孝何氏，次女四娘嫁同都同里之段氏。有孙三人，名兴礼、兴礼、元茂。孙女六人，名一娘、二娘、三娘、妹娘、丑娘、满娘。曾孙女一人，名壬娘。①

———————————

① 周峰：《散见宋金元墓志地券辑录二编》，《九十四·元杨伯清墓志 至元二十二年（1285）八月十九日》，第 153 页。

　　杨伯清长男早逝,其妻谭氏也先卒于宋少帝祥兴元年戊寅(1278)五月。杨氏以中馈乏人,就杜门养性,足不出户,以生清净心。人以为杨伯清身如须弥山王,高于众山,成就非凡,必享高寿,但七年后,于至元二十二年六月,杨忽病重,临终时对亲人说:"人生七十者希,今年登七十八矣。生于大宋,死于大元,又何憾焉!"对于改朝换代,杨氏似乎并无什么伤痛。他的子孙在是年八月十九己未吉日,奉他的灵柩葬于清江县(今江西宜春樟树市)茂才后中坑之原其妻谭氏之侧,并请人撰写墓志,勒石记之。①

　　我们从杨伯清的墓志,可以看到南宋末年江西临江军新淦县一个地方商人从货殖四方的行商,发展成以榷酒致富的坐贾的经历。酒业依旧是当时致富的行业。② 杨氏一家四世同堂,于南宋末世的变局,似乎没受太大的影响,他们一家似乎和士人的交往不多,姻亲都是平民,而代撰写墓志铭的士人也不见具名。

结　论

　　本文所考论的十篇新出土宋代商人墓志所记载的商人,就时代而论,跨越北宋初期至南宋末年。就地域里籍而言,三人是山西潞州上党人,二人是河南怀州和河南府(洛阳)人,五人是江西的信州、饶州、洪州(隆兴府)、临江军人。其中晋商有三分之一,南方的江西占了一半。他们和其家人都名不见经传,于《宋史》无传,除了一两例外(如严文政孙婿李泽),也未不见于宋朝其他官书以至宋人文集笔记。为他们撰写墓志铭及篆碑的士人,虽偶带有低阶文官职位(如右迪功郎前徽州黟县主簿、管学事马镈,右宣义郎致仕桂大节,将仕郎试将作监主簿韩操)或科名(乡贡进士),其生平事迹同样多不可考。不过,他们却真实反映出众多宋代中小商人的多样面貌,价值弥足珍贵。

　　因他们的墓志成于士人之手,而受人请托撰写墓志,自然隐恶扬善,对墓主的品德、能力和功绩不免溢美。为谋取利益,而与官府勾结,欺负小民的奸商行为,自然没有在墓志中有所反映。这十位墓主几乎全被写成尽孝双亲,敦睦宗族,和好邻里,行善积德的大善人,而有三代以至四代同堂之福报。另外,他们都敬礼士人,崇尚儒业,延聘馆客教导子孙读书,择婿多取儒生进士,并期望子孙能从商入儒,光大门户。他们多被塑造

①　周峰:《散见宋金元墓志地券辑录二编》,《九十四·元杨伯清墓志·至元二十二年(1285)八月十九日》,第153页。
②　据李华瑞的研究,临江军新淦县置有酒务,这是杨伯清能够从事榷酒致富的原因。参见李华瑞:《宋代酒的生产和征榷》第七章《官榷酒制度》,第164页。

成儒商的形象,虽然他们同时礼佛或喜阴阳之学。①

他们多半是世代经商,父子合力营生致富,也有夫死妻继,如严文政妻李氏、张斌妻郭氏,二人像《宋史·列女传》所记的汉州雒县陈门王氏(? —1179 后)一样,以寡妇之身奉养翁姑,持家守业,积累财富,抚育族人,博得"堂前"美名。② 也有以赘婿如杨有才佐岳家兴业。因墓志所记简略,他们经商致富的经过,特别是生意盈亏的曲折,往往一笔带过,未得其详。在十位墓主商人中,以经营酒业致富者有两人,经营治饼磨坊并贩卖面粉致富者一人,生产及贩卖布帛致富者一人,贩卖粮粟到外地致富者一人,贩卖农产品致富者一人。其余四人则不知以经营什么商品致富。他们有以行商营生,亦有以坐贾致富。也有人兼任公吏,担任衙前之役。

近年来有不少宋人墓志出土及刊出,希望本文能收抛砖引玉之效,使更多宋史研究同道能充分使用这些新出土宋代商人墓志,丰富宋代商人的研究成果。

---

① 商人家庭择婚士人的情况,田欣的专著也有专章论及,分别是榜下择婚和榜前择婚两种。可参阅田欣:《宋代商人家庭》第三章《宋代商人的婚姻特色》,第 86—92 页。因田书早在 2013 年出版,故未及引用本文涉及的新出土墓志。

② 《宋史》卷四六〇《列女传·陈堂前》,第 13485 页。

《宋史·道学传》史源再考

华东师范大学　顾宏义

　　元人编撰《宋史》之"大旨以表章道学为宗"①，故特于《儒林传》外别设《道学传》四卷，收载北宋"五子"、朱熹及其门人后学事迹，②其中《道学传四》乃朱熹门人黄榦、李燔、张洽、陈淳、李方子、黄灏六人之传。对于《道学传》前三卷的史料来源及其立传依据，笔者早年尝与裴汝诚师合作撰文予以探究，指出《道学传》的前三卷传文，并非如清人等所云仅取材于宋代"旧国史"，也非仅仅依傍朱熹《伊洛渊源录》而撰成，其收录何人入传等依据，显受宋理宗时人李幼武仿效朱熹《八朝名臣言行录》而编纂的《道学名臣言行录》（也称《皇朝道学名臣言行外录》）的重要影响。③ 但朱熹弟子众多，④《道学名臣言行录》仅收入蔡元定及其子蔡沈，却未收录黄榦以下六人，而《宋史》也未对收录黄榦以下六人的理由有所说明。当年鉴于史料有缺等原因，故未能对收录朱熹门人之传的《道学传四》史源以及为何仅选此六人进入《道学传》等问题展开讨论；因迄今也未见有论著对此问题予以深究，故本文拟就相关史料，探讨元代史臣仅将黄榦以下六人收入《道学传》的原因，以求正于方家。

　　据《道学传》所载，黄榦等六人从学朱熹的经历不一：黄榦初访见朱熹，"时大雪，既至而熹它出，榦因留客邸，卧起一榻，不解衣者二月，而熹始归。榦自见熹，夜不设榻，不解带，少倦则微坐，一倚或至达曙。熹语人曰：'直卿志坚思苦，与之处甚有益。'尝诣东莱吕祖谦，以所闻于熹者相质正。及广汉张栻亡，熹与榦书曰：'吾道益孤矣，所望于贤

---

① （清）永瑢等：《四库全书总目》卷四六《宋史》，北京：中华书局，1965年，第412页。
② （元）脱脱等：《宋史》，北京：中华书局，1985年。按，《宋史》卷四二七至卷四三○为《道学传》。又，《宋史·道学传》，以下省称《道学传》。
③ 裴汝诚、顾宏义：《〈宋史·道学传〉探源》，载《新宋学》第二辑，上海：上海辞书出版社，2003年，第76—89页。
④ 按，陈荣捷：《朱子门人》云朱熹门人有姓名可录者有488人（含私淑弟子21人），上海：华东师范大学出版社，2007年，第7页。

者不轻。'……熹作竹林精舍成，遗榦书，有'它时便可请直卿代即讲席'之语。及编《礼》书，独以《丧》《祭》二编属榦。稿成，熹见而喜曰：'所立规模次第，缜密有条理，它日当取所编家乡、邦国、王朝礼，悉仿此更定之。'病革，以深衣及所著书授榦，手书与诀曰：'吾道之托在此，吾无憾矣。'讣闻，榦持心丧三年"①。李燔初授岳州教授，"未上，往建阳从朱熹学，熹告以曾子弘毅之语，且曰：'致远固以毅，而任重贵乎弘也。'燔退，以'弘'名其斋而自儆焉"②。张洽"少颖异，从朱熹学，自六经传注而下，皆究其指归，至于诸史百家、山经地志、老子浮屠之说，无所不读。尝取管子所谓'思之思之，又重思之，思之不通，鬼神将通之'之语，以为穷理之要。熹嘉其笃志，谓黄榦曰：'所望以永斯道之传，如二三君者不数人也。'"③陈淳，当绍熙初年朱熹知漳州，"淳请受教，熹曰：'凡阅义理，必穷其原，如为人父何故止于慈，为人子何故止于孝，其他可类推也。'淳闻而为学益力，日求其所未至。熹数语人以'南来，吾道喜得陈淳'。门人有疑问不合者，则称淳善问。后十年，淳复往见熹，陈其所得，时熹已寝疾，语之曰：'如公所学，已见本原，所阙者下学之功尔。'自是所闻皆要切语，凡三月而熹卒。淳追思师训，痛自裁抑，无书不读，无物不格，日积月累，义理贯通，洞见条绪"④。李方子"少博学能文，为人端谨纯笃。初见朱熹，谓曰：'观公为人，自是寡过，但宽大中要规矩，和缓中要果决。'遂以'果'名斋"⑤。黄灏"性行端饬，以孝友称。朱熹守南康，灏执弟子礼，质疑问难。熹之没，党禁方厉，灏单车往赴，徘徊不忍去者久之"⑥。

　　上文所述，除黄榦以外，其余五人从学朱熹之始末，较其他朱熹门人，似也无明显殊异之处，但同为朱熹门人，陈宓、刘爚、曹彦约等人入列传，蔡元定与蔡沈父子、廖德明、叶味道诸人却归之《儒林传》，由此推知黄榦以下六人进入《道学传》的原因，似并非在于其从学始末有别于他人。据相关史料分析，黄榦等六人进入《道学传》的原因，当与其参与朱子学传讲之进程存在密切关联。

　　黄榦作为朱熹高弟子，又身为朱熹女婿，史载朱熹尝托衣钵于黄榦，即朱熹"病革，以深衣及所著书授榦，手书与诀曰：'吾道之托在此，吾无憾矣。'讣闻，榦持心丧三年"。对黄榦在发展、光大朱子学中所起之作用，宋元时人给予甚高评价："当时出朱门号高弟

① 《宋史》卷四三〇《道学传四·黄榦》，第 12777—12778 页。
② 《宋史》卷四三〇《道学传四·李燔》，第 12783 页。
③ 《宋史》卷四三〇《道学传四·张洽》，第 12785 页。
④ 《宋史》卷四三〇《道学传四·陈淳》，第 12788 页。
⑤ 《宋史》卷四三〇《道学传四·李方子》，第 12790 页。
⑥ 《宋史》卷四三〇《道学传四·黄灏》，第 12792 页。

者至众，独先生强毅有力，足任负荷，归而弟子益进，巴、蜀、江、湖之士皆来质疑请益如文公时。"①真德秀《勉斋祝文》亦云："惟公之在考亭，犹颜、曾之在洙泗，发幽阐微，既有补于学者；继志嗣事，又有功于师门。"②宋末黄震《黄氏日抄》更称誉黄榦上承"乾淳三先生"："乾淳之盛，晦庵、南轩、东莱称三先生，独晦庵先生得年最高，讲学最久，尤为集大成。晦庵既没，门人如闽中则潘谦之、杨志仁、林正卿、林子武、李守约、李公晦，江西则甘吉父、黄去私、张元德，江东则李敬子、胡伯量、蔡元思，浙中则叶味道、潘子善、黄子洪，皆号高弟。又独勉斋先生强毅自立，足任负荷。……凡其于晦庵殁后，讲学精审，不苟如此，岂惟确守其师之说而已哉！……勉斋之生虽在诸儒后，故以居乾淳三先生之次，明晦庵之传在焉。"③元人贡师泰《勉斋书院记》称誉黄榦之传"甚远"："文公始集诸儒之大成，使千载不传之道复明于天下后世。吁！盛矣哉！于时门人弟子，聪明卓越固不为少，然求其始终不渝老而弥笃者，先生（指黄榦）一人而已。"又云："然圣贤坠绪，非文公无以明；文公遗书，非先生无以成。则斯文吾道，确乎其有所归矣。先生没，其传之著者，在闽则宓斋陈氏、信斋杨氏，在浙则北山何氏，江以西则临川黄氏，江以东则双峰饶氏。其久而益著者，则西山真氏《衍义》诸书。凡今经帷进讲、成均典教，皆出先生讲论之余也。呜呼！先生之道传之后世，先生之书行乎天下，孰不想慕其高风，渐被其余泽。"④即勉斋门人众多而著名于当时：金华何基受学于黄榦，而"又以其学传同郡王柏，柏传金履祥，履祥传许谦，而道益著，学者推原统绪，以为文公之世适实皆渊源于先生云"⑤，影响甚为广远。

陈淳于朱熹绍熙初年知漳州时始从学，然朱熹尝有"南来，吾道喜得陈淳"之语，而陈淳也卫师门甚力，折中师说，每多精义，所撰《北溪字义》二卷，"以《四书》字义分二十有六门，每拈一字，详论原委，旁引曲证，以畅其论"⑥。故元人陈栎以为陈淳"在朱门秀出于侪辈，《字义》一书，玲珑精透，最好启发初学性理之子弟，而其极至处，虽八十老翁，

① （清）李清馥：《闽中理学渊源考》卷二六《文肃黄勉斋先生榦》，南京：凤凰出版社，2011年，第351页。
② （宋）真德秀：《勉斋祝文》，曾枣庄、刘琳主编：《全宋文》，上海：上海辞书出版社，合肥：安徽教育出版社，2006年，第314册，第310页。
③ （宋）黄震：《黄氏日抄》卷四〇《勉斋先生文集》，台湾商务印书馆文渊阁《四库全书》本，第708册，1983年，第180页。
④ （元）贡师泰：《玩斋集》卷七《勉斋书院记》，台湾商务印书馆文渊阁《四库全书》本，第1215册，第616—617页。
⑤ 《闽中理学渊源考》卷二六《文肃黄勉斋先生榦》，第351页。
⑥ 《四库全书总目》卷九二《北溪字说》，第787页。

老师宿儒不能易焉"①,甚而称誉道:"陈安卿当为朱门第一人,看道理不差,其文字纯正明畅,黄直卿、李方子多有差处。"②如此贬黄褒陈,或者别有怀抱,但世人一般是并举黄、陈二人。如宋末元初人方回认为"八圣四贤暨濂洛关西,学之祖也。张宣公、吕成公早世而书传,朱文公独后死而书大备,学之宗也。黄直卿《通释》、陈安卿《字义》之外,各有文集,羽翼文公,……皆学者所由入之门也"③。元人吴澄亦云:"朱门惟勉斋黄直卿识道理本原,其次北溪陈安卿于细碎字义亦不差。"④

与黄榦、陈淳不同,李方子在学术上并无过人之成就,虽后人有"知其于朱氏之学确守而不变,所谓豪分缕析,致知力行,盖终身焉"⑤之誉,但当时陈淳即批评李方子为学"务骑墙":"讲学务骑墙,而不必是非之太白;论事务骑墙,而不必义利之太分;行政务骑墙,而不必诛赏之太明;与人交务骑墙,而不必善恶之太察。熟此一线路,而不自知其为病痛之不小也。"且"于所当为之事不敢深着十分功夫",认为此乃"缘渠质软弱,以骑墙为便。在泉幕,正遇真侯,乐善而好受,尽言乃反"。⑥ 然李方子所编纂的《朱子年谱》,对当时传承、光大朱子学颇具影响,有人称云:"朱子作《延平先生行状》,而延平墓铭未闻。黄直卿、李方子作《朱子行状》《年谱》,而朱子之墓铭未见。岂非门人之言足以尽其师之道,可传信于后世,而无待于他人之言乎?"⑦

与上述黄、陈、李三人情况似有不同,李燔、张洽、黄灏被列于《道学传》,当与其参与白鹿洞书院兴复、教学等事宜有关。据《(雍正)江西通志》卷一四〇载明人杨廉《与苏伯诚》云,当时在白鹿洞书院建周敦颐、朱熹二先生祠,欲"以黄榦、李燔、张洽、黄灏、陈宓等配食,诸人皆晦翁高弟,尝讲学其处"。检《道学传》,云黄榦尝"入庐山访其友李燔、陈宓,相与盘旋玉渊、三峡间,俯仰其师旧迹,讲《乾》《坤》二卦于白鹿书院,山南北之士皆来集"⑧。又云李燔居家,"郡守请为白鹿书院堂长,学者云集,讲学之盛,它郡无与比"。其"居家讲道,学者宗之,与黄榦并称曰'黄李'"。故理宗初,史官李心传荐举李燔云:

---

① (元)陈栎:《定宇集》卷七《答问》,台湾商务印书馆文渊阁《四库全书》本,第1205册,第241页。

② 《定宇集》卷八《随录》,台湾商务印书馆文渊阁《四库全书》本,第1205册,第271页。

③ (元)方回:《桐江续集》卷三一《送柯德阳如新城序》,台湾商务印书馆文渊阁《四库全书》本,第1193册,第650页。

④ (元)吴澄:《吴文正集》卷三《答田副使第二书》,台湾商务印书馆文渊阁《四库全书》本,第1197册,第45页。

⑤ 《闽中理学渊源考》卷二七《朝奉李公晦先生方子学派》,第365页。

⑥ (宋)陈淳:《与陈伯澡论李公晦往复书》,《全宋文》,第295册,第74页。

⑦ (元)虞集:《道园学古录》卷三九《答张率性书》,上海商务印书馆《四部丛刊》本,第692页。

⑧ 《宋史》卷四三〇《道学传四·黄榦》,第12782页。

"燔乃朱熹高弟,经术、行义亚黄榦,当今海内一人而已。"①此"黄李"并称,当就在两人讲学白鹿洞书院之时。当时朱熹另一门人陈宓正为南康军知军。陈宓字师复,丞相陈俊卿之子,"少尝及登朱熹之门,熹器异之。长从黄榦游",及其知南康,"时造白鹿洞,与诸生讨论"②。又,张洽以主管建昌仙都观居家,"时袁甫提点江东刑狱,甫以白鹿书院废弛,招洽为长。洽曰:'嘻,是先师之迹也,其可辞!'至则选好学之士日与讲说,而汰其不率教者。凡养士之田干没于豪右者复之。学兴,即谢病去"③。至于黄灏,当朱熹知南康军时,"灏执弟子礼,质疑问难"④。杜范《黄灏传》也称:"建安朱熹守南康,灏登其门,执弟子礼,问难商确,翕然有契于心。自是书问往还,疑必质之,多所许可。"⑤而朱熹兴复白鹿洞书院及购置院田等事,黄灏颇勉力襄助。⑥

朱熹门人的学术活动涉及白鹿洞书院者,除上述黄榦、李燔、张洽、黄灏以外,尚有陈宓,但被置于《宋史》列传之中,却未进入《道学传》。其原因似当与《道学传》之史源有关。

元人编撰《宋史》,主要取材于宋朝"国史"。据史料辨析,宋"国史"内设置有《儒林传》,但未设《道学传》。宋末王柏尝云:"国家之所以远迈汉、唐者,亦以周子再开万世道学之传,伊洛诸先生义理大明,尽掩前古。今上圣德巍煌,未易形容,其有关于世道之最大者,莫如封五子,列诸从祀,崇尚道学,表章《四书》,斥绝王安石父子之祀也。今四朝大典成于今上之朝,舍此不录,纵史笔极其典法,而五子之徒浮沉出没于列传,贤否之中便无精彩,岂不为千古之羞?"⑦可知北宋五子及其弟子之传,宋朝"国史"分置于"列传"。至元末撰《宋史》,始于《儒林传》之外别设《道学传》,以收入北宋五子、朱熹及其部分门人后学之传。

《道学传序》有言"邵雍高明英悟,程氏实推重之,旧史列之《隐逸》,未当,今置张载后"⑧。此"旧史",即指宋"国史"。其意谓宋"国史"将邵雍收入《隐逸传》"未当",故元代史臣将其改收入《道学传》,置于《张载传》之后。据考辨,《道学传》之前三卷,其史料

① 《宋史》卷四三〇《道学传四·李燔》,第 12783—12785 页。
② 《宋史》卷四〇八《陈宓传》,第 12310、12312 页。
③ 《宋史》卷四三〇《道学传四·张洽》,第 12787 页。
④ 《宋史》卷四三〇《道学传四·黄灏》,第 12792 页。
⑤ (宋)杜范:《黄灏传》,《全宋文》,第 320 册,第 266 页。
⑥ 参见顾宏义:《朱熹师友门人往还书札汇编》,上海:上海古籍出版社,2017 年,第 1083—1084 页。
⑦ (宋)王柏:《鲁斋集》卷一七《复陈本斋》,台湾商务印书馆文渊阁《四库全书》本,第 1186 册,第 251 页。
⑧ 《宋史》卷四二七《道学传序》,第 12710 页。

来源也以宋"国史"为主，①由此推知收录朱熹门人的《道学传四》，其史料也当源出宋"国史"。

　　据宋制，能列传于"国史"之传主，实有相当官衔之要求。南宋初翰林学士汪藻尝云："以祖宗《实录》考之，……文臣自卿监，武臣自刺史，宗室自小将军而上，皆当立传。"②此为宋朝《实录》附传之立传要求。朱弁《曲洧旧闻》也称"今之中散大夫，则昔之大卿监也"，其所享待遇有十项，"国史立传，十也"。③　可见宋朝"国史"立传要求，与"实录"附传大抵相同。据王柏《复陈本斋》，时宋廷修撰《中兴四朝国史》，王柏欲让其祖父于国史中列传，但祖父仅历官知州，"官不至立传"资格，但伯祖官至尚书，"新得入传，按史法亦有附传之例"，故欲使其祖父援例得从其伯祖传之"附传"而入"国史"。④　可见官知州者，实未有资格在"国史"中"立传"。检《道学传》等文献，黄榦历官通判安丰军、知汉阳军，又知安庆府，特授承议郎致仕，卒。李燔累迁通判潭州，以直秘阁主管庆元至道宫，卒。张洽历知永新县、池州通判、著作佐郎，后除直秘阁、主管建康崇禧观，嘉熙元年十月卒。陈淳于嘉定十年以特奏恩授迪功郎、泉州安溪主簿，未上而没。李方子历泉州观察推官、国子录、辰州通判，卒于官。黄灏累迁出知常州、提举本路常平，后知信州，改广西转运判官，移广东提点刑狱，告老不赴，卒。其中仅黄榦、黄灏官至知州，但也未得"立传"资格。但黄榦等六人，作为朱熹之高弟，学术著名于当时，故可收入于类传如《儒林传》。由此推知，黄榦等六人，因朱子学传承、白鹿洞书院之教学等，编撰《宋史》的元史臣将其自《儒林传》移至《道学传》。至于陈宓，虽也仅知漳州，提点广东刑狱"迄不就"，但其"以宰相子，论谏之直，于今有光"⑤，政绩颇著，且卒后尝赠直龙图阁，故得立传于"国史"，而编撰《宋史》时就未再移易。

　　宋代"国史"中记载南宋史事的主要为理宗淳祐时所修的高、孝、光、宁《中兴四朝国史》等。《道学传四》所载六人，黄榦卒于宁宗嘉定十四年（1221），⑥李燔卒于理宗端平

①　参见裴汝诚、顾宏义：《〈宋史·道学传〉探源》，载《新宋学》第二辑，第76—89页。

②　（明）杨士奇等：《历代名臣奏议》卷二七七汪藻《进书札子》，台湾商务印书馆文渊阁《四库全书》本，第440册，第749页。

③　（宋）朱弁：《曲洧旧闻》卷一〇，北京：中华书局，2002年，第226页。

④　《鲁斋集》卷一七《复陈本斋》，台湾商务印书馆文渊阁《四库全书》本，第1186册，第251页。

⑤　《宋史》卷四〇八"论曰"，第12316页。

⑥　（宋）郑元肃、陈义和：《勉斋先生黄文肃公年谱》，吴洪泽编：《宋人年谱集目 宋编宋人年谱选刊》，成都：巴蜀书社，1995年，第303页。

二年(1235),①张洽卒于理宗嘉熙元年(1237),陈淳卒于嘉定十六年(1223),②李方子亦卒年于嘉定十六年(1223),③黄灏卒年未详,然黄榦尝序其《文集》,有"君为南昌郡博士,予始识君于康庐,今四十年矣。哲人其萎,而从游诸老皆无在者。过君家,访其子,如见其人焉"④云云,又曹彦约也在《黄西坡文集序》中云黄灏之"本本原原,则勉斋黄直卿已叙其事矣,复赘辞以附其后。嘉定庚辰十月旦日曹某谨书"⑤,则黄灏当卒于嘉定十三年(庚辰,1220)以前。可知黄榦、陈淳、李方子、黄灏传当收录于《中兴四朝国史》。又元初佚名编纂的《宋季三朝政要》"卷首题词称'《理宗国史》为元载入北都,无复可考,故纂集理、度二朝及幼主本末,附以广、益二王事'。其体亦编年之流,盖宋之遗老所为也。然理宗以后国史,修宋史者实见之,故《本纪》所载反详于是书"⑥。故李燔、张洽当列传于《理宗国史》,至此被移入《道学传》。

---

① 按,《宋史·道学传四·李燔》云其中绍熙元年(1190 年)进士,授岳州教授,未上,往建阳从朱熹学。卒年七十。元吴澄《吴文正集》卷四四《弘斋记》云李燔"登科之后,年三十五,始受学于朱子"。故推知其生于乾道二年,而卒于端平二年。

② (宋)陈宓:《有宋北溪先生主簿陈公墓志铭》,载《北溪外集》。

③ 按,据真德秀《西山文集》卷三四《题李果斋所书郑伯元诗后》云"今公晦仙去已七年",文末题曰"绍定庚寅十月甲子西山真某书",故推知李方子当卒于嘉定十六年。

④ (宋)黄榦:《勉斋集》卷二一《黄西坡文集序》,台湾商务印书馆文渊阁《四库全书》本,第 1168 册,第 232 页。

⑤ (宋)曹彦约:《黄西坡文集序》,《全宋文》,第 293 册,第 30 页。

⑥ 《四库全书总目》卷九二《宋季三朝政要》,第 427 页。

哲学与宗教

理学视域中的存在与时间：重思孔子的"川上之叹"

浙江大学　韩书安

《论语·子罕》："子在川上，曰：'逝者如斯夫，不舍昼夜。'"作为经典世界中重要的"思想史事件"①，孔子的"川上之叹"历来为学者们所重视。钱穆先生曾梳理两千多年来注家的不同看法，总结出伤逝、勉学、道体三种诠释路径。② 陈立胜教授进一步指出，"伤逝"的旋律是落寞与惆怅，其取向是"向后的"；"勉学"的旋律是勤力与进取，其取向是"向前的"；"道体"的旋律是深邃与活泼，其取向则是"前后相续的"。③ 上述三种诠释路径，因在文本义、作者义和读者义上的理解差异，④故而呈现出截然不同，甚至相互对立的诠释现象。但总体上看，"伤逝"说因其通俗性而在当今大众中接受得最普遍，"勉学"说因材料更接近孔子时代而受到专家的认可。⑤ 相比较而言，"道体"说因其属于哲学性的义理阐发，并未引起研究者的足够认同。其实，"道体"说既克服了"伤逝"说的消极观念，也深化了"勉学"说的思想内涵，并且还实现了圣贤之间的"视域融合"，在经典解释史上具有重要的理论意义。本文旨在从文本分析和语境还原相结合的角度，细致阐发孔子"川上之叹"所具有的理学意蕴，以期深化我们对《论语》"逝者如斯夫"章的理解。

---

① 关于"思想史事件"的基本内涵及其价值意义，详见陈少明：《什么是思想史事件？》，《江苏社会科学》2007 年第 1 期。

② 钱穆：《论语今读》，北京：九州出版社，2010 年，第 269 页。

③ 陈立胜：《子在川上：比德？伤逝？见道？——〈论语〉"逝者如斯夫"章的诠释历程与中国思想的"基调"》，《中山大学学报》（社会科学版）2011 年第 2 期，第 118 页。

④ 俞志慧：《孔子在川上叹什么——"逝者如斯夫"的本义与两千年来的误读》，《学术月刊》2009 年第 10 期，第 66 页。

⑤ 张耀：《"逝者其亡"与"逝者如斯"——对"逝者如斯夫"本义的再研究》，《理论月刊》2018 年第 3 期，第 80 页。

一

宋代理学运动的兴起，在重建儒家道德性命之学的同时，也带来了经学传统的重大变革。相较于汉唐儒学，宋代理学不仅在经典文本上实现了五经向四书的转变，而且在解释方法上也取得了解义向解味的更新。① 玩味（经典）与涵泳（义理）是宋代解经学的重要方法。② 二程曾说："若能于《论》《孟》中深求玩味，将来涵养成甚生气质！"③朱熹亦言："取《大学》《论语》《中庸》《孟子》，逐句逐字分晓精切，求圣贤之意，切己体察，著己践履，虚心体究。"④质言之，回归先秦儒家"学以为己"的精神传统，从知识学习转化为修身实践，可以说是理学家经典诠释的核心要旨。正是基于这种独特的解经方式，宋儒对孔子的"川上之叹"做出了与众不同的诠释。

据《河南程氏遗书》记载，程颢曾说：

> 子在川上，曰："逝者如斯夫！不舍昼夜。"自汉以来儒者，皆不识此义，此见圣人之心纯亦不已也。诗曰："维天之命，于穆不已"，盖曰天之所以为天也。"于乎不显，文王之德之纯"，盖曰文王之所以为文也。纯亦不已，此乃天德也。有天德便可语王道，其要只在慎独。⑤

程颢对《论语》"逝者如斯夫"章有个著名的论断，即认为汉代以来的儒者"皆不识此义"。在他看来，通过孔子的"川上之叹"可以窥见圣人之心"纯亦不已"，这是天德之发用流行的当下呈现。并且，他还指出，只有基于对天德之圆满体悟，才可以谈论儒家的王道政治。⑥ 而这一切的关键乃在于有无克己省察的慎独工夫。不难看出，程颢对于孔子"川上之叹"的诠释，并不聚焦于字词语句的具体解读，而是立足于生命境界的整体感受。《论语》本质上是圣人之道的文本记载，⑦唯有优游涵泳、默识自得，熟观圣人气象，才可以体贴其中所蕴含的天理。正如程颢所言："读《语》《孟》而不知道，所谓'虽多

---

① 贡华南指出，不同于汉儒重视经典客观之义的"解义"诠释活动，宋儒不重客观之义，而重内在感受，重消化、重体验，从自身生长出富含生命气质的理学，由此确立起解味思想。贡华南：《从解义到解味——兼论宋儒的思想方法》，《文史哲》2017 年第 5 期。
② 谷继明：《玩味与涵泳：宋代解经学的一个重要方法》，《中国哲学史》2016 年第 3 期。
③ （宋）程颢、程颐：《二程集》，北京：中华书局，2006 年，第 279 页。
④ （宋）黎靖德编：《朱子语类》，北京：中华书局，1986 年，第 2918 页。
⑤ 《二程集》，第 141 页。
⑥ 程颢曾言："必有《关雎》《麟趾》之意，然后可以行《周官》之法度。"《二程集》，第 428 页。
⑦ 二程主张："经所以载道也，器所以适用也。学经而不知道，治器而不适用，奚益哉？"《二程集》，第 95 页。

亦奚以为？'"①

程颢的这种经典诠释观念被程颐继承并进一步发挥。程颐解释《论语》"逝者如斯夫"章说：

> "子在川上，曰逝者如斯夫"，言道之体如此，这里须是自见得。张绎曰："此便是无穷。"先生曰："固是道无穷，然怎生一个无穷便了得他？"②

> 此道体也。天运而不已，日往则月来，寒往则暑来，水流而不息，物生而不穷，皆与道为体，运乎昼夜，未尝已也。是以君子法之，自强不息。及其至也，纯亦不已焉。③

程颐在此明确点出《论语》"逝者如斯夫"章乃是孔子借以指明道体。天道之周流运行无有停歇，一切事物也都处在变化发展之中。无论是日月、寒暑，还是流水、生物，莫不昼夜更迭、运行不止，皆是"与道为体"之大化流行。对于君子来说，只有效法天德、自强不息，才能体会圣人"纯亦不已"的圆满境界。显然，程颐在程颢的基础上，对孔子"川上之叹"的诠释有更加深入的推进。这主要表现为将"天德"转化为"道体"，进一步从主体性的角度阐发圣人之德与学者之道的内在关联。这无疑更能彰显出天道性命相贯通的理学精神。不过，程颐对"逝者如斯夫"章的诠释有"道体"和"与道为体"两个不同概念。由于他并未明确揭示出二者之间的关系，不免会使学者产生理解上的误会与分歧。

后来，朱熹在注解"逝者如斯夫"章时，便注意到了这个问题，并积极沟通"道体"和"与道为体"之间的义理思想。《朱子语类》记载道：

> 问："注云：'此道体也。'下面云：'是皆与道为体。''与'字，其义如何？"曰："此等处要紧。'与道为体'，是与那道为体。道不可见，因从那上流出来。若无许多物事，又如何见得道？便是许多物事与那道为体。水之流而不息，最易见者。如水之流而不息，便见得道体之自然。此等处，闲时好玩味。"④

> 问："伊川曰'此道体也。天运而不已'，至'皆与道为体'，如何？"曰："'形而上者谓之道，形而下者谓之器'，道本无体。此四者，非道之体也，但因此则可以见道之体耳。那'无声无臭'便是道。但寻从那'无声无臭'处去，如何见得道？因有此四者，方见得那'无声无臭'底，所以说'与道为体'。"⑤

---

① 《二程集》，第 89 页。

② 《二程集》，第 252 页。

③ （宋）朱熹：《四书章句集注》，北京：中华书局，1983 年，第 113 页。

④ 《朱子语类》，第 975 页。

⑤ 《朱子语类》，第 975—976 页。

朱熹认为，"道体"与"与道为体"是具有内在关联的两个不同概念。"道体"即"道之全体"，与天理、太极等概念大体等同，标识为宇宙本体的最高存在范畴。因为道体具有抽象性、超越性、贯通性的形上特征，所以它并不直接呈现出来，而是通过水流不息、物生不穷等具体事物揭示其大化流行之理，这便是"与道为体"。① 质言之，"道体"是就天理之存在本体而言，"与道为体"是就天理之发用流行而言，两者是本末体用的关系。朱熹强调："'与道为体'，此四字甚精。盖物生水流，非道之体，乃与道为体也。"②要言之，只有厘清"道体"与"与道为体"之间的关系，才能更好地体悟孔子的"川上之叹"，知道学者工夫实践的具体着手。所以，朱熹在《四书章句集注》中说：

> 天地之化，往者过，来者续，无一息之停，乃道体之本然也。然其可指而易见者莫如川流。故于此发以示人，欲学者时时省察，而无毫发之间断也。③

川流是显而易见的流逝之物，颇为适合譬喻道体之发用流行。孔子"川上之叹"的用意，乃在告诫学者要时刻下省察的慎独工夫，才能体悟道体之相续存有而无一息间断。"能慎独，则无间断，而其理不穷。若不慎独，便有欲来参入里面，便间断了也，如何却会如川流底意！"④不难看出，朱熹在阐发道体之形上意涵的同时，仍然注重慎独的涵养工夫。他成功地绾合了二程的不同看法，并形成了一个较为完备的解释体系。由此，道体流行（天德）与体道工夫（慎独）便成为一个双向互相、循环无已的动态过程。

要而言之，以程朱为代表的理学家对《论语》"逝者如斯夫"章的诠释，不以名物训诂的考索为焦点，而以心性义理的体悟为关切。宋儒以"道体"说解释孔子的"川上之叹"，固然有建构道德形上学的思考，但最终归结于"与道为体"的成德之教。也就是说，通过玩味经典、涵泳义理的沉潜阅读，以达到变化气质、优入圣域的实践效果，才是理学家们读经解经的根本目的。这种以读者而非以文本或作者为中心，充分调动读者的积极性、主动性和创造性的诠释理论，与当代接受美学具有一定的相似性。伊瑟尔曾说："本文写出的部分给我们知识，但只有没有写出的部分才给我们想见事物的机会。"⑤寻觅《论

---

① "道无形体可见。只看日往月来，寒往暑来，水流不息，物生不穷，显显者乃是'与道为体'。"《朱子语类》，第975页。

② 《朱子语类》，第975页。

③ 《四书章句集注》，第113页。

④ 《朱子语类》，第974页。

⑤ ［德］H. R. 姚斯、［美］R. C. 霍拉勃：《接受美学与接受理论》，周宁、金元浦译，沈阳：辽宁人民出版社，1987年，第8页。

语》的"召唤结构"①,体悟孔子的言外之意,这正是理学家灌注生命精神的创造性诠释。

二

从思想史的发展历程来看,理学家对《论语》"逝者如斯夫"章的解释,在宋代以后成为儒家的主流观念。及至近代,康有为在《论语注》中说:"天运而不已,水流而不息,物生而不穷,运乎昼夜未尝已也,往过来续无一息也。是以君子法之,自强不息,及其至也,纯亦不已焉。"②,仍是采纳程朱理学的观点。那么,相较于"伤逝"说和"勉学"说,"道体"说在哲学义理上有何优势呢? 笔者认为,它主要体现在以下三个方面。

首先,"道体"说克服了"伤逝说"说的消极避世观念。受社会战乱的动荡局势影响,魏晋南北朝学者多将孔子的"川上之叹"解释为感时伤事的悲凉情怀。例如,皇侃《论语义疏》曾言:"孔子在川水之上,见川流迅迈,未尝停止,故叹人年往去亦复如此,向我非今我,故云'逝者如斯夫'者也。……日月不居,有如流水,故云'不舍昼夜'也。"③因川流不舍而叹时光飞逝,借此表达一种感时伤事的悲悯情怀,这是魏晋士人的一种普遍心态。这种"临川感流以叹逝"的文化现象,固然可以彰显出主体意识的觉醒,但若无道德工夫之浸润,则不免流为狂诞或虚无。牟宗三曾指出,魏晋名士的玄谈"只有主观境界,而无客观实体,只能尽境界形态,而不能至主客观性之统一也。深入儒圣教义之内在精蕴而握住其仁体者,唯宋明儒者能之。此是开客观性关键之所在"④。所以,朱熹便批评道:"汉儒解经,依经演绎,晋人则不然,舍经而自作文。"⑤"不逝之说,则老佛之云,非圣人之意矣。"⑥在朱熹看来,魏晋的"伤逝说"并非依经训释,远不如汉人的"勉学"说更为务实笃厚。他们所表达的伤逝之感有堕入佛老的倾向,并非儒家圣人的本意。《论语》"逝者如斯夫"章乃是儒家乾健之德的表现。《朱子语类》记载:"或问'子在川上'。曰:'此是形容道体。伊川所谓'与道为体',此一句最妙。某尝为人作观澜词,其中有二

---

① 伊瑟尔认为,文学文本中存在着不确定性和空白点,促使读者去寻找确定的意义,从而赋予他参与作品意义构成的权利。因此,不确定性和空白,构成了文学文本的基础结构,这就是所谓的"召唤结构"。详见[德]沃尔夫冈·伊瑟尔:《阅读活动:审美反应理论》,金元浦、周宁译,北京:中国社会科学出版社,1991 年。

② 康有为:《论语注》,《康有为全集》第 6 册,北京:中国人民大学出版社,2007 年,第 451 页。

③ (南朝梁)皇侃:《论语集解义疏》,北京:中华书局,1985 年,第 124—125 页。

④ 牟宗三:《才性与玄理》,《牟宗三全集》第 2 册,台北:联经出版事业有限公司,2003 年,第 320 页。

⑤ 《朱子语类》,第 1675 页。

⑥ 《朱子语类》,第 976 页。

句云：'观川流之不息兮，悟有本之无穷。'"①看到川流不息，体悟有本无穷，这才是一种积极乐观的人生态度。要之，在《论语》"逝者如斯夫"章的诠释上，宋儒的"道体"说扭转了魏晋"伤逝"说消极无为的避世心态，重扬了儒家积极进取的出世精神，在思想史上具有重要的理论意义。

其次，"道体"说深化了"勉学"说的思想内涵。"以水比德"是儒家哲学的一个重要传统。在对孔子"川上之叹"的理解上，先秦两汉儒者多以劝学进取的精神进行诠释。例如，董仲舒《春秋繁露·山川颂》言："水则源泉混混沄沄，昼夜不竭，既似力者；盈科后行，既似持平者；循微赴下，不遗小间，既似察者；循谷不迷，或奏万里而必至，既似知者；障防山而能清净，既似知命者；不清而入，洁清而出，既似善化者；赴千仞之壑，入而不疑，既似勇者；物皆困于火，而水独胜之，既似武者；咸得之向生，失之而死，既似有德者。孔子在川上曰：'逝者如斯夫，不舍昼夜。'此之谓也。"②董仲舒综合《孟子·离娄下》和《荀子·宥坐》等早期儒家经典，从力、持平、察、智、知命、善化、勇、武等几个方面论述水之德，认为《论语》"逝者如斯夫"章表达的是一种自强不息、刚毅进取的道德精神。由此，孔子的"川上之叹"成为一种励志劝学的文化象征。③ 这一观念为宋儒所继承，朱熹《四书章句集注》便言"自此至篇终，皆勉人进学不已之辞"④。但相比较而言，"道体"说在义理形态上深化了"劝学"说。张栻《论语解》诠释孔子"川上之叹"说："此无息之体也。自天地、日月，以至于一草木之微，其生道何莫不然，体无乎而不具也。君子之自强不息，所以体之也。圣人之心，纯亦不已，则与之非二体矣。川流，盖其著见易察者，故因以明之。"⑤"川上之叹"虽为孔子一时偶发，但本质上乃是表达道体之运行无息。君子应当"与道为体"、自强不息，实现天人之间的贯通合一。可见，在宋儒看来，川流只是孔子所举的常见事物，而道体才是其为学的根本关切。因此，宋儒对《论语》"逝者如斯夫"章的诠释，并不聚焦于水之具体德性，而是思考道体的根本属性及其实现方式，这无疑深化了"勉学"说的思想内涵。

最后，"道体"说实现了圣贤之间的"视域融合"。自周敦颐提出"志伊尹之所志，学颜子之所学"⑥的为学口号后，"希圣希贤"便成为宋代理学家的精神追求。二程更是以

---

① 《朱子语类》，第 974 页。

② （清）苏舆撰，钟哲点校：《春秋繁露义证》，北京：中华书局，1992 年，第 424—425 页。

③ 东汉崔瑗评价张衡勤奋好学时曾说道："君天资睿哲，敏而好学，如川之逝，不舍昼夜。"张震泽：《张衡诗文集校注》，上海：上海古籍出版社，2009 年，第 391 页。

④ 《四书章句集注》，第 108 页。

⑤ （宋）张栻：《论语解》，《张栻集》，长沙：岳麓书社，2010 年，第 74 页。

⑥ （宋）周敦颐：《通书》，《周敦颐集》，北京：中华书局，2009 年，第 23 页。

"圣人必可学而至"作为理想信念,从事于讲学论道的学术活动。他们指出:"学者不学圣人则已,欲学之,须熟玩味圣人之气象,不可只于名上理会,如此只是讲论文字。"①也就是说,研习经典不能仅停留在文字训诂上,更要去体会圣贤气象,实现变化气质的工夫效验。就孔子来说,二程曾以"元气""天地""无迹""明快人""无所不包"等语词来形容,②可见他们确有独到的理解体会,这和秦汉以来的学者截然不同。从根本上说,体悟圣贤气象就是在思想境界上实现与古圣先贤的"视域融合",由此才能更好地理解儒家经典的深刻内涵。朱熹在解释《论语》"逝者如斯夫"章时曾说:"今诸公读书,只是去理会得文义,更不去理会得意。圣人言语,只是发明这个道理。这个道理,吾身也在里面,万物亦在里面,天地亦在里面。通同只是一个物事,无障蔽,无遮碍。吾之心,即天地之心。圣人即川之流,便见得也是此理,无往而非极致。但天命至正,人心便邪;天命至公,人心便私;天命至大,人心便小,所以与天地不相似。而今讲学,便要去得与天地不相似处,要与天地相似。"③朱熹强调,阅读经典的目的在于通过圣人的言语去理解其背后蕴藏的深意。孔子通过川流不息看到了"天地之心"。对于学者来说,需要通过闲邪存诚、敬义夹持的工夫才能达至"与天地相似"的道德境界,亦即实现"天地之心"的圣凡一致。所以,相较于"伤逝说"和"勉学说","道体说"在孔子"川上之叹"的诠释上,无疑实现了圣贤之间的"视域融合",重申了儒学修己成人的教化传统。

综上所述,"道体"说既克服了"伤逝"说的消极避世观念,也深化了"德性"说的积极出世思想,并且还实现了先秦儒学与宋明理学的"视域融合",在经典解释史上具有重要的理论意义。从根本上说,理学家之所以能对孔子的"川上之叹"有着更为精确恰当的把握,根源于其以生命体验为主旨的实践诠释学。④ 将经典文本视为"活"的文献载体,与古圣先贤进行当下性的交流对话,这种倾注生命精神的为学态度,使得他们对于《论语》"逝者如斯夫"章有着更加深刻而独到的理解。所以,"道体"说之所以能在宋代之后成为主流观念,应当是有其历史必然性的,而非主观人为建构的结果。

---

① 《二程集》,第 158 页。

② 《二程集》,第 76 页。

③ 《朱子语类》,第 978 页。

④ 伽达默尔曾经有"作为实践哲学的诠释学"的说法,即强调将"理解"本身作为一种特殊的"实践"予以哲学思考,这与以"生命的学问"为特征的宋明理学在经典诠释上具有一定的相似性。详见彭启福:《诠释学在何种意义上是实践哲学?——从"转向说"和"走向说"的论争谈起》,《华东师范大学学报(哲学社会科学版)》2022 年第 1 期。

三

李泽厚曾指出，《论语》"逝者如斯夫"章"大概是全书中最重要的一句哲学话语"①，此言诚有见地。从形而上学的视域来看，孔子"川上之叹"所表达的核心主题乃是对存在与时间关系问题的哲学思考。海德格尔说："只有把时间状态的问题讲解清楚，才可能为存在的意义问题提供具体而微的答复。因为只有着眼于存在时间才可能把捉存在，所以，存在问题的答案不可能摆在一个独立的盲目命题里面。"②从具体事物的时间状态出发，把握存在的本质属性，这是儒家时中之道的应有之义。

《论语》"逝者如斯夫"章在历史上的三种不同解读，本质上是对存在与时间关系问题的不同回答。"伤逝说"着眼于过往时间的流逝，因此表达为一种消极悲观的人生态度；"勉学说"关注于未来时间的可待，故而彰显为一种积极进取的精神风貌；"道体说"则视时间为不可间断的绵延，由是展现为一种内在超越的存有境界。相比较而言，"伤逝说"和"勉学说"只把握了时间的部分特征，并不能窥见存在之整体大全；"道体说"则看到了时间的永恒本质，更能理解存在之超越意涵。薛瑄曾言："'逝者如斯，不舍昼夜'，是道理无一息间断处。"③质言之，将存在与时间视为一体，在时间中把握存在，这是宋明儒者对孔子"川上之叹"的透彻把握。

当然，如何理解存在的形上之维，在思想史上也是一个争议性的话题。李泽厚认为："孔子对逝水的深沉喟叹，代表着孔门仁学开启了以审美替代宗教，把超越建立在此岸人际和感性世界中的华夏哲学—美学的大道。"④所以，在解释《论语》"逝者如斯夫"章时，他便采取了"时间情感化"⑤的方式：

> 深沉的感喟，巨大的赞叹！这不是通由理智，不是通由天启，而是通由人的情感渗透，表达了对生的执着，对存在的领悟和对生成的感受。在这里，时间不是主观理知的概念，也不是客观的事物的性质，也不是认识的先验感性直观；时间在这里是情感性的，它的绵延或顿挫，它的存在或消亡，是与情感连在一起的。如果时

① 李泽厚：《论语今读》，合肥：安徽文艺出版社，1998年，第226页。
② ［德］马丁·海德格尔：《存在与时间》，陈嘉映、王庆节译，北京：生活·读书·新知三联书店，2022年，第22页。
③ （明）薛瑄：《读书录》卷一一，《薛瑄全集》，太原：三晋出版社，2015年，第881页。
④ 李泽厚：《华夏美学》，桂林：广西师范大学出版社，2001年，第77—78页。
⑤ 李泽厚强调："时间情感化是华夏文艺和儒家美学的一个根本特征，它是将世界予以内在化的最高层次。"李泽厚：《华夏美学》，第75页。

间没有情感，那是机械的框架和恒等的苍白；如果情感没有时间，那是动物的本能和生命的虚无。只有期待（未来）、状态（现在）、记忆（过去）集于一身的情感的时间，才是活生生的人的生命。①

李泽厚深刻洞察到孔子"川上之叹"的本质乃是寓存在与时间于一体。在他看来，时间固然可以分为过去、现在和未来，但是情感则通过期待、状态和回忆将之凝结为充实而完整的"此在"。他把存在理解为情感本体，由此证成审美体验的完满境界。他特别强调，相较于理性和天启，情感的优越性在于它是"活在世上的具体状况"②，更能彰显出存在的本真性价值。在《论语今读》中，李泽厚进一步论述道："人在对象化的情感客体即大自然或艺术作品中，观照自己，体验存在，肯定人生，此即家园，此即本体——人生和宇宙的终极意义。在这里，过去、现在、未来才真正融为一体而难以区分。在这里，情感即时间，时间即情感。"③质言之，基于人之生存状况的审美体验，李泽厚以情感本体为关联线索，对于存在与时间的问题给出了独到的个人解读。

"时间情感化"固然可以从整全性的立场上把握时间的各种维度，但是以心理结构的情感来解释存在是否符合孔门精神则颇可商榷。④ 李泽厚有鉴于西方哲学传统中理性对情感的压抑而提出"情本体"，固然有着积极的现实意义。但情感理性的二分思维，并不能洞见哲学的真谛。法国哲学家皮埃尔·阿多曾指出，"真正的自我"乃是在感性意识层面和理性意识层面之上的精神意识层面："在其中，自我最终发现，它总在不自觉地成为精神或知性，因而它超越理性意识层面，抵达了某种精神上的、直觉的明智，没有了话语，也没有了思考。"⑤精神意识层面的自我"达到了一种契合的状态和绝对的简单"⑥，实现了自我转化的终极存在形式。显然，孔子的"川上之叹"乃是自我在精神意识层面的直觉体验，是"仁者浑然与物同体"的超越境界。李泽厚简单将之理解为情感本体，并不能充分表达其中的哲学意蕴。

相比较而言，宋明理学家将存在理解为道体，更符合中国哲学的根本特征。陈来先生曾指出，与西方的实体观念偏重属性、样式不同，宋明理学中的道体更关注的是发用、

---

① 李泽厚：《华夏美学》，第 77 页。
② 李泽厚：《人类学历史本体论》，天津：天津社会科学院出版社，2008 年，第 142 页。
③ 李泽厚：《论语今读》，第 227 页。
④ 对于李泽厚情本体的利弊得失，学术界已有充分的讨论。比较有代表性的研究，可以参见陈来：《论李泽厚的情本体哲学》，《复旦学报》（社会科学版）2014 年第 4 期；杨国荣：《历史与本体——李泽厚哲学思想论略》，《学术月刊》2022 年第 3 期。
⑤ ［法］皮埃尔·阿多：《作为生活方式的哲学》，姜丹丹译，上海译文出版社，2014 年，第 102 页。
⑥ ［法］皮埃尔·阿多：《作为生活方式的哲学》，第 102 页。

流行。① 近年来，丁耘教授更以"即存有即活动即虚静"阐释道体学之基本内涵。② 质言之，基于"体用一源，显微无间"的思维方式，作为超越存在的道体，落实于具体事物之中，它并不是一个抽象玄想的概念。朱熹弟子黄榦说："所谓道体者，无物不在，无时不然，流行发用，无少间断。"③也就是说，道体不仅寓居在一切事物之中，也贯通于一切时间之中，是具有连续性、整体性和秩序性的存在。以道体来解释存在，无疑更具有普适性的意义。总之，以道体论为根本关切，宋明儒者对孔子的"川上之叹"做出了深刻的义理诠释，真正阐发出这一经典思想史事件的理论内涵，表达了儒家本位的存在与时间之思。

此外，需要指出的是，"道体说"不仅有本体论的理论说明，更有工夫论的实践指向。朱熹说："愚谓川上之叹，圣人有感于道体之无穷，而语之以勉人，使汲汲于进学耳。"④在宋明儒者那里，道体并不是一个孤峭冷寂的超验实体，它与成德之教的修身传统直接关联。道体之发用流行与体道之纯亦不已是一个双向循环的互动过程。王夫之在《四书训义》中便指出："天以其道示人，无非教也；圣以天之化为道，无非学也。学圣者观物自省，庶其有得乎！"⑤从天人回环的视角来看，天道示人以教，圣人化道为学，本体（天道）与工夫（人道）之间具有内在的必然指归。道体之发用流行是就形上之本体层面阐明存在是为何物，体道之纯亦不已则就形下之工夫径路点出如何实现超越。而连接天道本体与体道工夫之间的核心枢纽，无疑是居于形而上下之间、作为"天地之心"的人。所以，"道体说"充分彰显了人之存在主体性和道德实践性，可谓是孔子"川上之叹"的慧命相续与调适上遂。

美国汉学家艾兰教授曾说："在中国早期哲学思想中，水是最具创造活力的隐喻……包括'道'在内的中国哲学的许多核心概念都根植于水的隐喻……中国早期哲人总是对水沉思冥想，因为他们假定，由水的各种现象传达出来的规律原则亦适用于整个宇宙。"⑥孔子川水之逝的徜徉感叹，寄寓着对存在问题的思考，由此成为经典世界中重要的思想史事件。不同于两汉的"勉学说"和魏晋的"伤逝说"，宋明儒者从理学的视域出发，将一息不停的川水还原为道体之发用流行，并通过"与道为体"的实践工夫来达至

---

① 陈来：《中国哲学中的"实体"与"道体"》，《北京大学学报》（哲学社会科学版）2015 年第 3 期。
② 详见丁耘：《道体学引论》，上海：华东师范大学出版社，2019 年。
③ （清）黄宗羲、全祖望：《宋元学案》，北京：中华书局，1986 年，第 2028 页。
④ （宋）朱熹：《晦庵先生朱文公文集》，《朱子全书》第 23 册，上海：上海古籍出版社，2010 年，第 3401 页。
⑤ （清）王夫之：《四书训义》，《船山全书》，长沙：岳麓书社，2011 年，第 583 页。
⑥ ［美］艾兰：《水之道与德之端——中国早期哲学思想的本喻》，张海晏译，上海：上海人民出版社，2002 年，第 63 页。

"纯亦不已"的圆融境界。他们立足生命存在之经验事实,表达心灵自由的超越追求,不仅建构出一套完整邃密的解释体系,而且重塑了这一经典故事的思想基调,对于存在与时间问题给出了具有理学特色的答案,今天依然值得我们深思与体悟。

汀州定光古佛信仰在宋代的形成与传播

中山大学　王燕萍

　　福建地区素以"尚鬼"之风著称,自唐末五代起,形成了大量影响广泛的地方祠神。位于福建西部的汀州,定光古佛信仰非常繁盛。自五代宋初肇创并驻锡南安岩的自严禅师①被视为定光佛之化身,被供奉崇拜至今,成为闽西客家人群的保护神,并随着客家人的活动传播至东南亚各地。

　　闽西定光古佛信仰吸引了人类学、民俗学、宗教学等学者的关注,其研究积累非常丰富,尤以从福建民间信仰、客家社会文化研究、闽台文化交流作为出发点的研究成果为多。前辈学者讨论的关注点主要在于资料的整理、信仰的形成与发展及其性质等问题,并强调地方官府与地方信仰的互动关系,研究时段上,又以明清以后的情况研究为多。② 这些研究为我们了解汀州定光古佛信仰的形成与发展奠定了基础,但定光古佛

---

① 宋代文献中关于汀州定光古佛原型的称呼多样,有南岩导师、南安岩主、大严禅师、南安岩岩尊者、伢和尚、定应大师、定光古佛、定光圆应禅师、定光圆应普慈通圣大师等,本文采用现在学界使用最为广泛的"自严禅师"这一称呼。

② 主要研究成果有王增能:《谈定光古佛——兼谈何仙姑》,载《武平文史资料》总第8辑,第43—57页;林国平:《定光古佛探索》,载台湾《圆光佛学学报》1999年第3期,第232—245页;谢重光:《客家民俗佛教定光佛信仰研究》,载《佛学研究》2000年第10期,第117—127页;谢重光:《佛教的外衣倒角的内容——福建民俗佛教论略》,载《中共福建省委党校学报》2001年第5期,第62—68页;谢重光:《客家文化在台湾的承传》,载《华侨大学学报》2004年第4期,第58—65页;谢重光:《闽台定光佛信仰宗教性质辨析》,载《佛学研究》2006年第15期,第86—91页;刘大可:《关于闽台定光佛信仰的几个问题》,载《客家》1994年第4期,第37—43页;刘大可:《神明崇拜与传统社区意识——闽西武北客家社区的田野调查研究》,载《民族研究》2004年第5期,第54—64页;王见川:《从南安岩主到定光古佛——兼谈其与何仙姑之关系》,载《圆光佛学学报》2006年第10期,第47—58页;张木森、邹文清:《"南安岩定光佛"文献初步研究》,载《定光古佛文化研究》,北京:社会科学文献出版社,2012年,第113—137页;张木森、邹文清:《"南安岩定光佛"宋代主要文献校注》,载《定光古佛文化研究》,北京:社会科学文献出版社,2012年,第138—163页;靳阳春:《信仰与控制:宋代汀州定光古佛信仰研究》,载《中国史研究》2016年第2期,第133—144页;王红强:《论定光古佛信仰在宋代的发展历程》,中国人民大学2011年硕士论文;许怀林:《客家社会历史研究》第十一章《闽西崇祀定光佛民俗信仰》,广州:暨南大学出版社,2016年,第318—332页等。

信仰在五代宋初至南宋末年这一时期的形成、发展、传播的实态上仍有更深一步讨论的空间。

本文拟对北宋至元初相关史料及其撰者背景进行整理,并在此基础上重新梳理汀州古佛原型自严禅师生平事迹、灵应事迹、寺院建造及分布、信仰范围、信仰群体等问题,以期进一步了解自严禅师如何成为定光古佛之化身、宋代汀州定光古佛信仰的发展与传播等问题。

一、从禅僧到定光佛化身的演变

1. 定光佛之含义

"定光",梵语 Dipaṃkara,指提洹羯佛,又译为锭光如来、然灯佛、燃灯佛、定光佛等。佛学上,有过去、现在、未来三世之说,定光佛一般被视为过去佛。部派佛教(小乘佛教)较为重视过去佛信仰。在大乘佛教更为流行的中国古代,相比现世佛释迦牟尼、未来佛弥勒佛信仰的兴盛,过去佛信仰较为薄弱。

其中,定光佛预言释迦成佛的"善惠买花献佛因缘"的佛传故事,作为释迦牟尼本生故事之始,广泛流传。据《瑞应经》卷上所载,在释迦菩萨为儒童时,释迦向定光佛奉献莲花,并以发铺地使之过泥泞之地。于是定光佛授记(预言)释迦将在九十一劫时成佛,为释迦文如来。

此外,在战乱频仍的五代、北宋末,以及明代以后依附摩尼教、白莲教等相类的民间宗教,定光佛及其化身信仰得到一定的发展与传播。现在学界对过去佛、定光佛的研究主要集中于敦煌学、石窟佛教艺术等领域。[①]

五代至北宋时期,定光佛信仰有一定程度的流行,并流传了数则定光佛化身传说。

北宋时期,方勺在《泊宅编》卷中收录一则记事,云:

> 婺州有僧嗜猪头,一啖数枚,俗号猪头和尚,莫测其人。祥符寺转藏成,僧俗设斋以落之。一僧丐斋,众见其蓝缕,不加礼,拂袖而去,或曰此猪头和尚也。使人邀请,僧怒,指大藏曰:"我不转,此藏亦不转。"众闻其语异,相率自追之,僧曰:"要我

---

①   参考周绍良《敦煌卷子〈善惠买花献佛因缘〉本事考》,载《敦煌吐鲁番学研究论集》,北京:书目文献出版社,1996 年,第 1—13 页;霍旭初《龟兹石窟"过去佛"研究》,载《敦煌研究》2012 年第 5 期(总第 135 期),第 22—38 页(同载于氏著《龟兹石窟佛学研究》,北京:宗教文化出版社,2013 年,第 99—128 页);耿剑《"定光佛授记"与定光佛——犍陀罗与克孜尔定光佛造像的比较研究》,载《中国美术研究》第 6 辑,南京:东南大学出版社,2013 年,第 1—10 页。

转，更三十年。"竟不顾而去。之三衢，衢守馔猪头召师食，自窗牖窥之，见一鬼从旁食，师无预焉。守以告之，师寻坐亡。衢人奉香火良谨，有祷辄应。一日，见梦于人曰："吾将还乡矣。"盖自师之出，至是恰三十年，寂无施金转藏者。故老忆师言，相与备礼迎师真身，归至藏院。郡人辐辏，日获数千，此寺斋供，遂为长堂。予时侨寓，亲睹盛事，因阅师《辞世颂》，知是定光佛也。①

婺州有一位嗜食猪头的和尚，因在祥符寺轮藏落成所举行的僧俗斋中被忽视，于是前往三衢（衢州），并预言三十年后归此。衢州郡守以猪头待之，见乃一鬼就食。猪头和尚不久坐亡。衢人奉其香火，有祷则应。三十年后，以梦示于人，于是真身迎归至婺州祥符寺藏院，受当地人尊奉。方勺寄居婺州，亲睹盛世，又阅读猪头和尚之《辞世颂》，知其为定光佛。

南宋初年，朱弁羁留金国十六载，撰写了一部《曲洧旧闻》来记述宋太祖以来诸帝及名臣逸闻轶事。其中有二则记事与定光佛后身相关。

其一，《曲洧旧闻》卷一《定光佛出世得太平》记云：

> 五代割据，干戈相寻，不胜其苦。有一僧虽佯狂，而言多奇中。尝谓人曰："汝等望太平甚切，若要太平，须待定光佛出世始得。"至太祖一天下，皆以为定光佛后身者，盖用此僧之语也。②

五代藩镇割据，民众颇受战乱之苦。有一位佯作癫狂之僧预言待定光佛出世可得太平。至宋太祖统一天下，建立宋朝。宋太祖被视为定光佛后身，则是来源于此僧之预言。

其二，《曲洧旧闻》卷八《定光佛再出世》云：

> 予书定光佛事。友人姓某者，见而惊喜，曰："异哉！予之外兄赵，盖宗室也。丙午年春，同居许下，手持数珠，日诵定光佛千声。予曰：'世人诵名号多矣，未有诵此佛者，岂有说乎？'外兄曰：'吾尝梦梵僧告予曰：世且乱，定光佛再出世，子有难，能日诵千声，可以免矣，吾是以受持。'予时独窃笑之。予俘囚十年，外兄不知所在，今观公书此事，则再出世之语昭然矣。此予所以惊，而又悟外兄之梦为可信也，公其并书之。"予曰："定光佛初出世，今再出世，流虹之瑞，皆在丁亥年，此又一异也。

---

① （宋）方勺撰，许沛藻、杨立扬点校：《泊宅编》卷中，《唐宋史料笔记丛刊》，北京：中华书局，1997 年（2007 年重印），第 84—85 页。

② （宋）朱弁撰，孔凡礼点校：《曲洧旧闻》卷一《定光佛出世得太平》，《唐宋史料笔记丛刊》，北京：中华书局，2002 年，第 85—86 页。

君其识之。"①

与朱弁同因于金之友人见其此前所撰关于定光佛之事，与之谈及外兄之事。外兄身为赵氏宗室，因梦梵僧告知定光佛将再出世以平世乱，于是手持佛珠，每日念诵定光佛之名号千次。朱弁友人当时当作一笑料，在羁留金国十年之后，得见朱弁所撰之书，醒悟外兄所梦有可信之处，于是请朱弁一并记录此事。朱弁认为定光佛初出世及再出世皆于丁亥年，尤为神异。据查，宋太祖出生于后唐天成二年（927）、宋高宗出生于大观元年（1107），均为丁亥年。可知，朱弁及同羁留金国之友人视宋高宗为定光佛后身。

同样地，生活在五代时期的僧行修在宋代以降亦被视为定光佛化身。据宋代释赞宁所著《宋高僧传》卷三〇《汉杭州耳相院行修传》，释行修为泉州人，俗姓陈，年十八曾参雪峰山存禅师，于后唐天成二年（丁亥年，927）到浙中，创立耳相院。行修辞别雪峰义存禅师时，义存禅师为之曳伸双耳，使之长及双肩，以致"士女牵其耳交结于颐下，杭人号长耳和尚"。卒于乾祐四年（951）。② 南宋王象之撰《舆地纪胜》卷二亦记有杭州法相寺长耳和尚真身尚存之事。③

僧行修为定光佛后身之说，始见于南宋末元初董嗣杲撰《西湖百咏》卷下《长耳相》，法相院有碑记载其为定光佛后身。然目前版本为明代陈赞和韵之后的版本，有可商榷之处。

实际上，长耳和尚为定光佛化身之记载比较集中地出现在明代。如明代中后期士人黄汝亨在《寓林集》卷十三《重建定光古寺碑》中记云：

> 南山有法相寺，是长耳和尚委蜕处，在龙井玉岑间，部洲士女入山拜天竺入海朝补陀者，亡不瞻法相而礼焉。岁以千万计。春正月佛诞日，又倍之。祈男女祷，福应如响，而不知其先。从吾里之有定光始也。按志：寺初名福庆庵，梁天成二年有长耳和尚得法于雪峰存公，自天台来钱塘，卓锡兹地。吴越王宾礼之后，居南山法相寺。王以诞日饭僧，问永明寿禅师："此会有圣僧否？"永明曰："长耳和尚乃定光古佛化身也。"既而长耳来取永明草履覆而去。明日遂趺逝。其真身存焉，故名法相。而吾里之福庆庵，更名定光禅寺，云自梁历晋宋元代有兴废，我朝洪武初再

① （宋）朱弁撰，孔凡礼点校：《曲洧旧闻》卷八《定光佛再出世》，第202页。

② （宋）释赞宁撰，范祥雍点校：《宋高僧传》卷三〇《汉杭州耳相院行修传》，《范祥雍古籍整理汇刊》，上海古籍出版社，2014年，第691页。

③ （宋）王象之：《舆地纪胜》卷二《仙释》之《长耳和尚》，《中国古代地理总志丛刊》，北京：中华书局，1992年，第134页。

建,景泰重新之。翰林侍讲蒋公书其额。万历初,予犹记垂髫时,读书其中。①

春正月佛诞日,信众聚集在南山法相寺礼拜。依志书所记,寺名原为福庆庵,天成二年(927)得法于雪峰义存禅师之长耳和尚自天台山而来,卓锡于钱塘。吴越王礼遇之,使居法相寺。而其定光佛法身之说,来自永明寺延寿禅师与吴越王之应答。长耳和尚在延寿禅师点明其身份之后趺逝。

此外,明代释大壑撰《南屏净慈寺志》卷五法胤"性真行修"条亦记其事,并言长耳和尚回应延寿禅师多嘴,以"弥陀饶舌"之说点出延寿禅师为阿弥陀佛化身。②

释德清《憨山老人梦游集》卷一三《法相寺长耳定光佛缘起记》、释心泰《佛法金汤编》卷一〇《钱弘俶》、田汝成《西湖游览志》卷四"法相律寺"条、吴之鲸《武林梵志》卷三"法相寺"条、卷四"定光寺"条、卷一〇"法相寺"条、清人黄宗羲《四明山志》卷三"行修"条等明清时期的笔记小说、游览志、方志等均不同程度记录长耳和尚僧行修为定光佛化身的事迹,其祈嗣、驯服虎蛇等职能与汀州定光古佛化身有相似之处。实际上,明代以后杭州长耳和尚、汀州自严禅师的事迹合流的记载也开始出现。

婺州猪头和尚、宋太祖、宋高宗以及本文的研究对象汀州自严禅师,生活在五代及两宋,并在宋代已被塑造成定光佛化身。长耳和尚僧行修虽然生活在五代宋初,但在明代才开始演化为定光佛化身。定光古佛化身的出现,与五代、两宋之交、明代中后期的政治、社会背景相关,五代至宋代应有比较广泛的信仰基础。

2.自严禅师被塑造成定光佛化身的过程

自严禅师生活在五代宋初的闽赣粤边界。自宋代前期起其定光佛化身的形象便被塑造并得到士大夫、地方官府乃至朝廷的认同。本小节将梳理自严禅师被塑造成定光佛化身的过程。

(1)文献记载、留存与形象之塑造

汀州定光古佛的原型自严禅师大致生活在五代至北宋初期。从收集到的相关文献记载来看,现存最早的关于自严禅师的记载可追溯至北宋中期,南宋时期、宋末元初也

---

① (明)黄汝亨:《寓林集》卷一三《重建定光古寺碑》;又在卷三二《重建定光寺募缘疏》中阐述为重建定光寺而募缘的因由。

② (明)释大壑:《南屏净慈寺志》卷五法胤"性真行修"条,《杭州佛教文献丛书》第八册,杭州:杭州出版社,2006年。

有数量不少的史料留存。① 一般而言,随着信仰的发展,时代越往后,相关记载与传说
越详细,越带有神异性。梳理文献记载的文本形成及其演变背景,也是了解汀州定光古
佛形象塑造演进过程的重要部分。

　　因本文主要探讨的是宋代的基本情况,所以分北宋、南宋至元初两个时间段来梳理
相关史料,暂不涉及元代以后的文献。现可掌握的史料记载约三十八则,北宋时期有十
一则,现整理如下:

表1　北宋时期定光古佛相关文献

序号	撰者	篇名
1	熙宁八年(1075)敕封时记录	《宋会要辑稿》之《定应大师》条(《宋会要辑稿》道释一之二)
2	崇宁二年(1103)敕封时下达文书	《昭化禅院帖》(《山右石刻丛编》卷一六)
3	沈辽(1032—1085)	《南岩导师赞》(《云巢编》卷六)
4	黄庭坚(1045—1105)	《南安岩主大严禅师真赞》(《山谷集》卷一四)
5	黄庭坚(1045—1105)	《南安岩主定应大师真赞》(《山谷集》卷一四)(注)
6	释惠洪(1071—1128)	《南安岩岩尊者青原十世》(《禅林僧宝传》卷八)
7	释惠洪(1071—1128)	《南安岩俨和尚》(《林间录》卷下)
8	释惠洪(1071—1128)	《正月六日南安岩主生辰》(《石门文字禅》卷一七)
9	释惠洪(1071—1128)	《南安岩主定光生辰五首》(《石门文字禅》卷一七)
10	释惠洪(1071—1128)	《南安岩主定光古佛木刻像赞并序》(《石门文字禅》卷一九)
11	苏过(1072—1123)	《跋南安岩主颂》(《斜川集》)

　　北宋时期的十一则记事中,其中《宋会要辑稿》和《昭化禅院帖》两则为朝廷敕封的
官方记录、所下达文书,其余九则均撰于北宋中后期,撰者主要有士大夫和禅僧两类。
题材上包括赞、传、诗、跋等。内容上,对自严禅师生平有较为详细记述的以沈辽《南岩
导师赞》、释惠洪《南安岩岩尊者青原十世》为主,涵括了自严禅师的出身、学法与游方经
历、肇创道场、灵应事迹等生前事迹以及信仰形成初期的状况,基本奠定了定光古佛的
基本形象,且被南宋时期的撰述者继承。

---

① 目前对定光古佛文献进行了较为细致整理与分析的有张木森、邹文清《"南安岩定光佛"文献初步研
　　究》一文、许怀林《闽西崇祀定光佛民俗信仰》第三节及靳阳春《信仰与控制:宋代汀州定光佛信仰研
　　究》第一节"闽西定光佛记载的文献分析"。本节将在三文的基础上,再添补史料并对文献撰者、目的
　　和背景进行分析。

这里有两点值得注意。一是，目前留存的撰述最早和集中出现是在北宋中后期。二是，撰者之间相互有联系。自严禅师入灭于大中祥符八年（1015）。在距离至少五十年以上的北宋中后期有大量的相关撰述，并其撰者相互之间也有联系，其背后要从北宋禅宗、文学发展的角度来分析。

四位撰者沈辽、黄庭坚、释惠洪、苏过之间有着密切的联系。

与沈括、沈遘并称"钱塘三沈"的沈辽，字睿达、号云巢，生平事迹见于蒋之奇撰《沈睿达墓志铭》、黄庭坚所作《云巢诗并序》及《宋史·沈辽传》。沈辽生前与曾巩、苏轼、黄庭坚酬唱交游，其文集《云巢编》即由黄庭坚作序。① 《四库全书提要》称"辽文章豪放奇丽，无尘俗龌龊之气"，黄庭坚称其诗文为"能转古语为我家物"，颇有江西诗派之风。

黄庭坚被视为江西诗派之开创者，与苏轼一样，亦是一位习禅者，在诗的创作上亦多借鉴"文字禅"之语言技巧，颇受禅宗思想之影响。生平结交的禅僧颇多，如云门宗禅僧圆通法秀、中际可遵、黄龙派禅僧清平楚金、晦堂宝觉、死心悟新、灵源惟新，杨岐派的五祖法演等。尤以元祐以后卷入新旧党争而遭贬谪时期，与黄龙派禅僧的交往为深厚，甚至以晦堂门人自居。②

释惠洪，出自江西筠州新昌县，年十九岁于天王寺以惠洪之名剃度受戒。此后跟随宣秘深律师习《成唯识论》等，后南归庐山归宗寺，依黄龙派法嗣慧南之弟子真净克文参禅法。后行脚各处，与各禅僧、士大夫交游。因冒用惠洪度牒下狱并还俗。大观四年（1110），经宰相张商英特奏，复剃度为僧，法号德洪，得赐师号"宝觉圆明"。后又于政和元年（1111）受张商英等牵连，以结交党人等名义被夺僧籍、贬海南。至政和三年（1113）得还，于建炎二年（1128）去世。其于宣和年间（1119—1125）撰述禅宗史书。其论诗之著《冷斋夜话》，多引用苏轼、黄庭坚等人论点，尤以黄庭坚之语为多。又撰《禅林僧宝传》《石门文字禅》两部禅宗僧传、文字禅相关的著作。《禅林僧宝传》收录了唐末五代至北宋的八十一位禅师的生平事迹，以史传为范，开创了与历代僧传和灯史编纂体例不同的禅僧传新体例。③

苏过，字叔党，号斜川居士，为苏轼之子。在苏轼贬谪岭南期间随行侍从，照料其父生活起居的同时切磋诗文及学问。苏过任监太原税时，与王师文相交，并受嘱托为其镂板印刻的南安岩主偈颂作跋，于是撰写了《跋南安岩颂》。

① 林阳华：《沈辽年谱简编》，载《乐山师范学院学报》2014年第2期，第91—95页。
② 孙昌武：《黄庭坚的诗与禅》，载《社会科学战线》1995年第2期，第227—235页。
③ 杨曾文：《北宋惠洪及其〈禅林僧宝传〉》，载《江西师范大学学报（哲学社会科学版）》2004年第1期，第26—29页。

虽然沈辽与释惠洪暂未见有直接的交游,但黄庭坚、苏轼与二人均有交往,一同习禅和诗文唱和。苏过又为苏轼之子。由此可见,黄庭坚、苏轼为四位撰者相互联系的关键人物。北宋中后期,士人与禅僧的交往频繁,并积极从禅宗中汲取营养,去开创新的文风和思想。北宋时期禅门五宗中以云门宗、临济宗(后分化为黄龙派、杨岐派)发展最为兴盛。其中云门宗在北宋中后期发展最为兴盛,且颇受京师及各地士大夫所推崇。

在此背景之下,此时期形成的撰述当中,将自严禅师视为云门宗西峰云豁禅师之法嗣,并留下百余首佛偈。也许这就是沈辽、黄庭坚等人对自严禅师熟悉的原因之一。当然,自严禅师是否事实上是云门宗之禅僧,是因云门宗繁盛而附之,抑或实为云门宗人而乘大盛之风扩展名声等问题,因北宋中后期前的相关撰述的缺位,目前无法明确。但能确认的是,北宋中后期云门宗繁盛发展的背景之下,自严禅师被塑造为云门法嗣。

南宋至元初约有二十八则:

表 2　南宋至元初定光古佛相关文献

序号	撰者	篇名
1	李纲(1083—1140)	《汀州南安岩均庆禅院转轮藏记》(《梁溪集》卷一三三)
2	李纲(1083—1140)	《南安岩恭谒定光圆应禅师二首》(《梁溪集》卷二七)
3	李纲(1083—1140)	《邵武军泰宁县瑞光岩丹霞禅院记》(《梁溪集》卷一三三)
4	洪迈(1123—1202)	《宗本遇异人》(《夷坚甲志》卷九)
5	洪迈(1123—1202)	《观音偈》(《夷坚甲志》卷一)
6	洪迈(1123—1202)	《吴僧伽》(《夷坚丁志》卷八)
7	洪迈(1123—1202)	《因揭尊者》(《夷坚支志》乙卷六)
8	洪迈(1123—1202)	《石城尉官舍》(《夷坚支志》庚卷四)
9	周必大(1126—1204)	《汀州定光庵记》(《文忠集》卷八○)
10	周必大(1126—1204)	《闲居录》之《(隆兴元年十一月)乙未》条
11	周必大(1126—1204)	《跋颜持约所画定光古佛像》(《文忠集》卷八○)
12	曾丰(1142—1224)	《盘古山记》(《缘督集》卷一○)
13	曾丰(1142—1224)	《会昌县诣盘古山南安岩主祈雨雪文》(《缘督集》卷一一)
14	楼钥(1137—1213)	《定光佛像赞》(《攻媿集》卷八一)
15	王象之(1163—1230)	《舆地纪胜》之《定应大师》条
16	王象之(1163—1230)	《舆地纪胜》之《定光》条

续　表

序号	撰者	篇名
17	祝穆（？—1255年）	《方舆胜览》之《大轮山》条（《方舆胜览》卷一二）
18	祝穆（？—1255年）	《方舆胜览》之《南安岩》条（《方舆胜览》卷一三）
19	祝穆（？—1255年）	《方舆胜览》之《狮子岩》条（《方舆胜览》卷一三）
20	胡太初修，赵与沐纂（1259年前后）	《临汀志》之《敕赐定光圆应普慈通圣大师》条
21	胡太初修，赵与沐纂（1259年前后）	《临汀志》之《定光院》条
22	胡太初修，赵与沐纂（1259年前后）	《临汀志》之《南安岩均庆禅院》条
23	刘将孙（1257—1325）	《定光圆应普慈通圣大师事状》（《养吾斋集》卷二八）
24	刘将孙（1257—1325）	《汀州路南安岩均庆禅寺修造记》（《养吾斋集》卷一七）
25	刘将孙（1257—1325）	《定光寺题经》（《养吾斋集》二五）
26	刘将孙（1257—1325）	《南安岩》（《养吾斋集》卷二）
27	刘将孙（1257—1325）	《西峰宝龙祥符禅寺重修记》（《养吾斋集》一七）
28	黄仲元（1231—1312）	《汀州路重造府治定光吉祥寺记》（《四如集》卷一）

　　南宋至元初的相关记载更多，题材也更加丰富多样，有寺院重修、修造记、地理志的记载、灵怪故事、传记、赞等。撰写年代，从南宋初年至元代初年，而事迹的详细记载与整理出现在南宋末年至元初。

　　从撰者的撰写因由来看，李纲从贬谪之所海南被赦，返还途中路经汀州、泰宁县时，游历南安岩、瑞光岩后所撰，且生活在两宋之间的李纲亦是习禅之人。出身江西饶州的洪迈收集神怪故事，辑录成《夷坚志》，其故事来源大部分是江西地区，自严禅师生前足迹涉及江西庐陵，身后在庐陵周边地区亦广受崇祀。周必大为吉州庐陵人，其记或为闲居时游历所见，或在嘉泰年间受汀州知州委托撰写定光庵记，其信息来源为汀州郡志等，故与《临汀志》一样，对时间的记载较为明确。曾丰为江西乐安县人，在任赣县县丞时，撰写游览盘古山记，及祈祷雨雪时撰祝文。《（开庆）临汀志》为汀州官府所修方志，记录了大量定光古佛相关事迹和遗迹。刘将孙为江西庐陵人，又曾在汀州"客授"，且先祖与定光古佛已有因缘，故受托撰事状、汀州均庆禅寺和西峰祥符禅寺的重修记等。黄仲元为福建兴化军莆田县人，是宋末元初较为有名之士人，至大二年（1309）受邀于任汀州州学学正之乡友，为汀州路重修府治之定光吉祥寺撰写记文。

　　由此可看出南宋至元初这一时期，定光古佛相关记载的撰者基本都与庐陵、汀州有关，体现了定光古佛信仰在两地传播较为广泛。这时期的撰述中，多不强调定光古佛出自云门宗之身份，与南宋以来云门宗之衰落有关。且越往后，随着定光古佛信仰影响的扩大,对其生前身后事迹和灵验事迹的叙述越趋详细,由此反映出信仰者对其形象塑造之过程。

总之,从现存文献记载看,北宋中期是汀州定光佛信仰形成的第一个重要时期,自严禅师被塑造成云门宗法脉,且定光佛化身之说亦已形成,其背景是江西诗派乃至北宋文学援佛入儒,以及北宋中期云门宗发展之兴盛。南宋时期,其云门宗法脉之说逐渐为白衣菩萨之说所取代,且记载撰者及内容集中在福建汀州、江西庐陵两地,其背后应与云门宗衰落、信仰的区域性发展相关。

（2）正名"定光"

自严禅师在北宋中后期被释惠洪塑造成云门嫡孙。然而,在此之前,自严禅师早已"世传定光佛之应身",其生平事迹亦有白衣菩萨之说。自严禅师暂离南安岩,前往盘古山应波利禅师之谶的"白衣菩萨之说",在释惠洪所作传及《临汀志》之《敕赐定光圆应普慈通圣大师》条对此均有记载,下一节将详述,此处从略。正如沈辽《南岩导师赞》所言"有白衣来,乃定光佛",[1]白衣菩萨所指为定光佛。北宋中后期的相关叙述里"白衣"定光佛化身之形象及事迹已广为流传。而"定光"之名被正式赋予自严禅师及其寺院,大致要从定光庵之命名、朝廷封赐来分析。

元祐中（1086—1094）,汀州郡治之后庵正名为"定光院"。据周必大《汀州定光庵记》:

> 按:临汀郡治于城内东北隅有卧龙,本朝定光圆应佛普通慈济大师真身所栖之地,净戒慈荫灵感威济大师附焉。殆犹日之躔度与。（中略）祥符四年,汀守赵遂良机缘相契,即州宅创后庵延师往来。至八年终于旧岩。（中略）至元祐中,守曾孝宗始增葺后庵,正名定光。[2]

定光院为汀州州治后庵,具体位置在汀州郡治城内东北的卧龙山下。始建于大中祥符四年（1011）,因汀守延请自严禅师至郡治驻锡而建。元祐（1086—1094）时,汀守曾孝宗修葺后庵,并正式命名为"定光院"。

从朝廷敕封来看,自严禅师被加封为"定光圆应大师",有比较重要的意义。

据《宋会要辑稿》道释一之二:

> 神宗熙宁八年六月诏:南安岩均庆禅院开山和尚,特加封号,曰"定应大师"。[3]

---

① （宋）沈辽:《云巢编》卷六《南岩导师赞》,《全宋文》第 79 册,上海:上海辞书出版社,第 220—221 页。

② （宋）周必大:《文忠集》卷八〇《汀州定光庵记》,《周必大全集》,成都:四川出版社,2017 年,第 728 页。

③ （宋）徐松辑:《宋会要辑稿》道释一之二,北京:中华书局,1957 年,第 7869 页。

又据《临汀志》之《敕赐定光圆应普慈通圣大师》：

> 熙宁八年，郡守许公尝表祷雨，感应，诏赐号"定应"。①

熙宁八年（1075），汀守许公祷雨得应，由此南安岩均庆禅院开山和尚，即自严禅师，加封号为"定应大师"。这也是第三次朝廷封赐。

《临汀志》之《敕赐定光圆应普慈通圣大师》又记：

> 崇宁三年，郡守陈公粹复表真相荐生白毫，加号"定光圆应"。②

崇宁三年（1104），汀守陈粹奏表其真相之荐生白毫之灵异，而加号"定光圆应"。

另据刘将孙在《定光圆应普慈通圣大师事状》云：

> 熙宁八年，守许当之祷雨感应，初赐"均庆禅院"开山和尚号"定应大师"。至崇宁二年，守陈粹言白衣菩萨木雕真相：绍圣三年，于额上连眉间生白毫百余茎，毫末各有舍利，至四年，面上右边及后枕再生白毫。有旨加号"定光圆应"，仍许遇圣节进功德疏，回赐度牒一道。③

毫无疑问，刘将孙对崇宁年间的敕封因由记载更为详细，尤其是自严禅师的木雕真相"于额上连眉间生白毫百余茎，毫末各有舍利"，"面上右边及后枕再生白毫"这样的描述更体现佛的属性。据其所述，此次敕赐除了加封号外，并许每遇圣节进奉功德疏。

崇宁年间的敕赐，从"定应大师"加封为"定光圆应大师"，可视为朝廷对其定光佛化身之说的承认。一般而言，初封二字师号，此后加封，递次增二字。自严禅师初封"定应大师"，按惯例，一般是增二字，成为"定应某某大师"。然而，崇宁三年（1104）的加封，在"定应"二字之间增"光圆"二字，成为"定光圆应"四字封号的大师。这种做法与惯例稍有不同，很可能与元祐年间定名州后庵为定光院有关。加之，此次加封的因由为其塑像生白毫，呈现佛相。佛教如来有三十二相，其中，眉间有白色毫毛，右旋宛转，如日正中，放之则有光明，名"白毫相"。由此可，经过元祐、绍圣、崇宁年间，汀州地方官正名定光院、白毫相之说的塑造之后，通过申请敕封，自严禅师为定光佛化身之说更为具体，并在很大程度上为朝廷所承认。

另外，北宋中期起，士大夫等各类相关撰述中均显示其定光佛化身之说。然对于其为过去佛、现世佛、未来佛似乎存在不同的记载与理解。

---

① （宋）胡太初修、赵与沐纂：《临汀志》之《敕赐定光圆应普慈通圣大师》，《福建地方志丛刊》，福州：福建人民出版社，1990 年，第 164—167 页。

② （宋）胡太初修、赵与沐纂：《临汀志》之《敕赐定光圆应普慈通圣大师》，第 164—167 页。

③ （元）刘将孙：《养吾斋集》卷二八《定光圆应普慈通圣大师事状》，《全元文》第 20 册，南京：凤凰出版社，2004 年，第 412—418 页。

如黄庭坚《南安岩主定应大师真赞》云：

> 定光古佛，不显其光。古锥透穿，大千以为囊。（中略）萨埵御天，宋有万姓。乃锡象服，名曰定应。①

赞中明言其为定光古佛，然"萨埵御天"，所指应为萨埵那王子舍身饲虎后，飞升至兜率天宫之故事。兜率天宫在佛教里是未来佛弥勒菩萨的住所，似乎显示定光古佛与未来佛相关。

又《临汀志》之《敕赐定光圆应普慈通圣大师》中有一则真宗储斋请诸僧之故事，云：

> 真宗朝，尝斋于僧，对御一榻无敢坐者。上命进坐，僧答曰：'佛祖未至。'少顷师至，白衣衲帽，儒履攀拳，即对御就坐。上问：'师从何来，甚时届道？'答曰：'今早自汀州来。'问守为谁？曰：'屯田胡咸秩。'斋罢，上故令持伊蒲供赐咸秩，至郡尚燠。咸秩惊竦，表谢。上乃谓师为见世佛，御赐周通钱一贯文，至今常如新铸。②

此则故事中，又通过宋真宗、诸僧之言，将自严禅师塑造成"佛祖""见世佛"。

也就是说，在宋代自严禅师为定光古佛化身俨然已成定说，但是过去佛、现世佛、未来佛之说仍存在不同说法。这或许要从佛教三世说的演变、宋代民间定光佛信仰的发展等角度去深入探讨。

由此可见，自严禅师被视为定光佛化身之说，至迟在元祐中（1086—1094）已形成，并在元祐、绍圣、崇宁年间进一步扩大影响，这也与留存史料撰述的集中时期相一致，亦再次表明北宋中后期是汀州定光佛信仰形成的重要时期。

二、自严禅师生平事迹之塑造

北宋中期，沈辽《南岩导师赞》、释惠洪《南安岩岩尊者青原十世》传对自严禅师生平及殁后信仰的发展有比较详细的叙述，亦基本奠定自严禅师生平事迹的基本叙述框架。南宋中后期编纂而成的《临汀志》之《敕赐定光圆应普慈通圣大师》、元初刘将孙《定光圆应普慈通圣大师事状》虽增添了一些细节描述，尤其是各阶段经历的系年，以及北宋后期至南宋末年的灵应事迹、敕赐、庙宇建立等情况，但仍基本延续了北宋沈辽、释惠洪的有关叙述。

---

① （宋）黄庭坚：《豫章黄先生文集》卷一四《南安岩主定应大师真赞》，四部丛刊景宋乾道刊本；（清）陈国仕：《丰州集稿》卷一一《赞》之《南安岩主定应大师真赞》，北京：商务印书馆，2018年，第343页。

② （宋）胡太初修，赵与沐纂：《临汀志》之《敕赐定光圆应普慈通圣大师》，第164—167页。

本节以上述四则记载，参照其他同时代的记载，梳理自严禅师生卒年、学法经历、游方经历、建立道场、灵应事迹等内容，以期把握自严禅师的生平事迹及故事之演变。

1. 生卒年

关于自严禅师的出身及生卒年，《临汀志》之《敕赐定光圆应普慈通圣大师》记云：

郑性〔姓〕，法名自严，泉州同安县人。祖仕唐，为四门斩斫使。父任同安令。师生而异禀，幼负奇识。年十一，恳求出家，依本郡建兴寺契缘法师席下。年十七，得业游豫章。

又记：

（大中祥符）八年正月六日申时，俄集众云："吾此日生，今日正是时，汝等当知妙性廓然，本无生灭示有去来，更言何事？"言讫，右胁卧逝，春秋八十有二，僧腊六十有五。众收舍利遗骸骼塑为真相。①

自严禅师，俗姓郑，为泉州同安县人，十一岁出家为童行，十七岁受具足戒，大中祥符八年（1015）正月六日生辰之时入灭，享年八十二，僧腊六十五。以此推算，自严禅师出生于五代十国时期"大闽"立国之龙启元年（933），十一岁出家为童行是闽永隆元年（944），十七岁受具足戒时成为大僧于闽被南唐灭国后的五年，即南唐保大八年（950），而其入灭之时，为北宋真宗大中祥符年间。也就是说，自严禅师大致生活在五代中后期至北宋前期。

有学者依据《（武平）何氏族谱·序》，认为自严禅师生于后梁贞明三年（917），又有学者据《湖蠕杂记》认为其卒于咸平二年（999），卒地为杭州法相寺。这两部书是明清时期的史料，前者是主要反映何氏仙姑之神应以及与定光古佛之关系而编造出来的神灵故事，后者是与同样生活在五代宋初，亦有定光佛应身之说的杭州法相寺长耳和尚的生平事迹相融合，均不足采信。

另外，《敕赐定光圆应普慈通圣大师》中记自严禅师之祖为"四门斩斫使"，父为"同安令"，而在北宋沈辽、释惠洪的撰述中并没有出现其祖、父之仕历，可见是随着信仰发展渐次编造的事迹。至于其出家之寺院，为泉州建兴寺。建兴寺因有佛祖涅槃卧像又名卧像寺。② 然自严禅师为童行时所依沙门契缘法师之事迹不可考。

2. 学法西峰及法师之名

一般而言，受具足戒，成为大僧之后，僧侣可到各处寺庙游方修行。自严禅师亦

---

① （宋）胡太初修，赵与沐纂：《临汀志》之《敕赐定光圆应普慈通圣大师》，第 164—167 页。
② 《（民国）南安县志》卷二"建兴山"条。又有梵音寺言自严禅师曾在此为僧，恐为后世附会之说。

如此。

《临汀志》之《敕赐定光圆应普慈通圣大师》记云：

> 年十七，得业游豫章，过庐陵，契悟于西峰圆净大师，由此夙慧顿发，遂证神足，盘旋五载。①

即自严禅师前往豫章（即洪州、隆兴府，今江西南昌）游方，途经庐陵（即吉州，今江西吉安），向西峰圆净大师学法，五年后学成。

关于西峰圆净大师，南宋以来的记载中着墨不多，只记法名、师号及驻锡寺院名。而北宋中后期，即自严禅师相关记载集中出现时期，释惠洪在《南安岩岩尊者青原十世》中言：

> 十七为大僧，游方至庐陵，谒西峰者宿云豁。豁者，清凉智明禅师高弟，云门嫡孙也。太宗皇帝尝诏至阙，馆于北御园舍中。习定久之，恳乞还山。公依止五年，密契心法，辞去。②

又于《林间录》卷下专文补录南安岩俨和尚得法之师，言：

> 南安岩俨和尚，世传定光佛之应身也，异迹甚多，亦自有传，然传不载其得法师名字，但曰西峰而已。西峰在庐陵，真庙时有云豁禅师者，奉先深公之高弟，深见云门。当时龙象，无有出其右者，独清凉明禅师与之齐名，谓之深明二上座。③

据释惠洪，至北宋中后期，世人大抵只知自严禅师曾于庐陵西峰学法五年，并没有流传其得法师之名。自严禅师得云豁禅师之传，乃至其出自云门宗嫡脉之说主要来源于释惠洪。

此外，释惠洪在《南安岩主定光生辰五首》云"云门函盖乾坤句，语默何人过得伊"，④又在《南安岩主定光古佛木刻像赞并序》云"平生偈语百余首，皆称性之句，非智识所到之地，真云门诸孙也"，"深明二子，详豁诸孙。维定光佛，出豁之门"。⑤ 黄庭坚在《南安岩主大严禅师真赞》亦言"今得云门柱杖，打破鬼窟灵床"。⑥ 也就是说，自释惠

---

① （宋）胡太初修，赵与沐纂：《临汀志》之《敕赐定光圆应普慈通圣大师》，第 164—167 页
② （宋）释惠洪撰，吕有祥点校：《禅林僧宝传》卷八《南安岩岩尊者青原十世》，郑州：中州古籍出版社，2014 年，第 54—55 页。
③ （宋）释惠洪：《林间录》卷下《南安岩俨和尚》，文渊阁四库全书本。
④ （宋）释惠洪撰，周裕锴校注：《石门文字禅校注》卷一七《南安岩主定光生辰五首》，第 2716 页。
⑤ （宋）释惠洪撰，周裕锴校注：《石门文字禅校注》卷一八《南安岩主定光古佛木刻像赞并序》，上海：上海古籍出版社，第 2957 页。
⑥ （宋）黄庭坚：《豫章黄先生文集》卷一四《南安岩主定应大师真赞》，四部丛刊景宋乾道刊本；（清）陈国仕：《丰州集稿》卷一一《赞》之《南安岩主定应大师真赞》，第 343 页。

洪之后，北宋中后期的士人、僧侣等均接受其出自云门宗云豁禅师之说。

　　西峰云豁禅师的事迹中主要流传其师从及被召入京之事。释惠洪在《南安岩岩尊者青原十世》言其为"清凉寺智明禅师之高弟，云门嫡孙"，①在《林间录》却言其为"深见云门"的金陵奉先寺深禅师之高弟。明禅师和深禅师为当时齐名之云门宗第三世，并称"深明二上座"。云豁禅师流传最为广泛的轶事是习定中被诏入京。释惠洪言诏其入京的乃宋太宗。然而，释志磐撰《佛祖统纪》卷四四、江少虞《新雕皇朝类苑》卷四三《云豁入定》、释普济《五灯会元》卷一五《清凉明禅师法嗣·祥符云豁禅师》的记载均记为宋真宗大中祥符年间之事。可见释惠洪本人也未详云豁禅师事迹。

　　释普济《五灯会元》卷一五《清凉明禅师法嗣·祥符云豁禅师》：

　　　　吉州西峰云豁禅师，郡之曾氏子，早扣诸方，晚见清凉。问："佛未出世时如何？"凉曰："云遮海门树。"曰："出世后如何？"凉曰："擘破铁围山。"师于言下大悟，凉印可之。归住宝龙，云侣骈集。真宗皇帝遣使召至，访问宗要。留上苑，经时冥坐不食，上嘉异，赐号"圆净"。辞归，珍锡甚隆，皆不受。以诗宠其行，改"宝龙"曰"祥符"，旌师之居也。尝有问易中要旨者，师曰："夫神生于无形，而成于有形。从有以至于无，然后能合乎妙圆正觉之道。故自四十九衍，以至于万有一千五百二十，以穷天下之理，以尽天下之性，不异吾圣人之教也。"示寂日，为众曰："天不高，地不厚，自是时人觑不透。但看腊月二十五，依旧面南看北斗。"暝然而逝，茶毗获舍利建塔。②

　　即，云豁禅师为吉州人，俗姓曾。早年游方于各处，晚年契悟于清凉寺智明禅师，归住吉州西峰宝龙寺。宋真宗召至上苑访问禅理要义，长时间冥坐不食，宋真宗赐师号"圆净"。辞别归山，又赐宝龙寺为"祥符"寺，以旌表其居所。

　　结合北宋天圣年间李遵勖《广灯录》、北宋嘉祐年间释契嵩《传法正宗记》等传统灯史记录，基本可以确认西峰云豁禅师为清凉寺智明禅师之法嗣，属于云门宗第四世。③

　　至于宋真宗召入京之事，另见于释志磐《佛祖统纪》卷四四：

---

① （宋）释惠洪撰，吕有祥点校：《禅林僧宝传》卷八《南安岩岩尊者青原十世》，第54—55页。
② （宋）释普济：《五灯会元》卷一五《清凉明禅师法嗣·祥符云豁禅师》，《中国佛教典籍选刊》，北京：中华书局，1984年，2022年重印，第984页。
③ 云门宗传承系谱相关研究主要有万毅：《宋代云门宗试探》，载《中山大学研究生学刊（社会科学版）》1996年第2期，第42—52、60页；黄启江：《北宋佛教史论稿》第七章《云门宗与北宋丛林之发展》，第223—274页，台北：台湾商务印书馆，1997年；杨曾文：《云门宗在北宋的兴盛和贡献》，载《韶关学院学报（社会科学）》2012年第3期，第5—10页；葛洲子：《北宋云门宗僧人数量考实》，载《南京晓庄学院学报》2016年第3期，第110—115页等。

（大中祥符三年）诏吉州西峰云豁禅师馆于北御园，入定月余，求归故山。诏许之。师每入定或经岁方出。①

及江少虞《新雕皇朝类苑》卷四三"云豁入定"：

吉州西峰宝龙院僧云豁常入定，岁余一出。大中祥符三年上遣中使赵履信取至阙下，宣于北御园舍中，扃镝之月余始出定，苦告求归，厚赐以遣之。见《杨文公谈苑》。②

释志磐和江少虞均着重于云豁禅师"入定"之法，且可知宋真宗召见时间为大中祥符三年（1010）。由此可见，释惠洪所记有误。

那么，跟随西峰云豁禅师学法五年之自严禅师似乎也应为云门五世。然而，揆诸两宋的传统传灯史书，甚至于云门禅僧所撰的传灯录里，虽可见云豁禅师为云门四世，但没有其法嗣之记录，更没有自严禅师作为云门五世之记载。③

大中祥符三年（1010）被召入京时，云豁禅师已近晚年。云豁禅师得清凉寺智明禅师传云门之法亦在晚年。据上述生卒年的讨论，自严禅师学法西峰乃游方初期，大致在南唐保大八年（950）以后的五年间。因此推断，自严禅师学法西峰时，即便不能完全排除云豁禅师当时驻锡西峰寺，并与自严禅师存在师承关系的可能性，但其时云豁禅师本身并未得云门之法，自严禅师自云豁禅师得云门之法之说自然亦难以成立。更大的可能是，两人晚年或许有交往，然而从时间上来说，二人似乎难以存在师承关系。

这也可佐证自严禅师学法西峰时的法师为云豁禅师之说，实出自释惠洪。究其原因，从云门宗发展史来看，云门宗在第四、五、六世时，即北宋中期的仁宗、英宗、哲宗朝进入繁盛时期。释惠洪创作《禅林僧宝记》、黄庭坚等人认同其说大致也与云门宗最盛期相符。释惠洪将自严禅师塑造成云门宗禅僧，很可能是要借助当时云门宗之流行，扩大定光古佛信仰之影响，而自严禅师留存的大量佛偈也是其受当时文人士大夫所重的原因之一。值得注意的是，南宋时的记载虽延续学法西峰圆净大师之说，但多不强调其云门宗之法系，更多强调白衣菩萨之说。其背后应与云门宗在南宋孝宗之后走向衰落有关。

其次，学法西峰的经历，为自严禅师一生中较为重要的事迹之一。沈辽云"初参西峰，器识旁达。周旋五年，行解微密"，释惠洪则称其学法五年"密契心法"。其学法内容

---

① （宋）释志磐：《佛祖统纪》卷四四，大正新修大藏经本。
② （宋）江少虞：《新雕皇朝类苑》卷四三"云豁入定"，文渊阁四库全书本。
③ 除黄启江利用释惠洪《禅林僧宝传》，视南安岩自严禅师为云门四世，其余三人均未录云豁禅师法嗣。

不得而知，可能与密宗法术有关。可以确定的是，学法之后，正如敕传所云，自严禅师"启发宿慧"，具备随心所欲现身能力之神足通，游历时留下了不少灵应事迹。

　　3. 游方、立道场经历

　　随后，自严禅师继续游方，并寻找建立道场之地，沿途留下不少灵应事迹。

　　据沈辽赞、释惠洪传、敕传，自严禅师的游方经历可整理如下：

　　(1)约 955 年，年二十四时，途径吉州太和县怀仁江，降服江蜃。

　　沈辽《南岩导师赞》云：

　　　　行化大和，名闻已彻。大江之涘，有蛟为孽。无有善淫，舟舫联没。师为黜伏，龙洲始垤。

　　释惠洪作《南安岩岩尊者青原十世》传云：

　　　　渡怀仁江，有蛟每为行人害。公为说偈诫之，而蛟辄去。

　　《临汀志》之《敕赐定光圆应普慈通圣大师》记云：

　　　　渡太和县怀仁江，时水暴涨，彼人曰："江有蜃为民害。"师乃写偈投潭中，水退沙壅，今号龙洲。

　　三则记载相差不大。自严禅师路经太和县怀仁江，遇江水暴涨，写偈投入，降服江中为害之蜃蛟，洪水退去并形成沙壅，号龙洲。

　　(2)途径梅州黄杨峡，使干溪复流或使溪流徙道。

　　沈辽《南岩导师赞》云：

　　　　至于黄梅，夏暑道暍。土人来告，干溪方绝。其众汹汹，无以盥啜。为投妙偈，洪流乃决。

　　自严禅师途径黄梅，炎热口渴。当地人告知干溪绝流，以无水盥啜恳请，于是自严禅师投妙偈，令干溪复洪流。释惠洪所作《南安岩岩尊者青原十世》传亦云：

　　　　过黄杨峡，渴欲饮，会溪涸。公以杖摘之，而水得。父老来聚观，合爪以为神，公遁去。

　　即，自严禅师途径黄杨峡，口渴欲取水饮，刚好溪水干涸，于是以锡杖摘之而得水。当地父老聚集，感叹其神异，自严禅师遂遁去。

　　而《临汀志》之《敕赐定光圆应普慈通圣大师》记曰：

　　　　又经梅州黄杨峡，渴而谒水，人曰"微之"，师微笑，以杖遥指溪源，遂涸，徙流于数里外，今号干溪。

　　可见，至南宋敕传中故事又有所演变：自严禅师途经梅州黄杨峡，因口渴求水被当地人拒绝，于是以杖指溪源，使溪流迁至数里之外，原溪流干涸，以示惩罚。

　　三则记事主要的差异点有二：一是当地民众对自严禅师的态度，北宋两则均是敬重、感叹其神异，南宋时则为受当地民众拒绝而作惩罚；二是施法的法术，沈辽赞作投偈，释惠洪、敕传均言用锡杖。

　　（3）乾德二年（964），约年三十一，到汀州武平县南岩（南安岩、黄石岩）建立道场，黜伏大蟒和猛虎。

　　沈辽《南岩导师赞》曰：

　　　　遂造武平，彼豪致谒。我邑南岩，有如耆崛。请师宴坐，少驻巾钵。夜有巨蛇，骧首来夺。正眼一视，蛇乃蟠结。复有庹虎，咆哮猖獗。师不为骇，虎亦驯率。天人悦焉，请见玄刹。师缘默契，布金营葺。乃脱伽梨，衲帽直裰。戮力僝工，神鬼刜厕。不日化成，小大诉悦。四方归依，奔走竭蹶。时苦大旱，田亩焦渴。乞偈致雨，笑许其说。顷之澍雨，利均块圠。

　　自严禅师游历至汀州武平县时，当地豪族前来谒见，并延请其驻锡南岩。自严禅师驯服巨蛇、庹虎的事迹，使得当地民众信服。于是协力肇创寺院。当时遭遇大旱，自严禅师以偈祈雨，得感应。

　　释惠洪作《南安岩岩尊者青原十世》传云：

　　　　武平南黄石岩，多蛇虎。公止住，而蛇虎可使令。四远闻之大惊，争敬事之。民以雨旸男女祷者，随其欲应念而获。家画其像，饮食必祭。

　　释惠洪并没有提及武平县当地豪族延请之事，但亦指出当地民众为其能驱使蛇虎而信服，祈雨旸、祈子嗣等都得感应。当地民众对其的崇敬，以致家家户户画像祭祀。

　　《临汀志》之《敕赐定光圆应普慈通圣大师》记云：

　　　　乾德二年届丁〔甲子〕，之武平，睹南岩石壁峭峻，岩冗嵌崆，怃然叹曰："昔我如来犹芦穿于膝，鹊巢于顶而后成道，今我亦愿委身此地，以度群品；若不然者，当使殒碎如微尘。"发誓已，摄衣趺坐。数夕后，大蟒前蟠，猛虎旁睨，良久，皆俯伏而去。乡人神之，争为之畚土夷堑，刊木结庵。民有祈祷，辄书偈付与，末皆书"赠以之中"四字，无愿不从。

　　敕传所记则更强调自严禅师主动发愿在武平县南岩建立道场。自严禅师来到武平县，看到陡峭的南岩，发愿于此度人，摄衣趺坐。几天后因黜伏大蟒和猛虎，当地民众以为神异，于是众人协力为自严禅师建佛庵。此后，民众有祈愿，皆书偈赠之。

　　（4）淳化二年（991）前后，约年五十八，居南岩十里处立庵牧牛，伏虎。

　　《临汀志》之《敕赐定光圆应普慈通圣大师》记：

　　　　淳化间，去岩十里立草庵牧牛，夜常有虎守卫，后迁牧于冷洋径。师还岩，一日倏云：“牛被虎所中。”日暮有报，果然。师往彼处，削木书偈，厥明，虎毙于路。

自严禅师在距离南岩十里处立草庵牧牛，因夜里有虎守卫，迁往冷洋径。自严禅师返回南岩后，一日突然说牛为虎所伤。于是以木书偈置于牧牛之处，虎倒毙于路边。

另，据《临汀志》武平县七十里处之“伏虎庵”条记：

> 伏虎庵　在武平县七十里。旧传定光拓岩初，民有献牛助耕，师结庵亲牧，夜常有虎柔伏庵外。后师归岩，一日，忽云：“虎伤一牛矣。”暮有报如师言。师乃削木书偈云。明日，忽毙于路，因号“伏虎庵”。①

可知，在牧牛处，后世民众建有伏虎庵。

沈辽《南岩导师赞》云：“牧牛于野，数困虎咥。牧人群诉，为之轸恤。”牧牛人向自严禅师诉说牛为虎所伤，自严禅师为之黜伏。此说与敕传有出入，而释惠洪传未记此事。

(5)青猴助牧，猴死为之建“金成”庙享祭祀。

沈辽《南岩导师赞》云：

> 时有青猴，往来式遏。蕃息十年，大资耕拨。已而猴死，夜梦于闼。从师乞名，请建庙室。名曰金成，享之疏粝。垂麻彼牧，其祀方秩。

释惠洪《南安岩岩尊者青原十世》传不记此事。《临汀志》之《敕赐定光圆应普慈通圣大师》记曰：

> 复感一青□猴，为牧三年，后忽抱木毙，师梦来乞名，与名曰“金成王”，仍为建庙。

可见，沈辽及《临汀志》之《敕赐定光圆应普慈通圣大师》同记此事，只在助牧年数上有三年、十年之区别。青猴相助农牧多年，死后，以梦示求名及立庙。于是自严禅师为之建庙，并命名为“金成王”，使之享受祭祀。

(6)结舌不语数年。

沈辽《南岩导师赞》云：

> 师所导化，洞言凶吉。或请于师，天机勿泄。时师肯首，因是结舌。遂不复言，人无以伐。

释惠洪作《南安岩岩尊者青原十世》传云：

> 邻寺僧死，公不知法当告官，便自焚之。吏追捕，坐庭中，问状不答，索纸作偈曰：“云外野僧死，云外野僧烧。二法无差互，菩提路不遥。”而字画险劲，如擘窠大篆，吏大怒，以为狂且慢已。去僧伽黎，曝日中。既得释，因以布帽其首，而衣以白

---

① (宋)胡太初修，赵与沐纂：《临汀志》之《伏虎庵》，第78页。

服。公恨所说法，听者疑信半，因不语者六年。

《临汀志》之《敕赐定光圆应普慈通圣大师》曰：

> 民有询过去未来因者，师皆忠告，莫不悚然。同道者惧其大甚，师曰："只消吾不语耳。"遂不语。

沈辽赞、敕传记自严禅师为民众言未来吉凶，为同道所忌，遂不语，而释惠洪则言自严禅师因听众对其说法半信半疑而不语六年，且系此事于被州吏追索、穿白衣之后。

（7）为汀州郡守、郡倅所逮捕，穿白衣之说。

沈辽《南岩导师赞》：

> 彼守羼提，谓我颠越。捕系廷下，面加讯折。神色安然，不自辩别。禠帽投火，火方烈烈。火灭帽完，守怒愈疾。遂以为妖，涂之污血。有炽其薪，帽益光洁。彼乃悔罪，讼其凡劣。

沈辽言其被郡守以"颠越"之名逮捕，并系于廷，因其不语自辩，将其禠帽投于火中，火灭而帽完好，郡守愈加恼怒，以污血涂帽再火烧，禠帽反而越加光洁。也就是说沈辽并没有提及穿白衣之事。

释惠洪作《南安岩岩尊者青原十世》传云：

> 邻寺僧死，公不知法当告官，便自焚之。吏追捕，坐庭中，问状不答，索纸作偈曰："云外野僧死，云外野僧烧。二法无差互，菩提路不遥。"而字画险劲，如擘窠大篆，吏大怒，以为狂且慢已。去僧伽黎，曝日中。既得释，因以布帽其首，而衣以白服。公恨所说法，听者疑信半，因不语者六年。严寺当输布，而民岁代输之。公不忍折，简置布束中祈免。吏张晔、欧阳程者，相顾怒甚，追至问状不答，以为妖火，所着帽明鲜，又索纸作偈曰："一切慈忍力，皆吾心所生。王官苦拘束，佛法不流行。"自是时亦语去。

释惠洪所传，有两件事。一是，自严禅师因不知法，自焚邻寺已死之僧，于是被捕系于廷，不答问讯，反而索纸作偈。官吏视为狂慢，于是脱去其所穿之伽黎，使之曝晒于太阳底下。自严禅师获释时，被穿上布帽和白服。其不语六年似乎也与此事有关。二是，民众每年都代替岩寺供输布匹，自严禅师心有不忍，于是在布匹中放置乞求免输之书简。官吏张晔、欧阳程见之甚怒，追索问状不答，"以为妖火，所着帽明鲜"，又索纸作偈。后因此暂离南安岩。此处的叙述在不答状、作偈、火烧帽上都是一致的，很可能是释惠洪的一个艺术创作。

《临汀志》之《敕赐定光圆应普慈通圣大师》记：

> 一年，岩院输布，师以手札内布中，监临郡倅张公晔见词，闻于郡守欧阳公程，

追摄问状,师不语。守、倅愈怒,命焚其衲帽,火烬而帽如故;疑为左道,以彘血蒜辛厌胜,再命焚,而衲缕愈洁,乃遣谢使归。自是白衣而不褐。

此传只言输布祈免惹怒郡守、倅,被追索问状,不答,被烧衲帽而帽如故,以彘血蒜辛厌胜再焚帽而帽愈光洁,于是得释归,自是白衣不褐。

三者皆有焚帽之说,对于穿白衣之说,实际上只有释惠洪说的比较完整,敕传里也不过在最后点出自是白衣不褐,前因后果并没有记录得十分清楚。由此亦可见释惠洪在自严禅师形象塑造上的所作之力。

(8)景德年间(1004—1007),约年七十一,赣州会昌县盘古山,降服江中断槎;石泉出水,应波利禅师五百年前所留"白衣菩萨来兴此山"之谶;立道场,开法筵,留止三年。

沈辽《南岩导师赞》曰:

> 惟彼南康,盘山嶒嵘。佛陀波利,昔所布萨。爰有石泉,一旦污蔑。石泉之下,神谶先述。后五百年,此泉当窒。有白衣来,乃定光佛。彼众发谶,奔走迎屈。师以舟往,雨华胶辖。江流之下,乃有断枿。舟楫所触,必湛于泪。往来为害,师为一拨。顺流而去,巨舟斯豁。山已无泉,龙象蹙颦。师扣之锡,其泉乃溢。留止三载,法筵益设。

佛陀波利为北印度罽宾国人,因慕文殊菩萨之名,于唐仪凤元年(676)远涉来唐致礼,并驻锡五台山清凉寺,为唐代著名禅僧之一。据沈辽言,佛陀波利曾在赣州(南康)会昌县的盘古山上修行诵戒。盘古山上有石泉,波利禅师预言五百年后石泉会干涸,其时当有穿白衣定光佛到来。应谶之时,当地民众奔走迎送。自严禅师泛舟而来,黜伏江中为害之断枿,又以锡扣泉,使得石泉复流。自严禅师在盘古山驻锡三年,为众说法。

释惠洪《南安岩岩尊者青原十世》传云:

> 游南康盘古山,先是西竺波利尊者经始,谶曰:"却后当有白衣菩萨来兴此山。"公住三年,而成丛林,乃还南安。江南眠槎,为行舟碍。公舟过焉,摩挲之曰:"去去,莫与人为害。"槎一夕荡除之。

释惠洪所记虽明言波利禅师之谶言,自严禅师驻锡三年后还南安岩之事,但只言有白衣菩萨来兴此山,并未提及石泉,黜伏江中断枿一事的发生时间与地点都与沈辽所言有出入。

《临汀志》之《敕赐定光圆应普慈通圣大师》云:

> 初,南康盘古山波利禅师从西域飞锡至此,山有泉从石凹出,禅师记云:"吾灭后五百年,南方有白衣菩萨来住此山。"其井涌泉,后因秽触泉竭,舆议请师主法度以符古谶,师许之,乃泛舟而往。江有槎桩,常害人船,师手抚之曰:"去!去!莫为

害。"当夕无雨,水暴涨,随流而逝。至山,观井无水,遂以杖三敲云:"快出! 快出!"至中夜,闻有落泉溅崖之声,诘旦涌出满溢。终三年,复返南岩。

此传所记最为详细,且前后细节与沈辽赞基本一致。从三者的记述亦可以知道"穿白衣之说"主要是应谶之需。

自严禅师驻锡盘古山三年,可以说是其生涯的一个转折点,其后受汀州地方官崇信,一改以往被地方官、同道排斥之遭遇。在生前事迹的记述中,以"白衣菩萨"之身份应波利禅师之谶言,亦为离岩塑造了一个合理因由和一系列灵验事迹。

(9)助惠州河源搁浅之船复航。

沈辽《南岩导师赞》云:

> 河源圣船,久废波湄。屡竭人力,其谁能拔? 南海建塔,将运群物。不有巨舸,厥费屑屑。或请于师,师以恻怛。授以偈往,洪流夜发。载浮于江,塔工斯毕。彼徒不道,假于贾褐。厥载未济,暴风轩突。不知津涯,败我溟渤。

河源县有船搁浅,未能复航已久。南海建佛塔,需船运建筑材料。于是有人向自严禅师求助。自严禅师授偈,发洪流,搁浅之船得以复航,并顺利完成佛塔建筑材料之运送。然船被借与商贾,于是暴风起,失船所在。

释惠洪《南安岩岩尊者青原十世》传云:

> 有僧自惠州来,曰:"河源有巨舟着沙,万牛挽不可动。愿得以载砖,建塔于南海,为众生福田。"公曰:"此阴府之物,然付汝偈取之。"偈曰:"天零灞水生,阴府船王移。莫立沙中久,纳福荫菩提。"僧即舟倡偈,而舟为动。万众欢呼,至五羊。有巨商从借以载,僧许之。方解缚,俄风作,失舟所在。

释惠洪所记,细写来求助之人为自惠州来之禅僧,及自严禅师与其的对话、佛偈的内容。惠州僧为广州(南海、五羊)建佛塔运送砖材奔走,向汀州武平县南安岩之自严禅师求助,请求助拔河源搁浅之船。

《临汀志》之《敕赐定光圆应普慈通圣大师》记云:

> 祥符初,有僧自南海郡来告曰:"今欲造砖塔,将求巨舰载砖瓦,惠州河源县沙洲有船插沙岸,无能取者,愿师方便。"师曰:"此船已属阴府。"僧复致恳,师乃书偈与僧,僧持往船所,船应手拔。运塔砖毕,有商假载木,俄恶风飘荡,莫知所往。

此传所记,来求助之僧来自造塔之所,即南海郡(广州),而非搁浅船所在的惠州。通过这个事迹可知自严禅师生前之名望已传至惠州、广州(南海郡、五羊)。

(10)汀州郡守赵遂良延请至郡斋,结庵州后,枯池出水,止龙潭之害等;大中祥符四年(1011),约年七十八,赵遂良奏闻朝廷,南安岩寺院获赐匾额"均庆"。

自严禅师自盘古山归南安岩后，一反三年前受同道及地方官压制的境遇，受到汀州郡守之礼遇，并获得第一次朝廷敕封。

沈辽《南岩导师赞》云：

> 逐良出守，敬闻名实。稽首门下，就弟子列。具厥神化，献于帝阃。乞名题寺，均庆是揭。潭龙不害，年登人逸。

赵遂良出任汀州郡守，听闻自严禅师之名及事迹后，以弟子自居，并将其灵应事迹奏闻朝廷、乞请寺额，获赐额"均庆"。自此汀州风调雨顺，丰收人和。

《临汀志》之《敕赐定光圆应普慈通圣大师》记云：

> 四年，郡守赵公遂良闻师名，延入郡斋，结庵州后，以便往来话次。遂良曰："庵前枯池，劳师出水。"投偈而水溢，今名"金乳"。复曰："城南有龙潭害民，望师除害。"亦投偈而祸去。于是遂良表闻于朝，赐"南安均庆院"额。遂良授代以晴请，运使王赟过岩以雪请，皆如答应。

此传所记更为详细。大中祥符四年（1011），知汀州赵遂良以弟子自居，延请自严禅师至郡斋后，以方便往来。期间应赵遂良之请，投偈使庵前枯池出水，又投偈除城南龙潭之害。

而释惠洪《南安岩岩尊者青原十世》并没有记述赵遂良相关部分。

（11）大中祥符六年（1013）前，转运使王赟祈雨得应。

沈辽《南岩导师赞》云：

> 王赟奉使，方冬无雪。恳请未终，琼瑶交戛。数日未止，淖我使节。王复来讯，乃大霁澈。自时厥后，恭事惕怵。有或不虔，莫不相诘。

《临汀志》之《敕赐定光圆应普慈通圣大师》传云：

> 遂良授代以晴请，运使王赟过岩以雪请，皆如答应。

转运使王赟巡部至此，因无冬雪，到南安岩以祈雪为请，祈请未结束就开始下雪。雪下了几天，王赟复来祈晴，亦得应。自此敬事之。

查考张方平所撰王赟墓志铭，王赟为庐陵太和（即吉州泰和县）人，天禧三年（1019）进士及第，初仕邵州防御推官，历知道州、殿中侍御史、知谏院、京畿转运使、知郑州、高阳关路马步军都统管兼安抚使、知瀛洲、知江宁府，于英宗治平二年（1065）引年致仕，熙宁二年（1069）闰十一月无疾而终，享年七十六。[①]　以此推想，王赟在大中祥符年间，仍

[①]　（宋）张方平：《乐全集》卷三九《郡开国公食邑二千九百户食实封五百户赐紫金鱼袋王公墓志铭》，文渊阁四库全书本。

未进士及第,更谈不上任转运使,而王赟实任转运使、安抚使等差遣时,已是仁宗庆历年间,且职任范围与汀州、赣州、吉州也无甚关联。那么,王赟于大中祥符年间以运使身份到南安岩祈雪,得应后奏请将太宗御书奉置于均庆寺之事,应非事实。此事迹的塑造,应与王赟出身吉州(庐陵)太和县有关。

(12)公卿士夫献诗致礼。

沈辽《南岩导师赞》云:

> 始自七闽,上达京阙。公卿士夫,悼稚耆耋。咸来致礼,以祈度脱。

释惠洪《南安岩岩尊者青原十世》传云:

> 异迹甚著,所属状以闻,诏嘉之。宰相王钦若、大参赵安仁已下,皆献诗。公未尝视,置承尘上而已。

沈辽、释惠洪均未明言朝廷公卿大夫献诗致礼之由。

《临汀志》之《敕赐定光圆应普慈通圣大师》中将公卿大夫献诗致礼之因由归结于大中祥符六年(1013)前后任汀守的胡咸秩,云:

> 真宗朝,尝斋于僧,对御一榻无敢坐者。上命进坐,僧答曰:"佛祖未至。"少顷师至,白衣衲帽,儒履擎拳,即对御就坐。上问:"师从何来,甚时届道?"答曰:"今早自汀州来。"问守为谁? 曰:"屯田胡咸秩。"斋罢,上故令持伊蒲供赐咸秩,至郡尚燠。咸秩惊竦,表谢。上乃谓师为见世佛,御赐周通钱一贯文,至今常如新铸。咸秩闵雨,差吏入岩祈祷,师以偈付来吏,甫至郡而雨作,岁乃大熟。胡解印入觐,历言诸朝列。丞相王公钦若、参政赵公安仁、密学刘公师道,皆寄诗美赠。

宋真宗诏斋诸僧,著白衣衲帽之禅师入座,自言从汀州来,汀守为胡咸秩,后汀守胡咸秩获赐伊蒲供。后,胡咸秩遣人至南安岩祈雨,得应。于是解任赴朝时,向在朝之宰执王钦若、赵安仁、刘师道讲述自严禅师之灵验,诸士大夫撰诗致礼。可见此事与大中祥符年间宋真宗及其宰执对道佛之崇尚背景有关。

(13)预言子嗣。

刘将孙《定光圆应普慈通圣大师事状》:

> 长汀农家有木牌,上显"郑安"二字,师所书也。郑本无嗣,恳求于师,师曰:"来年有之,吾当命名。"如期生子,作牌请师书名。其牌以四寸木为之,下一寸余则以系绳。师题次叹曰:"何不大做?"其人曰:"不过二字。"师曰:"汝之子孙,皆当丰富,第寿不长。"其人请易之,则曰:"此出汝心,不可易也。"于是而万法本于心之体,于是赠之以中之用,可概识矣。

自严禅师预言农家郑氏生子,并为之书名。

（14）授沙弥偈诵以启智。

释惠洪《南安岩岩尊者青原十世》传曰：

> 有沙弥无多闻性，而事公谨愿。公怜之，作偈，使诵，久当聪明。偈曰：大智发于心，于心何处寻。成就一切义，无古亦无今。于是世间章句，吾伊上口。

自严禅师授予侍奉之沙弥偈语，言久诵能变聪明。

（15）大中祥符八年（1015）正月六日，年八十二，于南安岩均庆寺卧逝。自严禅师留下佛偈而逝。众人以其舍利遗骸为塑像（真相）。

沈辽《南岩导师赞》曰：

> 大中乙卯，正月六日，正其生时，稽首辞诀。八十有二，泊然于灭。图画毫相，端严昭晰。

释惠洪《南安岩岩尊者青原十世》传云：

> 淳化乙卯正月初六日，集众曰："吾此日生，今正是时。"遂右胁卧而化。阅世八十有二，坐六十有五夏，谥曰定光圆应禅师。

《临汀志》之《敕赐定光圆应普慈通圣大师》云：

> 八年正月六日申时，俄集众云："吾此日生，今日正是时，汝等当知妙性廓然，本无生灭示有去来，更言何事？"言讫，右胁卧逝，春秋八十有二，僧腊六十有五。众收舍利遗骸骼塑为真相。遗偈凡百一十七首，其二十二首乃亲书墨迹临刊，文义雅奥，不可思议而得也。师见在，民呼曰"和尚翁"，亲之也。师灭度，民皆曰"圣翁"，尊之也。

虽然释惠洪将自严禅师逝世之年系于淳化乙卯。据查淳化年号有五年，但乙卯年并不在列，大中祥符八年为乙卯年，则释惠洪之系年又有误。自严禅师逝世之后，其舍利遗骸被塑为真相。身后留下佛偈一百一十七首，其中二十二首是亲笔书写。生前被民众亲切称为"和尚翁"，去世之后，被尊为"圣翁"。

总而观之，自严禅师享年八十二岁。其生涯大致可分三个阶段，一是出生、出家学法阶段，自闽龙启元年（933）至南唐保大十三年（955），约二十二年；二是游方、建立道场，自南唐保大十三年（955）至景德初（1004—1007），二十三岁至七十一岁，约五十年间，自西峰学法后，往南游方，沿途留下有关黜伏蛇虎蜃、出水等灵应事迹，并在汀州武平县建立南安岩，因与当地同道、地方官发生摩擦而暂离；三是景德初（1004—1007）至大中祥符八年（1015），即自严禅师七十岁至八十二岁之间的约十二年间，自严禅师留居盘古山三年，后重回武平县南安岩，并且凭借盘古山开法筵三年所产生的名望，得与汀州郡守相交，并在郡治立庵、奏闻事迹获朝廷敕赐等，是自严禅师影响力扩大的关键时期。

　　自严禅师出身闽粤之地的泉州同安县。幼年于泉州建兴寺出家为童行,十七岁受具足戒成为大僧。此后开始游方,从福建路沿海地区的泉州,本以前往江南西路隆兴府(豫章,洪州)为目的地,途经吉州庐陵县,至西峰寺(又名卧像寺,后赐祥符寺)学法。五年后,继续游方。却没有往北而是沿着江南西路与广南东路之间的陆路干道南下,经赣州、梅州,到达汀州,在长汀县狮子岩、上杭县、清流县灞涌岩、莲城县滴水岩等地流连,最后在武平县南安岩创立道场,后因与地方官产生矛盾,又往北,在赣州(南康)会昌县盘古山创立道场,三年后重回南安岩,继而又被延请至汀州郡治长汀县创庵院,最后于南安岩去世。

　　自严禅师生涯的前两个阶段,主要活动在泉州、吉州、梅州、汀州,其中第二阶段主要活动范围在汀州各县。其游方最先的目的地是豫章(洪州),结合唐五代时期禅宗发展史,达摩禅法传承分四脉,包括菏泽禅、牛头禅、洪州禅、石头禅,至唐末洪州禅、石头禅又逐渐演化称五家。贞元、元和年间(785—820),洪州禅由马祖道一开创于洪州,其弟子分布大体上以江西为中心、辐射到湖南、湖北、安徽、浙江、江苏、福建等南方地区。其后又分两脉,演化成沩仰宗、临济宗。唐中后期,义玄禅师,师从洪州黄檗希运禅师,并于镇州创立临济宗。可推想,自严禅师游方以豫章(洪州)为目标,应是出于对唐中后期、五代时期较为兴盛的洪州禅、临济宗之向往。而在庐陵西峰学法之后,转而往赣州、梅州、汀州,兴许与云门宗在这个区域建立及较为流行有关,也可能仅为寻找道场之便。第三个阶段,主要活动在赣州、汀州,生涯最后几年,活动重心在汀州州治,与官方的关系密切。

　　西峰学法、重新游历之后,自严禅师相关灵应事迹开始大量出现。共十九则,大致可分六类。一是"驱使草木、教诲蛇虎"类,约九则,施法对象包括江蜃、蛇、虎、猴、潭龙、江中断桴、江中搁浅之船、蚊蛙等,施法手段以法偈、锡杖为主,尤其是以木刻偈、以砖石书偈和唱偈之法为多,这些灵应事迹发生地包括西峰学成游方后的赣州泰和县、汀州武平县南安岩创建时期、赣州会昌县、惠州河源县、汀州郡城等。二是"出水"类,即使干溪、枯井、枯池等复出水,约五则,其施法手段仍然以利用法偈、锡杖为主,亦有一则是其亲凿之泉在后世的灵异事迹,这些事迹发生在游方初始的梅州黄梅县、赣州会昌县、汀州武平县、汀州郡城等地。三是"祈雨旸"类,初至南安岩应民众所请、大中祥符年间应转运使及郡守所请,共三则,祈雨、雪得应,均发生在汀州,其中一则明言为书偈得应。四是"无男得男,无女得女"的求子类,有一则,为汀州长汀县农家郑氏。五是预言吉凶类,有一则,在武平县南安岩为人预言未来吉凶,却被同道人所忌惮,于是不语六年。六是治病开智类,有一则自严禅师授偈与"无多闻性"沙弥的记事。

　　自严禅师生前灵应事迹发生的空间范围,除了南海郡(惠州河源、五羊)助拔沙船这一例,基本上都与生前足迹范围相一致,且集中在其居住时间最长之汀州地区。类型上,以"驱使草木、教诲蛇虎"类、"出水"类占多,且以第二阶段为主。其灵应手段分佛偈、锡杖两类,又以佛偈占绝大多数。

三、自严禅师殁后的信仰发展

　　大中祥符年间,自严禅师晚年受当地民众、地方官乃至朝廷士大夫等的追崇,至去世时,大致已形成一定的信仰基础。殁后,转化为民间信仰,其影响更为深远广大。

　　本节将从身后的灵验事迹、朝廷敕封、寺院建造、信仰传播等方面来梳理其发展过程。

　　1. 身后的灵验事迹

　　自严禅师身后的灵应事迹约十四则,整理如下表:

表 3　自严禅师身后灵应事迹一览

序号	类型	发生时间与地点	史料来源
1	祈雨旸	熙宁八年（1075）;汀州	熙宁八年,郡守许公尝表祷雨,感应,诏赐号"定应"。(《临汀志》之《敕赐定光圆应普慈通圣大师》)
2	治病开智	北宋中后期;并门(山西太原)	昔沙门以钝根故,不能诵经。其师授此南安定光岩主四句偈,诵不岁余,日记万言。(苏过《跋南安岩主颂》)
3	治病开智	北宋中后期;江苏镇江(南徐)	南徐庚氏有子病足,不能履地,金山佛鉴授以此偈,诵之数岁,两躄复伸。(苏过《跋南安岩主颂》)
4	治病开智	北宋中后期;并门(山西太原)	又有居士刘,素事南安像。忽得重病,祷于像前,香盘中现小青蛇,舌相纯白,举头如语。后二日,有人教以此偈,昼夜诵持,三日疾愈。(苏过《跋南安岩主颂》)
5	平定寇乱	绍兴二年（壬子,1132);虔州(赣州)虔化县	绍兴三年,虔寇猖獗,虔化宰刘仅乞灵于师,师于县塔上放五色毫光,示现真相,贼遂溃。江西漕司以闻,绍兴二年,嘉"普通"二字。(《临汀志》之《敕赐定光圆应普慈通圣大师》)
6	平定寇乱	绍兴戊午(绍兴八年,1138);汀州武平县	绍兴戊午,罗动天破武平县,入岩致敬,其徒悉剽四方所施珍玩,动天者不知也。夜梦师曰:"速归吾物,当有招安,不然即诛夷矣。"旦搜部伍中物,悉以归寺,果受招而散。(刘将孙《定光圆应普慈通圣大师事状》)
7	平定寇乱	绍兴辛酉(绍兴十一年,1141);汀州武平县均庆寺	辛酉,贼刘四姑乘势入于寺,内贼付监院僧永茂,命以医疗。贼去,茂以送官,其徒大根,即缚茂,期剖其心。一夕,贼无不患赤目,梦师戒责,旋释茂而去。(刘将孙《定光圆应普慈通圣大师事状》)

序号	类型	发生时间与地点	史料来源
8	求子	绍兴间（1131—1162）；汀州长汀县	南安廨院　在长汀县东南三里。因郡去南安岩三百里，元祐间，僧道荣创为郡人祈禳之所。绍兴间，郡守詹公尚方有营葺意，忽乡氓叶姓者到县，具言前夕梦一僧携箄叩门，曰："郡修南安廨院，汝能施木，令汝有子。"寤而语之妻。梦协，遂舍木营葺。二十八年，僧惟应创藏殿。淳熙间，僧清心又广辟之。（《临汀志》第72页"南安"廨院）
9	祈雨旸	约乾道、淳熙年间（1165—1189）；赣州会昌县	腊不雪，麦不结，其数特未决也，而农家有此说也。腊不雨，禾不稍，其理特未谕也，而农家有此语也。惟公生而恻吾氓也，昏则与之明也，仆则与之兴也，死则与之生也。兹岁麦禾或不孕也，则吾氓又死证也，其势必累县令也，他祷不如公应也，敢为氓请命也。尚享！（曾丰《会昌县诣盘古山南安岩主祈雨雪文》）
10	祈雨旸	嘉泰年间（1201—1204）；汀州	嘉泰间，郡守陈公映谓雨旸之应如响，是佛与守分治汀民也，湫隘不足仰称，遂加广辟。（《（开庆）临汀志》第69—70页）
11	平定寇乱	绍定三年（1230）；汀州州城	绍定庚寅，磜寇挺起，干犯州城，势甚炭炭，师屡现显。贼驻金泉寺，值大雨水不得渡，晨炊粒米迄不熟，贼众饥困。及战，师于云表，见名旗，皆有草木风鹤之疑，遂惊愕奔溃，祈哀乞命。汀民更生，皆师力也。（《（开庆）临汀志》敕传） 　　绍定庚寅，磜寇挺动犯州城，势迫甚于往时。师已移驻郡治之后庵，贼屯金泉寺。忽大雨，水不可渡，晨炊粒米不熟。贼抱饥以战，望云间有师名旗，惊愕奔溃。此其见于御捍表表者。（刘将孙《定光圆应普慈通圣大师事状》）
12	预言未来吉凶	时间不明；南剑州、汀州	其后凡仕于此者，或未来而先见于梦，或既去而事之如在其处。南剑有陈秘书膺，为士时食息必祷，乃其升天府，擢甲科，皆梦师有所指示。及兵变，周其死，事尤异。（刘将孙《定光圆应普慈通圣大师事状》）
13	预言未来吉凶	南宋中后期；江西庐陵（赣州）	将孙之先君子须溪先生之未生也，先祖于西峰祷焉，梦古佛曰："我当自行，且有他年宦辙来汀之约。"已而寤，考梦。及初筮，拟汀教，以母老阙远，不获遂，旋亦改教京庠及国学。请倅补郡，宜必得，而宋鼎迁矣。讵意后梦之六十七年，将孙由南剑教驿上之部，暨成命下，乃教临汀。会官且满，径走岩下践宿约。（刘将孙《定光圆应普慈通圣大师事状》）

续　表

序号	类型	发生时间与地点	史料来源
14	预言未来吉凶	绍熙中;江西赣州石城县	石城县尉厅,久以兵坏,寓治于僧寺。寺之屋分隔大溪,溪上有桥,尉舍在西,每出入必从桥。后桥遭涨水漂荡,常乘小船往反,多窘风涛,乃徙于东边,而故室爲宗子所占,仍治隙地为菜圃,其处旧有南安岩主祠堂。绍熙中,福唐人曾忩爲主尉,梦岩主诉曰:"吾之居,苦于种菜用粪秽之恼,使不能安迹。君盍仍旧贯,向来不复虑风忧,自此不复有矣。"曾谢曰:"敢不敬听命。"他日,又来曰:"宜以今日去,稍迟留,定贻幡竿入水之挠。虽不至深害,亦费词说。"曾觉而沉思,不晓其所谓,取官历检视,又曰"不吉",乃议以翌旦迁。邑人陈元功太尉之子孝者,居寺门外,携富民潘生置酒饯别。曾西迁未几,市顽有不相乐者,讦其与部民趣膝欢饮,兴讼于州,扰扰数月乃定。始悟幡竿入水为潘字。使当时即日西迁,无此玷矣。(《夷坚志》第三册《石城尉官舍》)

由此可见,自严禅师身后的灵应事迹类型及方式与生前的稍有不同。

自严禅师生前对草木、虎蛇乃至出水之灵应事迹颇多,然而在其身后并没有记载。身后的灵应事迹大致可分五类。

其一,祈雨旸类,三则,发生在汀州、赣州,由郡守及知县祈祷得应,其中一则明言为书偈。

其二,求子类,一则,绍兴年间,汀州长汀县南安廨院修葺时,有叶姓乡民梦禅师告知,若捐献木材则得子。

其三,预言未来吉凶类,有三则,发生在赣州石城县县尉、南剑州士人、赣州士人身上,并与三人仕途、科举的相关,皆以梦示的形式出现。

其四,治病开智类,有三则,苏过监太原税时,听闻沙门诵偈开智、南徐(镇江)庾氏子诵偈数岁后病足痊愈、素事南安像之居士刘昼夜诵偈而重病三日得愈,三则均是诵偈,且偈更被刊刻出版以向民众;在宋末元初之时,到庐陵西峰寺祈祷请药的形式也出现。

其五,平定寇乱类。平定寇乱是新的一类灵应事迹,共四则,分别发生在绍兴二年(1132)赣州虔化县、绍兴八年(1138)汀州武平县、绍兴十一年(1141)汀州武平县南安岩,以梦示的形式以及县塔上放五色毫光或云表现名旗的现身显灵的形式。值得注意的是,绍兴年间的三则见于宋末元初刘将孙所记,而《临汀志》只记录了绍定磻寇这场给汀州带来极大破坏的寇乱。

身后显灵以梦示方式出现的情况变多。其灵应事迹发生空间范围包括汀州长汀县、武平县,赣州石城县、虔化县,南剑州,镇江府,吉州等,范围有所扩大,祈祷得应人群包括郡守、县官、县尉等地方官、士人、乡民、居士等。

2. 朝廷敕封及其因由

在宋代，自严禅师共受朝廷敕赐七次。北宋时期四次，包括自严禅师生前一次，南宋时期三次，整理如下。

(1) 大中祥符四年(1011)，南安岩寺，受赐寺额"均庆"。

汀州郡守赵遂良延请自严禅师至郡斋后，自严禅师应请使枯池出水和降服城南龙潭之害，于是赵遂良奏闻其神异事迹，乞请敕赐寺额。此赐敕赐在生前事迹部分已有讲述，此处从略。

(2) 大中祥符八年(1015)，南安岩均庆禅寺，获赐宋太宗御书及岁度一人。

《临汀志》"南安岩均庆禅院"条，记云：

> 转运王公赞〔赟〕行部过岩，以雪请，果大雪。赟遂奏福州开元寺所得太宗皇帝御书百二十幅奉安岩中，岁度僧一人。诏可。仍命郡守胡公咸秩躬护至院。有诗云："迎得御书归洞壑，烟霞一路馥天香。"①

转运使王赟到南安岩祈雪，得应。于是王赟奏请将福州开元寺所得宋太宗御书一百二十幅安奉于南安岩，并岁度僧一人。诏可。并命汀守胡咸秩护送御书至院，留下诗句。

其事同载于南宋释志磐《佛祖统纪》卷四四：

> (大中祥符八年)敕汀州南安岩名均庆院赐太宗御书百二十轴。先是，释自诚居岩上，神异不测，云是定光佛化身，见怀仁江有蛟害人，书偈投潭中，水拥沙涨，塞潭为洲，其怪遂绝。过梅州黄杨峡，民乏水饮，诚以杖指溪，移于近道。每岁有旱，书偈掷之，风雨随至。其偈后每书"赠以之中"四字，人世莫晓其旨。②

释志磐虽误记自严禅师之法名，但亦能佐证大中祥符八年赐均庆禅院太宗御书之事。因自严禅师于同年正月去世，此次敕赐应系于其身后。

查王赟之生平及仕途履历，如上文所考，王赟到岩祈雪及奏请之事，基本不是事实。然，大中祥符八年(1015)，汀州南安岩均庆院受敕赐太宗御书百二十轴应为事实。

(3) 熙宁八年(1075)，南安岩开山和尚，赐封号"定应大师"。

《临汀志》之《敕赐定光圆应普慈通圣大师》记：

> 熙宁八年，郡守许公尝表祷雨，感应，诏赐号"定应"。

---

① (宋)胡太初修，赵与沐纂：《临汀志》之《南安岩均庆禅院》条，第77页。
② (宋)释志磐：《佛祖统纪》卷四四，大正新修大藏经本。

刘将孙事状：

> 熙宁八年，守许当之祷雨感应，初赐"均庆禅院"开山和尚号"定应大师"。

汀州郡守许公祈雨得应，于是赐号"定应"。

(4) 崇宁二年(1103)，加封号"定光圆应大师"，每岁圣节进功德疏及回赐度牒一道。

据《昭化禅院帖》：

> 准　尚书礼部符准崇二年八月三日
>
> 敕中书省检会崇宁二年四月二十一日
>
> 敕书应先圣贤祠宇旧来有名德僧道为众师法未有封赐爵秩谥号师名庙额仰所属勘会闻奏特加封赐。今勘会下项，八月二日三省同奉圣旨。摩腾赐号启道，圆通大法师法兰赐号开教，总持大法师傅大士赐号等空，绍觉大士李长者赐号显教妙严长者，定应大师赐号定光圆应大师，其婺州双林寺，并太原府寿阳县方山昭化禅院、西京白马寺、汀州武平县南安岩均庆禅院，今后每遇圣节，各许进奉功德疏，内双林寺回赐度牒二道，余三处各一道，奉敕如右，牒到奉行。前批合入祠部格。八月四日午时付礼部施行，仍开合属去处。(节录)①

崇宁二年(1103)四月二十一日朝廷下敕书求未封赐之名德僧道，八月二日赐五名及其寺庙，其中定应大师赐"定光圆应大师"，汀州武平县南安岩均庆禅院于"今后每遇圣节，许进奉功德疏，回赐度牒一道"。

《临汀志》之《敕赐定光圆应普慈通圣大师》详记其敕赐因由，云：

> 崇宁三年，郡守陈公粹复表真相荐生白毫，加号"定光圆应"。

刘将孙在事状中更为详细地描述道：

> 至崇宁二年，守陈粹言白衣菩萨木雕真相：绍圣三年，于额上连眉间生白毫百余茎，毫末各有舍利；至四年，面上右边及后枕再生白毫。有旨加号"定光圆应"，仍许遇圣节进功德疏，回赐度牒一道。

此次敕赐"定光圆应"，可视为自严禅师作为定光古佛化身之说，在某种意义上说，被朝廷承认。

(5) 绍兴三年(1133)，加封号"普通"。

《临汀志》之《敕赐定光圆应普慈通圣大师》记：

> 绍兴三年，虔寇猖獗，虔化宰刘仅乞灵于师，师于县塔上放五色毫光，示现真相，贼遂溃。江西漕司以闻，绍兴二年，嘉"普通"二字。

---

① (清)胡聘之：《山右石刻丛编》卷一六《昭化禅院帖》，清光绪二十七年刻本(北大图书馆藏)，第43—47页。

绍兴三年(1133),虔寇猖獗,虔化宰刘仅乞灵于师,师于县塔上放五色毫光,示现真相,贼遂溃。江西漕司以闻,绍兴二年,嘉"普通"二字。

《宋会要辑稿》兵一〇之二六、二七、二八详细记载李敦仁叛乱一事。其中,绍兴元年三月李敦仁冲突汀州宁化县、清流县,行劫焚烧,复回虔化县。五月,江西提刑司派遣巡检刘仅往汀州、建昌军南丰县纠集枪杖手首领陈皓等进兵掩杀,收复石城县。刘仅斫到李世昌首级,杀死贼将李国臣等以万数,生擒赖方等三百余人,夺到骡马器械不计其数。因此,巡检刘仅先次转两官。到八月,李敦仁与弟世忠复结集徒党进犯虔化县,刘仅杀获逆党李突三等,收复本县。于是,刘仅转三官,除阁门祗候,权知虔化县事。然而,十二月十一日知虔化县刘仅被杀。安抚大使司统制郝晸、颜孝恭受遣前往剿杀,终于平息这场寇乱。①

可见,刘仅抗击虔寇事件是真实发生的,只是敕传所记时间有出入。

(6)乾道三年(1167),加封号"慈济",累至八字大师"定光圆应普通慈济大师"。

《临汀志》之《敕赐定光圆应普慈通圣大师》云。

> 乾道三年,又嘉"慈济",累封至八字大师。民依赖之,甚于慈父。

福建转运司奏闻历次祈祷得应实迹,于是加赐二字封号"慈济",至此,为八字大师。

(7)嘉熙四年(1240),汀州郡斋后庵,赐额"定光院",并改封号为"通圣",即"定光圆应普慈通圣大师"。

据《临汀志》之《敕赐定光圆应普慈通圣大师》:

> 自淳熙元年,郡守吕公翼之迎真相入州后庵,以便祈祷,从民请也。后均庆屡请还岩,郡不能夺,百夫舆至中途,莫能举,遂留于州。绍定庚寅,磜寇挺起,干犯州城,势甚炎炎,师屡现显。贼驻金泉寺,值大雨水不得渡,晨炊粒米迄不熟,贼众饥困。及战,师于云表,见名旗,皆有草木风鹤之疑,遂惊愕奔溃,祈哀乞命。汀民更生,皆师力也。嘉熙四年,州人士列状于郡,乞申奏赐州后庵额。有旨,赐额曰"定光院"。续又乞八字封号内易一"圣"字,仍改赐"通圣"。今为"定光圆应普慈通圣大师"。

淳熙元年,郡守吕翼之迎自严禅师之真相入州后庵。绍定三年(1230),磜寇猖獗,指的是宁化南城晏彪在"潭飞磜"领导的盐贩叛乱。其时,盐寇进犯州城,驻扎于金泉寺,因大雨炊米不熟。到双方对战时,自严禅师现身于云层,现旗帜,形成风声鹤唳之势,使得贼寇惊恐溃散。汀州民众得以保全,并归功于自严禅师的助力。嘉熙四年

---

① （清）徐松辑:《宋会要辑稿》兵一〇之二六、二七、二八,北京:中华书局,1957年,第6932—6933页。

(1240),汀州人士将其事迹"列状"于州郡,乞请赐州后庵之额。得旨,赐"定光院",并改八字封号为"定光圆应普慈通圣大师"。元祐年间,汀守曾孝宗为州后庵正名为"定光庵",嘉熙年间,朝廷赐此额,可以说是再一次承认自严禅师为定光古佛化身之说。

　　总而观之,历次封赐对象包括武平县南安岩寺、自严禅师、汀州州后庵。从获赐原因来看,其获赐原因分别为出水、伏龙潭、祈雪、祈雨、真相及荐枕生白毫、抵御虔寇、历次雨阳等祈祷得应、抵御磜寇,且这些灵应事迹六次发生在汀州,一次发生在与汀州相邻之虔州虔化县(即赣州宁都县)。北宋四次封赐中有三次与农业、开智有关,南宋三次封赐有两次与寇乱有关,基本可以看出赣州、汀州地区发展面临的主要矛盾在北宋、南宋的不同。另一方面,在北宋四次奏闻封赐中,汀州郡守、福建转运使特别是历任汀州郡守发挥了主导作用,而在南宋时期的乞请封赐中,包括了江西转运司、福建转运司、汀州"州人士"等,参与人员似乎更为广泛。崇宁、嘉熙年间的两次封赐,又可视为朝廷对自严禅师为定光古佛化身说法的承认。

　　3.寺庙分布及信仰范围

　　约在乾德二年(964),自严禅师于汀州武平县南岩建立南安岩。不过据《(开庆)临汀志》所记,自严禅师自赣州游方来到汀州之后,曾驻锡过长汀县狮子岩、上杭县东安岩、清流县灞涌岩等地。

　　(1) 长汀县狮子岩

　　《临汀志》之《山川·长汀县·狮子岩》:

　　　　狮子岩　在长汀县东南九十里宣德南。双石为门,定光佛常振锡于此。云："后百年有天火发,非吾久居之地。"遂去之。自是僧徒不遑宁处。[①]

　　(2) 上杭县东安岩

　　《临汀志》之《山川·上杭县·东安岩》:

　　　　东安岩　在上杭县北五十里来苏团深山中。旧有定光尝栖息于此,后徙南安。今有不斋戒而往者,必遇虎狼。[②]

　　(3) 清流县灞涌岩、莲城县滴水岩、东田石定光道场"白云洞天"等

　　旧有精舍,创立于清流县设立之前,岩名乃定光古佛所定。[③] 又莲城县滴水岩亦旧

---

① （宋）胡太初修,赵与沐纂:《临汀志》,第40页。
② （宋）胡太初修,赵与沐纂:《临汀志》,第48页。
③ （宋）胡太初修,赵与沐纂:《临汀志》,第53页。

传曾为自严禅师驻锡之地、东田石又有定光道场"白云洞天"。① 虽不能确定这三处是南安岩创立前还是之后,但可知自严禅师在创立南安岩之前在汀州范围内挑选合适之地建立驻锡地的过程。

(4)武平县南安岩均庆禅寺

至于南安岩的创立过程,沈赞云:

> 遂造武平,彼豪致谒。我邑南岩,有如者崛。请师宴坐,少驻巾钵。"释惠洪传:武平南黄石岩,多蛇虎。公止住,而蛇虎可使令。四远闻之大惊,争敬事之。民以雨旸男女祷者,随其欲应念而获。家画其像,饮食必祭。

周必大记:"以乾德二年驻锡武平县之南安岩,攘凶产祥,乡人信服,共创舍,赐额均庆。"

《临汀志》之《敕赐定光圆应普慈通圣大师》云:

> 乾德二年届丁〔甲子〕,之武平,睹南岩石壁峭峻,岩冗嵌崆,怃然叹曰:"昔我如来犹芦穿于膝,鹊巢于顶而后成道,今我亦愿委身此地,以度群品;若不然者,当使殒碎如微尘。"发誓已,摄衣趺坐。数夕后,大蟒前蟠,猛虎旁睨,良久,皆俯伏而去。乡人神之,争为之畚土夷堑,刊木结庵。民有祈祷,辄书偈付与,末皆书"赠以之中"四字,无愿不从。

南宋时期的记载开始明确南安岩的创立在乾德二年(946),这时自严禅师约三十一岁,来到武平县南黄石岩(南安岩、南岩),发愿于此建立道场,以普渡众生。又因其能降服虎蛇等灵应事迹,受到当地民众敬服,踊跃为之"畚土夷堑,刊木结庵"。自严禅师虽则受乡人信服,但与当地官府矛盾不断、也为同道所忌惮,于是不得不暂离。

(5)汀州郡治后庵"定光院"

直到大中祥符四年,自严禅师受时任郡守赵遂良之邀请,于郡后立庵。周必大于嘉泰三年(1203)所作《汀州定光庵记》记云:

> 祥符四年,汀守赵遂良机缘相契,即州宅创后庵延师往来。至八年终于旧岩。先有宁化僧慧宽,姓叶氏,能驯暴虎,号伏虎大师,居州东五十里,庵号普护,建隆二年将入寂,定光往视之,云后二百年当与兄同处一庵。至元祐中,守曾孝宗始增葺后庵,正名定光。淳熙二年守吕翼之遂迎定光真身于南安岩,而为之主,又迎伏虎真身于广福院而为之主,二百年之谶果验。自尔州无水旱疾疫,号为乐土。南安旧岩屡乞师还,守不能遏,百夫肩舆,屹然弗动,老稚悲泣而退。庆元二年,郡守陈君

---

① (宋)胡太初修,赵与沐纂:《临汀志》,第56页。

晔增创拜亭及应阙堂。嘉泰二年，其季映复守兹土，每集僚吏致敬，患其狭隘，乃裒施利钱二千余缗，以明年三月十七日鸠工，为正殿三间，博四丈二尺，深亦如之。寝殿三间，博三丈，深居其半。三年阙堂廊庑等总十有八间，官无一毫之费，逮六月讫工，谓予姻且旧求记文。

大中祥符四年（1011）汀州赵遂良于州宅创后庵，自严禅师曾驻锡于此，最后于大中祥符八年（1015）回归南安岩卧逝。至元祐中（1086—1094），汀守曾孝宗增葺后庵，并正式命名为"定光院"。淳熙二年（1175）汀守吕翼之自南安岩迎定光真身、自广福院迎伏虎禅师真身，安奉于定光院中。后南安岩乞迎回定光真身，迎送途中岿然不动，于是以定光之意留真身于定光院。庆元二年（1196）汀守陈晔增修拜亭和应阙堂。嘉泰二年（1202）汀守陈映再次集钱增葺，并委周必大作记。

然，据《临汀志》之"定光院"条：

> 嘉泰间，郡守陈公映谓雨旸之应如响，是佛与守分治汀民也，湫隘不足仰称，遂加广辟。绍定寇叛交讧，炭然孤城能保守者，人力不至于此，士民条显应状，丐郡奏请于朝，加二佛师号，仍赐"定光院"为额。嘉熙间，郡守戴公挺助俸率众鼎创，从民志也。未几，均庆院烬于劫火，郡迎御书及衣钵等入州，创阁于院后安奉之。近南剑人士金饰十八尊者像附置阁上。淳祐间，郡守卢公同父前创拜亭。每岁正月六日乃定光坐化之晨，四方敬信辐辏，名香宝炬，幡盖庄严，难以数计，虽隘巷亦成关市，可见人心之皈向云。[①]

嘉泰年间，汀守为陈映。绍定年间自严禅师在寇乱中显灵，汀州士民奏请加封，获赐"定光院"额。嘉熙年间，汀守戴挺捐俸修葺。南安岩均庆院失火，于是御书及衣钵等被迎入定光院安奉，又有南剑人士以十八尊者像附阁。拜亭为淳祐间汀守卢同父所创。

由此可见，位于州衙的定光庵，在历代汀守的努力之下，成为南安岩均庆禅院之外，定光古佛的一座重要寺院。并于嘉熙四年（1240），在汀州士人的乞请之下，获赐"定光院"之额。[②]

此外，汀州还有多处供奉定光佛之寺院。

长汀县有三处，分别为元祐、绍兴、嘉定年间所创。

（6）长汀县文殊院

---

① （宋）胡太初修，赵与沐纂：《临汀志》之《定光院》条，第 69—70 页。
② （宋）胡太初修，赵与沐纂：《临汀志》之《敕赐定光圆应普慈通圣大师》，第 164—167 页。

僧悟本于绍兴元年重修时,在后山椒创定光阁。①

（7）长汀县南安廨院

元祐年间,因南安岩离郡治三百里之远,于是僧道荣在长汀县东南三里处创南安廨院,作为郡人祈禳之所。绍兴、淳熙年间,均有僧人增葺广辟。②

（8）定光堂

长汀县西颁条门外在嘉定年间创定光堂,郡守赵崇模书额,为尼居所。③

（9）定光斋棚

长汀县鄞河坊,自严禅师与坊人邓正己为善,受托为众鬼诵经拔度,筑室为道场。后,自严禅师亲书"迎春祈福道场",为春祈之所。④

武平县有四处,其中三处为定光佛亲创,一处为端平年间创。

（10）武平县东山禅果院

武平县南门外,由定光佛创立于大中祥符年间。⑤

（11）武平县南安廨院

武平县东北二里,大中祥符年间由定光古佛亲创。三折寨在侧,绍定寇乱时为寨官居所,后县令赵汝譝重修。⑥

（12）武平县古佛道场

武平县东门外,端平年间所创,郡守黄公亲书匾额。⑦

（13）武平县伏虎庵

武平县七十里。定光佛初创南安岩时,结庵亲牧之处。因以木书偈降伏伤牛之虎,于是号"伏虎庵"。⑧

莲城县有二处。

（14）太平庵

莲城县西南二十里。樵夫路遇老僧言此处可为祈祷水旱之所,与乡邻一道创太平

---

① （宋）胡太初修,赵与沐纂:《临汀志》,第 71 页。

② （宋）胡太初修,赵与沐纂:《临汀志》,第 72 页。

③ （宋）胡太初修,赵与沐纂:《临汀志》,第 73 页。

④ （宋）胡太初修,赵与沐纂:《临汀志》,第 113—114 页。

⑤ （宋）胡太初修,赵与沐纂:《临汀志》,第 77 页。

⑥ （宋）胡太初修,赵与沐纂:《临汀志》,第 78 页。

⑦ （宋）胡太初修,赵与沐纂:《临汀志》,第 78 页。

⑧ （宋）胡太初修,赵与沐纂:《临汀志》,第 78 页。

庵,安奉南安祖师像于其中。南安祖师应即南安岩自严禅师。①

（15）定光庵

莲城县治后西北隅,乾道年间为县令黄中立创,嘉泰间县令刘晋重创。②

汀州以外的定光古佛相关寺院,有其学法之西峰宝龙祥符寺及会昌县盘古山道场。

（16）吉州西峰宝龙祥符寺之"古佛参处"

刘将孙《西峰宝龙祥符禅寺重修记》记曰：

> 庐陵城中诸禅现大神通道场者,西峰第一。西峰之盛,由定光古佛。古佛之得
> 道,由圆净禅师。圆净则西峰之第六世也。今法堂题"古佛参处"以此。然郡士民
> 与四方皆知事定光,请药,药现五色异采。祈嗣悉应。祷雨旸,雨旸若。而圆净乃
> 未有谈者,则其心本以神通为不必为也。盖圆净禅师云豁姓曾氏,吉之永和人。为
> 青源派云门嫡孙。当宋祥符间,以道德著闻。召对契指,入定御园,定陵赐诗还山,
> 改寺名"祥符"。寺在唐曰"宝龙",其先曰"经藏",最古。定光之辞去也,圆净曰：
> "留福德镇山门。"以是西岩虽盛于临汀,而灵异尤著于庐陵,与仰山等。方寺盛时,
> 每岁孟春六日,人皆袨服车徒,波腾尘沸,十里争道。环为园林,游娱炫丽,地主遨
> 头,歌衢击壤,耳喧目夺。忽转禅林,乔木如云,高堂法坐,风幡肃然。虽接迹坌至,
> 入门意消。稽首足尊,生平何行,未有不俯仰自失也。③

又刘将孙在《定光圆应普慈通圣大师事状》记：

> 庐陵西峰,凡病而祷者,捧纸香上,良久可得药。药五色,红黄者即愈,褐者缓,
> 黑者不可为。或轻如炉灰,或实如粟粒。此又耳目之近。

吉州有诸多现大神通之道场,其中以西峰山最显著。西峰的兴盛,则与得道于西峰
第六世圆净禅师之定光古佛密切相关。相传,自严禅师学成辞别时,圆净大师言"留福
德镇山门",因此定光古佛信仰虽兴盛于汀州,但灵异事迹在吉州（庐陵）最为显著,可与
仰山信仰（袁州仰山信仰,与沩仰宗慧寂禅师密切相关）并重。庐陵西峰的定光古佛信
仰非常兴盛,每年正月六日即诞辰与忌辰之日,来参拜之人络绎不绝,成为一大盛会。
且庐陵西峰处,吉州及周边民众对定光古佛之祈愿,包括请药、祈嗣、祷雨旸。

至南宋末、元初,自严禅师得道于西峰圆净禅师之说已成定说,西峰祥符寺亦因自
严禅师得道之寺而受到更多信众的崇奉。值得注意的是,西峰祥符寺的"古佛参处"成

---

① （宋）胡太初修,赵与沐纂:《临汀志》,第80—81页。
② （宋）胡太初修,赵与沐纂:《临汀志》,第81页。
③ （元）刘将孙:《养吾斋集》卷一七《西峰宝龙祥符禅寺重修记》,《全元文》第20册,第250—252页。

为请药之处,换言之,与汀州民众对定光古佛的供奉与祈愿是有所不同的。

(17)赣州会昌县盘古山道场

曾任赣县县丞之曾丰自庐陵(吉州)途经会昌县,登盘古山。所撰《盘古山记》云:

> 相对语罢,道松竹间,上绝顶,顾谓:"波利古,禅伯也,至自西域,庐于是。"又扪萝而下,有泉泓而碧,曰:"定公,今南安岩主也,至自西峰,井于是。"又沿坡而望其后,有岩洼而黝,曰:"古仙女,不知至自孰何也,室于是。世教三,两遗踪在焉,犹缺一,或有所属,幸公以文贲此山,庶几足之。"一再却不获,强为书。①

即盘古山有来自西域之波利禅师、来自西峰之南安岩主定公以及古仙女曾留下遗迹,现存波利禅师之庐舍及南安岩主所凿井。而盘古山为祷雨之所,曾丰亦撰《会昌县诣盘古山南安岩主祈雨雪文》。②

(18)邵武军光泽县龙兴院之"定光圆应堂"

《夷坚志》之《因揭尊者》记录了邵武军光泽县龙兴院僧师满夜梦老僧,翌日在附近的富田郴寺见所藏武洞清画罗汉及中尊碑本,其第十三因揭尊者宛然乃入梦之老僧。于是倾囊购画像,并供奉在定光圆应堂之两壁。由此可知,邵武军光泽县龙兴院在绍熙十四年(1187)前后有"定光圆应堂"。③

(19)赣州石城县县尉厅南安岩主祠堂

《夷坚志》另一则故事《石城尉官舍》记录了石城县尉厅以僧寺为治所,寺之东边有菜圃,旧有南安岩主祠堂,在绍熙年间,梦示当时的县尉,请复祠堂。④ 由此,绍熙中,赣州石城县有祭祀南安岩主之祠堂。

综上,目前可掌握到有确切史料记载的宋代所建祭祀和供奉定光佛化身之自严禅师的寺院庵堂共19处,其中汀州有15处,邵武军1处,赣州2处,吉州1处,即祠庙分布基本在福建路、江南西路交界地区。从规模和影响力来看,至宋末元初,以汀州南安岩均庆寺、汀州郡治定光院、吉州西峰宝龙祥符寺古佛参处为盛,可以说汀州、吉州为定光古佛信仰的两大信仰中心。

4. 信仰群体与信仰传播

某一信仰的传播是由各信仰群体通过各类信仰活动,从起源地传播至周边,甚至更

---

① (宋)曾丰:《缘督集》卷一〇贞集《盘古山记》,《全宋文》第 277 册,第 382—383 页。

② (宋)曾丰:《缘督集》卷一一贞集《会昌县诣盘古山南安岩主祈雨雪文》,《全宋文》第 277 册,第 382—383 页。

③ (宋)洪迈撰,何卓点校:《夷坚志》第二册,北京:中华书局,1981 年,第 839 页。

④ (宋)洪迈撰,何卓点校:《夷坚志》第三册,第 1162 页。

远的地方。由史料可见的汀州定光古佛信仰的信仰与传播群体主要有士人、僧侣、一般民众三类群体。下面将分析这三类群体在定光古佛信仰传播中的活动类型及特点。

（1）士大夫

士大夫又可分士人、地方官、中央官。

大中祥符年间，先后有地方官汀州知州赵遂良、胡咸秩，福建转运使王贽等奏闻自严禅师的灵应事迹，推动南安岩均庆禅寺的赐额和供奉太宗御书的封赐，并使得朝廷中央的宰执王钦若、赵安仁、刘师道等献诗致礼。

北宋中期，熙宁八年（1075）、崇宁二年（1103）的封赐，汀守许公、汀守陈粹在其中发挥了较为重要的作用。同时期，沈辽、黄庭坚、苏轼等士人，受元祐以来的政治氛围的影响，仕途挫折，但他们对佛教禅宗、文学的关注，留下了与自严禅师相关的赞、诗等作品，亦推动着自严禅师身后信仰的形成与发展。

南宋时期，先后有汀守许端夫、曾孝宗、吕翼之、陈晔、陈映、戴挺在州后庵定光院之修葺、真相迎奉、旱魃祈祷等方面发挥主导作用。①

建炎末绍兴初，对佛学颇有关注的李纲自贬所万安军获，返还邵武军途中，路经汀州，曾到南安岩游览，并受汀守许端夫所邀，撰写《汀州南安岩均庆禅院转轮藏记（绍兴元年六月）》，后又在定居之处的邵武军，为与南安岩自严禅师相关的丹霞禅院撰写《邵武军泰宁县瑞光岩丹霞禅院记（绍兴元年八月）》。

淳熙九年（1182）曾丰赴任赣县县丞，于第二年春天，与同僚前往盘古山祈雨，留下《盘古山记》及《会昌县诣盘古山南安岩主祈雨雪文》。

楼钥撰有《定光佛像赞》。

周必大在隆兴元年（1163），辞官南归家乡庐陵（今江西吉安）的旅途日记《归庐陵日记》及奉祠在家的游览日记《闲居录》中，曾提及前往福严寺、西峰寺游览。又曾在嘉泰三年（1203）应请撰写《汀州定光庵记》，在庆元二年撰《跋颜持约所画定光古佛像》。作为庐陵人，对得法于西峰寺之自严禅师颇为熟知。

据周必大《跋颜持约所画定光古佛像》，政和八年（1118）进士及第德州士人颜博文，靖康年间南迁时，路经庐陵，得知定光古佛得法自西峰，受郡民所重新，于是作画像于祥符寺之壁，七年间已有不少名士题跋。祥符寺之主持僧惟嵩摹刻，以作流传和乞布施之助。②

---

①　（宋）胡太初修，赵与沐纂：《临汀志》之《定光院》条，第69—70页。

②　（宋）周必大：《文忠集》卷八〇，《周必大全集》，第728页。

　　福唐人曾忞为石城县尉时，梦南安岩主诉祠堂遭粪秽之恼，为其清理祠堂。后又得岩主梦示若不尽早西迁，会有诉讼之扰。其后曾忞果因与富民潘生饮酒饯别而被诉，数月乃止。①

　　南剑州士人陈膺，为举子时饮食歇息必向定光古佛祈祷，至进士及第，有来自定光古佛之梦示。②

　　定光古佛信仰的起源及发展过程中，汀州地方官发挥着重要作用。自严禅师后半生受汀州郡守礼遇，历次敕封，祠庙的修建和增葺都离不开汀州地方官、福建路转运使等人的努力。南宋时期，吉州地缘相关之士人亦熟知并传播定光古佛信仰。

　　(2)僧侣

　　大中祥符初年，自严禅师自盘古山回归汀州南安岩后，有一位南海来僧求助，最终自严禅师授偈以助拔搁浅之沙船，运送佛塔建材至南海。可见此时自严禅师之声名已及南海郡(广州)、河源、惠州。

　　《夷坚志》记一则与自严禅师相关的《吴僧伽》。其事云：

　　　　吴僧伽，赣州信丰县僧文祐，本姓吴，落发出游，结庵于赣县屼岭，久而去之，客雩都妙净寺之僧伽院中，遂主院事，故因目为吴僧伽，佯狂市廛，人莫能测。(中略)学佛者孙德俊往汀州武平谒庆岩定应师，师曰："雩川自有佛，礼我何为？"孙曰："佛为谁？"曰："吾法弟僧伽也。为吾持一扇寄之。"舟舣岸，吴已至，曰："我师寄扇何在？"孙以汀扇数十杂示之，径取本物而去，由是狂名日减，多称为生佛。一夕，遍诣同寺诸刹门，铺坐具作礼曰："珍重！珍重！"皆寂无应者。中夕，趺坐而逝。时大中祥符己酉六月六日也。(后略)③

　　赣州信丰县僧文祐，因主雩都妙净寺僧伽院事，被称为吴僧伽。民众间流传有其神异灵应异之事。学佛者孙德俊前往汀州武平县拜谒"庆岩定应师"，即自严禅师。自严禅师言雩都有佛，佛为其法弟僧伽，并托孙德俊送扇。孙德俊乘船刚至雩都，吴僧伽已至，取自严禅师所赠之扇离去。由此，吴僧伽狂名日减，渐被视为生佛。

　　显然，吴僧伽利用定光古佛之名，为自己扩大名声。亦可推知，汀州定光古佛化身之名流传之广，为民众及信佛者所信奉。

　　释惠洪撰《南安岩主定光古佛木刻像赞并序》：

① (宋)洪迈撰，何卓点校：《夷坚志》第三册《石城尉官舍》，第1162页。
② (元)刘将孙：《养吾斋集》卷二八《定光圆应普慈通圣大师事状》，《全元文》第20册，第412—418页。
③ (宋)洪迈撰，何卓点校：《夷坚志》第二册，第605—606页。

僧彦珣自汀州来，出示定光化身木刻像。平生偈语百余首，皆称性之句，非智识所到之地，真云门诸孙也。珣求赞辞力甚，谨再拜，为之赞曰（后略）①

北宋中期，汀州僧彦珣持定光化身之木刻像，请释惠洪作赞。

苏过《跋南安岩主颂》记两则故事，云：

南徐庾氏有子病足，不能履地，金山佛鉴授以此偈，诵之数岁，两躄复伸。又有居士刘，素事南安像。忽得重病，祷于像前，香盘中现小青蛇，舌相纯白，举头如语。后二日，有人教以此偈，昼夜诵持，三日疾愈。此皆近岁神异如此。岂非佛子厌苦蒙昧，抱缠病恼，思脱尘劳，过于桎梏，求哀也力，起信也坚，则佛之慈悲相应如响，有是理哉？②

金山佛鉴，即镇江府（润州）金山寺惟仲禅师，汀州人，早年遍历庐山、淮浙。镇江（南徐）庾氏子有足疾，不能行走。惟仲禅师授以南安岩主之佛偈。庾氏子诵偈数年之后，足疾痊愈。居士刘氏，向来侍奉南安岩主之像。得重病时，祷告于像前，后得佛偈，日夜诵持，三天后痊愈。

大观、政和年间，宗本禅师前往汀州南安岩谒定光古佛。《夷坚志》之《宗本遇异人》记：

三岩中，独瑞光岩兴于近年，盖宗本禅师之所建立也。师邵武农家子，初不知书，大观庚寅中游山间，遇异僧，示以出家时节因缘，且密有所付，心地豁然，遂能通儒、释诸书，作偈颂，道未然，事多验。既落发受具戒，居双林院，远近向风，户外之屦满矣。政和辛卯春，师诣汀州南安岩谒定光古佛，道出泰宁，夜梦紫袍神人告之曰："师此行宜住瑞溪。"觉而异之。③

其事同见于李纲撰《邵武军泰宁县瑞光岩丹霞禅院记（绍兴元年八月）》：

本曰："吾缘不在是，当往汀州谒定光佛。"奋臂便行，至泰宁之丰岩，乐其山水秀邃，亦梦紫衣金章人挽留，遂止不去。县人共出钱为祝发，得废丹霞院额，标其岩。未几，罗畸畤老自沙县遣信招迎，欣然而往。④

出身于邵武军农家的宗本禅师，于山间遇异僧，示以出家因缘，于是能通儒、释之

① （宋）释惠洪撰，周裕锴校注：《石门文字禅校注》卷一八《南安岩主定光古佛木刻像赞并序》，上海：上海古籍出版社，第2957页。

② （宋）苏过撰，舒大刚等校注：《斜川集校注》之《跋南安岩主颂》，成都：巴蜀书社，1996年，第586—589页。

③ （宋）洪迈撰，何卓点校：《夷坚志》第一册《宗本遇异人》，第76—78页。

④ （宋）李纲：《梁溪集》卷一三三《邵武军泰宁县瑞光岩丹霞禅院记（绍兴元年八月）》，《全宋文》第127册，第216—217页。

书,作偈,预言未来事。政和元年(1111),宗本禅师前往汀州南安岩谒定光古佛,路经泰宁县时,梦见紫袍神人挽留,遂于瑞光岩丹霞禅院立道场。定光古佛俨然成为当时学佛者游历拜谒之所。

供奉定光古佛的庙宇,多为寺院,由僧侣修建和主持。如《临汀志》记绍兴元年,僧悟本重建长汀县文殊院时创定光阁一事。①

又如《临汀志》之《南安廨院》:

> 长汀县 南安廨院　在长汀县东南三里。因郡去南安岩三百里,元祐间,僧道荣创为郡人祈禳之所。绍兴间,郡守詹公尚方有营葺意,忽乡氓叶姓者到县,具言前夕梦一僧携策叩门,曰:"郡修南安廨院,汝能施木,令汝有子。"寤而语之妻。梦协,遂舍木营葺。二十八年,僧惟应创藏殿。淳熙间,僧清心又广辟之。②

距离南安岩三百里之南安廨院,由僧道荣创建于元祐年间,绍兴年间、淳熙年间亦由僧惟应、清心增建。

大体分两类:一是汀州地缘相关的僧侣一般都熟知并崇信定光古佛,或为相关寺院主持者,或游历时传播定光古佛信仰。如僧彦珣持定光古佛木刻像及偈诵拜谒士大夫,如金山佛鉴惟仲禅师于镇江授偈,使得定光古佛之信仰传播至镇江府;一是汀州以外学佛者,对于当时学佛者而言,定光古佛可与仰山比肩,是游历拜谒之所。有趣的是,邵武军宗本禅师、赣州吴僧伽利用定光古佛之声望,来扩展自己的影响力。

(3)一般民众

文献中对一般民众的记载不多,但一般民众应是定光古佛信仰发展与传播的一大群体。地方官为定光古佛乞请敕赐、修建庙宇、雨旸祈祷等,很大一部分原因是顺应民众的信仰需求。雨旸祈祷、抵御寇贼等灵应事迹中,记载中多见郡守、转运使等地方官主持祈祷,然肩负的应是当地民众的共同祈愿。

此外,一般民众的信仰活动中可见部分私人性质的信仰需求和祈祷的灵应事迹。

如绍兴年间,汀州郡守有修葺南安廨院之意。有乡民叶氏到县,自言有僧梦示施木可得子,于是布施木材以作南安廨院修葺之用。乡民出于求子嗣的信仰需求而布施建材。③

又如刘将孙《定光圆应普慈通圣大师事状》所记:

---

① (宋)胡太初修,赵与沐纂:《临汀志》,第71页。
② (宋)胡太初修,赵与沐纂:《临汀志》之《南安廨院》条,第72页。
③ (宋)胡太初修,赵与沐纂:《临汀志》之《南安廨院》条,第72页。

长汀农家有木牌，上显"郑安"二字，师所书也。郑本无嗣，恳求于师，师曰："来年有之，吾当命名。"如期生子，作牌请师书名。其牌以四寸木为之，下一寸余则以系绳。师题次叹曰："何不大做？"其人曰："不过二字。"师曰："汝之子孙，皆当丰富，第寿不长。"其人请易之，则曰："此出汝心，不可易也。"于是而万法本于心之体，于是赠之以中之用，可概识矣。①

同样是祈嗣相关，长汀县农家郑氏求嗣得子，并得自严禅师命名。

再如，苏过《跋南安岩主颂》所记两则与疾病相关的灵应事迹，南徐（镇江府丹徒县）庾氏子有病足不能下地行走，得金山佛鉴传授南安岩主留下之佛偈，诵之数年后痊愈。居士刘氏供奉定光古佛之像，重病得愈。可推知，庾氏、居士刘氏成为信仰者，并向乡人传播定光古佛之灵应。

求子嗣、治病为个人祈祷所求，也是大部分民众的信仰需求。有来自神灵梦示，亦有来自僧侣传授佛偈、供奉神像得灵应。

从灵应事迹、朝廷敕封、寺庙建立与分布来看，被视为定光古佛化身的自严禅师殁后被神格化，成为地方保护神，具有祈雨旸、求子嗣、预言未来吉凶、治病开智、抵御寇贼等职能，前四者延续生前之灵应职能，而抵御寇贼是其身后尤其是南宋中后期被赋予的新职能。祈雨旸、抵御寇贼是公共性的信仰需求，而南宋时期抵御寇贼的祈祷与灵应事迹的出现与增多，体现了南宋时期闽赣交界地区的社会动荡及矛盾。两宋时期，汀州定光古佛及其寺庙共受朝廷敕封七次，成为"定光圆应普慈通圣大师"八字大师，"定光圆应"之封号及"定光院"之庙额的敕赐，体现了定光古佛化身之说不但在地方上被广泛流传，并且亦被朝廷承认。至于寺庙分布上，目前所能掌握到的祭祀汀州定光古佛即自严禅师之寺院、祠庙有 19 处，绝大多数都分布在汀州范围内，包括祖庙南安岩均庆禅院、定光院。与之相交的江南西路赣州、吉州亦有祭祀之所，其中被视为自严禅师得道之处的吉州祥符寺设有"古佛参处"，至宋末元初，香火鼎盛，为当地民众疾病请药之地，其主要职能与汀州的有所不同。若结合生前身后灵应事迹发生地、信仰群体的来源地与寺庙分布地，可推知汀州定光古佛信仰的信仰范围大致在闽赣粤交界之地，覆盖汀州、邵武军、南剑州、梅州、惠州、南海郡、赣州、吉州，且以汀州为信仰中心，吉州为次信仰中心，两大中心具有不同主要职能及祈祷仪式。此外，在镇江府、太原亦可见灵应事迹的发生。最后，汀州定光古佛之信仰群体主要包括士大夫、僧侣、一般民众。士大夫在推动寺院建造及朝廷敕封上发挥重要作用。北宋中后期主要是与禅宗、文学相关的士大

---

① （元）刘将孙：《养吾斋集》卷二八《定光圆应普慈通圣大师事状》，《全元文》第 20 册，第 412—418 页。

夫,南宋时期又以汀州、吉州两地地缘相关的士大夫为主,推动定光古佛信仰的发展。僧侣随着游方、参佛活动,在更大空间范围内传播定光古佛信仰。一般民众因个人需求,如求子嗣、治病等成为信仰者和传播者。

四、结语

自严禅师生活在五代至宋初的闽赣粤交界地区,身后被塑造成定光佛之化身,并成为以汀州、吉州为信仰中心之民间信仰。从现存文献来分析,史料大量撰写、生前事迹及形象塑造、"定光"之正名等都发生在北宋中后期,此时期是汀州定光古佛信仰发展的一个重要时期,亦为南宋信仰的进一步发展奠定了基础。至宋末元初,汀州定光古佛信仰的信仰范围大致在闽赣粤交界之地,覆盖汀州、邵武军、南剑州、梅州、惠州、南海郡、赣州、吉州,且以汀州为信仰中心,吉州为次信仰中心,两大中心具有不同主要职能及祈祷仪式,吉州西峰祥符寺之"古佛参处"以疾病请药为主要职能,而汀州的定光古佛兼备雨旸祈祷、抵御盗寇等职能,为汀州的地方保护神。士大夫、僧侣以及一般民众为三大信仰群体,其中士大夫、僧侣又以其流动性成为汀州定光古佛信仰从起源地传播至其他地区的主要群体。

五代至宋末元初,汀州定光古佛信仰的起源、发展与传播的过程与模式虽已基本明晰,但其发展与演变的深层原因仍需要从北宋禅宗及文学发展史、汀州以及闽赣粤地区的开发史、产业发展史等方面进行更进一步的探析。